Das Haftungsrecht als Instrument der Kontrolle von Kapitalmärkten

Europäische Hochschulschriften

Publications Universitaires Européennes
European University Studies

Reihe II
Rechtswissenschaft

Série II Series II
Droit
Law

Bd./Vol. 3714

PETER LANG
Frankfurt am Main · Berlin · Bern · Bruxelles · New York · Oxford · Wien

Nina Miller

Das Haftungsrecht als Instrument der Kontrolle von Kapitalmärkten

Eine vergleichende Analyse

PETER LANG
Europäischer Verlag der Wissenschaften

Bibliografische Information Der Deutschen Bibliothek
Die Deutsche Bibliothek verzeichnet diese Publikation in der Deutschen Nationalbibliografie; detaillierte bibliografische Daten sind im Internet über <http://dnb.ddb.de> abrufbar.

Zugl.: Konstanz, Univ., Diss., 2002

D 352
ISSN 0531-7312
ISBN 3-631-51103-5

www.peterlang.de

Meinen Eltern

Vorwort

Die vorliegende Arbeit wurde im Sommersemester 2002 von der Juristischen Fakultät der Universität Konstanz als Dissertation angenommen. Das Rigorosum fand am 14. November 2002 statt. Rechtsprechung und Literatur wurden bis Januar 2003 berücksichtigt.

Mein besonderer Dank gilt meinem Doktorvater Herrn Prof. Dr. Werner F. Ebke, LL.M., der die Bearbeitung dieses Themas anregte und die Arbeit stets mit Einsatz und konstruktivem Rat begleitete. Ebenso danke ich Herrn Prof. Dr. Andreas Fuchs, LL.M. für die Erstellung des Zweitgutachtens sowie den mündlichen Prüfern, den Herren Professoren Dr. Rainer Hausmann und Dr. Max-Emanuel Geis. Mein Dank geht auch an Frau Eleonore Dumitru im Sekretariat des Lehrstuhls für ihre immer freundliche Hilfe. Der New York University School of Law, meinem dortigen Betreuer Professor Stanley Siegel sowie dem Max-Planck-Institut für ausländisches und internationales Privatrecht in Hamburg sei an dieser Stelle für die großzügige Nutzung der Bibliotheken gedankt, durch die ich wertvolle Einblicke in das US-amerikanische Recht gewinnen konnte.

Schließlich möchte ich all denjenigen danken, die durch Ermutigungen, Diskussionen und nicht zuletzt das Korrekturlesen zum Gelingen dieser Arbeit beigetragen haben. Hierfür danke ich insbesondere Frau Prof. Dr. Erika Wolf, Herrn Dr. Sebastian Daub, LL.M., Frau Dr. Melanie Hartl, meinen damaligen Kollegen am Lehrstuhl und meinen Eltern Birgit und Christian Miller, die mich stets in jeder Hinsicht gefördert haben.

Frankfurt am Main, im April 2003 Nina Miller

Inhaltsverzeichnis

Abkürzungsverzeichnis

a.A.	andere(r) Ansicht
ABl.EG C	Amtsblatt der Europäischen Gemeinschaften - Reihe C (Communication); sonstige Veröffentlichungen
ABl.EG L	Amtsblatt der Europäischen Gemeinschaften - Reihe L (Lois); Rechtsvorschriften
Abs.	Absatz
AcP	Archiv für die civilistische Praxis
a.F.	alte Fassung
AG	Die Aktiengesellschaft
AktG	Aktiengesetz
Am.Econ.Rev.	American Economic Review
AnwBl	Anwaltsblatt
Anm.	Anmerkung
Art.	Artikel
Aufl.	Auflage
BAFin	Bundesanstalt für Finanzdienstleistungsaufsicht
BAWe	Bundesaufsichtsamt für den Wertpapierhandel
BB	Betriebsberater
Bd.	Band
Bearb.	Bearbeiter/Bearbeitung/bearbeitet
Begr.	Begründung/Begründer/begründet
BGB	Bürgerliches Gesetzbuch
BGBl	Bundesgesetzblatt
BGH	Bundesgerichtshof
BGH RR	Rechtsprechung des Bundesgerichtshofs
BGHZ	Entscheidungssamlung des Bundesgerichtshofs in Zivilsachen
BMF	Bundesministerium für Finanzen
BörsG	Börsengesetz
BörsZulBek	Börsenzulassungsbekanntmachung
BörsZulVO	Börsenzulassungsverordnung
BRAGO	Bundesgebührenordnung für Rechtsanwälte
BRAO	Bundesrechtsanwaltsordnung
BR-Drucks.	Bundesrats - Drucksache
Bsp.	Beispiel
BT-Drucks.	Bundestags - Drucksache
Bus.Law.	Business Lawyer

BVerfGE	Bundesverfassungsgerichtsentscheidung
bzw.	beziehungsweise
Cal.	California
Cal.L.Rev.	Californian Law Review
Cal. Legis. Serv.	California Legislative Service
C.F.R.	Code of Federal Regulations (U.S.)
Ch.	Chapter
Cir.	Circuit
Colum.L.Rev.	Columbia Law Review
Cong.	Congress
Corp.	Corporation
DB	Der Betrieb
D.C.Cal.	United States District Court for the District of California
D.Conn.	United States District Court for the District of Connecticut
ders.	derselbe
d.h.	das heißt
Diss.	Dissertation
D.Minn.	United States District Court for the District of Minnesota
DRiZ	Deutsche Richterzeitung
DRV	Deutsche Rentenversicherung
Duke L.J.	Duke Law Journal
ed.	edition
EDGAR	Electronic Data Gathering Analysis and Retrieval System
EG	Europäische Gemeinschaft(en)
EGV	Vertrag über die Europäischen Gemeinschaften
Einl.	Einleitung
et al.	et alia
Emory L.J.	Emory Law Journal
EU	Europäische Union
EWG	Europäische Wirtschaftsgemeinschaft
EWS	Europäisches Wirtschafts- und Steuerrecht
Securities Exchange Act	Securities Exchange Act of 1934

EzA	Stahlhacke Entscheidungssammlung zum Arbeitsrecht
f.	folgende
F.2d	Federal Reporter, Second Series
F.3d	Federal Reporter, Third Series
FAZ	Frankfurter Allgemeine Zeitung
Fed.Sec.L.Rep.	Federal Securities Law Report
ff.	fortfolgende
FFG	Finanzmarktförderungsgesetz
Fn.	Fußnote
Fordham L.Rev.	Fordham Law Review
FRCP	Federal Rules of Civil Procedure
FS	Festschrift
F.Supp.	Federal Supplement
FTC	Federal Trade Commission
GAAP	General Accepted Accounting Principles
Geo.Wash.L.Rev.	George Washington Law Review
GG	Grundgesetz
Harv.L.Rev.	Harvard Law Review
HGB	Handelsgesetzbuch
Hofstra L.Rev.	Hofstra Law Review
Hrsg.	Herausgeber
IAS	International Accounting Standards
ibid.	ibidem
Inc.	Incorporation
Int'l Law.	The International Lawyer
Int'l Rev.L. & Econ.	International Review of Law and Economics
i.S.d.	im Sinne des/der
i.V.m.	in Verbindung mit
JA	Juristische Arbeitsblätter
J.Bus.Law.	The Journal of Business Law
J.Fin.	The Journal of Finance
J. Law & Econ.	Journal of Law and Economics
Jura	Jura/Juristische Ausbildung
JuS	Juristische Schulung
JZ	Juristenzeitung

KAGG	Gesetz über Kapitalanlagegesellschaften
Kap.	Kapitel
KO	Konkursordnung
KonTraG	Gesetz zur Kontrolle und Transparenz im Unternehmensbereich
KritV	Kritische Vierteljahresschrift für Gesetzgebung und Rechtswissenschaft
KWG	Gesetz über das Kreditwesen
L.Ed.	Lawyer's Edition
LG	Landgericht
LK	Leipziger Kommentar
Mich.L.Rev.	Michigan Law Review
Minn.	Minnesota
MüKo	Münchener Kommentar
m.w.N.	mit weiteren Nachweisen
NASD	National Association of Securities Dealers
NASDAQ	National Association of Securities Dealers Automated Quotations
N.D.Cal.	United States District Court for the Northern District of California
N.E.	North Eastern Reporter
New England L.Rev.	New England Law Review
n.F.	neue Fassung
no.	number
Nr.	Nummer
NJW	Neue Juristische Wochenschrift
N.Y.	New York
NYSE	New York Stock Exchange
N.Y.U.L.Rev.	New York University Law Review
NZG	Neue Zeitschrift für Gesellschaftsrecht
OLG	Oberlandesgericht
O.V.	Ohne Verfasser
para.	Paragraf
Prop.	Proposition
Pub.L.	Public Law

Q.J.Econ.	Quarterly Journal of Economics
RabelsZ	Rabels Zeitschrift für ausländisches und internationales Privatrecht
RBerG	Rechtsberatungsgesetz
Red.	Redakteur
Reform Act	Private Securities Litigation Reform Act of 1995
RegE	Regierungsentwurf
RGBl	Reichsgesetzblatt
RGZ	Entscheidungen des Reichsgerichts in Zivilsachen
RICO	Racketeer Influenced and Corrupt Organizations Act
RIW	Recht der Internationalen Wirtschaft
rkr.	rechtskräftig
Rn.	Randnummer
S.	Seite
SA	Securities Act of 1933
S.Ct.	Supreme Court Reporter
S.Ct.Rev.	Supreme Court Review
S.D.Cal.	United States District Court for the Southern District of California
S.D.N.Y.	United States District Court for the Southern District of New York
SEA	Securities Exchange Act of 1934
Sec.	Section
SEC	Securities and Exchange Commission
Securities Act	Securities Act of 1933
Sec.Reg.L.J.	Securities Regulation Law Journal
SJZ	Schweizer Juristenzeitung
SOA	Sarbanes-Oxley Act of 2002
sog.	sogenannte
Stan.L.Rev.	Stanford Law Review
Stat.	Statutes
StGB	Strafgesetzbuch
SZW	Schweizerische Zeitschrift für Wirtschaftsrecht
Texas L.Rev.	Texas Law Review
Tz.	Textziffer
u.a.	und andere

UCLA L.Rev	University of California at Los Angeles Law Review
UCC	Uniform Commercial Code
U.Chi.L.Rev.	University of Chicago Law Review
US	United States
USD	US Dollar
U.S.	United States Reports
U.S.C.A.	United States Code Annotaded
UWG	Gesetz gegen den Unlauteren Wettbewerb
v.	versus /vom
VAG	Versicherungsaufsichtsgesetz
VersR	Versicherungsrecht
vgl.	vergleiche
VerkProspG	Verkaufsprospektgesetz
Va.L.Rev.	Virginia Law Review
Vol.	Volume
Vor.	Vorbemerkung
VW	Versicherungswirtschaft
WM	Wertpapiermitteilungen- Zeitschrift für Wirtschafts- und Bankrecht
WPg	Die Wirtschaftsprüfung
WpHG	Wertpapierhandelsgesetz
WPK-Mitt.	Wirtschaftsprüferkammer Mitteilungen
Yale L.J.	Yale Law Journal
z.B.	Zum Beispiel
ZBB	Zeitschrift für Betriebswirtschaft und Bankrecht
ZfBF	Schmalenbachs Zeitschrift für betriebswirtschaftliche Forschung
ZGR	Zeitschrift für Unternehmens- und Gesellschaftsrecht
ZHR	Zeitschrift für das gesamte Handelsrecht
ZIP	Zeitschrift für Wirtschaftsrecht und Insolvenzpraxis
ZPO	Zivilprozessordnung
ZSR	Zeitschrift für Schweizerisches Recht
ZVersWiss	Zeitschrift für die gesamte Versicherungswissenschaft

A. Einführung

Der Kapitalmarkt spielt politisch und wirtschaftlich eine immer größere Rolle. Besondere Bedeutung kommt ihm aus volkswirtschaftlicher Sicht zu, da die internationale Wettbewerbsfähigkeit einer Volkswirtschaft in entscheidendem Maße von der Funktionsfähigkeit ihrer Finanzmärkte abhängt[1]. Schon im Jahre 1932 schrieb *Lindemann,* dass „die Störung des Geld- und Wertpapierverkehrs, der ein funktionell äußerst wichtiger Faktor innerhalb der Volkswirtschaft ist, katastrophale Folgen für die Gesamtwirtschaft mit sich bringen kann."[2] In einem funktionsfähigen Kapitalmarkt werden unzählige volkswirtschaftliche Faktoren wirksam. Sie schaffen die für eine funktionierende Volkswirtschaft förderlichen, ja notwendigen Voraussetzungen und lassen weitreichende Synergieeffekte erwarten. Ein funktionsfähiger Kapitalmarkt kann einen Dominoeffekt erzeugen, der viel bewegt. Die Finanzmärkte dienen vor allem der Kapitalbeschaffung. Funktionierende Kapitalmärkte befriedigen die weltweit steigende Nachfrage national wie international tätiger Unternehmen nach Eigen- und Fremdkapital[3]. Eine ausreichende Kapitalversorgung der Wirtschaft ermöglicht Produktivitätssteigerungen, die für eine Steigerung der Wettbewerbsfähigkeit der Marktteilnehmer und der Volkswirtschaft insgesamt notwendige Voraussetzung sind. Wettbewerbsfähigkeit schafft die Grundlage für einen gesunden und stabilen Arbeitsmarkt[4]. Daneben wird der Kapitalmarkt für die private Altersvorsorge immer wichtiger; denn die staatlichen Ressourcen können die Altersversorgung nicht mehr allein in ausreichendem Maß gewährleisten. Der einzelne Bürger wird in Zukunft darauf angewiesen sein, seine Altersvorsorge zusätzlich über den Kapitalmarkt zu sichern. Auf diese Weise wird der Staat durch den Kapitalmarkt entlastet.

Der Standort Deutschland muss international konkurrenzfähig zu bleiben, er muss seine Attraktivität für die emittierenden Unternehmen, die Emissionsbegleiter und zugleich für die Anleger steigern, um die genannten Aufgabe erfüllen zu können. Entsprechende Voraussetzungen wurden mit dem 1998 erlassenen dritten Finanzmarktförderungsgesetz, dem ebenfalls 1998 in Kraft getretenen Gesetz zur Kontrolle und Transparenz im Unternehmensbereich (KonTraG) und dem im Jahr 2002 in Kraft getretenen vierten Finanzmarktförderungsgesetz geschaffen. Die positive Wirkung dieser Initiative zeigt sich beispielsweise darin, dass bei der

---

1 Vgl. Begr. RegE 2. FFG, BT-Drucks. 12/6679, S. 33.

2 *Lindemann*, Wirtschaftsstrafrecht, S. 50.

3 *Ebke*, WPK-Mitt. Sonderheft Juni 1997, 12, 13.

4 Siehe *o.V.*, FAZ v. 08.06.1998, S. 19.

Standortbestimmung für Daimler Chrysler der Standort Deutschland aufgrund des KonTraG den Zuschlag bekommen haben soll[5].

Der Kapitalmarkt in den USA ist für deutsche Unternehmen von großem Interesse. Mit dem Ziel der Kapitalbeschaffung versuchen viele deutsche Unternehmen seit längerer Zeit auf dem US - amerikanischen Kapitalmarkt Fuß zu fassen[6]. Aus diesem Grunde findet zwangsläufig eine gewisse Orientierung an US-amerikanischen Normen statt[7]. Der Kapitalmarkt spielt für die privaten (Klein-) Anleger in den USA eine wichtige Rolle, da er in weitaus größerem Maße als in Deutschland der Altersvorsorge dient. Der Anlegerschutz nimmt einen wesentlich wichtigeren Platz ein als in Deutschland. Die Kapitalzufuhr auf den US-amerikanischen Kapitalmarkt befindet sich derzeit in einer Aufschwungphase. Im Zeitraum der letzten 50 Jahre haben die US-Amerikaner in den Jahren 1997/98 den prozentual größten Anteil ihres Vermögens am Wertpapiermarkt investiert[8]. Grund dafür waren die in den drei vorhergehenden Jahren um dreißig Prozent jährlich gestiegenen Aktienpreise[9]. Die Investition in Wertpapiermärkte macht statistisch 28 Prozent des Vermögens eines privaten Haushalts aus[10]. Damit wurde 1998 zum ersten Mal seit 30 Jahren mehr in das Wertpapier als in das Eigenheim investiert[11]. Von diesem Trend profitiert die Wirtschaft. Allerdings sind die Folgen eines etwaigen Börseneinbruchs für den Wohlstand breiter Bevölkerungsschichten in den USA gravierender als in Deutschland. Rechtsgrundlagen zur Kontrolle des Kapitalmarkts sind deshalb in den USA noch wichtiger als in Deutschland.

Potenzielle Kapitalgeber sind die privaten Anleger. Ihre Kapitalressourcen sind beträchtlich und dürfen nicht unterschätzt werden. Um den Kapitalmarkt für

---

5 *O.V.*, FAZ v. 05.06.1998, S. 29.

6 Als Aufsehen erregendes und bekanntestes Beispiel ist hier der Gang der Daimler - Benz AG 1993 an die New York Stock Exchange zu nennen, siehe dazu ausführlich *Bruns*, WPK-Mitt. Sonderheft Juni 1997, 31 - 36. Daimler - Benz folgten Allianz, BASF, Bayer, Celanese, Daimler-Chrysler, Deutsche Bank, Deutsche Telekom, Epcos, E.On, Fresenius Medical Care, Fresenius Medical Care AG, Infineon Technologies, Pfeiffer Vacuum Technology, SAP, Schering, SGL Carbon und Siemens, siehe Internetseite der NYSE unter http://www.nyse.com/listed/listed.html v. 25.01.2002.

7 Vergleiche zum Beispiel die Erwägungen des Bundesrats hinsichtlich der Frist des Erwerbsgeschäfts bei der Börsenprospekthaftung in BR-Drucks. 605/2/97, Empfehlungen der Ausschüsse, S. 11 f. Ohnehin spielt das US-amerikanische Recht eine Vorreiterrolle im Kapitalmarkt- und im Haftungsrecht, siehe *Hirte*, in: FS Leser, S. 335, 337 f.

8 *Wyatt*, New York Times, February 11, 1998, A1, D 4.

9 Die Regel sind 8 Prozent Gewinn pro Jahr, vgl. *Wyatt*, New York Times, February 11, 1998, A1, D 4.

10 *Wyatt*, New York Times, February 11, 1998, A1, D 4.

11 *Wyatt*, New York Times, February 11, 1998, A1, D 4. Zusätzlich wurde der Anteil der Ersparnisse am Einkommen geringer und sank auf 3,8 Prozent des verfügbaren Einkommens; dies stellt den niedrigsten Anteil am Einkommen seit 58 Jahren und weniger als die Hälfte des niedrigsten Standes in der Nachkriegszeit (9,5 Prozent 1974) dar.

sie attraktiv werden zu lassen und sie für Investitionen zu gewinnen, müssen Rahmenbedingungen geschaffen werden, die ihnen Sicherheit und Schutz gewährleisten. Internationalisierung und Globalisierung der Wirtschaft erfordern die internationale Akzeptanz des Kapitalmarktes. Dafür wird Investitionskapital - auch von ausländischen Investoren - benötigt. Die Mitwirkung ausländischer Investoren trägt außerdem zur Vergrößerung des Bekanntheitsgrades bei, der als Grundlage weitergehender Investitionen am Kapitalmarkt dient. Der Anteil ausländischer Investoren auf dem Rentenmarkt ist seit 1985 von 0,8 Prozent auf 22 Prozent 1997 gestiegen[12]. Der Anteil ausländischer Unternehmen an den notierten Gesellschaften betrug 1995 zwar 58 Prozent. Sie konnten aber nur einen Anteil von zwei Prozent am Gesamtumsatz erwirtschaften[13].

Eckpfeiler für den effizienten Kapitalmarkt ist die Integrität der kapitalmarktrechtlichen Information des Marktes, denn die Marktteilnehmer, insbesondere die Investoren müssen auf der Grundlage zuverlässiger Informationen überlegte Entscheidungen treffen können. Kapitalmarktrechtliche Informationspflicht soll verhindern (helfen), dass Informationsasymmetrien entstehen und sich durch fehlerhafte oder unvollständige Informationsversorgung des Marktes manipulierte, d.h. "falsche", die Anleger und den Berufshandel schädigende Börsenpreise bilden[14]. Je mehr sich der Investor auf Informationen verlassen kann, desto engagierter wird er investieren und dadurch die Effizienz der Kapitalmärkte steigern. Zwischen der Effizienz der Kapitalmärkte und der Glaubwürdigkeit und Verlässlichkeit der Informationen besteht eine direkte Verbindung[15]. Kapitalmarktrechtliche Information ist also als ein zentrales Regelungsinstrument eines bestandsfähigen Kapitalmarktes anzusehen[16]. Sie stellt sicher, dass der Marktpreis einer Aktie ihrem wahren Vermögenswert entspricht[17]. Auf dem Primärmarkt liegen die Zuständigkeit und die Verantwortlichkeit für die Informationen bei den Emittenten: bei einer Selbstemission liegen sie bei der Gesellschaft, bei einer Fremdemission liegen sie (auch) beim Emissionshaus[18]. Im Sekundärmarkt tragen die Unternehmensinsider[19] Verantwortung bezüglich der

12 *Brandt* in: Büttner/Hampe (Hrsg.), Globalisierung, S. 163.

13 *Bruns*, WPK-Mitt. Sonderheft Juni 1997, 31, 32.

14 *Kümpel*, in: Assmann/Schneider (Hrsg.), § 15, Rn. 12.

15 Vgl. *Liggio*, WPK-Mitt. Sonderheft Juni 1997, 139, 139.

16 *Assmann*, Kapitalmarkt in Europa, S. 28.

17 *Schwark*, Börsengesetz, § 29, Rn. 9.

18 Nicht untersucht wird die Haftung der Abschlussprüfer, die die Bilanzen der Unternehmen prüfen und testieren und damit für die korrekte Weitergabe der Informationen sowohl an den Emittenten als auch an die Anleger sorgen und folglich ebenfalls einen wichtigen Beitrag zur Schaffung von Informationsintegrität leisten. Zur Haftung für Comfort Letters siehe *Ebke/Siegel*, WM Sonderbeil. Nr. 2 zu Heft 22/2001, 3 - 23.

19 Siehe dazu *Immenga*, ZBB 1995, 197, 199.

Informationsweitergabe bzw. des Gebrauchs der nicht-öffentlichen Information. Verantwortlich für die Verbreitung öffentlicher Informationen sind die Banken, Emittenten und sonstigen Händler.

Beeinflusst wird die Preisbildung an der Börse durch Veränderungen von Angebot und Nachfrage, ferner durch die Geld- und Kapitalmarktlage unter Einschluss des Zinsniveaus, sowie durch psychologische Faktoren und durch die allgemeine Wirtschaftslage und politische Entwicklungen[20]. Für Entwicklungen am Aktienmarkt sind zusätzlich wichtige Finanzierungsvorgänge wie Kapitalerhöhung und Fusion[21] von Einfluss. Sie müssen zugunsten der Anleger in Vergleiche ermöglichender Weise offengelegt werden. Einige inländische börsennotierte Aktiengesellschaften haben die Wichtigkeit der Vergleichbarkeit und Transparenz bereits erkannt und erstellen freiwillig ihre Bilanz nach der US-amerikanischen Rechnungslegung oder nach internationalen Standards, namentlich nach den US-amerikanischen GAAP[22] oder den IAS[23]. Damit wird das Informationsbedürfnis - insbesondere der an solche Informationen gewöhnten international tätigen Anleger - befriedigt. Folge sind steigende Börsenkurse[24]. Durch das im März 1998 in Kraft getretene Kapitalaufnahmeerleichterungsgesetz[25] ist es deutschen international tätigen Konzernen ausdrücklich gestattet, nach anerkannten Rechnungslegungsgrundsätzen anderer Staaten oder internationalen Standards zu bilanzieren (§ 292a n.F. HGB)[26]. Umfangreiche Registrierungs- und Publizitätspflichten bedeuten allerdings auch eine Erschwernis des Zugangs zu einem Kapitalmarkt, die vielleicht einige Unternehmen nicht auf sich nehmen

---

20 *Prion*, Die Preisbildung an der Wertpapierbörse, S. 2 f, 146 f.

21 Siehe zur Kursbildung am Aktienmarkt *Bellinger*, Die kursbildenden Faktoren am deutschen Aktienmarkt.

22 Ihre Bilanz nach den GAAP erstellen nach Stand von November 2001 9 der 30 im DAX gelisteten Unternehmen, siehe Internetseite der Deutschen Börse, http://www.deutsche-boerse.com/listingcenter/ v. 30.01.2002. Nach diesen Grundsätzen bilanzieren die Unternehmen vor allem auch dann, wenn sie an der New York Stock Exchange emittieren, da die SEC keine deutsche Rechnungslegung akzeptiert, siehe hierzu *Bruns*, WPK-Mitt. Sonderheft Juni 1997, 31, 31.

23 Nach den IAS bilanzieren nach Stand von November 2001 16 der 30 im DAX gelisteten Unternehmen, siehe Internetseite der Deutschen Börse, http://www.deutsche-boerse.com/listingcenter/ v. 30.01.2002.

24 Bestätigend *o. V.*, Capital 10/96, 52-56.

25 Ziel des Kapitalaufnahmeerleichterungsgesetzes (KapAEG) ist die Entlastung deutscher Konzerne, die zwecks Kapitalbeschaffung an ausländischen Kapitalmärkten, nach dortigen Rechnungslegungsgrundsätzen bilanzieren müssen. Ihnen wird in solchen Fällen ein Konzernabschluss nach deutschen Konzernrechnungsbestimmungen erspart, siehe BT-Drucks.13/714 v. 06.03.1997.

26 Eine möglicherweise in Erscheinung tretende Gefahr wird hierbei in der Zweiteilung des Bilanzrechts für die international tätigen Konzerne auf der einen Seite und die kleineren Unternehmen auf der anderen Seite befürchtet, siehe *Möllers*, ZGR 1997, 334, 351 f.

wollen[27]. Zu berücksichtigen ist bei einem Börsengang zudem als erheblicher Kostenfaktor die Übergangszeit während der Prospektierungsphase[28].

Der Kontrolle des Kapitalmarktes zur Verbesserung der Informationsintegrität und zur Sicherstellung der Funktionsfähigkeit des Marktes dienen unterschiedliche Möglichkeiten: Gesetzliche Regelungen, in Form des Zivil-, Straf- oder Verwaltungsrechts, Aufsichtsbehörden, marktinterne Mechanismen und Steuerungsfaktoren wie beispielsweise die Rufschädigung in der Öffentlichkeit durch anhängige Rechtsstreitigkeiten[29], die eine nicht zu unterschätzende Rolle im Bereich der Steuerung von Markverhalten spielen. Unklar ist, ob die verschiedenen Mittel der Kontrolle kumulativ eingesetzt werden müssen, um einen durchschlagenden Erfolg zu erlangen, oder ob sich die verschiedenen Instrumente in ihrer Wirkung gegenseitig behindern[30].

Während die Präventionswirkung des Verwaltungs- und Strafrechts von der Initiative staatlicher Organe abhängt, stellt das zivilrechtliche Haftungsrecht auf die Initiative Privater ab. In den USA vertraut man für die Präventionswirkung auf die Initiative Privater[31]. Das Haftungsrecht muss in den USA Aufgaben übernehmen, die in Europa dem Verwaltungs- und Strafrecht überlassen werden, insbesondere hinsichtlich der Präventionsfunktion. Die Einschränkung der Initiative staatlicher Organe und die Förderung der Initiative Privater hat einen geschichtlichen Hintergrund: Die US-Amerikaner verlangten aufgrund ihrer Erfahrungen in der Vergangenheit die Einschränkung der Macht des Staates dahingehend, dass ihre Freiheit weitgehend gesichert war. Konsequent sollte es von der Initiative Privater abhängen, ob eine Rechtsverfolgung stattfinden oder unterbleiben soll. Im Bereich des Kapitalmarktrechts hat das Strafrecht auch im deutschen Recht nicht die Position inne wie in anderen Rechtsbereichen[32], so dass auch hier das Haftungsrecht eine wichtigere und umfassendere Rolle einnimmt als in einem strafrechtsdurchsetzten Raum. Außerdem ist die Einsetzung des Strafrechts lediglich ultima ratio[33], vorrangig ist also das zivilrechtliche Haftungsrecht zur Erreichung gesteckter Ziele einzusetzen.

Nicht zu unterschätzen ist die unterstützende Funktion von Marktaufsichtsbehörden. Sowohl die BAFin als auch die SEC dienen der Prävention und Verfolgung von Insiderhandel und der Überwachung von

---

27 *Wilhelm*, WPg 1998, 364, 365.

28 *O.V.*, FAZ v. 05.06.1998, 29.

29 *Schirmer*, ZVersWiss 1996, 1, 34.

30 Siehe *Weyers*, S. 463.

31 *Kötz*, in: FS Steindorff, S. 643,658.

32 *Ebke*, WPK-Mitt. Sonderheft Juni 1997, 12, 21; *Steinberg*, 30 Int'l Law. 715, 723 - 725 (1996).

33 *Lüderssen*, in: Ott/Schäfer (Hrsg.), Präventivwirkung, S. 25, 37.

Veröffentlichungspflichten der publizitätspflichtigen Unternehmen[34]. Allein im Jahr 1997 leitete beispielsweise die frühere Marktaufsichtsbehörde BAWe 74 Bußgeldverfahren wegen möglicher Verstöße gegen die Hinterlegungs- und Veröffentlichungspflichten ein[35]. Die SEC ist zur Durchführung von gerichtsähnlichen Verfahren in erster Instanz bei Streitigkeiten mit rechenschaftspflichtigen Gesellschaften und zum Erlass von Zwangsmaßnahmen berechtigt[36]. Die SEC hat aufgrund dieser Kompetenz eine wichtige Rolle innerhalb des Kapitalmarktkontrollsystems. Da allerdings die BAFin und die SEC als Überwachungsbehörden nur ein begrenztes Potenzial zur Aufdeckung von Verstößen haben, lässt das Vorgehen privater Geschädigter ein effizienteres Ergebnis als ein alleiniges Eingreifen durch die Aufsichtsbehörden erwarten. Von einem Zusammenwirken der Privaten und der Aufsichtsämter ist allerdings ein effizientes Ergebnis zu erhoffen.

Bei Missbrauch von Seiten der "Informationsgeber" soll der Anleger gegen sie vorgehen können und die Möglichkeit der Anstrebung einer Klage auf Schadensersatz haben[37]. Das Haftungsrecht soll neben dem Schutz der Anleger die Unternehmen bezüglich ihrer Standortwahl bestätigen, sie vor missbräuchlichem Verhalten der Anleger zugunsten der Volkswirtschaft bewahren und das Informationsgleichgewicht des Marktes wahren (helfen). Bleibt die Frage, wie eine derartige Aufgabe ausgestaltet sein muss. Der positive Aspekt der Kontrolle des Kapitalmarktes durch das Haftungsrecht darf aber nicht die Sicht auf mögliche negative Effekte vernachlässigen. So nahmen beispielsweise in den USA die Klagen derart überhand[38], dass der daraus entstandene Schaden die Stabilisierungsfunktion des Haftungsrechts weit überstieg. Eine Überregulierung ist also weniger sinnvoll als ein gemäßigtes Haftungsrecht. Der Kapitalmarkt ist ein Markt des Risikos, genauer der Risikoumverteilung. Er kann dem Anleger das Miterleben der Dynamik von Risiko und Profit nicht ersparen[39]. Eine zu strenge Regulierung könnte zudem dahin führen, dass den Anlegern lukrative Risikoinvestitionen vorenthalten werden, die aus volkswirtschaftlicher Sicht als

34 § 7 WpHG; Begr. RegE 2. FFG, BT-Drucks. 12/6679, 34; *Hazen*, S. 835; *Steinberg*, Securities Law, S. 2, 8 f.; *Skousen*, S. 22, 62-65.

35 *O.V.*, FAZ v. 1.8.1998, S. 20.

36 „It is an independent, bipartisan, quasi-judicial ageny of the United States Government", siehe *Steinberg*, Securities Law, S. 6; *Haller*, S. 32 f.

37 Vgl. *Liggio*, WPK - Mitt. Sonderheft Juni 1997, 139, 139

38 Siehe Beispiel für "abusive litigation": Butte Mining plc v. Smith, 76 F.3d 287 (9th Cir. 1996) : Eine britische Gesellschaft strebte eine Klage in den USA im Rahmen einer Emission in London gegen ihren britischen Wirtschaftsprüfer an, mit dem Argument, dass sich die Gerichtskosten in England auf einen derart hohen Betrag belaufen würden, dass ihr die Klageerhebung bezogen auf die finanzielle Lage der Gesellschaft in England unmöglich sei.

39 *von Weizsäcker*, in: Schneider (Hrsg.), S. 82.

nützlich anzusehen sind und dadurch verloren gingen[40]. Insofern würde eine Regulierung sowohl bezogen auf die Interessen der Anleger als auch auf die Volkswirtschaft mehr schaden als nützen.

Bei der Untersuchung des Haftungsrechts darf nicht ausser acht gelassen werden, dass der Informationsbedarf in den USA ein anderer ist als in Deutschland; denn in den USA gibt es mehr private Investoren als in Deutschland[41], die in der Regel schlechter informiert sind als „professionelle" Anleger. Das US-amerikanische Recht legt mehr Wert auf die Informierung der breiten Öffentlichkeit als dies in Deutschland der Fall ist. Ein aktuelles Beispiel für die daraus entstehende unterschiedliche Ausgestaltung rechtlicher Regelungen ist EDGAR, das die Zugänglichkeit kapitalmarktrelevanter Informationen für die breite Öffentlichkeit bezweckt[42], während der Gesetzgeber in Deutschland zum Teil die Herstellung einer Bereichsöffentlichkeit bei der Offenlegung kapitalmarktrelevanter Informationen genügen lässt[43].

B. Gegenstand, Ziel und Gang der Untersuchung

Untersuchungsgegenstand dieser Arbeit ist das Haftungsrecht mit seinen Ausformungen und seinen vielfältigen Aspekten. Ziel der nachfolgenden Untersuchung ist es, herauszufinden, wie das materielle und das prozessuale Haftungsrecht als Steuerungsinstrumente für das Verhalten der Kapitalmarktteilnehmer auszugestalten sind und wie sie zusammenspielen müssen, damit Kapitalmärkte effizient sind. Unter dieser Zielsetzung werden zunächst die Effizienz des Kapitalmarktes und die Funktionen des Haftungsrechts im Hinblick auf den Kapitalmarkt untersucht. Anschließend soll anhand ausgewählter Vorschriften, die zur Erreichung der Informationseffizienz von besonderer Bedeutung sind, untersucht werden, ob und wie weit das Haftungsrecht funktionsgerecht ist. Die Untersuchung wird sich auf die Vorschriften zur Börsenprospekthaftung, zum Insiderhandel und zur Ad-hoc-Publizität beschränken. Diese Vorschriften sind erlassen, um die Zuführung der für die Funktionsfähigkeit des Kapitalmarktes erforderlichen Informationen sicherzustellen und Informationsasymmetrien abzubauen.

---

40 *von Weizsäcker*, in: Schneider (Hrsg.), S. 82.

41 Im Jahre 1995 waren 14,6 Prozent der deutschen privaten Haushalte in Aktienbesitz im Gegensatz zu 36,4 Prozent in den USA, *Hopt/Baum*, in: Hopt/Rudolph/Baum (Hrsg.), Börsenreform, S. 287, 293.

42 *Graham*, S. 295.

43 So jedenfalls für die Erfüllung der Ad-hoc-Publizität, siehe Begr. RegE 2. FFG, BT-Drucks. 12/6679, S. 46, 48; *Assmann*, in: Assmann/Schneider (Hrsg.), § 13, Rn. 41.

Der Prospekt ist im Primärmarkt die wichtigste Informationsquelle über neu zuzulassende Wertpapiere[44]. Die Prospekthaftung wird als Bündel kapitalmarktbezogener Informationsverhaltenspflichten[45] begriffen. Es wird unterstellt, dass potenzielle Anleger für Investitionsentscheidungen auf Richtigkeit und Vollständigkeit der Angaben im Prospekt angewiesen sind. Zu untersuchen ist also auch, ob der Prospekt als Informationsquelle für Anlageentscheidungen zur Funktionsfähigkeit des Kapitalmarktes beiträgt. Der Insiderhandel gilt als Zeichen bestehender Informationsasymmetrien auf dem Markt, die es zu beheben gilt. Die Ad-hoc-Publizität soll potenzielle Anleger im Sekundärmarkt mit entscheidungserheblichen Informationen ausstatten und Informationsasymmetrien abbauen (helfen).

Prozessrechtlich werden insbesondere die kollektive Geltendmachung von Ansprüchen, die dem US-Recht eigene *pre-trial discovery* und die Kostenregelungen auf ihre Wirkung hin beleuchtet werden, da sie eine Beeinflussung des Verhaltens sowohl der Anleger als auch der Informationsverantwortlichen vermuten lassen.

44 *Claussen*, Bank - und Börsenrecht, § 9, Rn. 62.
45 *Assmann*, Prospekthaftung, S. 273.

1. Kapitel: Das kapitalmarktbezogene Haftungsrecht und seine Funktionen

Der Begriff „Kapitalmarkt“ stellt eines der „unpräzisesten, erklärungsbedürftigsten Wörter unserer Fach- und Allgemeinsprache“[46] dar. Oftmals wird unter Kapitalmarkt lediglich der Aktienmarkt verstanden, und zwar der Primärmarkt, in dem sich Emittenten und Anleger gegenüberstehen, sowie die Wertpapiermärkte[47]. Kapitalmarkt im weiteren Sinne umfasst die längerfristige Geldvermögensbildung einerseits und ihre Aufnahme für Finanzierungszwecke andererseits. Gleich wie der Begriff „Kapitalmarkt“ wird auch der Begriff „Kapitalmarktrecht“ unterschiedlich verstanden. Nach einem engen Kapitalmarktrechtsbegriff wird das Kapitalmarktrecht auf diejenigen Vorschriften eingegrenzt, die das Verfahren zur Steuerung des Wertpapierangebots und der Wertpapiernachfrage oder auch Verfahren zum Austausch von Wertpapieren und Geld durch Individuen regeln[48]. Der enge Kapitalmarktrechtsbegriff umfasst Regelungen, die den Marktmechanismus ausgestalten: im Primärmarkt das Gegenüber von Emittenten und Anlegern und im Sekundärmarkt das Gegenüber der Anleger untereinander[49]. Der enge Kapitalmarktrechtsbegriff berücksichtigt keine Regelungen zur Organisation, Solvenz und Liquidität des Kapitalmarkts sowie verbandsrechtlich ausgestaltete Publizitätspflichten oder steuerrechtliche Vorschriften[50]. Dagegen umfasst ein weiter Kapitalmarktrechtsbegriff alle Rechtsregeln, die unmittelbaren Einfluss auf den Kapitalmarkt haben. Das sind insbesondere entsprechende Regelungen des Bankrechts, des Kapitalgesellschaftsrechts und des Steuerrechts[51]. Danach lässt sich das Kapitalmarktrecht erklären als die „Gesamtheit der Normen, Geschäftsbedingungen und Standards, mit denen die Organisation der Kapitalmärkte und die auf sie bezogenen Tätigkeiten sowie das marktbezogene Verhalten der Marktteilnehmer geregelt werden“[52]. Die hier zu untersuchenden Normen betreffend die Börsenprospekthaftung, den Insiderhandel und die Ad-hoc-Publizität sind vom engen Kapitalmarktrechtsbegriff umfasst. Die Frage, in welchem Verhältnis gesellschaftsrechtliche und kapitalmarktrechtliche Regelungen zueinander stehen, muss daher an dieser Stelle nicht geklärt werden[53].

46 *Assmann*, in: Assmann/Schütze (Hrsg.), § 1, Rn. 3 m.w.N.
47 *Kaiser*, Harmonisierung des europäischen Kapitalmarktrechts, S. 9.
48 *Weber*, in: Dauses, FIII, Rn. 6.
49 *Grundmann*, ZSR 115 (1996), 103, 120-122.
50 *Grundmann*, ZSR 115 (1996), 103, 120-122.
51 Vgl. *Deckert/von Rüden*, EWS 1998, 46, 46.
52 *Kümpel*, in: Kümpel/Ott (Hrsg.), Kap. 050, S. 66.
53 Teilweise wird von einer Verzahnung der gesellschaftsrechtlichen und

§ 1: Kapitalmarkt und Kapitalmarktrecht

Bei der Untersuchung der Börsenprospekthaftung, des Insiderhandels und der Ad-hoc-Publizität ist im Rahmen des Kapitalmarktes zwischen Emissions- oder Primärmarkt und Zirkulations- oder Sekundärmarkt zu unterscheiden. Der Primärmarkt ist Teil des außerbörslichen Kapitalmarktes[54]. Zu den Börsenmärkten zählen nur die Sekundärmärkte, da sie als börsenmäßig organisierten Märkte Wertpapiere nicht platzieren, sondern nach deren Platzierung mit ihnen handeln[55].

Der Primärmarkt ist der Markt, auf dem die (Erst)Platzierung der Wertpapiere im Wege der Begebung (Emission) stattfindet[56]. Die Börsenprospekthaftung ist im Bereich des Primärmarktes einschlägig. Im Rahmen des Primärmarktes ist zwischen Eigen- und Fremdemission zu unterscheiden. Diese Unterscheidung ist notwendig für die Ausgestaltung der Haftung von Emittent und Emissionshaus bei der Börsenprospekthaftung. Bei der Eigenemission wendet sich der Emittent der Kapitalmarktpapiere direkt an die anlagesuchenden Kapitalgeber, indem er z.B. die Wertpapiere über das eigene Vertriebsnetz von Kreditinstituten ausgibt[57] und damit als Verkäufer unmittelbar am Primärmarkt emittiert. Die Eigenemission ist die in der Praxis eher seltene Variante der Platzierung der Aktien. Die Fremdemission ist die in der Praxis übliche Form der Aktienausgabe[58]. Sie erfolgt unter Einschaltung von Banken oder anderen Emissionsinstituten[59]. Die Fremdemission wird der Eigenemission vorgezogen, da sich die Anleger mehr auf die Reputation des Emissionshauses und damit auf dessen Emissionskredit als auf das Ansehen der Emittenten verlassen. Die Emissionshäuser haben das für die Platzierung der Emission erforderliche Ansehen und die Verbindungen[60]. Folglich ist es für die Emittenten sinnvoller, zusammen mit einem Kreditinstitut zu emittieren. Die Fremdemission wird vor allem dann bevorzugt, wenn der Emittent im Rahmen

---

kapitalmarktrechtlichen Regelungen gesprochen, die die dem Aktionär eigene hybride Rechtsstellung berücksichtigt, in der er Gesellschafter im Sinne eines Unternehmers und gleichzeitig Kapitalanleger ist, vgl. *Möllers*, ZGR 1997, 334, 336. Im US-amerikanischen Recht hat die Doppelrolle des Aktionärs im Rahmen der Kapitalmarktregulierung Berücksichtigung gefunden, siehe zum US-amerikanischen Kapitalmarktrecht unten ab S. 40.

54 *Kümpel*, Kapitalmarktrecht, S. 18.

55 *Kümpel*, in: Kümpel/Ott (Hrsg.), Kap. 050, S. 7. Neben der Unterscheidung zwischen Primär- und Sekundärmarkt lassen sich nach dem zeitlichen Abstand von Abschluss und Abwicklung Kassamärkte und Terminmärkte unterscheiden, *Kaiser*, Harmonisierung des europäischen Kapitalmarktrechts, S. 9.

56 *Kümpel*, in: Kümpel/Ott, Kapitalmarktrecht, Kap. 050, S. 7.

57 *Reuter*, Aktienmarkt, S. 2.

58 Vgl. *Kümpel*, in: Kümpel/Ott (Hrsg.), Kap. 050, S. 8.

59 Siehe *Kümpel*, in: Kümpel/Ott (Hrsg.), Kap. 050, S. 8.

60 *Hopt*, Verantwortlichkeit der Banken, § 3, Rn. 74.

einer Barkapitalerhöhung bei der Ausgabe von Aktien Kapital in bestimmter Höhe zu einem bestimmten Zeitpunkt benötigt[61]. Die Kreditinstitute übernehmen dann die neuen Aktien termingerecht zum vereinbarten Preis und vermitteln sie schließlich durch ihre bankmäßigen Geschäftsverbindungen an potenziell interessierte Anleger. Ein so gestalteter Platzierungsvorgang entspricht nicht der tatsächlichen Ausgabe der zukünftigen Kapitalmarktpapiere. Die Platzierung ist erst dann erfolgt, wenn die Banken, nach dem vorübergehenden Erwerb, die Aktien auf die Anleger übertragen haben[62]. Die Zwischenschaltung der Banken ist für die Funktionsfähigkeit des Kapitalmarktes erforderlich[63]. Durch ihre aktive Tätigkeit im Primärmarkt sind die Banken neben den Emittenten Regelungsobjekte der Börsenprospekthaftung[64].

In den Sekundärmärkten, in denen die bereits emittierten Wertpapiere gehandelt werden, ist zwischen börsenmäßig organisierten und außerbörslichen Kapitalmärkten zu unterscheiden[65]. Hier stehen sich anbietende und nachfragende Anleger gegenüber[66]. Auf dem Sekundärmarkt ist die Ad-hoc-Publizität, also die Informationsweitergabe an die Anleger zur Vermeidung von Insiderhandel und zur Förderung der Bildung fairer Preise unerlässlich.

A. Der deutsche Kapitalmarkt

Nach dem Wertpapierhandelsgesetz handelte es sich beim Kapitalmarkt bis zum Erlass des dritten Finanzmarktförderungsgesetzes um einen Markt, der von staatlich anerkannten Stellen geregelt und überwacht wird, regelmäßig stattfindet und für das Publikum unmittelbar oder mittelbar zugänglich ist[67]. Diese Definition entspricht dem Marktbegriff der EG-Insiderrichtlinie[68]. Sie umfasst ausschließlich den amtlichen[69] und den geregelten Markt[70], die beiden öffentlich-rechtlich strukturierten Marktsegmente der Börse[71]. Damit ist am deutschen Kapitalmarkt

---

61 *Kümpel*, Kapitalmarktrecht, S. 19.
62 Siehe genauer *Kümpel*, in: Kümpel/Ott (Hrsg.), Kap. 050, S. 8.
63 *Kümpel*, Bank- und Kapitalmarktrecht, S. 5, Rn. 1.7.
64 Dazu unten ab S. 126.
65 *Kümpel*, in: Kümpel/Ott (Hrsg.), Kap. 050, S. 9.
66 *Kaiser*, Harmonisierung des europäischen Kapitalmarktrechts, S. 9.
67 § 2 Abs. 1 WpHG a.F.
68 Art. 1, Richtlinie vom 13.11.1989 (89/592/EWG), ABl.EG Nr. L 334/30 vom 18.11.1989.
69 Vgl. § 30 Abs. 1 BörsG.
70 Siehe §§ 49 ff. BörsG. Der geregelte Markt wurde durch das Börsenzulassungsgesetz vom 16. Dezember 1986 als neues Marktsegment geschaffen, BGBl I, 1986, S. 2478; die einzelnen Unternehmen sollen freie Marktwahl haben und nicht abhängig von bestimmten Größenkriterien den Marktabschnitten zugewiesen werden, BT-Drucks. 10/4296, S. 11.
71 *Kümpel*, Wertpapierhandelsgesetz, S. 35. Der geregelte Markt präsentiert den Börsenhandel

eine weltweit beispiellose Zweiteilung begründet. Auf der einen Seite gibt es die organisierten, auf der anderen Seite die „unorganisierten“ Märkte. Aufgrund der Rechtsformbezogenheit der Kapitalmarktordnung steht der organisierte Kapitalmarkt nur Aktiengesellschaften offen, so dass die von der Aktie und den Aktienderivaten abweichenden Investitions-Anlageformen vom geregelten und amtlichen Markt nicht erfasst werden. Für Anbieter anderer Investitionsanlagen bildete sich ein neues Marktsegment heraus. Es wird mangels gesetzlicher Regelungen[72] und wegen seiner Undurchsichtigkeit als der „graue Kapitalmarkt“ bezeichnet. Als steuergünstige Kapitalanlagen werden dort u.a. Beteiligungen an Kommanditgesellschaften gehandelt. Um den grauen Markt nicht in einem völlig rechtsfreien Raum zu belassen, passte die Rechtsprechung im Rahmen der richterlichen Rechtsfortbildung gesellschaftsrechtliche und bürgerlich-rechtliche Rechtsinstitute kapitalmarktrechtlichen Regelungsbedürfnissen zugunsten des Anlegerschutzes an[73].

Die Marktdefinition der EG-Insiderrichtlinie hat der Gesetzgeber nicht übernommen. Nunmehr genügt nach § 2 Abs. 1 WpHG, dass die Wertpapiere an einem Wertpapiermarkt gehandelt werden können[74]. Für die Anwendbarkeit des Wertpapierhandelsgesetzes ist daher nicht die tatsächlich erfolgte Börsenzulassung erforderlich. Es genügt vielmehr, dass sich die Wertpapiere überhaupt zum Handel an einem Markt eignen und Fungibilität aufweisen, d.h. austauschbar und zirkulationsfähig sind[75]. Um der Fungibilität zu genügen, müssen die Wertpapiere börsenmäßig ausgestattet sein, also eine gewisse Standardisierung bzw. Homogenität aufweisen[76]. Auf Aktien und Schuldverschreibungen mit den

---

mit nicht-amtlicher Notierung, zu dem Wertpapiere zugelassen werden können, auch wenn sie an der Börse nicht zur amtlichen Notierung zugelassen sind (vgl. § 49 Abs. 1 BörsG). Der geregelte Markt soll vor allem kleineren und mittleren Aktiengesellschaften einen erleichterten Marktzugang verschaffen, um eine Verbesserung der Eigenkapitalbeschaffung der deutschen Wirtschaft zu erlangen, *Kümpel*, in: FS Pleyer, 1986, S. 59, 60; *ders.*, in: Kümpel/Ott (Hrsg.), Kap. 050, S. 14. Die Börseneinführung wird für eine emittierende Gesellschaft als eine Art Gütesiegel und Renommee angesehen, dem die Anleger mehr Vertrauen schenken als einem Unternehmen, das nicht börseneingeführt ist, *Kümpel*, in: Kümpel/Ott (Hrsg.), Kap. 050, S. 14. Der amtliche Markt bildet das Segment des Börsenhandels, in dem die hierzu zugelassenen Wertpapiere mit amtlicher Feststellung (Notierung) des Börsenpreises gehandelt werden, vgl. §§ 30 Abs. 1, 37 Abs. 1 BörsG.

72 Der unterbreitete Entwurf eines Vermögensanlage-Gesetzes fand damals nicht die erforderliche parlamentarische Mehrheit.

73 Siehe zur Entwicklung des Kapitalmarktrechts *Assmann*, in: Assmann/Schneider (Hrsg.), Einl., Rn. 2-8.

74 Damit wurde der Marktbegriff des § 2 Abs. 1 WpHG an den in Art. 1 Nr. 4 der Wertpapierdienstleistungsrichtlinie zu Grunde gelegten Marktbegriff angepasst: „ ... Wertpapiere ..., die auf dem Kapitalmarkt gehandelt werden können“.

75 *Assmann*, in: Assmann/Schneider (Hrsg.), § 2, Rn. 10.

76 Siehe *Kümpel*, Wertpapierhandelsgesetz, S. 36: Die Wertpapiere erfüllen damit die

entsprechenden Laufzeiten trifft dies regelmäßig zu[77]. Nach der Legaldefinition des Wertpapierhandelsgesetzes fallen unter den Begriff des Wertpapiers Aktien, Zertifikate, die Aktien vertreten, Schuldverschreibungen, Genussscheine, Optionsscheine, und andere Wertpapiere, die mit Aktien oder Schuldverschreibungen vergleichbar sind[78]. Aktien und Schuldverschreibungen (§§ 793 ff. BGB) bilden die üblichen standardisierten Anlagetitel des Kapitalmarktes. Das lange geltende Abgrenzungskriterium der wertpapiermäßigen Verbriefung hat jedoch praktisch mehr und mehr an Bedeutung verloren und wird vom Wertpapierhandelsgesetz auch nicht gefordert[79]. Damit einher geht ein Funktionsverlust von Wertpapieren[80]. Unverbriefte Forderungsrechte stellen den Großteil der umlaufenden Anlagetitel dar[81]. Weiter fallen in den Anwendungsbereich des WpHG Geldmarktinstrumente, Derivate und Veränderungen der Stimmrechtsanteile von Aktionären an börsennotierten Gesellschaften[82].

I. Regelwerke des Kapitalmarktes

Trotz gesetzgeberischer Anstrengungen besteht in Deutschland kein "eigenes" der US-amerikanischen *securities regulation* vergleichbares kapitalmarktrechtliches Haftungsrecht. Es gibt vielmehr nur einzelne Normen mit Verhaltensvorschriften aus verschiedenen Bereichen, bei deren Verletzung Ansprüche der geschädigten Anleger entstehen können. Ansonsten muss auf die Bestimmungen des Bürgerlichen Gesetzbuches[83] oder andere spezialgesetzliche Regelungen wie

---

Voraussetzungen der „Vertretbarkeit“ nach § 91 BGB. Danach sind vertretbare Sachen bewegliche Sachen, die im Verkehre nach Zahl, Maß oder Gewicht bestimmt zu werden pflegen. Nicht vertretbar sind Sachen, in diesem Falle Wirtschaftsgüter, denen es wegen ihrer individuellen Ausgestaltung an der Ersetzbarkeit fehlt, vgl. Palandt-*Heinrichs*, § 91 Rn. 1-3.

77 *Kümpel*, Wertpapierhandelsgesetz, S. 36.

78 § 2 Abs. 1 WpHG.

79 Vgl. § 2 Abs. 1 WpHG.

80 *Einsele*, Wertpapierrecht, S. 3.

81 Unverbriefte Forderungen sind beispielsweise die Anleihen der Bundesrepublik. Zum Ersatz der wertpapiermäßigen Verbriefung wird die Eintragung in den Schuldbüchern des Bundes und der Länder vorgenommen. Siehe *Kümpel*, in: Kümpel/Ott (Hrsg.), Kap. 050, S. 6. Im Jahre 1992 beispielsweise fanden 90 Prozent der Emissionen in unverbriefter Form oder aber in Form von Dauerglobalurkunden statt, *Einsele*, Wertpapierrecht, S. 3 f.

82 § 1 WpHG. Derivate (§ 2 Abs. 2 WpHG) sind damit erstmalig in den Anwendungsbereich des WpHG miteinbezogen.

83 Einschlägig sind insbesondere § 823 Abs. 2 i.V.m. Schutzgesetzen oder § 826, siehe auch *Hopt*, Verantwortlichkeit der Banken, S. 34.

beispielsweise § 323 HGB[84] zurückgegriffen werden. Dies hat sich allerdings teilweise durch das vierte Finanzmarktförderungsgesetz geändert. Das Gesetz sieht eine Anspruchsgrundlage für Anleger vor, die durch die unterlassene oder verspätete Veröffentlichung potenziell kurserheblicher Tatsachen bei ihren Wertpapiergeschäften einen Schaden erlitten haben[85].

1. Wertpapierhandelsgesetz

Das Kernstück des deutschen Kapitalmarktrechts ist das Wertpapierhandelsgesetz[86]. Mit der Schaffung des Wertpapierhandelsgesetzes[87] ist ein Schritt in Richtung marktbezogener Regelung getan worden. Zwar ist das Wertpapierhandelsgesetz in seinem Anwendungsbereich immer noch auf die organisierten Kapitalmärkte beschränkt, es erfasst den Handel mit nicht wertpapiermäßig verbrieften Kapitalanlagen daher nicht; es schafft aber Voraussetzungen für eine übergreifende Regelung durch Schaffung einer Kapitalmarktaufsicht und Statuierung kapitalmarkt- und kundenbezogener Verhaltenspflichten von Finanzintermediären[88]. Insiderhandel und Ad-hoc-Publizität sind durch das WpHG nur für den organisierten Kapitalmarkt geregelt, d.h. für den amtlichen und den geregelten Markt.

2. Börsen- und Verkaufsprospektgesetz

Ein weiteres wichtiges Teilgebiet des Kapitalmarktrechts umfasst das Börsengesetz[89] mit seinen organisationsrechtlichen Normen für den Wertapapierhandel an den Wertpapierbörsen[90]. Die erste marktbezogene Regelung

---

84 Dazu umfänglich *Ebke*, Wirtschaftsprüfer und Dritthaftung.

85 §§ 37b, 37c WpHG.

86 *Hopt*, ZHR 159 (1995), 135, 136; das WpHG wurde durch das 2. Finanzmarktförderungsgesetz v. 26.7.1994, BGBl.I, S. 1749, geschaffen, das die Insider-Richtline 89/592/EWG v. 13.11.1989, die Transparenz-Richtlinie 88/627/EWG v. 12.12.1988 und die Wertpapierdienstleistungs-Richtlinie 93/22/EWG v. 10.5.1993 und den ehemaligen § 44a BörsG transformiert. Zu Neuerungen durch das 3. Finanzmarktförderungsgesetz siehe *Hopt*, in: FS Drobnig, S. 525-548.

87 Das WpHG ist teils am 01.08.1994, teils am 01.01.1995 in Kraft getreten.

88 *Assmann*, in: Assmann/Schneider (Hrsg.), Einl., Rn. 10.

89 Durch § 44 b BörsG a.F. wurde die Zwischenberichts-Richtlinie 82/121/EWG v. 15.2.1982 umgesetzt. Zu Änderungen des Börsengesetzes durch das 3. Finanzmarktförderungsgesetz ausführlich *Hopt*, in: FS Drobnig, S. 525-548.

90 Die gesetzlichen Bestimmungen des Kapitalmarktrechts dienen vorrangig dem öffentlichen Interesse, so dass das Kapitalmarktrecht dem größten Teil nach vom Öffentlichen Recht

wurde durch das Verkaufsprospektgesetz geschaffen[91]. Dieses Gesetz macht das erstmalige öffentliche Angebot von Wertpapieren, die nicht an einer inländischen Börse zugelassen sind, von der Veröffentlichung eines Prospekts abhängig[92]. Der Schutzbereich des Verkaufsprospektgesetzes erfasst jedoch nur Wertpapiere, d.h. wertpapiermäßig verbriefte Kapitalanlagen, so dass der Vertrieb von Kapitalanlagen des grauen Kapitalmarktes nur teilweise in den Anwendungsbereich des Verkaufsprospektgesetzes einbezogen wird[93].

Zunächst wurde im Rahmen der Börsengesetznovelle 1986 der geregelte Markt als neues Marktsegment der Börse geschaffen[94]. Ziel war die Erleichterung der Kapitalaufnahme an der Börse für kleine und mittlere Unternehmen[95]. Ferner wurde der Freiverkehr legitimiert, Publizitätspflichten des Emittenten erfuhren eine Konkretisierung und Erweiterung. Die Börsengesetznovelle von 1989 schuf die Voraussetzungen für den Computerhandel an den Börsen[96], sie ergänzte das Recht der Kurs- und Freimakler und liberalisierte den Börsenterminhandel in Wertpapieren und Edelmetallen.

3. *Finanzmarktförderungsgesetze*

Die nächste gesetzgeberische Vorgabe zur Stärkung des „Finanzplatzes Deutschland“ war das erste Finanzmarktförderungsgesetz 1990[97]. Mit ihm wurden die Börsenumsatzsteuer, die Wechselsteuer und die Gesellschaftssteuer abgeschafft. Dadurch wurden die Transaktionskosten an den Börsen gesenkt, der Weg zu einer erleichterten und attraktiveren Kapitalbeschaffung über den Kapitalmarkt wurde eröffnet[98]. Die Aufhebung der Besteuerung wird als wichtiger Schritt zur Attraktivitätssteigerung im globalen Vergleich angesehen[99]. Ferner wurden die Geschäftsmöglichkeiten der Kapitalanlagegesellschaften erweitert. Mit dem zweiten Finanzmarktförderungsgesetz zur Erreichung und Gewährleistung der Funktionsfähigkeit des Kapitalmarktes und der Ankurbelung der Wirtschaft durch

geprägt ist, *Kümpel*, in: Kümpel/Ott (Hrsg.), Kap. 065, S. 104. Dennoch gibt es einige Normen, die dem Privatrecht zuzuordnen sind, weil sie dem Individualschutz der Anleger und Kunden bestimmt sind.

91 *Assmann*, in: Assmann/Lenz/Ritz (Hrsg.), Einl., Rn. 1; *ders.*, in: Assmann/Schneider (Hrsg.), Einl., Rn. 1.

92 § 1 VerkProspG.

93 *Assmann*, in: Assmann/Lenz/Ritz (Hrsg.), Einl., Rn. 5.

94 BGBl I 1986, S. 2478.

95 Siehe *Kümpel*, in: Kümpel/Ott (Hrsg.), Kap. 050, S. 14.

96 Vgl. *Kümpel*, in: Kümpel/Ott (Hrsg.), Kap. 060, S. 10.

97 Vgl. BR-Drucks. 605/97, S. 54.

98 Siehe hierzu BR-Drucks. 605/97, S. 54.

99 *O.V.*, FAZ v. 9.7.1998, S. 15.

Förderung der Transparenz[100] fand eine grundlegende Reformierung der Wertpapieraufsicht statt: das Bundesaufsichtsamt für den Wertpapierhandel (BAWe) als zentrale Marktaufsicht wurde geschaffen. Dem Bund wurde zum ersten Mal zentrale Aufsichtsfunktionen in dem Bereich des Börsen- und außerbörslichen Wertpapierhandels übertragen[101]. Weiterhin erfuhr der Insiderhandel verbindliche Vorgaben: ein Insiderhandelsverbot wurde eingeführt, und die Transparenz an den Wertpapiermärkten wurde deutlich verbessert[102]. Der Mindestnennwert der Aktie wurde herabgesetzt und der Börsenterminhandel in Waren liberalisiert[103].

Die Schaffung des BAWe stellte eine weitere Maßnahme zur Stärkung des für die Funktionsfähigkeit der Kapitalmärkte unentbehrlichen Vertrauens der Anleger dar[104]. Im Rahmen der Aufgaben des Bundesaufsichtsamtes sollte insbesondere eine Kontrolle hinsichtlich des Verhaltens der professionellen Marktteilnehmer, also insbesondere der am Markt agierenden Kreditinstitute und Börsenmakler, bezüglich Recht- und Ordnungsmäßigkeit stattfinden[105]. Das Bundesaufsichtsamt hatte im Rahmen der ihm zugewiesenen Kompetenzen Missständen entgegenzuwirken, die die ordnungsgemäße Durchführung des Wertpapierhandels beeinträchtigen oder erhebliche Nachteile für den Wertpapiermarkt bewirken können[106].

Am 1. April 1998 trat das dritte Finanzmarktförderungsgesetz zur weiteren Fortentwicklung des Finanzplatzes Deutschland in Kraft[107]. Das Gesetz hat drei Schwerpunkte: Erneuerung des Börsen- und Wertpapierhandelsrechts, das Gesetz über Kapitalanlagegesellschaften und das Gesetz über Unternehmensbeteiligungen. Durch Deregulierungsmaßnahmen sollen die Aktie gefördert, dem Emittenten der Börsenzugang erleichtert, die Wettbewerbsposition der Börsen gestärkt und der Anlegerschutz verbessert werden[108]. Hervorzuheben ist in diesem Zusammenhang

---

100 Vgl. Begr. RegE 2. FFG, BT-Drucks. 12/6679, S. 33, zu § 14 bes. S. 48.

101 Im deutschen Wertpapierhandel besteht ein föderal-dezentral organisiertes Aufsichtssystem, das durch die drei Verwaltungsebenen, Bund-, Länder- und Börsenselbstverwaltung gekennzeichnet ist, *Peterhoff*, in: Schäfer (Hrsg.), Wertpapierhandelsgesetz, Vor. §§ 1 ff. WpHG, Rn. 4. Das BAWe war als Bundesoberbehörde dem Geschäftsbereich des Bundesministeriums der Finanzen nachgeordnet, § 3 Abs. 1 WpHG a.F.

102 BR-Drucks. 605/97, S. 54.

103 Siehe BR-Drucks. 605/97, S. 54.

104 Begr. RegE 2. FFG, BT-Drucks. 12/6679, 35, 36.

105 *Kümpel*, in: Kümpel/Ott (Hrsg.), Kap. 065, S. 124 f.

106 § 4 Abs. 1 S. 2 WpHG. Das BAWe kann Anordnungen treffen, die geeignet und erforderlich sind, diese Missstände zu beseitigen oder zu verhindern (§ 4 Abs. 1 S. 3 WpHG).

107 BGBl I 1998, S. 529 - 579. Der Bundesrat hat am 17. Oktober 1997 eine Stellungnahme abgegeben (BR-Drucks. 605/97- Beschluss); zur Begründung siehe insbesondere S. 54-70.

108 Siehe Begr. RegE 3. FFG, BT-Drucks. 13/8933, S. 53.

die "Modernisierung" der Börsen- und Verkaufsprospekthaftung mit ihrer Zielsetzung der Verbesserung der Rechtssicherheit und der Berechenbarkeit von Haftungsansprüchen. Alte und komplizierte Haftungsregeln, die die Transaktionskosten (von Transaktionen zwischen Kapitalgeber und Kapitalnehmer) erhöhen können, behindern den Kapitaltransfer erheblich[109]. Dadurch werden insbesondere junge Unternehmen, die meist nur über wenige Unternehmensdaten verfügen, vom Börsengang abgehalten[110].

Durch das dritte Finanzmarktförderungsgesetz werden die Kosten der Emittenten allerdings erhöht, indem ihnen - wie auch an anderen wichtigen Börsenplätzen wie New York, London, Zürich, Paris[111] - Gebühren für die Notierung von Wertpapieren an der Börse nach § 5 Abs. 1 Nr. 4a BörsG a.F. (§ 14 Abs. 1 Nr. 5 BörsG n.F.) auferlegt werden können. Diese Kosten bilden eine Erschwernis für die Emittenten. Mit diesen Gebühren soll der erhebliche Aufwand für den Betrieb der Börsen gedeckt werden[112]. Trotzdem muss mit der Überteuerung vorsichtig umgegangen werden; denn es sollen auch ausländische Emittenten vom „Finanzplatz Deutschland“ angezogen werden. Hierfür ist es wichtig, dass die Emittenten attraktive, möglichst ansprechendere Verhältnisse als an den anderen Börsen vorfinden. Es ist zu hoffen, dass die Einführung der Gebühren für Notierungen nicht die positive Wirkung der Abschaffung der Besteuerung von Börsenumsätzen zunichte macht.

Mit dem dritten Finanzmarktförderungsgesetz wurden außerdem die Befugnisse des Bundesaufsichtsamtes für den Wertpapierhandel erweitert. Seit dem dritten Finanzmarkförderungsgesetz ist auch der nicht vom Regelungsbereich des amtlichen und geregelten Marktes erfasste Bereich unter die Aufsicht des BAWe gestellt worden[113]. Das BAWe erhielt die Kompetenz zur Überprüfung der Vollständigkeit des Verkaufsprospekts i.S.d. § 8a Abs. 2 S. 1 VerkProspG bei Wertpapieren, deren Zulassung weder zum amtlichen noch zum geregelten Markt beantragt worden ist[114]. Folglich besteht zumindest bis zu einem gewissen Grad die Möglichkeit, den grauen Kapitalmarkt zu überwachen.

Das vierte Finanzmarktförderungsgesetz ist am 1. Juli 2002 in Kraft getreten. Es dient der Modernisierung der rechtlichen Rahmenbedingungen für den

---

109 BR-Drucks. 605/97, S. 55.

110 Begr. RegE 3. FFG, BT-Drucks. 13/8933, S. 55; BR-Drucks. 605/97, S. 55.

111 BR-Drucks. 605/97, S. 72.

112 BR-Drucks. 605/97, S. 71.

113 Bisher war das BAWe nur Hinterlegungsstelle für Verkaufsprospekte von Wertpapieren (§ 8 VerkProspG).

114 Der Prospekt darf nach § 8a Abs. 1 VerkProspG erst veröffentlicht werden, wenn das Bundesaufsichtsamt die Veröffentlichung gestattet hat. Enthält der Prospekt nicht die nach § 7 Abs. 1 VerkProspG erforderlichen Angaben, untersagt das Bundesaufsichtsamt nach § 8a Abs. 2 VerkProspG die Veröffentlichung.

Finanzplatz Deutschland und der Anpassung an den raschen Strukturwandel an den deutschen und internationalen Kapitalmärkten[115] und zielt auf eine Erhöhung der Marktintegrität und der Markttransparenz durch Verbesserungen im Bereich des Anlegerschutzes[116]. Vermieden werden soll gleichzeitig eine Überregulierung, um die Wettbewerbsfähigkeit nicht einzuschränken[117]. Mit dem vierten Finanzmarktförderungsgesetz ging das Gesetz über die integrierte Finanzmarktaufsicht vom 22. April 2002[118] einher, mit welchem zum 1. Mai 2002 die Bundesanstalt für Finanzdienstleistungsaufsicht (BAFin) im Wege der Zusammenlegung der Bundesaufsichtsämter für das Kreditwesen, für das Versicherungswesen und für den Wertpapierhandel gegründet wurde. Die neu entstandene Allfinanzaufsicht soll eine Stärkung der gesamten Finanzmarktaufsicht mit sich bringen und die Leistungsfähigkeit des deutschen Finanzsystems steigern[119]. Die BAFin hat durch das vierte Finanzmarktförderungsgesetz weitergehende Kompetenzen zur Aufdeckung von Insiderhandel und zur Überwachung von Veröffentlichungspflichten erhalten[120].

II. Europarechtliche Vorgaben

Ein in sich geschlossenes und explizit geäußertes Kapitalmarktintegrationskonzept[121] wurde - obwohl angelegt in dem grundlegenden Ziel der Schaffung eines gemeinsamen Marktes (Art. 3 EGV) und in der Einheitlichen Europäischen Akte bestätigt - bisher nicht vorgestellt. Ein klar definierter gemeinschaftsrechtlicher Kapitalmarktbegriff existiert in der EU nicht. Es geht in bislang entwickelten Koordinationsansätzen eher um Bereiche, die Bedeutung für die Marktdurchdringung und -erweiterung haben[122]. Das EG-Konzept zur Schaffung eines gemeinsamen Marktes geht davon aus, dass Markterweiterung zu einer Verbesserung der Funktionsbedingungen von Kapitalmärkten führt und dass Marktdurchdringung ein geeignetes Mittel zur Integration der mitgliedsstaatlichen Teilmärkte ist[123]. Durch die wechselseitige Durchdringung der einzelstaatlichen Märkte soll ein flexibler und funktionsfähiger

115 BegrRegE 4.FFG, BT-Drucks. 14/8017, S. 62.
116 BMF, Mitteilung der Pressestelle, http://www.rws-verlag.de/presse/01bmf04.htm.
117 BegrRegE 4.FFG, BT-Drucks. 14/8017, S. 62.
118 BGBl I, 2002, S. 1310.
119 BegrRegE 4.FFG, BT-Drucks. 14/8017, S. 62.
120 §§ 15a Abs. 4, 16 Abs. 2 S. 4 WpHG.
121 Siehe *Weitbrecht*, EWS 1994, 418, 419; *Assmann/Buck*, EWS 1990, 110, 110.
122 *Assmann/Buck*, EWS 1990, 110, 113.
123 *Assmann*, Harmonisierung, in: Hadding/Hopt/Schimansky (Hrsg.), S. 75 f.; *Weber*, in: Dauses, FIII, S. 4.

Markt geschaffen werden. Das Ziel der Markterweiterung und Marktdurchdringung wirkt sich auch auf das europäische Kapitalmarktrecht aus. Beim europäischen Kapitalmarktrecht kommt es neben der nationalen Definition des Kapitalmarktrechts zusätzlich auf den rechtlichen Gehalt der ordnungspolitischen Ziele an, die mit der Integration verfolgt werden[124]. Danach ist das europäische Kapitalmarktrecht in einem weiten Sinne die Summe derjenigen rechtlichen Maßnahmen der Kapitalverkehrsliberalisierung und Rechtsangleichung der EG, die funktional dem Ziele der Markterweiterungs- und -durchdringungspolitik der EG zuzuordnen und in das einzelstaatliche Recht umzusetzen sind[125].

Wichtige Instrumente für das Funktionieren des europäischen Binnenmarktes und primärrechtlicher Ausgangspunkt sind die Kapitalverkehrsfreiheit (Art. 3 lit. c EGV) und der in Art. 3 lit.c EGV zwar nicht erwähnte, aber zu den unverzichtbaren Bestandteilen des Binnenmarktes gehörende freie Zahlungsverkehr[126]. Nach Art. 56 EGV sind alle Beschränkungen des Kapitalverkehrs sowohl zwischen den Mitgliedsstaaten als auch zwischen Mitgliedsstaaten und dritten Ländern verboten[127]. Die Phase der Kapitalverkehrsliberalisierung[128] ist damit bereits abgeschlossen. Die Kapital- und Zahlungsverkehrsfreiheit ist unabdingbare Voraussetzung für das Funktionieren des europäischen Binnenmarktes, da sie freien Zugang zu Kapital gewährleistet und damit die Verfügbarkeit von Kapital sicherstellt[129]. Sie macht eine effiziente Ressourcenallokation hinsichtlich Kapitalangebot und - nachfrage möglich[130].

Neben der Gewährleistung der Freiheit des Kapitalverkehrs sind Rechtsangleichungsmaßnahmen für einen einheitlichen europäischen Kapitalmarkt zur Schaffung der rechtlichen und tatsächlichen Bedingungen eine notwendige

---

124 *Kaiser*, Harmonisierung des europäisches Kapitalmarktrechts, S. 11.

125 *Assmann/Buck*, EWS 1990, 110, 114. Die Harmonisierungspolitik der EG verfolgt in kapitalmarktrechtlicher Hinsicht verstärkt die Spur der vertriebs- und aufsichtsrechtlich orientierten Regelungsansätzen. Hierbei werden verbandsrechtliche Komplementärinstitute vernachlässigt. Umgekehrt wird bei der Rechtsvereinheitlichung des Gesellschaftsrechts kapitalmarktfernen Grundsätzen gefolgt, so dass eine Entzweiung der beiden Regelungsgebiete regelrecht gefördert wird, siehe *Assmann*, Harmonisierung, in: Hadding/Hopt/Schimansky (Hrsg.), S. 124 f.

126 *Ukrow*, in: Calliess/Ruffert (Hrsg.), EUV, Art. 3, Rn. 5. Die Kapitalverkehrsfreiheit ist neben der Niederlassungsfreiheit, der Dienstleistungsfreiheit und der Warenverkehrsfreiheit eine der vier Grundfreiheiten des EGV (Art. 3 lit. c EGV).

127 Zur Zulässigkeit von Kontrollen siehe EuGH WM 1996, 1170 = WuB I H.4 - 1.96 (Ebke).

128 Die Kommission hat im Weißbuch von 1985 (Kommission der Europäischen Gemeinschaften, Vollendung des Binnenmarktes, Luxemburg 1985) in der Liberalisierung des Kapitalverkehrs einen wesentlichen Schritt hinsichtlich europäischer Integration und Binnenmarkt gesehen.

129 *Kilian*, S. 247.

Voraussetzung[131]. Gerade für international operierende Unternehmen und Anlage suchende potenzielle Investoren ist das Bestehen unterschiedlicher kapitalmarktrechtlicher Regelungen und die damit verbundene Rechtsunsicherheit nicht hinnehmbar. Außerdem ist zu befürchten, dass dadurch die Bereitwilligkeit, Kapital international bereitzustellen, eingeschränkt wird und dem Potential vorhandener Kapitalressourcen nicht entspricht. Von der Europäischen Kommission wurde eine Rechtsangleichung in Form der Mindestharmonisierung sowie die gegenseitige Anerkennung der nationalen Regelungen festgelegt[132]. In den einzelnen Rechtsordnungen sollen keine identischen Kapitalmarktregelungen entstehen, sondern es sollen einheitliche Wettbewerbsbedingungen durch gleiche Zulassungsvoraussetzungen für Emittenten an den Börsenplätzen geschaffen und das Schutzniveau für Anleger bei der Emission durch Publizität vereinheitlicht werden[133]. Eine Rechtsvereinheitlichung ist zur Erreichung der Integration der mitgliedstaatlichen Teilmärkte nicht erforderlich. Allerdings sollten für international tätige Unternehmen und Anleger sowohl die Berechenbarkeit von Schadensersatzansprüchen geschädigter Anleger europaweit gleich ausfallen als auch die anlegerschützenden Normen das gleiche Niveau aufweisen. Eine eigenständige Kompetenz der EG zur Rechtsangleichung auf dem Gebiet des Kapitalmarktrechts besteht nicht, sie bezieht ihre Zuständigkeit aus dem allgemeinen Auftrag zur Schaffung des Gemeinsamen Marktes (Art. 2 EGV), sowie aus den ihr hinsichtlich dieser Aufgabe im Gemeinschaftsvertrag ausdrücklich zugewiesenen Tätigkeitsfeldern[134].

Die EG hat im Bereich des Kapitalmarktrechts mehrere Richtlinien[135] gemäß Art. 249 Abschnitte 1 und 3 EGV erlassen[136]. In Deutschland wurden zahlreiche

---

130 Vgl. *Deckert/von Rüden*, EWS 1998, 46, 48; *Kilian*, S. 122.

131 *Weber*, in: Dauses, FIII, S. 4; *Deckert/von Rüden*, EWS 1998, 46, 48 f.

132 Kommission der Europäischen Gemeinschaften, Weißbuch zur Vollendung des Binnenmarktes, 1985, S. 6, 18 f., 27.

133 Siehe *Hoppmann*, EWS 1999, 204, 205; *Deckert/von Rüden*, EWS 1998, 46, 49; siehe auch Aufzählung bei *Kilian*, S. 255.

134 *Assmann/Buck*, EWS 1990, 110, 111.

135 Die Richtlinie ist eine gemeinschaftsrechtliche Sonderform legislatorischer Rechtsetzung, die nur für Mitgliedstaaten verbindlich ist. Sie gibt den Mitgliedstaaten Ziele, Gegenstände und Fristen der Rechtsvereinheitlichung vor, überlässt ihnen die Wahl der Form und Mittel der Umsetzung durch innerstaatliche Instanzen, Art. 189 Abs. 3 EGV; *Kübler*, Gesellschaftsrecht, S. 425. Die Rechtsangleichung einzelstaatlicher Rechtsvorschriften stellt nicht das Ziel, d.h. einen Selbstzweck, sondern das Mittel zur Verwirklichung eines Gemeinsamen Marktes dar.

136 Die wichtigsten Richtlinien im Börsen- und Wertpapierrecht für die Regulierung des Kapitalmarktes sind:
- Börsenzulassungsrichtlinie 79/279/EWG v. 5.3.1979 (ABl.EG Nr. L 66/21, geändert durch ABl.EG Nr. L 291/90 (Beitrittsvertrag), 1982 L 62/23, 1985 L 302/157 (Beitrittsvertrag), 1988 L 348/62, die als erste „echte" kapitalmarktrechtliche Richtlinie von der EG erlassen

EG- und EU-Richtlinien durch das BörsG, VerkProspG[137], das BörsenzulassungsG, die BörsZulVO[138] und das WpHG hinsichtlich des Insiderrechts und der Ad-hoc-Publizität umgesetzt.

B. *Kapitalmarkt USA*

Die Kapitalmarktregulierung in den USA bezieht sich hauptsächlich auf zwei Typen von Kapitalmärkten: Zum einen auf die Börsenmärkte (*exchange*) und zum anderen auf den Freiverkehr (*over-the-counter markets)*[139]. Die beiden bedeutendsten Börsen in den USA sind die New York Stock Exchange (NYSE) und die American Stock Exchange (AMEX)[140]. Die NYSE bildet den weitaus

---

wurde.

- Europäische Börsenzulassungsprospektrichtinie 80/390/EWG vom 17.03.1980 (ABl.EG Nr. L 100 v. 17.4.1980, S. 1).
- Zweite Europäische Börsenprospektrichtlinie 89/298/EWG vom 17.4.1989 (ABl.EG Nr. L 124//8 v. 5.5.1985).
- Wertpapierdienstleistungsrichtlinie 93/22/EWG vom 10.05.1993 (ABl.EG Nr. L 141/27 v. 11.6.1993).
- EG-Transparenzrichtlinie 88/627/EWG vom 12.12.1988 (ABl.EG Nr. L 348/62 v. 17.12.1988).
- EG-Insiderrichtlinie 89/592/EWG vom 13.11.1989 (ABl.EG Nr. L 334/30 v. 18.11.1989).
- Zwischenberichtsrichtlinie 82/121/EWG v. 15.2.1982 (ABl.EG Nr. L 48/26 v. 20.02.1982).
- Investmentfonds-Richtlinie 85/611/EWG vom 20.12.1985 (ABl.EG Nr. L 375/3 v. 31.12.1985,
Einfügung des Art. 22 IV, V durch Richtlinie 88/220/EWG v. 22.3.1988).
- Richtlinie 97/9/EG vom 3.3.97 über Systeme für die Entschädigung der Anleger (ABl.EG Nr. L 84/22).

137 Das VerkProspG v. 13.12.1990, BGBl. I, S. 2749, setzt die Emissionsprospektrichtlinie 89/298/EWG v. 17.4.1989 um.

138 Das Börsenzulassungsgesetz v. 16.12.1986 BGBl. I, S. 2478 und BörsZulassungsVO v. 15.4.1987, BGBl. I, S. 1234 setzen die Börsenzulassungs-Richtlinie 79/279/EWG v. 16.3.1979 und die Börsenprospekt-Richtlinie 80/390/EWG v. 17.4.1980 um.

139 *Hazen*, S. 1. Bezogen auf den Dollarumsatz ist der Rentenmarkt (*bond market)* der weitaus größte Markt in den USA. Der Rentenmarkt zieht hauptsächlich professionelle und institutionelle Anleger an, mehr als das breite Anlegerpublikum.

140 *Hazen*, S. 2. Neben der NYSE und der AMEX sind die Regional Exchanges als Sekundärmärkte für Unternehmen interessant. Bekannt als Regional Exchanges sind die MidwestStock Exchange, die Chicago Board Options Exchange, die Cincinnati Stock Exchange, die Inter-Mountain Exchange, die Pacific Stock Exchange, die Philadelphia Stock Exchange und die Boston Stock Exchange, siehe *Hazen*, S. 2. Die Regional Exchanges dienten bei ihrer Entstehung als Primärmärkte für Wertpapiere von lokalem Interesse. Seit den dreißiger Jahren werden dort hauptsächlich Wertpapiere gehandelt, deren Primärmarkt die NYSE ist, *Loss*, Fundamentals, S. 673.

größten „exchange" Markt[141]. An der NYSE sind die Zulassungsbedingungen am strengsten, so dass Gesellschaften, deren Anteile dort gehandelt werden, ein sehr hohes Ansehen genießen[142].

I. Kapitalmarktrecht des Bundes

In den USA besteht ein umfassendes Kapitalmarktrecht. Bis zum Private Securities Litigation Reform Act von 1995 wurden insgesamt acht bundesrechtliche Kapitalmarktgesetze erlassen, von denen der Securities Act von 1933 und der Securities Exchange Act von 1934 die größte Bedeutung für den Wertpapierhandel haben und die wesentlichen haftungsrechtlichen Vorschriften zur Börsenprospekthaftung, zum Insiderhandel und zur Ad-hoc-Publizität enthalten. Neben diesen beiden fundamentalen Gesetzen bilden mehrere zweitrangige Gesetze den gültigen Rechtsrahmen: Public Utility Holding Company Act (1935)[143], Trust Indenture Act (1939)[144], Investment Company Act (1940), Investment Advisers Act (1940)[145], Securities Investor Protection Corporation Act (1970)[146], Insider Trading Sanctions Act (1984) und der Insider Trading And Securities Fraud Enforcement Act (1988). Den Zweck der Kapitalmarktgesetze hat der Supreme Court wie folgt zusammengefasst: "[The purpose of the securities laws] was to substitute a philosophy of full disclosure for the philosophy of caveat emptor and thus to achieve a high standard of business ethics in the securities industry."[147].

Der Securities Act und der Securities Exchange Act machen die Anwendung ihrer Vorschriften im Gegensatz zum europäischen Kapitalmarktrecht nicht von einer bestimmten Rechtsform abhängig, sondern vom Vertrieb von Wertpapieren und einer bestimmten Größe der Gesellschaften[148]. Werden die Aktien einer Gesellschaft an einer der nationalen Börsen gehandelt, unterliegt diese automatisch der periodischen und der Ad-hoc-Publizitätspflicht sowie der

---

141 *Hazen*, Practitioner Treatise, S. 12.

142 *Hazen*, Practitioner Treatise, S. 12, *Merkt*, S. 234.

143 15 U.S.C.A. §§ 79-79z-6.

144 15 U.S.C.A. § 77ccc(7).

145 Investment Company Act, 15 U.S.C.A. §§ 80a-1 ff., Investment Advisers Act, 15 U.S.C.A. § 80b-1 ff.

146 15 U.S.C.A. §§ 78aaa-78lll, „Enacted to address the increasing concern over the then increasing number of insolvent brokerage firms and broker dealer firm failures".

147 SEC v. Capital Gains Research Bureau, Inc., 375 U.S. 180, 186 (1963); *Patton/Saunders*, § 1.4.

148 Vgl. Sec. 12(a) SEA, Sec. 12(g)(1) SEA und Rule 12g-1.

Registrierungspflicht[149]. Andere Aktiengesellschaften, beispielsweise solche, deren Anteile im OTC-Geschäft[150] gehandelt werden, unterliegen bei einem Gesellschaftsvermögen von mehr als $ 10 Millionen und einer Aktiengattung mit mindestens 500 Anteilseignern einer Registrierungpflicht[151]. Diese hat die Anwendung des Securities Act von 1933 und des Securities Exchange Act von 1934 zur Folge[152]. Publizitätspflichtig sind Gesellschaften, deren Anteile registriert sind und darüber hinaus solche, die ein öffentliches Angebot von Wertpapieren in registrierter Form vorgenommen haben, unabhängig davon ob ihre Anteile registriert sind oder nicht[153]. Bestimmungen des Securities Exchange Act finden daher auf von der Registrierung ausgenommene Wertpapiere grundsätzlich Anwendung, es sei denn dies ist ausdrücklich anders geregelt (z.B. Sec. 12(a) SEA). Über die Verpflichtung zur Einreichung des Offenlegungsberichts, des Prospekts und der nach Sec. 13 Securities Exchange Act bei der SEC einzureichenden Reports hinaus ist die elektronische Einreichung[154] über EDGAR (Electronic Data Gathering Analysis and Retrieval System) obligatorisch. Durch die Nutzung elektronischer Systeme soll die Verbreitung zeitempfindlicher unternehmensbezogener Informationen beschleunigt und damit die Effizienz und Fairness des Kapitalmarktes zugunsten der Anleger, der Unternehmen und der Wirtschaft gesteigert werden[155].

Das Bundeskapitalmarktrecht ist eine Kombination aus Aktien- und Börsenrecht. Während das Kapitalmarktrecht bundesgesetzlich und durch Gesetze der Einzelstaaten (*dual state and federal regulation*)[156] geregelt ist, ist das Gesellschaftsrecht ausschließlich Recht der fünfzig Einzelstaaten[157]. Das Bundeskapitalmarktrecht überlagert das traditionelle Organisationsrecht[158], indem das Bundeskapitalmarktrecht in mehrere Regelungsbereiche des

149 Vgl. Sec. 12(a) i.V.m. Sec. 13(a) SEA.

150 Im Freiverkehr wird der größte Teil des Aktienhandels abgewickelt, *Hazen*, S. 2. Die Notierung erfolgt über die National Association of Securities Dealers Automated Quotations (NASDAQ). An den OTC-Märkten wird anders als an einer Präsenzbörse wie der NYSE operiert. Dort besteht keine physische Präsenzpflicht. Der Handel erfolgt über ein Computer- und Telephon-Kommunikationsnetzwerk.

151 Vgl. Sec. 12(g)(1) SEA und Rule 12g-1.

152 Dazu siehe unten ab S. 44.

153 *Treumann/Peltzer/Kuehn*, S. 266.

154 Regulation S-T, Sec. 232.101(a)(1)(i), (ii): „The following filings ... shall be submitted in electronic format: (i) registration statements and prospectuses filed pursuant to the Securities Act, ... (ii) statements, reports und schedules filed with the Commission pursuant to Sec. 13, 14, or 15(d) of the Securities Exchange Act ..."

155 *Graham*, S. 295; *o.V.*, http://www.sec.gov/edaux/wedgar.htm; *Sanders/Das*, http://www.-sec.gov/edaux/news/edreg2kb.htm.

156 Siehe dazu unten 48 f.

157 *Merkt*, S. 135.

Gesellschaftsrechts eingreift[159]. Das Bundeskapitalmarktrecht beinhaltet beispielsweise Regelungen über Stimmrechtsvollmachten[160]. Ein Eingriff des Bundes in die Sphäre des Gesellschaftsrechts erfolgte weiterhin 1968 durch Erlass des Williams Act als Änderungsgesetz zum Securities Exchange Act[161]. Er sollte anlegerschützende Offenlegungspflichten bezogen auf Übernahmeangebote schaffen[162].

II. Die Bundesgesetze von 1933, 1934 und 1995

Betrügereien in Verbindung mit der Emission und dem Handel von Wertpapieren führten Anfang dieses Jahrhunderts in den USA zu schweren wirtschaftlichen Problemen, die ihren Höhepunkt in dem Börsenkrach von 1929 hatten. Damals war bereits ersichtlich, dass der Kapitalmarkt ohne gesetzgeberische Regelungen nicht funktionsfähig sein konnte und dass insbesondere der Schutz der Anleger notwendig war. Aufgrund dieser Erfahrung beschloss der Kongress den Securities Act[163]. Der Securities Act wurde auch bekannt als der "Truth in Securities" Act[164]. Es war sein Zweck, ein System der "full and fair disclosure" zu errichten[165], also die Investoren mit den erforderlichen, für einen Kauf von Wertpapieren entscheidenden finanzwirtschaftlichen Informationen zu versorgen und gleichzeitig betrügerisches Handeln beim Kauf und Verkauf von Wertpapieren zu unterbinden. Durch den Securities Exchange Act wurde die durch den Securities Act begonnene Sicherung des Wertpapierhandels fortgeführt und weiterentwickelt. Dem Überhandnehmen von Klagen und den unermesslichen Schadensersatzzahlungen im Zusammenhang mit *class actions* sollte durch den Private Securities Litigation Reform Act of 1995 Einhalt geboten werden. Bereits 1992, 1993 und 1995 waren mehrere Gesetze zur Eindämmung von Wertpapierstreitigkeiten verabschiedet worden, die jedoch keine nennenswerten Erfolge erzielen konnten[166].

---

158 *Kübler*, Aktie, Unternehmensfinanzierung, S. 17.

159 Daher wird zuweilen von einem Bundesgesellschaftsrecht gesprochen. Siehe hierzu *Ebke*, RabelsZ 62 (1998), 195, insbes. 217 f., der die Bezeichnung als Bundesgesellschaftsrecht ablehnt, da übersehen werde, dass der Gesetzgeber Eingriffe vorgenommen habe, um Schwächen der Kapitalmarktrechte der einzelnen Staaten zu beheben.

160 Geregelt in Sec. 14 SEA und in der von der SEC erlassenen Regulation 14A.

161 Durch den Williams Act wurden Sec. 13(d), 13(e), 14(d), 14(e) und 14(f) in den Securities Exchange Act eingefügt, vgl. 15 U.S.C. §§ 78m-(d), 78m-(e), 78n-(d), 78n-(e), 78n-(f).

162 *Henn/Alexander*, S. 819.

163 *Elsing/van Alstine*, S. 249; *Hazen*, S. 6 f.

164 *Henn/Alexander*, S. 797; *Hazen*, S. 7.

165 *Hazen*, S. 6 f.

166 *Antonucci*, 46 Emory L.J. 1237, 1238, Fn. 10 (1997).

1. Der Securities Act von 1933

Der Securities Act regelt vorrangig die erstmalige Ausgabe von Wertpapieren[167] und verlangt deren Registrierung[168]. Auf nicht registrierte Wertpapiere finden die Vorschriften des Securities Act nur Anwendung, sofern es explizit in der jeweiligen Vorschrift geregelt ist[169]. Erfasst werden vom Anwendungsbereich Gesellschaftsanteile und Obligationen. Unter einen Verkauf von Gesellschaftsanteilen fällt nach der Rechtsprechung auch ein Unternehmenskauf, so dass auch der Unternehmenskauf in den Anwendungsbereich des Securities Act eingeschlossen ist[170]. Staatliche Anleihen (*government obligations*) sind von den Vorschriften des Securities Act ausgenommen[171]. Die Ausgabe neuer Aktien erfolgt in der Praxis über Investmentbanken, die sog. *underwriters*[172], oder ein Bankenkonsortium[173]. Wie die Emissionshäuser in Deutschland verpflichten sich die *underwriter* vorab, alle auszugebenden Aktien zu einem festen Preis zu übernehmen[174]. Eingeschränkt in seinem Regelungsumfang ist der Reform Act dadurch, dass nur die Ausgabe von Wertpapieren erfasst und lediglich die Käufer von Wertpapieren geschützt sind.

---

167 *Henn/Alexander*, S. 797. Von den Vorschriften des Securities Act mitumfasst sind Offenlegungsberichte bei lediglich nachträglicher Erhöhung der Anzahl der Wertpapiere einer bestimmten Wertpapierklasse, *Haller*, S. 24.

168 Sec. 5 i.V.m. Sec. 4 SA.

169 Z.B. Sec. 12(1), 17(c) SA.

170 Landreth Timber Co. v. Landreth, 471 U.S. 681 (1985).

171 Sec. 3(a)(2) SA.

172 Definition in Sec. 2(11) SA: „The term "underwriter" means any person who has purchased from an issuer with a view to, or offers or sells for an issuer in connection with, the distribution of any security, or participates or has a direct or indirect participation in any such undertaking, or participates or has a participation in the direct or indirect underwriting of any such undertaking; but such term shall not include a person whose interest is limited to a commission from an underwriter or dealer not in excess of the usual and customary distributors' or sellers' commission...". Vgl. auch *Loss*, Fundamentals, S. 278. Die Definition des *underwriter* wird generell sehr weit ausgelegt. Hierunter fällt beispielsweise eine Privatperson, die Aktien in der Absicht weiterveräußert, den Emittenten zu fördern oder zu unterstützen. Eine vertragliche Beziehung zwischen den beiden oder die Kenntnis des Emittenten von den Beweggründen des privaten Veräußerers ist nicht erforderlich. Siehe SEC v. Chinese Consolidated Benevolent Association, 120 F.2d 738 (2d Cir. 1941). Ferner wird derjenige als *underwriter* behandelt, der den Emittenten kontrolliert, so die Muttergesellschaft und daraus folgernd nach der Rechtsprechung ein Börsenmakler, der Aktien der Tochtergesellschaft im Auftrag der Muttergesellschaft verkauft, vgl. In the Matter of Ira Haupt & Co., 23 S.E.C. 589 (1946). Hauptsächlich ist unter dem Begriff *underwriter* die Emissionsbank zu verstehen.

173 *Henn/Alexander*, S. 786.

174 *Henn/Alexander*, S. 789.

2. *Der Securities Exchange Act von 1934*

Der Regelungsbereich des Securities Exchange Act ist sowohl persönlich als auch sachlich umfassender als der des Securities Act: Der Securities Exchange Act umfasst alle Aspekte von Wertpapier - Transaktionen mit dem Ziel, sie zu kontrollieren und einen reibungslosen Wertpapierhandel nach der Emission sicherzustellen[175]. Vom Securities Exchange Act werden nicht nur Käufer, sondern auch Verkäufer von Wertpapieren geschützt. Er konzentriert sich nicht nur auf Wertpapiere, ihre Emittenten, Käufer und Verkäufer, sondern reguliert auch den Markt, einschließlich der Börsen, des Freiverkehrs und der Händler im Freiverkehr[176]. Der Securities Exchange Act regelt damit Tätigkeiten innerhalb des Sekundärmarktes.

Mit dem Securities Exchange Act wurde die Securities and Exchange Commission (SEC) geschaffen[177]. Die SEC ist zuständig für den zwischenstaatlichen und internationalen Handel *(interstate and foreign commerce)* von Wertpapieren. Ihrer Aufsicht unterfällt jedoch nicht der Handel innerhalb eines einzelnen Bundesstaates. Vorrangiges Ziel der SEC ist die Bekämpfung des Insiderhandels[178]. Ihre Aufgabe liegt außerdem in der täglichen Überwachung des Marktgeschehens, sowie insbesondere der Durchsetzung der Regeln des Securities Act of 1933 und des Securities Exchange Act of 1934[179]. Neben der Überwachungsfunktion hat die SEC Prüfungsfunktion. Sie entscheidet über die Registrierung von Wertpapieren an den Börsen[180]. Der Securities Exchange Act bestimmt den Aufgaben- und Zuständigkeitsbereich der SEC und überträgt ihr die Aufgabe der Konkretisierung der in ihm enthaltenen Publizitätspflichten in Form und Inhalt[181]. Durch den Securities Act und den Securities Exchange Act ist die

---

175 *Hazen*, S. 8; *Henn/Alexander*, S. 789.

176 *Hazen*, S. 8.

177 Die SEC ist eine selbständige und unabhängige Bundesbehörde, direkt dem Kongress unterstellt und besteht aus fünf Mitgliedern, den Kommissaren (*commissioners*), die längstens für eine Periode von fünf Jahren vom Präsidenten der USA mit Zustimmung des Senats ernannt werden, und von denen einer zum *chairman* bestellt wird, *Elsing/van Alstine*, S. 27; *Bloomenthal*, S. 1. Die SEC hat die Möglichkeit, gegen Verletzer der Kapitalmarktgesetze im Wege des vorbeugenden Rechtsschutzes (*injunction*) oder im Wege einer Klage vorzugehen.

178 Siehe m.w.N. *Hazen*, S. 835.

179 *Skousen*, S. 18; *Hazen*, S. 450. Hierunter fällt auch die Kontrolle hinsichtlich Unternehmen, die sich im *securities*-Gewerbe betätigen und sich als *broker* (Sec. 3(a)(4) SEA), *dealer* (Sec. 3(a)(5) SEA) oder *investment adviser* (Sec. 202(a)(11) Investment Advisers Act of 1940), engagieren.

180 *Skousen*, S. 22, 62-65.

181 *Henn/Alexander*, S. 812; *Haller*, S. 24 f.

SEC ermächtigt[182], Grundsätze und Richtlinien betreffend die Aufstellung und den Inhalt der einzureichenden Berichte der emittierenden Unternehmen zu erlassen. Darüber hinaus veröffentlicht sie verpflichtende Verlautbarungen und Stellungnahmen[183]. Ausländische Unternehmen, deren Wertpapiere in den USA gehandelt werden, unterliegen ebenfalls den SEC - Bestimmungen[184].

3. Der Private Securities Litigation Reform Act von 1995

Der Private Securities Litigation Reform Act of 1995 (Reform Act) ist am 22. Dezember 1995 in Kraft getreten[185], nachdem sich der Kongress mit der notwendigen Mehrheit über das von Präsident Clinton eingelegte Veto hinweggesetzt hatte. Ziel des Reform Act ist die Bekämpfung des Missbrauchs von Rechtsmitteln auf dem Gebiet des Wertpapierhandels. Dadurch sollen Schutz und Vertrauen der Anleger in die Kapitalmärkte gestärkt werden[186]. Der Reform Act soll nicht nur die Interessen der emittierenden Unternehmen schützen, sondern auch die anderer Marktteilnehmer, insbesondere die der Investoren, die als die Verlierer der *class actions* und Opfer der eigennützigen Anwälte galten[187]. Der Reform Act wurde folglich mit großen Erwartungen und in der Hoffnung angenommen, dass "national savings, capital formation and investment may grow for the benefit of all Americans"[188].

Mit dem Reform Act wurden die Interdependenzen von materiellem und prozessualem Recht aufgegriffen. Der Kongress richtete sein Augenmerk vor allem auf vier missbräuchliche Praktiken[189]. Der Reform Act sollte erstens die zur Routine gewordene Klageerhebung gegen Emittenten von Wertpapieren und/oder andere Personen verhindern, wenn die Klage nur aufgrund eines signifikanten Sinkens der Aktienpreise des Emittenten ohne Beachtung des zugrundeliegenden Verschuldens in der Hoffnung angestrengt wurde, dass sich im Laufe des Verfahrens ein plausibler Klagegrund finden werde. Zweitens sollte der Reform Act das Zielen auf Beklagte mit „tiefen Taschen“ ohne Rücksicht auf ihr

---

182 Sec. 7 u. 19 SA und Sec. 13(b) SEA.

183 So z.B. die Regulation S-K, die Vorschriften hinsichtlich Publizitätspflichten von Informationen beinhaltet, die nicht von den Jahresabschlüssen umfasst werden, siehe *Haller*, S. 35.

184 Vgl. *Haller*, S. 33

185 Pub. L. No. 104-67, 109 Stat. 737 (1995)

186 *Antonucci*, 46 Emory L.J. 1237, 1238 (1997).

187 Siehe SEC Report to the President and the Congress, http://www.sec.gov/news/studies/-lreform.txt, S. 6, 8.

188 Siehe House Conf. Rep. No. 104 - 369 (1995), 1995 U.S.C.C.A.N. 730-748.

189 *Antonucci*, 46 Emory L.J. 1237, 1239 (1997).

Verschulden unterbinden. Drittens sollte der Missbrauch des *discovery*-Verfahrens zur Erzwingung eines aus wirtschaftlichen Gründen für die beklagte Partei sinnvollen Vergleichs gestoppt und viertens die Manipulation der Klienten durch die sie vertretenden Anwälte bekämpft werden[190]. Kurz, durch den Reform Act sollten insbesondere missbräuchliche Haftungsklagen (*abusive litigation*[191]) und erzwungene Vergleiche (*coercive settlements*[192]) eingeschränkt werden; darüber hinaus sollten Wirtschaftsprüfer besser in die Lage versetzt werden, Betrug bzw. arglistige Täuschungen der Gesellschaft aufzudecken (*auditor disclosure of corporate fraud*)[193]. Befürworter des Reform Acts waren vor allem die wirtschaftsprüfende Profession und die High-Tech-Industrie als beliebte *deep-pockets* Klage-Zielgruppe[194]. Der Reform Act wird als eines der wichtigsten Ereignisse in der Geschichte der Kapitalmarktregulierung seit dem Erlass der Securities Acts von 1933 und 1934 angesehen[195]. Von ihren Gegnern dagegen wird die Gesetzgebung als Schaffung einer "license to lie" charakterisiert[196] und gleichzeitig eine Zunahme von Täuschung und Betrug im Wertpapierbereich befürchtet, die das Vertrauen der Anlegern in den Markt schwächen würde[197]., mit der Begründung, dass durch die *safe harbor*-Vorschriften ein zu großer Schutz für die emittierenden Unternehmen geschaffen werde[198].

Geht man von der Anzahl erhobener Klagen vor den Gerichten der Einzelstaaten und den Bundesgerichten aus, kommt man zu der Annahme, dass der Versuch zur Klagenreduzierung im Kapitalmarktbereich erfolgreich war, denn die Klageaktivität insgesamt war 1996 um sieben bis sechzehn Prozent niedriger als vor Erlass des Reform Acts[199]. Dieses positive Ereignis könnte jedoch durch einen stabilen Markt und einen erkennbaren allgemeinen Preisaufschwung im Jahre 1996 an der Börse erklärbar sein[200]. Eine weitere Erklärung für die Reduzierung der Klagen könnten der Respekt und die Zurückhaltung vor Betreten juristischen

---

190 House Conf. Rep. No. 104 - 369 (1995), 1995 U.S.C.C.A.N. 730 - 748.

191 Sec. 101-106 Reform Act.

192 Sec. 201-203 Reform Act.

193 Sec. 301 Reform Act.

194 SEC Report to the President and the Congress, http://www.sec.gov/news/studies/-lreform.txt, S. 6.

195 *Antonucci*, 46 Emory L.J. 1237, 1239 (1997).

196 *Grundfest/Perino*, Securities Litigation Reform, S. ii.

197 SEC Report to the President and the Congress, http://www.sec.gov/news/studies/-lreform.txt, S. 7.

198 Zum *safe harbor* siehe unten ab S. 145.

199 *Grundfest/Perino*, Securities Litigation Reform, S. ii. Andere Studien gehen sogar von einer um 34 Prozent niedrigeren Klageaktivität aus, vgl. SEC Report to the President and the Congress, http://www.sec.gov/news/studies/lreform.txt, S. 22

200 SEC Report to the President and the Congress, http://www.sec.gov/news/studies/-lreform.txt, S. 83; *Grundfest/Perino*, Securities Litigation Reform, S. ii.

Neulands sein[201]. Der Rückgang kann auch darauf zurückzuführen sein, dass betrügerische Handlungen auf Seiten der Unternehmen abgenommen haben oder dass die Darlegungsanforderungen derart hoch sind, dass missbräuchliche unfundierte Klagen nicht mehr erhoben werden. Es ist aber auch denkbar, dass Betrug zugenommen hat und es den geschädigten Anlegern nicht mehr möglich ist, ihre Rechte durchzusetzen. Die Zahlen über einen Rückgang können daher nur in Verbindung mit der tatsächlichen Anzahl betrügerischer Handlungen Aussagen über die Effektivität der Vorschriften des Reform Act machen[202]. Gewissheit über den Erfolg des Reform Act gibt es folglich nicht. Eine Studie der SEC konstatiert unter Ausklammerung der ersten drei Monate nach Erlass des Reform Act keinen Rückgang der Klagen[203]. Dieses Untersuchungsergebnis spricht dafür, dass der Reform Act zunächst einen starken Rückgang von Klagen bewirkt hat, und dass aber nach der ersten Unsicherheit wieder eine ganz normale Klageaktivität eingetreten ist. Eine Studie von PricewaterhouseCoopers aus dem Jahr 1999[204] kommt zu dem Ergebnis, dass nach einem Klageanstieg im Jahr 1998 die Erhebung von Klagen[205] im Jahr 1999 um 14% gegenüber 1998 gesunken sind, dass aber die Klageaktivität immer noch höher als im Jahr 1997 war.

III. Recht der Einzelstaaten

Auch die einzelnen Staaten haben - mehr als zwanzig Jahre früher als der Bundesgesetzgeber - den Bereich des Kapitalmarktes reguliert und Gesetze zur Kontrolle und Sicherung des Wertpapierhandels erlassen, die sog. *blue sky laws*[206].

---

201 SEC Report to the President and the Congress, http://www.sec.gov/news/studies/-lreform.txt, S. 22 f.

202 Vgl. auch *Lerach*, S. 11.

203 SEC Report to the President and the Congress, http://www.sec.gov/news/studies/-lreform.txt, S. 22 f. Auch eine andere Untersuchung kommt zu dem Ergebnis, dass die Klageaktivität im Jahre 1996 zunächst gesunken, anschließend aber bis 1998 stark angestiegen und seit dem Jahre 1999 wieder rückläufig ist, siehe *o.V.*, http://securities.stanford.edu/index.html.

204 Die Studie ist abrufbar im Internet unter http://securities.stanford.edu/research/-reports/19990801-pwc103000.pdf.

205 Für das Jahr 1999 liegen lediglich Zahlen hinsichlich Klagen vor Bundesgerichten vor.

206 Siehe *Hazen*, S. 6. Der Name der "Blue Sky Laws" hat mehrere Entstehungsgeschichten; eine davon besagt, dass die Gesetze von Kansas hauptsächlich aus Angst vor Industriellen, die alles zum Kaufe anboten, einschließlich des "blue sky", auf schnelle Weise entstanden ist, vgl. *Hazen*, S. 6; *Loss*, Fundamentals, S. 8. Neben den bundes- und einzelstaatlichen Gesetzen gibt es als weitere Regulierungsinstanzen noch die Börsenordnungen der einzelnen Wertpapierbörsen, die gerechte Handelsprinzipien gewährleisten sollen, *Hazen*, S. 3 f. Ferner gibt die North American Securities Administrators Association (NASAA) von Zeit zu Zeit „statements of policy“ bezüglich des Wertpapierhandels heraus, siehe *Hazen*, S.

Kansas setzte 1911 die ersten US-amerikanischen Gesetze in Kraft, die den Vertrieb und den Verkauf von Wertpapieren regelten[207]. Ansprüche aus den *blue sky laws* bestehen neben denen der Bundesgesetze[208]. Zur Angleichung der Wertpapieraufsichtsgesetze der verschiedenen Staaten wurde mit dem Ziel, bestehender Rechtsunsicherheit entgegenzuwirken, 1958 der Uniform Securities Act verabschiedet, der von 36 Bundesstaaten mit unterschiedlichen Modifikationen übernommen wurde[209]. Der Uniform Securities Act ist nur ein Modellgesetz mit Empfehlungscharakter für die Gliedstaaten zur Harmonisierung der Rechte der Einzelstaaten[210]. Dreißig Staaten haben die meisten oder wenigstens einige Vorschriften des Acts übernommen. Der Act enthält beispielsweise das Verbot von Betrug bei Wertpapierangeboten und -verkäufen, das Erfordernis und die Regulierung der Zulassung von Anlageberatern, von Händlern im Freiverkehr und ihren Vertretern, die Registrierung von Wertpapieren und last but not least die Bestimmung, dass die Wertpapiere bestimmten Maßstäben zu entsprechen haben[211]. In den wichtigen Handelsstaaten, New York und Kalifornien bestehen allerdings starke Abweichungen von den Bestimmungen des Model Act[212]. Damit ist der Erfolg hinsichtlich einheitlicher Regelungen erheblich geschmälert. Die einzelstaatlichen Rechtsordnungen können große Differenzen aufweisen[213]. In der

---

391.

207 *Hazen*, S. 388.

208 Sec. 28(a) SEA.

209 *Henn/Alexander*, S. 849. Nicht angenommen haben ihn die Staaten Arizona, California, Florida, Georgia, Illinois, Lousiana, Maine, New York, North Dakota, Ohio, Rhode Island, South Dakota, Texas und Vermont, siehe *Loss*, Fundamentals, S. 9, Fn. 4. 1985 wurde der Revised Uniform Securities Act als Nachfolger des Uniform Securities Act in überarbeiteter Form erlassen.

210 *Will/Cloidt*, in: David/Grassmann (Hrsg.), Tz. 426.

211 Die Maßstäbe für Wertpapiere werden häufig als *merit* oder *fair, just and equitable* Standards bezeichnet, *Steinberg*, Securities Law, S. 2 f. Der Uniform Act sieht eine Verjährung von zwei Jahren vor; dem sind nur ein paar Staaten gefolgt. 23 der Staaten folgen dem Uniform Act in der Bestimmung einer genau festgesetzten Verjährung für die Erhebung einer Klage (im allgemeinen ab dem Zeitpunkt des Vertragsschluss oder Verkaufs). Dreizehn Staaten bestimmen eine zweijährige, acht eine dreijährige, einer die fünfjährige und einer die sechsjährige Verjährungsfrist, siehe *Bloomenthal*, S. 1031 f. 29 der Staaten berücksichtigen den Zeitpunkt der Entdeckung der betrügerischen Handlung, davon haben 19 eine duale Verjährungsbestimmung, d.h., erstens eine Bestimmung bezogen auf die Verjährung nach Entdeckung der betrügerischen Handlung(en) (zwischen einem und drei Jahren), und zweitens eine Festsetzung des "outside limit" (zwischen zwei und fünf Jahren), innerhalb welcher Zeit die Erhebung der Klage liegen muss, *Bloomenthal*, S. 1032.

212 Siehe *Hazen*, S. 391, Fn. 19.

213 Die Kapitalmarktgesetze der Einzelstaaten regeln sowohl die Ausgabe von Wertpapieren als auch das Handeln der Händler im Freiverkehr, manche Staaten regeln zusätzlich Übernahmeangebote und ein Großteil der Staaten das Handeln der Anlageberater, *Hazen*, S.

Zweigeteiltheit von Bundes- und Staatenrecht liegt die Brisanz des US-amerikanischen Systems, da sich die einzelstaatlichen Regelungen zum Teil sehr von den bundesrechtlichen unterscheiden. Durch Klagen vor den einzelstaatlichen Gerichten können Bundesgesetze umgangen werden. Die Problematik paralleler Klagen wurde nach Erlass des Reform Act wieder deutlich[214].

IV. Begriff des Wertpapiers

Der Begriff „Wertpapier“ (*security*) ist nicht klar umgrenzt. Eine Definition geben Sec. 2(1) SA[215] und Sec. 3(a)(10) SEA[216], die vom Supreme Court als "virtually identical" behandelt werden[217]. Unter den Wertpapierbegriff fällt neben einer großen Auswahl an aufgeführten Wertpapieren „any interest or instrument commonly known as a „security“, or any certificate of interest ... “. Es wird schnell ersichtlich, dass der Phantasie keine Grenzen gesetzt sind. Ein Wertpapier bedarf nach den Definitionen in Sec. 2(1) SA und 3(a)(10) SEA keiner wertpapiermäßigen Verbriefung. Die weite gesetzlich verankerte Definition des Wertpapiers hat dazu geführt, dass eine unvorstellbare Auswahl an Wertpapieren

388.

214 Siehe dazu unten ab S. 222.

215 Sec. 2(1) SA, 15 U. S. C. A. § 77b (a)(1): „The term "security" means any note, stock, treasury stock, bond, debenture, evidence of indebtedness, certificate of interest or participation in any profit-sharing agreement, collateral-trust certificate, preorganization certificate or subscription, transferable share, investment contract, voting-trust certificate, certificate of deposit for a security, fractional undivided interest in oil, gas, or other mineral rights, any put, call, straddle, option or privilege on any security, certificate of deposit, or group or index of securities (including any interest therein or based on the value thereof), or any put, call, straddle, option, or privilege entered into on a national securities exchange relating to foreign currency, or, in general, any interest or instrument commonly known as a "security", or any certificate of interest or participation in, temporary or interim certificate for, receipt, for, guarantee of, or warrant or right to subscribe to or purchase, any of the foregoing“.

216 Sec. 3(a)(10) SEA, 15 U. S. C. A. § 78c(a)(10): „The term „security“ means any note, stock, treasury stock, bond, debenture, certificate of interest or participation in any profit-sharing agreement or in any oil, gas, or other mineral royalty or lease, any collateral-trust certificate, preorganization certificate or subscription, transferable share, investment contract, voting-trust certificate, certificate of deposit, for a security, or in general, any instrument commonly known as a „security“; or any certificate of interest or participation in, temporary or interim certificate for, receipt for, or warrant or right to subscribe to or purchase, any of the foregoing; but shall not include currency or any note, draft, bill of exchange, or banker's acceptance which has a maturity at the time of issuance of not exceeding nine months, exclusive of days of grace, or any renewal thereof the maturity of which is likewise limited“.

217 Tcherepnin v. Knight, 389 U. S. 332, 335 f. (1967).

vom Kapitalmarktrecht aufgrund seiner Vertriebsbezogenheit umfasst wird[218]. Erfasst vom Wertpapierbegriff wird praktisch alles, was als Investment verkauft werden könnte[219]. Im engeren Sinne werden grundsätzlich zwei Arten von Wertpapieren unterschieden: die *equity securities* (Eigentumsrechte bzw. Anteile an der Gesellschaft) und die *debt securities* (Forderungen gegen die Gesellschaft bzw. Obligationen)[220].

§ 2: Funktionsfähigkeit des Kapitalmarktes

Das Kapitalmarktrecht verfolgt zwei Ziele: die Funktionsfähigkeit[221] des Kapitalmarktes und den für die Funktionsfähigkeit erforderlichen Anlegerschutz.

A. Funktionsfähigkeit des Kapitalmarktes

Die Funktionsfähigkeit des Kapitalmarktes ist ein Schutzgut, das ausschließlich dem öffentlichen Interesse an effizienten Wertpapiermärkten dient[222]. Das Wohl der Allgemeinheit als vorrangiges Ziel des öffentlichen Interesses wird als das vom Gesetzgeber aus privaten und öffentlichen Interessen abgeleitete Gemeininteresse verstanden[223]. Ein öffentliches Interesse des Staates an effizienten Kapitalmärkten besteht aus volkswirtschaftlichen Gründen. Der Kapitalmarkt hat die Funktion, die Ersparnisse der privaten Haushalte in das für unternehmerische Investitionen benötigte Kapital umzuschichten[224]. Die Unternehmen sind auf ihre Finanzierung über den Kapitalmarkt angewiesen. Gleichzeitig sind die Anleger vom Kapitalmarkt hinsichtlich der privaten Altersvorsorge mehr und mehr abhängig[225].

---

218 Als außergewöhnliche *securities* sind beispielsweise „fruit trees", „scotch whisky", „cosmetics", „earthworms", „beavers", „chinchillas" und „animal feeding programs" zu nennen, siehe die Auflistung bei *Hazen*, S. 28 f.

219 Siehe dazu die grundlegende Entscheidung Reves v. Ernst & Young, 494 U.S. 56 (1990).

220 *Merkt*, S. 233-235: Während der *equity holder* mit der *issuance* (Ausgabe) Gesellschafter wird und Mitgliedschaftsrechte erhält, also eine *insider*-Stellung bekommt, bleibt der *debt holder outsider*, er wird nicht Gesellschafter und erhält daher keine Mitgliedschaftsrechte.

221 Der Begriff Funktionsfähigkeit wird in diesem Zusammenhang synonym mit Effizienz verwandt.

222 Beschlussempfehlung und Bericht des Finanzausschusses des Deutschen Bundestages, BT-Drucks. 12/7918, S. 102.

223 *Kümpel*, in: Kümpel/Ott (Hrsg.), Kap. 050, S. 38.

224 *Kümpel*, in: Kümpel/Ott (Hrsg.), Kap. 050, S. 44.

225 Siehe *Kümpel*, in: Kümpel/Ott (Hrsg.), Kap. 050, S. 38.

Ziele des europäischen Kapitalmarktrechts sind - wie auch im deutschen nationalen Recht - der Funktionsschutz und der Anlegerschutz[226]. Hinzu kommt auf Europaebene als Zielpunkt die Schaffung eines gemeinschaftsweiten Kapitalmarktes[227]. Denn die Funktionsfähigkeit des europäischen Binnenmarktes setzt die Verfügbarkeit von Kapital voraus, das über den Finanzmarkt beschafft wird. Die Funktionsfähigkeit des Kapitalmarktes und dessen Wettbewerbsfähigkeit ist folglich unabdingbare Voraussetzung für die Funktionsfähigkeit des europäischen Binnenmarktes. Zur Bewertung der kapitalmarktrechtlichen Effizienz werden insbesondere die allokative und die operationale Funktionsfähigkeit herangezogen[228].

I. Allokative Funktionsfähigkeit

Die allokative Funktionsfähigkeit, d.h. die Allokationseffizienz, wird wirtschaftlich und rechtspolitisch als besonders wichtige Bedingung[229] oder sogar als das wichtigste ökonomische Ziel von Kapitalmärkten[230] erachtet. Die allokative Funktionsfähigkeit bezieht sich als gesamtwirtschaftliche Vermittlungsaufgabe auf die optimale Allokation von Kapital[231]. Die Ressourcen der verfügbaren Ersparnisse sollen dorthin fließen, wo der jeweils dringendste Bedarf an Investitionsmitteln die höchste Rendite bei ausreichender Sicherheit verspricht[232]. Ein allokationseffizienter Markt stellt sicher, dass mit steigendem Risiko einer Anlage eine höhere Rendite einher geht[233] und dass auf einem solchen Markt Erträge oder Finanzierungskosten einer Investition einer vergleichbaren Investition mit gleichwertigen Risiken äquivalent sind[234]. Richtige und vollständige

226 Siehe Präambel der Wertpapierdienstleistungsrichtlinie, ABl EG Nr. L 141/27 v. 11.6.1993.

227 Präambel zur Wertpapierdienstleistungsrichtlinie, ABl.EG Nr. L 141/27 v. 11.6.1993.

228 *Fischel*, 57 Texas L.Rev. 1, 4 (1978). Neben der allokativen und der operationalen Funktions-fähigkeit ist die institutionelle Funktionsfähikgeit zu erwähnen, die die Effizienz auf der Grundlage der Grundvoraussetzungen eines wirksamen Marktmechanismus bewertet. Als Grundvoraussetzungen werden insbesondere der ungehinderte Zugang von Kapitalanbietern und - nachfragern, die von der Rechtsordnung zur Verfügung gestellten typisierten Anlageformen, die Aufnahmefähigkeit sowie die Stabilität des Marktes erachtet, siehe *Kübler*, Gesellschaftsrecht, S. 390; *Assmann*, Prospekthaftung, S. 26. Besondere Bedeutung kommt der Aufnahmefähigkeit eines Marktes für die Entscheidung der Investoren zu, in diesem Markt anzulegen, da davon die Möglichkeit einer späteren Veräußerung des Wertpapiers abhängt, *Kümpel*, in: Kümpel/Ott (Hrsg.), Kap. 050, S. 39.

229 *Kübler*, Gesellschaftsrecht, S. 391.

230 *Fischel*, 57 Texas L.Rev. 1, 4 (1978).

231 *Grünwald*, S. 193.

232 *Kübler*, Gesellschaftsrecht, S. 372.

233 *Assmann*, Prospekthaftung, S. 25.

234 *Fischel*, 57 Texas L.Rev. 1, 4f. (1978).

Information stellt sicher, dass Kapital zu den Unternehmen fließt, die es am effektivsten nutzen können[235], und dass die Anleger das Risiko einer Anlage beurteilen können[236], um optimale Investitionsentscheidungen treffen zu können[237]. Um diese Funktion zu erhalten und zu stärken, ist das Vertrauen der Anleger zu gewinnen und zu schützen.

II. Operationale Funktionsfähigkeit

Die operationale Funktionsfähigkeit (oder Vertriebseffizienz) hängt vor allem von den Kosten der Anlagevermittlung und Kapitalbeschaffung ab. Hierunter fallen die Kosten, die den Emittenten aus den Aktien- und Anleiheemissionen und den Investoren bei der Kapitalanlage erwachsen[238]. Der operationalen Effizienz sind auch Kostenkomponenten des Sekundärmarktes zuzurechnen[239], so z.B. die Kosten der dort bestehenden Publizitätspflichten. Um die Rendite und damit die Effizienz des Marktes zu erhöhen, müssen die Kosten gering gehalten werden. Hier spielt insbesondere die Geringhaltung der Kosten der für die Investitionsentscheidung der Anleger unentbehrlichen Informationen eine bedeutende Rolle[240]. Für die Anleger sind Kosten für die Suche nach Informationen von erheblicher Bedeutung für eine Investitionsentscheidung. Die Transaktionskosten können durch die kapitalmarktrechtliche Publizität verringert werden. Durch die Publizität werden die Wahl des günstigsten Angebots erleichtert und gleichzeitig die Kosten gesenkt, die für die Beschaffung der erforderlichen Daten ohne Publizitätssystem anfallen würden[241].

Für die Entscheidung eines Emittenten über die Wahl der Börseneinführung an einer inländischen oder an einer ausländischen Börse sind die Kosten der Börseneinführung ein wesentlicher Gesichtspunkt. Diese Kosten umfassen die Börsenzulassungsgebühr, die Kosten für die Pflichtveröffentlichungen und den Druck des Börseneinführungsprospekts, ferner die Kosten für die börseneinführenden Kreditinstitute, die Mitwirkung von Wirtschaftsprüfern, die freiwillige Presseveröffentlichung und die übrigen Präsentationen des Emittenten[242].

---

235 *Easterbrook/Fischel*, 70 Va.L.Rev. 669, 673 (1984).
236 *Assmann*, Prospekthaftung, S. 25.
237 *Easterbrook/Fischel*, 70 Va.L.Rev. 669, 673 (1984).
238 Vgl. *Kümpel*, Kapitalmarktrecht, S. 72; *Fischel*, 57 Texas L.Rev. 1, 4 (1978).
239 *Assmann*, Prospekthaftung, S. 25.
240 *Assmann*, Prospekthaftung, S. 25 m.w.N.
241 *Kübler*, Gesellschaftsrecht, S. 372.
242 *Kümpel*, in: Kümpel/Ott (Hrsg.), Kap. 050, S. 43.

B. *Informationseffizienz*

Zur Erreichung von Allokationseffizienz spielt die Informationseffizienz eine bedeutende Rolle. Durch das Vorliegen von Informationseffizienz erfolgt eine Verbesserung der Allokationseffizienz[243]. Informations- und Allokationseffizienz sind identisch, wenn es sich bei den vorhandenen Informationen um allokationsrelevante Informationen handelt, die sofort und kostenlos zur Verfügung stehen, die zu gleichgerichteten Erwartungen der Anleger führen, und wenn darüber hinaus keine Transaktionskosten bei der Durchführung von Transaktionen auf dem Kapitalmarkt entstehen[244]. Maßgeblich für ein Vorliegen von Allokationseffizienz ist, wie genau der Wertpapierkurs den Wert des Wertpapiers widerspiegelt[245]. Wertpapierkurse enthalten abhängig von der Kategorie der am Markt verfügbaren Informationen ausschließlich den gegenwärtigen Wert zukünftiger Profitströme der Unternehmen[246]. Ein informationseffizienter Markt impliziert Allokationseffizienz, wenn sämtliche fundamentalen, also allokationsrelevanten Informationen über die zu erwartenden Profitströme im Kurs enthalten sind, und die Kurse damit allokationseffizient sind[247].

Wenn der Kurs eines Wertpapiers die (rationalen) Erwartungen der Marktteilnehmer über die künftigen Erträge widerspiegelt, erfolgt eine „richtige" Bewertung der Finanzanlagen[248]. Kursschwankungen sind nur gerechtfertigt, wenn sie die Änderungen in den rational gebildeten Erwartungen widerspiegeln[249]. Eine Störung der gesamtwirtschaftlichen Vermittlungsaufgabe des Kapitalmarktes kann auftreten, wenn das Verhalten der Marktteilnehmer über das Verhalten der anderen Marktteilnehmer gesteuert wird und sich nicht auf selbst erlangte Informationen stützt[250]. Für die Bewertung durch die Anleger ist die Verfügbarkeit

---

243 *Stout*, 87 Mich.L.Rev. 613, 641 (1988).

244 *Grünwald*, S. 194; *Fama*, 25 J.Fin. 383, 387 (1970).

245 *Krauel*, S. 22.

246 So die Theorie der Fundamentaleffizienz, siehe *Ayres*, 77 Va.L.Rev. 945, 969, 997 (1991).

247 Ein informationseffizienter Markt ist nicht zwingend ein fundamentaleffizienter Markt, vgl. *Gordon/Kornhauser*, 60 N.Y.U.L.Rev. 761, 767 (1985), die die Begriffe „speculative efficiency" i.S.v. Informationseffizienz und „allocative efficiency" i.S.v. Fundamentaleffizienz verwenden. *Schönenberger*, S. 45f.

248 *Horn*, Neuere Entwicklungen, S. 17 f.; vgl. auch *Stiglitz*, S. 275.

249 Studien zufolge weisen beispielsweise die Aktien- und Anleihemärkte der USA „zu große" Kursschwankungen auf. Siehe *Shiller*, insbes. S. 1 - 4, 49 - 56, 71; *Marsh/Herton*, 76 Am.Econ.Rev. 483-498 (1986). Auch nach Studien hinsichtlich deutscher Finanzmärkte werden Zweifel bezüglich der Bewertungseffizienz kundgetan, siehe *Lion*, Marktrationalität.

250 Folge davon ist die sogenannte Spielcasinohypothese. Danach werden die Marktkurse durch Wetten über Wetten beeinflusst. Diesem Ansatz liegt zugrunde, dass Finanzanlagen immer auch ein Element der Wette auf zukünftige Ereignisse beinhalten, siehe dazu

allokationsrelevanter Informationen Voraussetzung, denn eine „richtige" Bewertung kann nur auf der Grundlage ausreichender Informationen stattfinden. Die Anleger müssen sich ein Bild über die derzeitige und soweit möglich, die zukünftige Lage der Unternehmen machen können. Dabei reicht es nicht aus, dass irgendwelche Informationen herausgegeben werden, sondern es muss sich um Informationen entsprechender Güte, also richtige und vollständige Angaben, handeln, die ein der Wahrheit entsprechendes Bild von der Unternehmensentwicklung entstehen lassen.

Die Beurteilung der Effizienz der Umsetzung der Informationen nimmt die Efficient Capital Market Hypothesis (ECMH) vor[251]. Die gebräuchliche Definition der ECMH besagt, dass sich die Eigenschaften einer Geldanlage vollständig in ihrem Preis niederschlagen[252]. Nach dieser Theorie gibt es in einem funktionsfähigen Markt keine besonders günstigen Preise, denn eine höhere Rendite beruht entweder auf einem höheren Risiko, oder einer geringeren Steuerbegünstigung oder auf geringerer Liquidität der Anlageform[253]. Folglich bekommt der Anleger das, wofür er bezahlt hat. Handelt es sich nicht um einen effizienten Markt, können der Preis und der Wert der Anlageform auseinanderfallen. Die Anleger sind unzufrieden und entziehen dem Markt ihr Vertrauen. Damit wird die Allokationseffizienz des Kapitalmarktes gefährdet. Informationen, die die Erwartungen der Marktteilnehmer formen, werden vom Grad der Informationseffizienz bestimmt[254]. Genauer unterscheidet die Theorie effizienter Märkte drei Formen informationseffizienter Kapitalmärkte unter Berücksichtigung der verschiedenen Kategorien von Informationen: den schwach-effizienten, den semi-effizienten und den stark-effizienten Kapitalmarkt[255].

Die schwache Form der Informationseffizienz geht davon aus, dass Wertpapierkurse alle Informationen widerspiegeln, die in vergangenen Kursen enthalten sind[256]. Bei einem semi-effizienten Markt spiegeln sich alle öffentlich zugänglichen Information im Marktpreis wider[257]. In einem semi-effizienten Markt ist es privaten Anlegern meist nicht möglich, höhere Gewinne durch Kauf oder

---

genauer *Horn,* Neuere Entwicklungen, S. 17 f. Im Primärmarkt allerdings werden sich die unkundigeren Anleger i.S.v. Trittbrettfahrern auf den von Aktienexperten und sachkundigeren Anlegern als angemessen erachteten Emissionskurs verlassen können, *Schönenberger*, S. 33.

251 Grundlegend *Fama*, 25 J.Fin. 383 (1970).

252 *Stiglitz*, S. 274. „Prices at any time 'fully reflect' all available information", siehe *Gilson/Kraakman*, 70 Va.L.Rev. 549, 554 (1984); *Fischel*, 57 Texas L.Rev. 1, 1 (1978).

253 *Stiglitz*, S. 273 f.

254 *Ayres*, 77 Va.L.Rev. 945, 969f., Fn. 97 (1991).

255 *Gilson/Kraakman*, 70 Va.L.Rev. 549, 555 (1984).

256 *Brealey/Myers/Marcus*, S. 306; *Fama* 25 J.Fin. 383, 388 (1970).

257 *Brealey/Myers/Marcus*, S. 306; *Fama* 25 J.Fin. 383, 388 (1970); *Schönenberger*, S. 42.

Verkauf von Wertpapieren nach Veröffentlichung von Tatsachen beispielsweise über Gewinne, Prognosen oder Fusionspläne zu machen, da sich diese Informationen in der Regel schnell in den Preisen niederschlagen[258]. So können professionelle Händler, die Zugang zu öffentlichen und nicht-öffentlichen Informationen haben, höhere Gewinne erzielen als private Investoren. Sowohl in Deutschland als auch in den USA besteht die Überzeugung, dass z.B. Banken, Großanleger und Fonds, früher Informationen erhalten als der private Kleinanleger[259]. Bei der stark-effizienten Form der Informationseffizienz sind alle am Markt verfügbaren Informationen in den Marktpreisen abgebildet[260]. Es gibt kein Insiderwissen. Alle Anleger haben alle bewertungsrelevanten Informationen[261]. Besteht dieser Idealzustand, ist es nicht möglich, auf der Grundlage der allgemein zugänglichen Informationen durch Handel Gewinne zu machen[262]. Geht man von der stark-effizienten Form der Informationseffizienz aus, ist eine Offenlegung von Informationen nicht erforderlich, da bereits alle fundamentalen Informationen im Kurs von emittierten Wertpapieren enthalten sind und der Kurs folglich fair ist. Die stark-effiziente Form erfährt allerdings keine Bestätigung, da empirisch belegt ist, dass Insider höhere Gewinne erzielen als andere Marktteilnehmer[263].

Der deutsche Gesetzgeber geht von einem semi-effizienten Markt aus. In der Begründung zum zweiten Finanzmarktförderungsgesetz heißt es, dass „der Kreis der potenziellen Insider gering gehalten"[264] und die „Entstehung unzutreffender Marktpreise aufgrund mangelhafter oder fehlender Information vermieden werden" solle[265]. Der Gesetzgeber legt den neuen Regeln also zugrunde, dass nicht alle verfügbaren Informationen in den Kursen enthalten sind. Wären alle Informationen in den Kursen enthalten, könnten sich keine unzutreffenden Marktpreise bilden und Offenlegung von Informationen wäre entbehrlich. Auch in den USA besteht die für weitere Überlegungen maßgebliche Vorstellung eines semi-effizienten Marktes[266].

---

258 *Brealey/Myers/Marcus*, S. 306; *Fama* 25 J.Fin. 383, 388 (1970).

259 *O.V.*, FAZ v. 29.07.1998, S. 19; o.*V.*, FAZ v. 23.10.1999, S. 25.

260 *Brealey/Myers/Marcus*, S. 300; *Stiglitz*, S. 275.

261 *Reuter*, Aktienmarkt, S. 12.

262 Historisches Beispiel für Gewinnumsetzung durch Informationsvorsprung stellt der Fall des Bankhauses Rothschild dar. Das Bankhaus machte im Jahre 1815 am Finanzplatz London ein Vermögen, weil es eher als alle anderen Marktteilnehmer über den Ausgang der Schlacht bei Waterloo informiert war.

263 *Krauel*, S. 22, Fn. 33.

264 BT-Drucks. 10/4296, S. 102.

265 BT-Drucks. 10/4296, S. 11.

266 Siehe z.B. die Ausführungen zur *duty to disclose* in Zweig v. Hearst, 594 F.2d 1261, 1266 (9th Cir. 1979). Auch die *fraud-on-the-market-theory* ist beispielsweise nur bei der Annahme eines semi-effizienten Marktes praktikabel, siehe Basic Inc. v. Levinson, 485 U.S. 224, 247 (1988).

Bei der Annahme der semi-effizienten Form der Informationseffizienz ist zur Bildung fairer Preise die Offenlegung bewertungserheblicher Tatsachen erforderlich, da die Geheimhaltung wichtiger Informationen die Funktion der Märkte als Indizien für den wahren Wert[267] vereitelt. Der deutsche Gesetzgeber will für eine Verbesserung des schnellen Zuganges zu öffentlichen Informationen über Wertpapiere und die Erweiterung des Umfanges der zu veröffentlichenden Informationen sorgen[268]. Denn je mehr (allokationsrelevante) Informationen veröffentlicht werden, desto eher wird der Marktpreis zu einem fairen Preis, der es Insidern nicht mehr ermöglicht, höhere Gewinne zu machen.

C. *Stellungnahme*

Aus den Ausführungen zur Effizienz wird deutlich, dass unter Berücksichtigung der semi-effizienten Form der Informationseffizienz die Offenlegung von Informationen unentbehrlich ist, damit sich diese im Preis eines Wertpapiers niederschlagen können. Bei den veröffentlichten Informationen muss es sich zur Bildung fundierter Entscheidungsgrundlagen um entscheidungsrelevante Informationen handeln[269]. Ob die Offenlegung auf Initiative der Anleger oder durch gesetzliche Regelung erfolgen muss, ist eine andere Frage[270]. Die Feststellung der tatsächlichen Funktionsfähigkeit des Kapitalmarktes ist sehr schwierig, da nie alle Informationsverletzungen aufgedeckt und bewertet werden können. Sicher ist lediglich, dass zur Verfolgung des Zieles der Effizienz des Kapitalmarktes ein möglichst hohes Niveau an Offenlegung richtiger, vollständiger und allokationsrelevanter Information erreicht werden muss.

D. *Anlegerschutz*

Für die Funktionsfähigkeit des Kapitalmarktes ist erforderlich, dass sich die Anleger am Marktgeschehen aktiv beteiligen, indem sie Kapital zuführen. Voraussetzung dafür ist, Schutz und Stärkung des Vertrauens der Anleger in die Ordnungsmäßigkeit, Fairness und Integrität der Kapitalmärkte[271] zu schaffen. Ohne ausreichenden Vertrauensschutz ist die Funktionsfähigkeit der Wertpapiermärkte gefährdet, weil die Anleger sich abwenden und dem Markt die gewünschte

---

267 Siehe Basic, Inc. v. Levinson, 485 U.S. 224, 246 (1988).
268 Begr. RegE 2. FFG, BT-Drucks. 12/6679, S. 33.
269 *Gehrt*, S. 21.
270 Siehe dazu unten ab S. 59.
271 *Kümpel*, Wertpapierhandelsgesetz, S. 29.

Liquidität entziehen würden[272]. Das Wertpapierhandelsgesetz, das Börsengesetz und das allgemeine Haftungsrecht sollen den notwendigen Schutz vermitteln und sicherstellen[273]. Zu unterscheiden ist beim Anlegerschutz zwischen dem Schutz des Anlegerpublikums in seiner Gesamtheit (Funktionsschutz) und dem Schutz des einzelnen Anlegers (Individualschutz).

I. Schutz der Gesamtheit der Anleger

Mit Anlegerschutz ist der Schutz des Anlegerpublikums, der Schutz der unbestimmten Gesamtheit der Anleger gemeint. Die Gesamtheit ist nicht individualisierbar, sondern eine zahlenmäßig unbestimmte Personengesamtheit, die das gesamte Angebots- und Nachfragepotential umfasst, das für die Liquidität des Kapitalmarktes notwendig ist[274]. Der Anlegerschutz im Sinne des Schutzes der Allgemeinheit der Anleger dient überindividuellen Zielen, nämlich dem Funktionsschutz des Kapitalmarktes: der Schutz des Vertrauens der Anleger soll als unabdingbare Voraussetzung für die Fähigkeit des Kapitalmarktes zur Kapitalaufbringung und Kapitallenkung[275] zur Erhaltung und Steigerung des Volumens des gesamtwirtschaftlich erforderlichen oder erwünschten Investitionskapitals führen[276]. Anlegerschutz ist also nicht vorrangig Selbstzweck, sondern er soll der Funktionsfähigkeit des Kapitalmarktes dienen und die Grundvoraussetzung für transnationale Kapitalbewegungen und die gegenseitige Durchdringung der Teilmärkte des europäischen Binnenmarktes schaffen[277]. Zu diesem Zweck stellt Anlegerschutz ein lediglich mittelbares Schutzgut dar. Den Normen, die nur das Anlegerpublikum als Instrument zur Funktionsfähigkeit des Kapitalmarktes schützen wollen, kommt daher grundsätzlich keine drittschützende Wirkung zu. Der Funktionsschutz kann die Individualinteressen allerdings zusätzlich erfassen, d.h. manche der Funktionsfähigkeit dienenden Normen können Drittschutz entfalten, der zusätzlich den Individualschutz der Anleger bezweckt. Diese Wirkung wird jedoch lediglich als Rechtsreflex aufgefasst[278].

---

272 Vgl. *Kümpel*, Wertpapierhandelsgesetz, S. 29.

273 Vgl. Begr. RegE 2. FFG, BT-Drucks. 12/6679, insbes. S. 33, 34 u. 36.

274 *Kümpel*, in: Kümpel/Ott (Hrsg.), Kap. 050, S. 45.

275 *Siebold*, S. 34.

276 *Kübler*, Gesellschaftsrecht, S. 371 f.

277 Vgl. die Formulierung in der Börsenzulassungsrichtlinie, ABl.EG Nr. L 66 v. 16.03.79, S. 21, 21: Durch die erleichterte Zulassung von Wertpapieren soll „... eine weitergehende gegenseitige Durchdringung der einzelstaatlichen Wertpapiermärkte" erreicht werden. Siehe auch *Assmann/Buck*, EWS 1990, 110, 112.

278 Beschlussempfehlung und Bericht des Finanzausschusses des Deutschen Bundestages, BT-Drucks. 12/7918, S. 100. Vom eben erwähnten Anlegerschutz ist der Schutz der Anleger,

II. *Individualinteressen*

Trotz des vorrangigen Zieles des Funktionsschutzes besteht auch ein individualschützender Ansatz, der den Schutz der Anleger vor Kapitalverlusten bezweckt[279]. Aus rechtspolitischer Sicht ist der Anleger aufgrund seiner strukturell schwächeren Position gegenüber den besser informierten Marktteilnehmern, wie zum Beispiel den Kapitalnehmern, zu schützen[280]. Die Schutzwürdigkeit des Anlegers ergibt sich in Deutschland aus dem Sozialstaatsprinzip (Art. 20 Abs. 1 GG)[281], nach dem für Chancengleichheit gesorgt werden soll, wenn diese durch ungleich verteilte wirtschaftliche Macht, besonders einseitige wirtschaftliche Macht gefährdet ist[282]. Der Individualschutz bezweckt den Schutz des Anlegers um seiner selbst willen und nicht als bloßen Rechtsreflex. Der Schutz der Individualinteressen dient als sozialpolitisches Ziel der individuellen Vorsorge, z.B. Altersvorsorge durch Investition von Sparkapital.

§ 3: Kapitalmarktkontrolle

Die vorliegende Untersuchung bezieht sich auf die Funktion und die (Aus-)Wirkungen des zivilrechtlichen Haftungsrechts zur Steuerung des Verhaltens von Marktteilnehmern.

A. *Erfordernis gesetzlicher Regelungen für die Kapitalmarkteffizienz*

Für die Sanktionierung von Informationsverletzungen muss unterstellt werden, dass es sinnvoll ist, unter Berücksichtigung des Ziels der Effizienz des Kapitalmarktes für die Informationsbeschaffung und zur Ausgleichung von Informationsasymmetrien Ressourcen in Form gesetzlicher Regelungen aufzuwenden. Es ist davon auszugehen, dass der Kapitalmarkt ohne Informationsfluss in höchstem Maße ineffizient ist[283]. Informationsasymmetrien

---

die sich bereits für eine Anlage entschieden haben, also der Schutz der Gesellschafter oder Aktionäre, zu unterscheiden. Nach der Anlageentscheidung erfolgt der Schutz der Anleger primär über das Gesellschaftsrecht. Der gesellschaftsrechtlichen Schutz führt den marktrechtlichen Schutz fort, *Deckert/von Rüden*, EWS 1998, 46, 49.

279 *Deckert/von Rüden*, EWS 1998, 46, 48.

280 *Hopt/Will*, S. 46-48; *Pfister*, ZGR 1981, 318, 337; *Ballwieser*, in: Müssig, S. 130.

281 *Siebold*, S. 33.

282 *Hopt/Will*, S. 48, Fn. 44; *Ballwieser*, in: Müssig, S. 130.

283 Vgl. auch *Schubert*, S. 23.

können zu Marktversagen führen[284]. Bei Vorliegen von Informationsasymmetrien ist es der informierten Marktseite möglich, bei der uninformierten Marktseite bewusst falsche Erwartungen zu wecken, um höhere oder überhöhte Preise beim Absatz von Wertpapieren verlangen zu können[285]. Der Markt ist nicht in der Lage, Informationsasymmetrien durch marktinterne Mechanismen auszugleichen. Auf Selbstheilungskräfte des Marktes vertraut allerdings beispielsweise die Chicago School, die staatliches Eingreifen in Marktprozesse als nicht förderlich für die soziale Wohlfahrt ansieht[286]. Sie fordert, die Mechanismen des Marktes für die Steuerung der gesellschaftlichen und damit auch der rechtlichen Probleme nutzbar zu machen. Die Chicago School ist preistheoretisch orientiert[287]. Sie berücksichtigt aber nicht eine Ungleichverteilung und Fehlallokation von Ressourcen. Im Sinne der Chicago School wird zum Teil die Ansicht vertreten, dass Informationsasymmetrien ohne den Einsatz rechtlicher Regelungen durch den Markt abgebaut werden können[288]. Tatsächlich wird Informationsasymmetrie Anreize für den Anleger setzen, selbst für die Beschaffung von Informationen zu sorgen, so dass gesetzliche Regelungen zur Offenlegung von Informationen unnötig wären[289]. Mit einer individuellen, beispielsweise vertraglich zwischen Kapitalgeber und -nehmer geregelten Informationsbeschaffung sind allerdings Kosten verbunden, die durch eine gesetzliche Regelung verringert werden können[290]. Darüber hinaus werden die Anleger bei Preisintransparenz und darauffolgenden Preisdispersionen versuchen, die für sie günstigste Information bei verschiedenen angebotenen Marktpreisen zu beschaffen[291]. Die Anleger werden die Suche abbrechen, wenn die Suchkosten für die Information zu hoch sind[292].

Weiterhin kann durch Informationsasymmetrien eine Bewegung zum untersten Qualitätsbereich der Informationen erfolgen[293]. Ausgangspunkt ist der von Akerlof beschriebene „Market for Lemons“[294]. Hiernach liegt bei asymmetrischer Informationsverteilung informationsbedingtes Marktversagen vor, wenn gleichzeitig die Informationsübertragung zwischen den beiden Marktseiten

---

284 *Cooter/Ulen*, S. 41;

285 Siehe *Schönenberger*, S. 55.

286 *Kitch*, in: Palgrave Dictionary, Bd. 1, 227, 227.

287 *Taupitz*, AcP 196 (1996), 114, 129.

288 Durch Signaling und Screening, wobei ersteres aus Sicht der Emittenten und zweiteres aus Sicht der Anleger erfolgt, *Schönenberger*, S. 35; *Romano*, 107 Yale L.J. 2359, 2374f. (1998); *Easterbrook/Fischel*, 70 Va.L.Rev. 669, 674 (1984).

289 *Schönenberger*, S. 55.

290 *Böcking/Löckle*, WPK-Mitt. 1997, 178, 180.

291 Siehe *Assmann*, Prospekthaftung, S. 280.

292 *Silberer*, in: Meffert/Steffenhagen/Freter, 101 f.

293 *Schönenberger*, S. 53.

294 *Akerlof*, 84 Q.J.Econ., 488 (1970).

nicht möglich ist[295]. Dem „Market for Lemons“ liegt der Gedanke zugrunde, dass sich der Nachfrager bei Unsicherheit über die Qualität aufgrund schwerer Feststellbarkeit nach dem Marktmittel richten muss, da er selbst die Auswahl „richtiger“ Information nicht vornehmen kann. Hierbei verliert die Bereitstellung von Informationen höherer Qualität (also „richtiger“ Information) ihren Anreiz, so dass von einer allgemeinen Verschlechterung hin zum unteren Qualitätsbereich auszugehen ist, die spiralartig immer noch weiter nach unten führt[296]. Die Nachfrage nach den angebotenen Gütern bleibt aus, wenn die Güterqualität ein sehr niedriges Niveau aufweist. Folge der ausbleibenden Nachfrage nach den angebotenen Gütern ist der Zusammenbruch des Marktes. Auf den Kapitalmarkt übertragen bedeutet dies, dass die Anleger ohne korrekte und vollständige Information nicht in der Lage wären, das Anlageangebot und die hierauf bezogenen Angaben zu überprüfen[297]. Die Anleger würden die nicht zu durchschauenden Angebote nicht wahrnehmen und sich vom Markt abwenden, so dass Kapital nicht dorthin fließen könnte, wo der jeweils dringendste Bedarf besteht. Um diesem Phänomen entgegenzuwirken, sind Informationen als Indikatoren für das Vorliegen von Qualitätsmerkmalen und der Wahrheit der diesbezüglich gemachten Angaben bereitzustellen[298]. Das Haftungsrecht kann die Unsicherheit der Anleger über die Qualität der Wertpapiere verringern und die Nachfrage nach Wertpapieren aufrechterhalten.

B. Börsenprospekthaftung

Der Börsenprospekt betrifft den Primärmarkt bei der Emission von Wertpapieren (§ 30 Abs. 1 i.V.m. Abs. 3 Nr. 2 BörsG) und ist ausschlaggebend für den Wertpapierkurs. Die Börsenprospekthaftung ist signifikant für die Notwendigkeit, die gegenläufigen Interessen der verschiedenen Kapitalmarktteilnehmer, also der Emittenten und Emissionshäuser als potenzielle Haftungsverpflichtete einerseits und der Anleger als potenzielle Anspruchsberechtigte andererseits zu berücksichtigen[299]. Denn einerseits soll ein Kapitalmarkt Emittenten anziehen, indem die Attraktivität des Börsenplatzes durch Berechenbarkeit von Prospekthaftungsansprüchen und ein vermindertes Haftungsrisiko gesteigert wird, andererseits sollen Anleger angezogen werden, für die Anlegerschutz durch Haftungsregeln gewährleistet ist.

---

295 Siehe *Akerlof*, 84 Q.J.Econ., 488 (1970)

296 Siehe hierzu genauer, *Assmann*, Prospekthaftung, S. 282.

297 *Assmann*, Prospekthaftung, S. 282.

298 *Assmann*, Prospekthaftung, S. 282 f.

299 *Groß*, §§ 45, 46 BörsG, Rn. 3.

I. Erfordernis gesetzlicher Regelungen

Für den Emittenten bestehen grundsätzlich Offenlegungsanreize. Er wird aus eigenem Interesse versuchen, Informationsasymmetrien durch Information der Anleger über die Qualität seines Wertpapierangebots abzubauen[300] und Informationen in dem Maß bereitstellen, wie sie die Investoren verlangen und wie sie ihm günstig sind[301]. Werden von den Emittenten keine Informationen bereitgestellt, besteht der Anreiz für Anleger, vorteilhafte Informationen zu beschaffen[302] oder wenn Informationssuche nicht möglich ist oder Nachfragen zu kostspielig sind, nach Signalen zu suchen, die Hinweise auf den Unternehmenswert geben[303]. Ein Signal ist beispielsweise die Kapitalstruktur, die als Indikator für den Wahrheitsgehalt der auf den Unternehmenswert bezogenen Angaben fungiert[304]. Vertrauensprobleme gegenüber diesen Marktmechanismen entstehen dann, wenn es nicht im Interesse des Emittenten ist, Informationen bereitzustellen und die Investoren keine Möglichkeit haben, Informationen anderweitig kostengünstig zu beschaffen. Das kann bei Emissionen der Fall sein. Emittenten treten unter Umständen nur mit einer einmaligen Emission auf. In einem solchen Fall kann der Anreiz groß sein, durch Verschweigen, Verschleiern oder Verzerren falsche Erwartungen zu erwecken[305]. Das Interesse des Emittenten besteht darin, die Wertpapiere zu einem möglichst hohen Preis zu platzieren. Somit besteht der Anreiz, möglichst positive Informationen herauszugeben und negative Nachrichten zu unterdrücken. Anders ist das bei kontinuierlich am Markt tätigen Emissionshäusern. Für sie besteht ein Anreiz, den Anlegern vertrauenswürdig gegenüberzutreten, um potenzielle spätere Geschäftsabschlüsse nicht zu gefährden. Die Emissionshäuser werden aus eigenem Antrieb stärker als der Emittent bemüht sein, wahrheitsgemäße und vollständige Informationen an die Anleger weiterzugeben. Aus diesem Blickwinkel ist durch eine Haftungsregelung für Emittenten ein Anreiz zur sorgfältigen Informationsbereitstellung erforderlich. Gleiches ist allerdings auch für die Emissionshäuser anzunehmen, da ungewiss ist, ob markteigene Mechanismen tatsächlich den gleichen Anreiz wie haftungsrechtliche Regelungen setzen können. Im Sekundärmarkt besteht zwar ebenfalls der Anreiz für Emittenten, Informationen bereitzustellen, um Investoren von der Qualität des Unternehmenswertes zu überzeugen; die Unternehmen

300 Sog. Signaling, siehe dazu m.w.N. *Quadt*, S. 43.

301 *Easterbrook/Fischel*, 70 Va.L.Rev. 669, 685 (1984).

302 *Easterbrook/Fischel*, 70 Va.L.Rev. 669, 682 (1984).

303 Sog. Screening, siehe genauer *Quadt*, S. 43 f. m.w.N.

304 *Schönenberger*, S. 61.

305 Sog. opportunistisches Verhalten, d.h. Verfolgung von Eigeninteresse unter Zuhilfenahme von List, *Williamson*, S. 54.

werden aber wiederum bestrebt sein, ihr Unternehmen möglichst positiv darzustellen. Es besteht also die Gefahr, dass schlechte Unternehmensnachrichten unterdrückt oder verfälscht werden. Selbst wenn also der Anreiz für Emittenten und Emissionshäuser besteht, Informationen bereitzustellen, muss die Qualität der Informationen im Sinne ihrer Richtigkeit und Vollständigkeit nicht zwangsläufig gewährleistet sein. Markteigene Mechanismen sind folglich kein geeignetes Mittel, die qualitative Informationsversorgung des Marktes bei einer Emission und auch im Sekundärmarkt sicherzustellen.

II. Relevante Vorschriften

Für die Verletzung von Börsenprospektpflichten bestehen sowohl im deutschen Recht als auch im US-amerikanischen Recht explizite, zivilrechtliche Haftungsregeln.

1. Deutsche Regelung

Geregelt ist die Börsenprospekthaftung in den §§ 44, 45 Börsengesetz. Danach kann der Erwerber von Wertpapieren[306], die aufgrund eines Prospekts zwar zum Börsenhandel zugelassen sind, in dem für die Beurteilung der Wertpapiere aber wesentlichen Angaben unrichtig oder unvollständig sind, die Rücknahme der Wertpapiere gegen Erstattung des Erwerbspreises von den Verantwortlichen des Prospekts und den Erlassenden des Prospekts verlangen[307]. Der Prospekt soll über die tatsächlichen und rechtlichen Verhältnisse, die für die Beurteilung der Aktiengesellschaft wesentlich sind, Auskunft geben und so dem Anleger ein zutreffendes Urteil über den Emittenten und die Wertpapiere ermöglichen[308]. Die

---

306 Nach §§ 44, 45 BörsG sind nur Erwerber junger Aktien anspruchsberechtigt, es sei denn, es sind Wertpapiere gleicher Ausstattung ohne besondere Kennzeichnung im Umlauf. Im Rahmen des dritten Finanzmarktförderungsgesetzes wurde lediglich die Voraussetzung des Besitzes des Wertpapiers aufgehoben. Nach Sec. 11 SA sind generell nicht nur Erst-, sondern auch Zweiterwerber geschützt. Der Erwerber hat lediglich darzulegen, dass die von ihm erworbenen *securities* auf das *public offering*, auf das sich der Offenlegungsbericht bezieht, zurückgeführt werden können (*tracing requirement*).

307 Für Prospekte, die bereits vor Erlass des dritten Finanzmarktförderungsgesetzes nach alten Regeln erstellt wurden, gilt die Übergangsregelung nach § 64 Abs. 1 BörsG. Danach sind auf Prospekte, die vor dem 1. April 1998 veröffentlicht worden sind, die Vorschriften der §§ 45 bis 49 und 77 BörsG in der Fassung vom 17. Juli 1996 anzuwenden. Grund für die Schaffung einer Übergangsvorschrift war die wesentliche Neuregelung der §§ 45 - 49 BörsG a.F..

308 §§ 30 Abs. 3 Nr. 2 BörsG, 13 Abs. 1 BörsZulVO.

Aufgabe des Prospekts ist die Vermittlung eines Gesamteindrucks[309], seine Grundlage ist vorrangig der Jahresabschluss[310]. Der spezialgesetzliche Prospektzwang besteht nicht grundsätzlich bei jeder Emission, sondern nur bei Börseneinführung gem. § 30 Abs. 3 Nr. 2 BörsG. Die Börsenprospekthaftung findet nur bei der Einführung in den amtlichen Markt Anwendung. Bei sonstigen öffentlichen Emissionen sind aber die Bestimmungen des Verkaufsprospektgesetzes[311] und bei Einführung in den geregelten Markt die Haftung für den unrichtigen oder unvollständigen Unternehmensbericht zu beachten[312].

Die Rechtsnatur der Börsenprospekthaftung ist ungeklärt, hat aber bei der Bemessung des zu ersetzenden Schadens praktische Bedeutung[313]. Erwogen wird eine kraft Gesetzes eintretende Vertrauenshaftung[314], "zwischen Vertrag und Delikt stehend"[315], die Verletzung deliktischer Verkehrspflichten, die zum Ersatz primärer Vermögensschäden führt[316], und eine Qualifikation als Vertragshaftung, d.h. der Prospekt als rechtsgeschäftliche Erklärung der Prospektverantwortlichen, der ein mit Rechtsbindungswillen abgegebenes Qualitätsversprechen enthält, das mit Erwerb der Wertpapiere Inhalt des jeweiligen Vertrages wird[317]. Weder die Konstruktion vertraglicher Erklärungspflichten noch die Durchsetzung einer deliktischen Haftung ist zufriedenstellend[318], vielmehr ist auf die Vertrauenshaftung abzustellen, da zum Zeitpunkt der Ausgabe des Prospekts ein Vertrag zwischen Prospektverantwortlichen und Anleger nicht vorliegt, aber dennoch mehr als ein bloßes deliktisches Verhältnis besteht. Die Qualifizierung als Vertrauenshaftung steht auch im Einklang mit der Rechtsprechung des BGH zur allgemeinen zivilrechtlichen Prospekthaftung, für die er eine Qualifizierung als Vertrauenshaftung angenommen hat, da ein typisiertes Vertrauen der Anleger auf die Richtigkeit und Vollständigkeit der von den Prospektverantwortlichen

---

309 *Baumbach/Hopt*, Handelsgesetzbuch, (14) BörsG, § 45, Rn. 7.

310 Siehe § 13 Abs. 2 Nr. 4 BörsZulVO.

311 § 13 VerkProspG.

312 Die Börsenprospekthaftung gilt kraft Gesetzes für den Unternehmensbericht (§ 55 BörsG) und den Verkaufsprospekt entsprechend (§ 13 VerkProspG).

313 Dagegen messen der Rechtsnatur *Hamann*, in: Schäfer (Hrsg.), Wertpapierhandelsgesetz, §§ 45, 46 a.F. BörsG, Rn. 15 und *Groß*, §§ 45, 46 BörsG, Rn. 4 nur geringe praktische Bedeutung zu. Zur Bemessung des Schadensersatzes unten S. 172.

314 *Canaris*, Bankvertragsrecht, Rn. 2277 m.w.N.; *ders.*, in: FS Larenz 1983, S. 27, 92 f.; *Coing*, WM 1980, 206, 211; *Lehmann*, WM 1985, 181, 183 f.

315 *Schwark*, Börsengesetz, §§ 45, 46, Rn. 5.

316 *Assmann*, Prospekthaftung, S. 377, Fn. 1.

317 *Köndgen*, AG 1983, 85, 91.

318 Siehe auch die Begründung bei *Hamann*, in: Schäfer (Hrsg.), Wertpapierhandelsgesetz, §§ 45, 46 a.F. BörsG, Rn. 15-18.

gemachten Angaben entstehe[319]. Ein solches typisiertes Vertrauen gilt auch für die Börsenprospekthaftung.

Nach §§ 44, 45 BörsG ist lediglich die Haftung bei Unrichtigkeit bzw. Unvollständigkeit des Prospekts geregelt. Die Nichtveröffentlichung des Prospekts zieht dagegen keine zivilrechtlichen Folgen nach sich. Wird kein Prospekt veröffentlicht, so sind die Wertpapiere nicht zum Handel zuzulassen[320]. Es können daher keine Wertpapiere auf den Markt gebracht werden, über die keine Informationen für die Anleger bereitgestellt sind. Der Prospekt darf erst veröffentlicht werden, wenn er von der Zulassungsstelle gebilligt wurde[321]. Die Veröffentlichung eines Prospekts ohne vorherige Billigung der Zulassungsstelle stellt eine Ordnungswidrigkeit i.S.d. § 62 Abs. 1 Nr. 2 BörsG dar, die nach § 62 Abs. 3 BörsG mit einer Geldbuße bis zu 500.000 EURO geahndet werden kann.

Erfasst von der Ersatzpflicht bei unrichtigem oder unvollständigem Prospekt sind nur junge Stücke[322], d.h. Wertpapiere, die aufgrund des Prospekts zugelassen worden sind[323]. Diese Vorschrift dient der Kalkulierbarkeit des Haftungsrisikos des Emittenten und der Emissionsbegleiter mit dem Ziel der Geringhaltung von Emissionskosten sowie der Förderung der Bereitschaft zur Unterstützung von Risikokapital[324]. Eine Ausnahme besteht hinsichtlich Wertpapieren gleicher Ausstattung, da die Regelung ansonsten für Anleger, die zufällig bei einer Neuemission alte Wertpapiere erwerben, unbefriedigend wäre,[325] und es darüber hinaus Erwerbern von Wertpapieren, die in gleicher Weise ausgestattet sind wie bereits umlaufende, nicht möglich sein würde, im Rahmen von Prospekthaftungsansprüchen nachzuweisen, dass die erworbenen Wertpapiere auf die Emission zurückzuführen sind, für die der Prospekt erlassen wurde. Nach § 44 Abs. 1 S. 3 BörsG löst der Erwerb von Wertpapieren, die von den aufgrund des Prospekts emittierten Wertpapieren nicht nach Ausstattungsmerkmalen, wie z.B. einer unterschiedlichen Dividendenberechtigung, oder in sonstiger Weise zu unterscheiden sind, ebenfalls einen Haftungsanspruch aus. Der Emittent hat folglich ein Wahlrecht, ob er zur Vermeidung einer Ausdehnung der Haftung seine

319 BGH WM 1993, 1787, 1788.

320 § 30 Abs. 3 Nr. 2 BörsG.

321 § 30 Abs. 4 S. 1 BörsG.

322 § 44 Abs. 1 S. 1 BörsG.

323 Dies bedeutet, dass bei einem Erwerb von Aktien vor Erlass des Prospekts auch bei dessen Unrichtigkeit oder Unvollständigkeit kein Anspruch besteht. Vgl. BGH NJW 1982, 2827 - 2829: Der Gesichtspunkt, dass es bei der üblichen Girosammelverwahrung oft nur vom Zufall abhänge, ob der Anleger alte oder neue Aktien erworben habe, ist zu vernachlässigen, da die alten Aktien von den neuen durch Kennummern und auch durch einen anderen Kurs meistens zu unterscheiden sind.

324 BR-Drucks. 605/97, S. 77.

325 Siehe *Hamann*, in: Schäfer (Hrsg.), Wertpapierhandelsgesetz, §§ 45, 46 n.F. BörsG, Rn. 17.

Emission besonders kennzeichnet (beispielsweise durch eine gesonderte Wertpapierkennnummer) oder ob er darauf verzichtet, um eine Zersplitterung des Handels seiner Wertpapiere zu vermeiden[326]. In letzterem Fall haftet der Emittent bei gegebenen Voraussetzungen nach den Grundsätzen der Börsenprospekthaftung für die nicht unterscheidbaren Wertpapiere.

2. US-amerikanische Regelungen

Für die Haftung wegen fehlerhafter Prospekte ist im US-amerikanischen Recht insbesondere Sec. 11(a) SA[327] einschlägig. Sec. 11 ist der zentrale Haftungstatbestand des SA bezüglich unrichtiger Angaben im Offenlegungsbericht *(registration statement)*. Erfasst von Sec. 11 SA sind Offenlegungsberichte jeglicher erstmals öffentlich ausgegebener Wertpapiere[328], die nicht explizit vom Anwendungsbereich des Securities Act nach Sec. 3 SA ausgenommen sind. Die Schaffung von Sec. 11 sollte das „underwriting business" der USA unterbinden[329]. Bezeichnenderweise kam es erst 35 Jahre später zu einer ersten Entscheidung, die zur Interpretation von Sec. 11 SA führte, nachdem bereits 27.000 Offenlegungsberichts wirksam geworden waren, die mehr als 384 Millionen öffentlich angebotene Wertpapiere erfassten[330]. Sec. 11(a) SA gewährt Käufern von Wertpapieren ein explizites Klagerecht, wenn ein Offenlegungsbericht unwahre Aussagen über wesentliche Tatsachen enthält oder wesentliche Tatsachen verschweigt. Der Offenlegungsbericht beinhaltet unter anderem den vorläufigen Prospekt, so dass bereits jede unrichtige oder unvollständige Angabe im Prospekt eine Haftung auslöst[331]. Ferner enthält der Offenlegungsbericht umfassende, gesetzlich vorgeschriebene Angaben über die auszugebenden Aktien und die ausgebende Gesellschaft, so z. B. Angaben über das Management und den

326 BR-Drucks. 605/97, S. 77.

327 15 U.S.C.A. § 77k; Sec. 11 bestimmt: "In case any part of the registration statement, when such part became effective, contained an untrue statement of a material fact required to be stated therein or necessary to make the statements therein not misleading, any person acquiring such security (unless it is proved that at the time of such acquisition he knew of such untruth or omission) may, either at law or in equity, in any court of competent jurisdiction, sue- ...".

328 Siehe Sec. 4 SA: Offenlegungsberichte sind nicht verpflichtend für Sekundärtransaktionen und Privatplatzierungen („The provisions of section 5 shall not apply to - (1) transactions by any person other than an issuer, underwriter, or dealer, -(2) transactions by an issuer not involving any public offering."

329 *Ratner/Hazen*, S. 164.

330 Bei der besagten Entscheidung handelt es sich um Escott v. BarChris Construction Corp., 283 F.Supp. 643 (S.D.N.Y.1968); siehe auch *Ratner/Hazen*, S. 164.

331 *Merkt*, S. 273.

Verwaltungsrat des Emittenten, über deren Vergütung, über die geschäftliche Tätigkeit des Wertpapieranbieters und seine Vermögenssituation[332].

Sec. 11 SA regelt ausdrücklich den Kreis der Anspruchsberechtigten, den Umfang der Darlegungslast des Klägers, die Höhe der Haftsumme eines jeden Haftenden und dies Verteidigungsmöglichkeiten für bestimmte Beklagte. Für ein Eingreifen von Sec. 11 SA muss der Kläger beweisen, dass der Erwerb der Wertpapiere auf die Emission, auf die sich der Offenlegungsbericht bezieht, zurückzuführen ist (*tracing requirement*)[333]. Der Erwerb von Wertpapieren derselben Klasse, die nicht aufgrund des Prospektes emittiert wurden, berechtigt nicht zur Geltendmachung eines Anspruches aus Sec. 11 SA[334]. Dies bedeutet aber nicht, dass nur diejenigen geschützt sind, die während der Emission erworben haben, vielmehr fallen auch Zweiterwerber in den Schutzbereich von Sec. 11(a) SA[335]. Neben Sec. 11 SA können Prospekthaftungsfälle in den Anwendungsbereich von Sec. 10(b) i.V.m. Rule 10b-5 fallen. Rule 10b-5 steht primär als schillernde Vorschrift im Mittelpunkt der Klagen auf dem Sekundärmarkt, erfasst aber auch im Anwendungsbereich von Sec. 11 SA liegende Sachverhalte, beispielsweise wenn falsche Darlegungen in dem den Prospekt beinhaltenden Offenlegungsbericht auftauchen, da der Offenlegungsbericht nicht nur die Käufer der neuemittierten Wertpapiere, sondern den ganzen Markt, also auch den Sekundärmarkt anspricht[336]. Rule 10b-5 kann auf Prospekthaftungsfälle Anwendung finden, da nach dem Securities Act alle Wertpapiere, die zum ersten mal öffentlich angeboten werden, registrierungspflichtig sind[337]. Da Rule 10b-5 kein dem Sec. 11 SA vergleichbares *tracing requirement* voraussetzt[338], ist die Vorschrift auch beim Erwerb von Wertpapieren einschlägig, die nicht aus der vom Prospekt betroffenen Emission stammen. Damit ergänzt Rule 10b-5 den Anwendungsbereich von Sec. 11 SA. Rule 10b-5 ist eine kumulative Haftungsregelung und ist daher auch anwendbar, wenn explizite Haftungsregelungen des Securities Act von 1933 greifen[339]. Die Untersuchung der Börsenprospekthaftung für das US-amerikanische Recht soll sich innerhalb dieser Untersuchung auf Sec. 11 SA beschränken. Sie ist das Pendant zur Börsenprospekthaftung nach §§ 44, 45 BörsG. Rule 10b-5 wird im Rahmen von Insiderhandel analysiert.

---

332 Siehe *Elsing/van Alstine*, S. 250.

333 AES Corp. Securities Litigation, 825 F.Supp. 578, 592 f. (S.D.N.Y.1993). „He or she must prove that the shares purchased are traceable to the offering covered by the registration statement".

334 *Bloomenthal*, S. 700.

335 *Hazen*, S. 331.

336 Shaw v. Digital Equipment Corp. 82 F.3d 1194, 1221 f. (1st Cir. 1996).

337 Vgl. Sec. 5 i.V.m. Sec. 4 SA.

338 *Bloomenthal*, S. 701 f.

339 Herman & MacLean v. Huddleston, 459 U.S. 375, 387 (1983).

C. *Regelungsbedürftigkeit des Insiderhandels*

Der Insiderhandel zeigt das Problem der Abwägung zwischen einer Notwendigkeit der rechtlichen Regulierung und einer Kontrolle über den Markt am deutlichsten, denn die Wirkungen der insiderrechtlicher Regelungen auf den Kapitalmarkt und dessen Effizienz sind nicht abschließend geklärt[340]. Es ist nicht sicher, ob der Insiderhandel für eine Volkswirtschaft und eine Gesellschaft eher nützlich oder eher schädlich ist[341]. Trotz der ungewissen Auswirkungen eines Insiderhandelsverbots wurde dem Rechtsgüterschutz in Deutschland der Vorrang vor ökonomischen Gesichtspunkten eingeräumt. Seit dem zweiten Finanzmarktförderungsgesetz besteht mit §§ 12 - 20, 38, 39 WpHG eine verbindliche Regelung im Wertpapierhandelsgesetz[342]. Bis dahin hatten die Insiderhandelsregeln in Form von Insiderhandels-Richtlinien, Händler- und Beraterregeln usw. keinen Rechtsnormcharakter. Ihre Anwendung war freiwillig[343]. Die freiwillig anzuwendenden Regelungen wurden von etwa achtzig Prozent der Aktiengesellschaften explizit anerkannt[344]. Zwanzig Prozent stellen jedoch einen so erheblichen Teil dar, dass sich die Frage aufdrängt, ob der Insiderhandel die Gesellschaften selbst überhaupt schädigt. Nach US-amerikanischer Rechtsprechung besteht die Ansicht, dass „die Gesellschaft ... typischerweise nicht geschädigt ist“[345]. Anzunehmen ist eine Schädigung aber insofern, als sich die Anleger von einer vom Insiderhandel betroffenen Gesellschaft zurückziehen und deren Aktien meiden werden.

Innerhalb der Investorenlandschaft in Deutschland nehmen hauptsächlich Investoren und Großbanken die beherrschende Stellung ein[346], eine

---

340 Siehe z.B. *Schäfer*, in: Schäfer (Hrsg.), Wertpapierhandelsgesetz, § 12, Rn. 7 BörsG; *Ott/Schäfer*, ZBB 1991, 226, 228 - 235; *Schneider*, DB 1993, 1429-1435; *Hopt* ZGR 1991, 17, 23 f.; zu den ökonomischen Argumenten und zur juristischen Bewertung ausführlich *Mennicke*, S. 57-117.

341 Schon 1914 schrieb beispielsweise *Flersheim* von den „Gefahren, die darin liegen können, dass ein Papier ... gerade dann weiter verkauft wird, wenn das Unternehmen anfängt, schlechter zu rentieren, ein Zeitpunkt, den diese zum Teil eingeweihten Kreise früher wissen als die ferner stehenden Kapitalisten. Solche - leider auch heute noch häufigen - Erscheinungen muss man jedoch als krankhafte Ausnahme betrachten“, *Flersheim*, S. 124.

342 Trotz anfänglichen vehementen Sträubens, siehe z.B. *Weber*, NJW 1994, 2849.

343 Vgl. *Schäfer*, in: Schäfer (Hrsg.), Wertpapierhandelsgesetz, Vor. § 12 WpHG, Rn. 2. Es gab nur vereinzelte zwingende Vorschriften zu Insiderfragen, z.B. § 404 AktG (Verletzung der Geheimhaltungspflicht), §§ 203 ff. StGB (Verwertung von Privatgeheimnissen und fremder Geheimnisse), § 333 HGB (Verletzung der Geheimhaltungspflicht), § 17 UWG (Verrat von Geschäfts- und Betriebsgeheimnissen).

344 *Heldmann*, SJZ 1992, 305, 306.

345 *Grunewald*, ZBB 1990, 128, 129.

346 *Hopt/Baum*, in: Hopt/Rudolph/Baum (Hrsg.), Börsenreform, S. 287, 293; *Hopt/Will*, S. 50 f.

Investorengruppe also, die im Grunde keinen direkten Schutz benötigt. Geschützt werden sollen vielmehr die kleinen Anleger, die nicht die nötigen Kenntnisse zur Selbstverteidigung besitzen und die in ihrer Gesamtheit beträchtliches Kapital bereitstellen könnten. Gerade für den privaten Kleinanleger soll der Kapitalmarkt interessanter werden. Folglich sind geeignete Schutzmittel bereitzustellen. Gleichzeitig müssen die aus ökonomischer Sicht vorteilhaften Auswirkungen des Insiderhandels mitberücksichtigt werden.

Ist die Funktionsfähigkeit des Kapitalmarktes vom Insiderhandel nicht betroffen, ist es unnötig, das Haftungsrecht als Instrument der Steuerung des Verhaltens der Kapitalmarktteilnehmer einzusetzen. Das durch Insiderregelungen zu schützende Rechtsgut besteht aus der Integrität des Kapitalmarktes, ordnungs- und gesamtwirtschaftlichen Interessen, nationalem und internationalem Ansehen und dem Renommee eines Finanzplatzes, der Integrität der Wirtschaftsordnung[347] sowie aus kollektiv schutzwürdigen Interessen an einem gesunden Kapitalmarkt[348]. Aus rechtswissenschaftlicher Sicht ist das Ausnutzen von Insiderinformationen als schädlich anzusehen und aus ethischen Gründen abzulehnen[349]. Insiderhandel gilt als Verstoß vor allem gegen die Chancengleichheit der Investoren am Markt, gegen die Grundsätze des *fair play* und des ehrenhaften Kaufmannsverhaltens[350]. So erfordert beispielsweise das Prinzip der Gleichbehandlung, dass kurserhebliche Tatsachen vor ihrer Veröffentlichung einem Verwertungsverbot unterworfen werden[351].

I. Funktionsfähigkeit

Ob Insiderhandel nach Effizienzgesichtspunkten als wirtschaftlich förderlich angesehen werden kann, wird unterschiedlich beurteilt[352]. Einerseits wird die Auffassung vertreten, Insiderhandel sei als Störfaktor der Funktionsfähigkeit zu vernachlässigen, weil ihm, obwohl seit über hundert Jahren betrieben, keine nachteilige Wirkung auf die Entwicklung der Börse nachgesagt werden könne[353]. Andererseits fielen schon Ende der sechziger Jahre des vorigen Jahrhunderts

347 Ist das Vertrauen in das Teilsystem Börse erschüttert, so ist das generelle „Systemvertrauen" in die Integrität der Wirtschaftsordnung zerstört, siehe *Volk*, ZHR 142 (1978), 1, 3.
348 Zusammenfassend *Heldmann*, SJZ 1992, 305, 314.
349 *Megede*, in: Assmann/Schütze (Hrsg.), § 14, Rn. 3.
350 *Siebold*, S. 32 .
351 *Assmann*, AG 1994, 196, 202.
352 Siehe zum Beispiel *Ott/Schäfer*, ZBB 1991, 226, 228 - 235; *Schneider*, DB 1993, 1429-1435; zusammenfassend *Hopt* ZGR 1991, 17, 23 f.
353 *Kübler*, AG 1977, 85, 87; *Pfister*, ZGR 1981, 318, 338; *Heldmann*, SJZ 1992, 305, 313.

extreme Kursschwankungen auf, die sich auf Insiderhandel zurückführen ließen[354], so dass ein negativer Einfluss des Insiderhandels auf die Funktionsfähigkeit des Kapitalmarktes ersichtlich ist.

Tatsächlich regt der Insiderhandel den Markt dadurch an, dass sich neue Unternehmensinformationen durch die Käufe und Verkäufe von Insidern frühzeitig in Aktienkursen niederschlagen, und der Anleger damit den aktuellen Aktienkurs als zuverlässigen Indikator für den tatsächlichen Wert der Unternehmensanteile ansehen kann[355]. Voraussetzung für diesen Informationsmechanismus ist ein semieffizienter Markt, da nur in diesem die durch Insiderhandel offengelegten Informationen in den Wertpapierpreis inkorporiert werden. Bei einem starkeffizienten Markt sind diese Informationen bereits im Kurs enthalten. Nach dieser Ansicht würde Insiderhandel die Informationsverbreitung beschleunigen und die allokative Effizienz steigern, da Handel aufgrund von Insiderinformation nur durch marktrelevante Informationen interessant ist, die den Wert des Wertpapiers zu beeinflussen vermögen. Folglich würde ausreichender Schutz des kleinen Privatanlegers bestehen[356]. Die Ad-hoc-Publizität kann die ausbleibende Umsetzung von Informationen in den Kurs aufgrund eines Insiderhandelsverbots nur teilweise kompensieren, da nicht jede Insidertatsache von der Ad-hoc-Publizität erfasst wird[357]. Von der Ad-hoc-Publizitätspflicht grundsätzlich ausgeschlossen sind Planungen, Strategien und Konzepte, da etwas Zukünftiges keine Tatsache im Sinne des § 15 WpHG darstellen kann[358]. Gerade auf die Zukunft bezogene Informationen sind jedoch besonders wichtig für die Anleger, um eine Bewertung der Wertpapiere vornehmen und eine Investitionsentscheidung treffen zu können. Eine Offenlegung solcher zukunftsbezogener Informationen wäre also wünschenswert.

Ein fehlendes Insiderhandelverbot könnte aber dem Interesse der Unternehmen entgegenstehen, aus wirtschaftlichen Gründen die Informationen zu publizieren[359]. Bei der Erlaubnis zum Insiderhandel besteht die Möglichkeit, dass der Insider, der während eines längeren Zeitraumes große Gewinne erzielen will, den Wert seiner Information nicht auf einmal verwirklichen würde. Er könnte dann nur schrittweise vorgehen und würde versuchen, den Informationsvorsprung künstlich aufrechtzuerhalten, um die Information nicht zu offenbaren und so eine Verlangsamung der Informationsverbreitung zu verfolgen[360]. Die künstliche

---

354 Siehe m.w.N. *Siebold*, S. 45 f.

355 *Schneider*, DB 1993, 1429, 1431 f.; *Pellens/Fülbier*, DB 1994, 1381, 1381.

356 Siehe v.a. *Schneider*, DB 1993, 1429-1435.

357 *Benner-Heinacher*, DB 1995, 765, 766.

358 *Schlittgen*, S. 71.

359 *Siebold*, S. 39.

360 Vgl. *Kirchner*, in: Ott/Schäfer (Hrsg.), Präventivwirkung, S. 108, 113.

Aufrechterhaltung des Informationsvorsprungs verschleiert nach der semieffizienten Form der Informationseffizienz den wahren Unternehmenswert. Dagegen kann Informationsdurchdringung durch ein Insiderhandelsverbot erreicht werden. Ein Insiderhandelsverbot nach dem *disclose-or-abstain*-Grundsatz in den USA kann die Publizität fördern. Danach müssen die Insider entweder die nichtöffentliche Information veröffentlichen oder auf den Handel verzichten[361]. Ein Verzicht auf den Handel kann sich durch die verloren gehenden Gewinne mitunter als äußerst kostspielig erweisen, so dass die Insider praktisch zur Publizität gezwungen werden, um nicht auf den Handel verzichten zu müssen. Folglich fördert das Insiderhandelsverbot zusammen mit der Offenlegungspflicht die Publizität entscheidungserheblicher Tatsachen[362]. Sofern sich die veröffentlichte Information nicht unverzüglich nach ihrer Veröffentlichung im Preis niederschlägt, wovon nicht auszugehen ist, kann der Insider gegenüber anderen Marktteilnehmern aufgrund seiner schnelleren Handlungsfähigkeit immer noch Gewinn erzielen.

Weiterhin kann bei einer Erlaubnis zum Insiderhandel auf einem Markt der Fall eintreten, dass Anleger (Nichtinsider) das Kurspreisrisiko durch erhöhte Verkaufsorder und verminderte Kauforder zu kompensieren suchen und sich wegen des Insiderhandels vom Aktienhandel zurückziehen, weil sie davon ausgehen müssen, dass sie schlechter informiert sind als ihr Transaktionspartner[363]. Dieses Verhalten würde wichtige Kapitalgeber vom Kapitalmarkt fernhalten und damit die Kapitalzufuhr stoppen. Im weiteren Verlauf würde mangelnde Verfügbarkeit von Kapital eine Behinderung der Wirtschaftsentwicklung mit sich bringen.

II. Wettbewerbsfaktor

Insiderhandel ist ein Wettbewerbsfaktor bei der Konkurrenz von Kapitalmärkten. Das Vertrauen in die Funktionsfähigkeit und das Ansehen eines Börsenplatzes gilt als Teil eines europäischen und internationalen Kapitalmarktes und wird als weiteres Rechtsgut neben den gesetzgeberischen Motiven angesehen[364]. Durch das Vorhandensein einer Insiderregelung besteht das Ansehen als reifer und wohlgeordneter Finanzplatz[365]. Tatsächlich galt die deutsche Börse im Ausland vor Erlass der Insiderregelungen als "Paradies" für Eingeweihte", was an der

---

361 So beispielsweise in Fridrich v. Bradford 542 F.2d 307, 317 (6th Cir. 1976): „it is the act of trading without disclosing material insider information which causes plaintiffs' injury".

362 *Kübler*, AG 1977, 85, 88 f.

363 *Pellens/Fülbier*, DB 1994, 1381, 1381; *R.H.Schmidt*, ZfbF 1982, 728, 741.

364 *Heldmann*, SJZ 1992, 305, 312, 314, der das Ansehen eines Börsenplatzes und dessen Funktionsfähigkeit sogar als eigentliches Schutzgut bezeichnet.

365 *Assmann*, AG 1994, 196, 201.

Frankfurter Wertpapierbörse zu Angst vor Verlust an Renommee führte[366]. Allein die Nachricht, dass Insiderhandel stattgefunden hat, kann schädigende Wirkung haben, unabhängig davon, ob die Funktionsfähigkeit des Kapitalmarktes tatsächlich behindert wird und ob Marktteilnehmer dadurch geschädigt werden. Findet in einem Markt Insiderhandel statt, gehen die von Insidern erzielten Gewinne der weniger informierten Marktseite verloren, so dass letztere schlechter dastehen als die, die den Insiderhandel betreiben, und folglich einen Risikoabschlag vornehmen werden[367]. Damit sinkt die Wettbewerbsfähigkeit eines Kapitalmarktes, auf dem Insiderhandel zugelassen ist, im Vergleich zu anderen Kapitalmärkten, in denen Insiderhandel verboten ist[368].

III. Individualschutz

Im Fall des Insiderhandels wird ein wirtschaftliches Ungleichgewicht angenommen, das gegen die aus dem Sozialstaatsprinzip (Art. 20 Abs. 1 GG) resultierende Chancengleichheit verstößt, so dass Anleger vor Schäden, die aus Insiderhandel resultieren, bewahrt werden sollen[369]. Sowohl die Einweihung eines Outsiders in Insidergeschäfte als auch der Insiderhandel selbst können zu fehlkalkulierten Entscheidungen führen[370]. Inwieweit diese Schäden lediglich das Investitionsrisiko ausgleichen, das durch die höheren Erträge kompensiert wird, ist fragwürdig. Private Anleger möchten sich geschützt wissen und nicht von den Informationsverantwortlichen benachteiligt werden. Ist das Vertrauen der Anleger, die ihr Geld am Kapitalmarkt anbieten und einsetzen, durch den Insiderhandel erschüttert und ziehen sie ihr Kapital infolgedessen zurück, begründet die Gefährdung der Vermögensbildung in privater Hand gleichzeitig eine Gefahr für die gesamte Volkswirtschaft. Gerade „kleine" Anleger zeigen sich als nicht unbedeutender Kapitalzuführer, so dass ihre Interessen Berücksichtigung (auch) zugunsten eines funktionsfähigen Marktes finden müssen. Ob ein Individualschutz vom deutschen Gesetzgeber beabsichtigt ist, ist umstritten[371].

---

366 Siehe *Heldmann*, SJZ 1992, 305, 314, Fn. 94.

367 *Kirchner*, in: FS Kitagawa, S. 665, 673.

368 *Kirchner*, in: Ott/Schäfer (Hrsg.), Präventivwirkung, S. 112; *ders.* in: FS Kitagawa, S. 665, 673.

369 *Ballwieser*, in: Müssig, S. 129 f.

370 *Heldmann*, SJZ 1992, 305, 313.

371 Siehe dazu unten S. 79 f.

Unter dem Gesichtspunkt der Anreizwirkung soll für Manager von Publikumsgesellschaften die persönliche Verwertung von Insiderkenntnissen als Teil ihrer Vergütung möglich sein[372]. Dies bedeutet, dass ein Vertrag zwischen Arbeitgeber (=Aktionäre) und Manager vereinbart werden müsste, der eine Erlaubnis zum Insiderhandel als Teil der Vergütung gewährt und als Ausgleich das Grundgehalt niedriger gestaltet. Für die Arbeitgeber würde der Vorteil in den niedrigeren Fixgehaltskosten und in höherer Motivation von Managern liegen, die ihrerseits durch persönlichen Einsatz „Goldgruben" entdecken könnten[373]. Zusätzlich sollen die durch generell erlaubten Insiderhandel erlangten Gewinne einen gerechten finanziellen Ausgleich für die Kontrollaktivitäten der Großaktionäre darstellen[374]. Auf der anderen Seite könnten willkürlich auch entgegengesetzte Anreizstrukturen geschaffen werden. So besteht beispielsweise die Gefahr, dass Manager bei Einsatz von „Baisse-Instrumenten" an der Börse gleichzeitig schlechte Unternehmensnachrichten „produzieren" oder Aktienbestände entgegen den Unternehmensinteressen halten [375]. Ein solches Insiderverhalten hätte eine Schädigung der Gesellschaft und ihrer Aktionäre zur Folge.

In den USA ist das Insiderhandelsverbot ein schwerer zu lösendes Problem als in Deutschland, da es in den USA durchaus üblich und folglich nicht wegzudenken ist, Manager neben einem festen Grundgehalt statt einer Auszahlung der Tantieme mit Anteilen an der Gesellschaft zu honorieren (*stock compensation*), die die Manager in ihrem Interesse gewinnbringend verwalten. Manager verfügen aus der Natur der Sache über wesentlich mehr Informationen als das Gros der Anlegerschaft. Dürfen sie nicht aufgrund ihrer Information Handel betreiben, ist der Anreiz, Anteile an der Gesellschaft zu erhalten, erheblich gemindert. Doch ist die Gefahr zu groß, dass Manager durch Insiderhandel die Gesellschaft aus Eigennutz schädigen und gleichzeitig gegenüber der übrigen Anlegerschaft zu große Vorteile erhalten. Aus diesem Grund ist eine Vereinbarkeit von erfolgsorientierter Vergütung in Anteilen der Gesellschaft mit gleichzeitiger Erlaubnis zum Insiderhandel und dem Gleichbehandlungsgrundsatz sehr fragwürdig. Der Insiderhandel ist aus diesem Blickwinkel vielmehr zu verhindern.

---

372 Ausführlich *Ott/Schäfer*, ZBB 1991, 226, 230.
373 *Siebold*, S. 40.
374 *Pellens/Fülbier*, DB 1994, 1381, 1381.
375 Siehe hierzu *Hauschka/Harm*, BB 1988, 1189, 1193.

V. Vorschriften zum Insiderhandel

Bei Vorschriften zum Insiderhandel muss unterschieden werden zwischen einer Vorschrift, die lediglich Insiderhandel verbietet und einer Vorschrift, die Insiderhandel verbietet und/oder eine Pflicht zur Offenlegung beinhaltet.

1. Offenlegung von Information

Das US-amerikanische Recht hat das Bedürfnis nach Offenlegung von Informationen erkannt und in eine Offenlegungspflicht umgesetzt. Seit der Entscheidung der SEC im Falle Cady, Roberts im Jahre 1961[376] besteht eine Rechtsgrundlage dafür, dass Primärinsider und unter gewissen Umständen deren Tippempfänger entweder wesentliche, nicht-öffentliche Informationen vor einem Handel auf Grundlage dieser Informationen publizieren müssen oder eben keinen solchen Handel vornehmen dürfen (*disclose-or-abstain*)[377]. In Chiarella v. United States[378] wurde die Auffassung der SEC bestätigt, dass entweder eine Pflicht zur Publizität der nicht-öffentlichen, wesentlichen Information besteht oder vom Handel Abstand genommen werden muss bis zu dem Zeitpunkt, zu dem die Allgemeinheit der Investoren Zugang zu dieser Information hat (*disclose or abstain*). Die Publizitätspflicht ergibt sich, wenn dem Insider wesentliche Tatsachen aufgrund seiner Position bekannt sind und diese Tatsachen, die Investitionsentscheidungen beeinflussen würden, den Personen nicht bekannt sind, mit denen der Insider handelt[379]. Der *disclose-or-abstain*-Grundsatz wird nicht nur auf Strafrechtsfälle wie im Fall Chiarella angewendet, sondern auch auf zivilrechtliche Haftungsfälle[380]. Die Publizitätspflicht besteht jedoch seit U.S. v. O'Hagan[381] nur noch gegenüber der Informationsquelle und nicht gegenüber den

---

376 In the matter of Cady, Roberts & Co., 40 S.E.C. 907, 911 (1961).

377 In the matter of Cady, Roberts & Co., 40 S.E.C. 907, 911 (1961); *Steinberg*, Securities Regulation, § 3.01, S. 3-1.

378 Chiarella v. United States, 445 U.S. 222 (1980). Reaktion auf die Chiarella-Entscheidung und die *misappropriation theory* war der Erlass von Rule 14e-3 durch die SEC.

379 Chiarella v. United States, 445 U.S. 222, 226-227 (1980): "[a]n affirmative duty to disclose *material* information [which] has been traditionally imposed on corporate "insiders", particularly officers, directors or controlling stockholders. We, and the courts have consistently held that insiders must disclose *material facts* which are known to them by virtue of their position but which are not known to persons with whom they deal and which, if known, would affect their investment judgment."

380 Siehe z.B. Wilson v. Comtech Telecommunications Corp., 648 F.2d 88, 94 f. (2d Cir. 1981); Laventhal v. General Dynamics Corp., 704 F.2d 407, 412 (8th Cir. 1983); Backman v. Polaroid Corp., 540 F.Supp. 667, 670 (D.Mass. 1982).

381 U.S. v. O'Hagan, 117 S.Ct. 2199 (1997).

Marktteilnehmern[382]. Durch das Abstellen auf die Offenlegung lediglich gegenüber der Informationsquelle stützt sich der Supreme Court auf kapitalmarktferne Ansätze. Denn die nur der Informationsquelle gegenüber offengelegte, aber nicht allgemein zugängliche Information wird sich nicht im Kurs des Wertpapiers niederschlagen. Lediglich eine auf Mitteilung der Information an den Markt gerichtete zivilrechtliche Sanktion ist sinnvoll, um einen „fairen" Preis auf dem Kapitalmarkt zu erreichen. Für den Insider besteht ein Anreiz, die Insiderinformation offenzulegen, um anschließend Handel betreiben zu können. Denn es ist davon auszugehen, dass er trotz Informationsweitergabe an den Markt noch einen höheren Gewinn realisieren kann als andere Marktteilnehmer, da er aufgrund seines Wissens schneller reagieren kann[383] und nicht anzunehmen ist, dass sich der „wahre" Wert des Unternehmensanteils unverzüglich nach Offenlegung im Preis niederschlagen wird.

Der *disclose-or-abstain* Grundsatz kollidiert nicht mit Geheimhaltungspflichten der Insider, denn sie sollen ja nur dann offenlegen, wenn sie eine Transaktion mit den Insiderpapieren durchführen möchten. Dürfen sie die Insiderinformationen wegen Pflichten gegenüber der Gesellschaft nicht preisgeben, können sie nicht handeln. Damit stehen Insider aber immer noch besser als beim derzeit in Deutschland bestehenden Insiderhandelsverbot, das Insidern jeglichen Handel mit Insiderpapieren verbietet. Der Entwurf des vierten Finanzmarktförderungsgesetzes sieht gemäß § 15a WpHG eine Veröffentlichungspflicht für Unternehmensinsider vor, falls sie in Wertpapieren des Unternehmens oder in Derivaten handeln, deren Preis unmittelbar oder mittelbar vom Börsen- oder Marktpreis der Wertpapiere des Emittenten abhängt[384]. Im Gegensatz zum *disclose-or-abstain* Grundsatz muss die Mitteilung über den Erwerb oder den Verkauf unverzüglich erfolgen, nicht aber bevor eine von § 15a WpHG erfasste Transaktion durchgeführt wird. Damit wird dem Ziel der Transparenz und der Fairness der Preise nicht gleich wie beim *disclose-or-abstain* Grundsatz Rechnung getragen. Außerdem soll nach § 15a WpHG nur die Tatsache, dass ein Kauf oder Verkauf durch die Unternehmensinsider getätigt wurde, veröffentlicht werden, nicht aber die Information, aufgrund derer die Transaktion stattgefunden hat. Nur die Veröffentlichung dieser Information - falls kurserheblich - kann zur Bildung des „wahren" Preises führen.

---

382 United States v. O'Hagan, 117 S.Ct. 2199, 2202 f. (1997).

383 Siehe *Kirchner*, in: FS Kitagawa, S. 665, 680.

384 § 15a WpHG. Der Text ist im Internet abrufbar unter http://www.bundesfinanzministerium.de/Kapitalmarktpolitik-.521.htm

2. *Keine Effizienzförderung durch ausschließlich strafrechtliche Sanktionen*

Anders als das US-amerikanische Recht[385] sieht das deutsche Recht bei einem Verstoß gegen das Insiderhandelsverbot lediglich strafrechtliche Sanktionen vor (§ 14 i.V.m. § 38 WpHG). Weitere strafrechtliche Vorschriften finden sich in § 404 AktG (da Verstoß gg. § 93 I S. 1 AktG); § 17 UWG; § 203 I Nr. 3 i.V.m. § 204 StGB. Eine spezielle zivilrechtliche Grundlage zur Geltendmachung von Ansprüchen gegen Insider steht den Anlegern nach dem Wertpapierhandelsgesetz nicht zu. Daher muss auf die allgemeinen Vorschriften des Bürgerlichen Gesetzbuchs[386] und auf § 323 HGB zurückgegriffen werden. § 323 HGB regelt allerdings nur den speziellen Fall der Haftung des Abschlussprüfers und erfasst keinen allgemeinen Kreis von Insidern. Daher kann auch dahingestellt sein, ob die Vorschrift lediglich eine Haftung gegenüber dem geprüften Unternehmen oder auch gegenüber den Anlegern beinhaltet[387].

Der Ursprung der Regeln über den Insiderhandel findet sich in dem Vorschlag einer Verordnung des Rates der Europäischen Gemeinschaft über das Statut für Europäische Aktiengesellschaften vom 24. Juni 1970[388], der die Grundlage für die heutige Insiderrichtlinie 89/592/EWG[389] war. Die Frist zur Umsetzung der EG-Insiderrichtlinie von 1989 in deutsches Recht war am 1. Juni 1992 abgelaufen. Die Richtlinie fand ihre Transformation durch das zweite Finanzmarktförderungsgesetz in den Vorschriften des Wertpapierhandelsgesetzes

---

385 Dazu unten ab S. 81.

386 Zu den deliktsrechtlichen Anspruchsgrundlagen unten ab S. 78. Nicht näher eingangen wird hier auf Ansprüche aus c.i.c. und Gewährleistungsrecht. Für einen Anspruch des Anlegers gegen den Insider auf Schadensersatz aus c.i.c. müsste neben vorausgegangenen Vertragsverhandlungen eine Aufklärungspflicht des Verkäufers bezüglich des Insiderwissens bestehen. Die Ad-hoc-Mitteilungspflicht nach § 15 WpHG kommt als Aufklärungspflicht gegenüber dem Anleger nicht in Betracht, da sie als Adressaten den Emittenten und nicht den Insider bestimmt. Mit dieser Ausgestaltung soll demonstriert werden, dass eine individuelle Aufklärungspflicht des Insiders vom Gesetzgeber nicht gewollt ist, *Kaiser*, WM 1997, 1557, 1559, und zudem verlangen würde, dass der Käufer einen Anspruch auf Aufklärung hat, die aber wegen § 14 Abs. 1 Nr. 2 WpHG verboten sein kann. Folgen einer verbotenen Aufklärung wären wiederum Weitergabeverbote oder Abwenden des Vertragspartners von Wertpapieren der Gesellschaft aus Angst vor Verlusten. Außerdem wäre der Vertragspartner der Gefahr der Verwirklichung des § 14 Abs. 2 WpHG ausgesetzt. Durch das Wegfallen der Aufklärungspflicht auf Seiten des Insiders entfallen Ansprüche aus culpa in contrahendo gegen diesen. Sachmängelrecht nach §§ 459 ff. BGB kommt nur im Rahmen von *face-to-face*-Geschäften beim Verkauf bestimmter Kontrollpakete in Betracht, siehe genauer *Kaiser*, WM 1997, 1557, 1559.

387 Zur Dritthaftung ausführlich, *Ebke*, Wirtschaftsprüfer und Dritthaftung; MüKo-*Ebke*, HGB, § 323, Rn. 70 - 144.

388 ABl.EG Nr. C 124 v. 10.10.1970.

389 ABl.EG Nr. L 334 v. 18.11.1989, S. 30.

(§§ 12-20, 38, 39 WpHG)[390]. Nach der Insiderrichtlinie gefährdet die unrechtmäßige Verwendung von Insiderinformationen das Vertrauen der Anleger und beeinträchtigt damit die Funktionsfähigkeit des Kapitalmarktes[391]. Die stark voneinander abweichenden Normen in den einzelnen Mitgliedsländern der EU sollten koordiniert werden, um wenigstens einen Mindeststandard für die Gemeinschaft zu setzen und auch grenzüberschreitenden Insiderhandel leichter bekämpfen zu können[392].

Hinsichtlich der zu treffenden Sanktionen bei Verstoß gegen das Insiderhandelsverbot lässt der Rat der EG den einzelnen Mitgliedstaaten weitgehend freie Hand. Nach Art. 13 der Insiderrichtlinie[393] müssen die Sanktionen lediglich „so weit gehen, dass sie einen hinreichenden Anreiz zur Einhaltung dieser Vorschriften darstellen."[394] Der Boden für strafrechtliche Sanktionen ist ebenso bereitet wie für zivilrechtliche Sanktionen, sofern sie so gestaltet sind, dass sie einen Anreiz zur Einhaltung der Insidervorschriften darstellen. Damit sind für einen zivilrechtlichen Haftungsanspruch die Weichen gestellt, der einzelne Mitgliedstaat kann über die Möglichkeit der Einführung eines solchen frei entscheiden. Die Vereinheitlichung der Insidervorschriften bezweckt lediglich die Vereinheitlichung der Abschreckungswirkung, nicht jedoch die Vereinheitlichung der Sanktionen[395]. Das Europäische Parlament hatte in seiner Stellungnahme zum Kommissionsvorschlag zivilrechtliche Sanktionen in Form von Schadensersatzzahlungen des Insiders an die durch Insidergeschäfte geschädigten Anleger gefordert[396], die aber in der Richtlinie nicht übernommen worden sind.

Das vorrangige Präventionsinstrument ist seit jeher das Strafrecht. Ihm wird die weitestgehende generalpräventive Wirkung zugesprochen[397]. Seine Einsetzung ist jedoch nur ultima ratio[398] und darf nur erfolgen, wenn sie zum Schutze der Gemeinschaft unvermeidlich ist[399], denn die Kriminalstrafe ist die schärfste Sanktion, über die eine staatliche Gemeinschaft verfügt[400]. Eine

390 *Schäfer*, in: Schäfer (Hrsg.), Wertpapierhandelsgesetz, § 12, Rn. 7 BörsG.

391 Präambel der Insiderrichtlinie 89/592/EWG, ABl.EG Nr. L 334/30 v. 18.11.1989.

392 *Bergmans*, S. 83.

393 89/592/EWG, ABl.EG Nr. L 334 v. 18.11.1989.

394 Im 2. Entwurf der Richtlinie waren die Anforderungen and die Sanktionen höher, indem diese abschreckend wirken sollten, „dass die Einhaltung der Vorschriften gewährleistet ist", KOM(88) 549 endg.-SYN 85, ABl.EG Nr. C 277/13 v. 27.10.1988, S. 17. Von dem Begriff „Gewährleistung" wurde dann aber abgesehen, da eine solche nicht realisierbar sei, da sie begrifflich eine hunderprozentige Einhaltung verlange, siehe *Krauel*, S. 209.

395 *Krauel*, S. 210.

396 Art. 11 Nr. 3, ABl.EG Nr. C 187/93 v. 18.7.1988.

397 *Kirchner*, in: Ott/Schäfer (Hrsg.), Präventivwirkung, S. 108, 112.

398 *Lüderssen*, in: Ott/Schäfer (Hrsg.), Präventivwirkung, S. 25, 37.

399 LK-*Jescheck*, Bd. I, Einl. Rn. 3.

400 BVerfGE 6, 389, 433.

Sanktionsmaximierung mit Hilfe des Strafrechts ist nicht zu erreichen, wenn Ziel der Regelung nicht lediglich die effektive Unterbindung von Insidertransaktionen, sondern die Erreichung optimaler Informationsversorgung des Kapitalmarktes ist[401]. Der Insider wird durch strafrechtliche Sanktionen lediglich vom Insiderhandel abgehalten, indem er einem Verwertungsverbot unterliegt, ohne einen Anreiz zur Offenlegung der Informationen zu erhalten. Die Insiderrichtlinie sieht vor, dass der „Markt seine Aufgaben effizient wahrnehmen“ solle und dass dafür „alle für dessen reibungsloses Funktionieren zweckdienlichen Maßnahmen“ zu treffen seien[402]. Wie oben dargelegt ist für die optimale Allokation des Kapitals Informationsbereitstellung fundamentaler Informationen erforderlich. Ein bloßes Verwertungsverbot von Insiderwissen ist nicht ausreichend, da durch ein Absehen von einer etwaigen Transaktion der Kurs nicht „fairer“ wird. Marktrelevante Informationen müssen offengelegt werden, um den wahren Unternehmenswert im Wertpapierkurs abzubilden[403]. Auch die Regelung der Ad-hoc-Publizität macht eine Offenlegung durch Insider nicht entbehrlich, da nicht jede emittenten- und wertpapierbezogene Insidertatsache gleichzeitig von der Ad-hoc-Publizität erfasst wird[404]. Strafrechtliche Sanktionen vermögen daher nicht die Effizienz des Kapitalmarktes zu fördern. Effizienz ist nur zu erreichen, wenn neben dem Verwertungsverbot die Offenlegung der Insiderinformation erlangt wird. Wenn durch das Haftungsrecht sowohl eine Offenlegung der Insiderinformation als auch ein Verwertungsverbot erreicht werden könnte, sind die strafrechtlichen Sanktionen verfrüht eingesetzt und nicht mehr ultima ratio. Vielmehr wäre das Zivilrecht neben der Tätigkeit der BAFin für diesen Fall zweckmäßiger. Die BAFin allein hat nicht die Kapazität, alle Insidergeschäfte aufzudecken. Das Vorgehen privater Geschädigter kann in manchem Fall ein effizienteres Ergebnis erwarten lassen, da die Initiative Betroffener größer ist als die einer Verwaltungsbürokratie[405].

3. Zivilrechtliche Anspruchsgrundlagen im deutschen Recht

Zivilrechtliche Ansprüche geschädigter Anleger gegen Insider können sich nur aus dem Deliktsrecht ergeben.

---

401 *Kirchner*, in: FS Kitagawa, S. 665, 666 f.

402 Präambel der Insiderrichtlinie 89/592/EWG, ABl.EG Nr. L 334/30 v. 18.11.1989.

403 Siehe dazu oben zur Informationseffizienz ab S. 54.

404 *Benner-Heinacher*, DB 1995, 765, 766.

405 Für eine Fruchtbarmachung privater Initiative zum Zweck des Funktionsschutzes plädierte schon der *Arbeitskreis Gesellschaftsrecht*, S. 11.

a. Schutzgesetzverletzung

In Betracht kommt ein Schadensersatzanspruch der Anleger auf der Grundlage von § 823 Abs. 2 BGB. Der Schutzgesetzcharakter von § 14 WpHG ist nach wie vor umstritten[406]. Hauptargument gegen die Einordnung des § 14 WpHG als Schutzgesetz ist die Verneinung der individualschützenden Funktion des Insiderhandelsverbots[407]. Für die Einordnung als Schutzgesetz spricht aber zum einen der fehlende - § 15 Abs. 6 WpHG vergleichbare - explizite Ausschluss der Haftung, zum anderen der dem Funktionsschutz des Kapitalmarktes innewohnende Individualschutz der Anleger[408]. Die Ablehnung des Schutzgesetzcharakters gründet sich außerdem zum Teil nur auf die Schwierigkeit der Durchsetzung eines etwaigen Anspruches[409]. Solche Schwierigkeiten können indes nicht als Argument gegen die Einstufung des Insiderhandelsverbots als Schutzgesetz angeführt werden. Die Durchsetzbarkeit eines Anspruchs wird vielmehr erst bei Fragen betreffend einen etwaigen Ersatzanspruch relevant. Maßgeblich für das Vorliegen des Schutzgesetzcharakters sind der Zweck der Vorschrift und die Intention des Gesetzgebers[410]. Dient die Norm allein dem Schutz der Allgemeinheit, ist der Schutzgesetzcharakter abzulehnen, bezweckt oder mitbezweckt die Norm einen Schutz des Einzelnen, ist sie als Schutzgesetz einzustufen, wobei es jedoch nicht ausreicht, dass der Individualschutz als ihr Reflex objektiv erreicht werden kann[411]. Der Gesetzgeber will die Funktionsfähigkeit des Kapitalmarktes und die Ankurbelung der Wirtschaft durch Förderung der Transparenz[412] erreichen und gewährleisten. Zur Erreichung dieses Zieles hält der Gesetzgeber das Vertrauen der Anleger für notwendig. Er geht davon aus, dass das Vertrauen der Anleger

---

406 Schutzgesetzcharakter bejahend: *Assmann*, AG 1994, 237, 250 misst ihm jedoch aufgrund der Praxis keine nennenswerte Bedeutung zu; *Hopt*, ZHR 159 (1995), 139, 159, der zumindest abstreitet, dass das WpHG nur im öffentlichen Interesse ergangen ist; *Claussen*, DB 1994, 27, 31, jedoch ohne nähere Begründung; vgl. auch *Arbeitskreis Gesellschaftsrecht*, S. 11; ablehnend: *Kaiser*, WM 1997, 1557, 1559 f.; *Caspari*, ZGR 1994, 530, 532 f. u. 548; *Immenga*, ZBB 1995, 197, 205; *Happ*, JZ 1994, 240, 243, sieht Schwierigkeiten bei der Zulassung eines solchen Anspruchs und darüber hinaus nur den Wertpapiermarkt zivilrechtlich begünstigt; *Trölitzsch*, ZGR 1994, 545, 548 f.; *Kümpel*, Wertpapierhandelsgesetz, S. 52.

407 Dazu *Immenga*, ZBB 1995, 197, 205, der die von der Rechtsprechung entwickelten Grundsätze für § 18 KWG auf die §§ 14, 38 WpHG anwendet; *Kaiser*, WM 1997, 1557, 1560, der Vertrauen nicht als selbständiges geschütztes Rechtsgut ansieht.

408 Vgl. z.B. *Hopt* ZHR 159 (1995), 135, 159. So auch *Assmann*, ZGR 1994, 494, 499.

409 Siehe *Assmann/Cramer*, in: Assmann/Schneider (Hrsg.), Werpapierhandelsgesetz, § 14, Rn. 108; *Happ*, JZ 1994, 240, 243.

410 Palandt-*Thomas*, BGB, § 823, Rn. 141.

411 MüKo-*Mertens*, BGB, § 823, Rn. 162; Palandt-*Thomas*, § 823, Rn. 141.

412 Vgl. Begr. RegE 2. FFG, BT-Drucks. 12/6679, S. 33, zu § 14 bes. S. 48.

insbesondere auf der Zusicherung der Gleichbehandlung und des Schutzes gegen die unrechtmäßige Verwendung einer Information beruht[413].

Der Funktionsschutz bringt den Individualschutz nicht als Nebeneffekt mit sich, sondern sein Zweck liegt konkret in der Erreichung des Individualschutzes. Es kann deshalb nicht lediglich von einem Rechtsreflex gesprochen werden. Will der Gesetzgeber das Vertrauen der Anleger gewinnen, muss er auch konsequent den Individualschutz bejahen. Er kann nicht Ansprüche verweigern, die aus dem Insiderhandelsverbot resultieren, aber auf die Wichtigkeit des Anlegerschutzes abstellen. Ein weiteres für die alleinige Ausrichtung des Schutzes auf die Funktionsfähigkeit des Marktes vorgetragenes Argument ist die Verweisung auf die Beschränkung des Schutzes des Wertpapierhandelsgesetzes auf bestimmte Kategorien von Wertpapieren; das spreche gegen einen Individualschutz, da sonst eine Einbeziehung der nicht vom Schutz umfassten Papiere stattfinden müsste[414]. Dieses Argument geht ins Leere, da es zwar richtigerweise ein Manko rügt, welches aber unabhängig vom verfolgten Zweck des Gesetzgebers ist. Denn gleiches Argument kann auch als Frage gegen den Funktionsschutz angeführt werden: Weshalb findet eine Beschränkung des Insiderhandelsverbots auf bestimmte Wertpapierkategorien statt, wenn der Funktionsschutz generell ein Insiderhandelsverbot verlangt?

b. Sittenwidrige Schädigung

Für die Möglichkeit eines Anspruches aus § 826 BGB wegen vorsätzlicher Marktbeeinflussung durch den Insiderhandel, müsste ein Verstoß gegen § 14 WpHG als sittenwidrig angesehen werden. Ein Verstoß gegen die guten Sitten liegt vor, wenn ein Handeln gegen das Anstandsgefühl aller billig und gerecht Denkenden verstößt[415]. Dabei genügt es nicht, dass eine Handlung als unbillig erscheint[416] und das Verhalten im Sinne des § 14 WpHG nach § 38 WpHG strafbar ist. Vielmehr muss das Verhalten gerade den Betroffenen gegenüber gegen die guten Sitten verstoßen[417]. Für die Verwertungshandlung aufgrund der Insiderinformation ist eine allgemeine Missbilligung anzunehmen[418], da dadurch die Chancengleichheit auf dem Kapitalmarkt gefährdet wird. Ansprüche aus § 826

413 Begr. RegE 2. FFG, BT-Drucks. 12/6679, S. 33.

414 Nicht erfasst werden beispielsweise Wertpapiere, die an keiner Börse gehandelt werden oder an keiner Börse in den Vertragsstaaten des Abkommens über den Europäischen Wirtschaftsraum zugelassen sind, *Caspari*, ZGR 1994, 530, 534.

415 RGZ 80, 221, BGHZ 10, 232, 69, 297, BAG NJW 1976, 1958.

416 Palandt-*Thomas*, § 826, Rn. 2.

417 MüKo-*Mertens*, BGB, § 826, Rn. 64.

418 *Kaiser*, WM 1997, 1557, 1560, m.w.N.

BGB kommen nur für eine Verletzungshandlung nach § 14 Abs. 1 Nr. 1 WpHG, nicht aber nach § 14 Abs. 1 Nr. 2 und 3 WpHG in Betracht.

Für ein Vorliegen des Schädigungsvorsatzes des Insiders ist bedingter Vorsatz ausreichend[419]. Hierfür genügt das Bewusstsein, dass das Handeln schädlichen Erfolg bringen wird, wobei dem Insider die Art des Schadens und die generelle Richtung des Schadensverlaufs bewusst gewesen sein muss[420]. Bewusstsein der Sittenwidrigkeit ist nicht erforderlich[421]. Der Insider weiß aufgrund seiner Insiderinformation, dass der Kurs fallen wird und die Erwerber der Insiderpapiere den Schaden durch den Kursverlust zu tragen haben. Weiterhin kann der Insider den durch sein Verhalten gefährdeten Personenkreis auf die Anleger eingrenzen, die den Kauf des Insiderpapiers beabsichtigen, so dass ihm die Gefährdung bestimmter Personenkreise bewusst ist[422]. Grundsätzlich steht einem Anleger bei Insiderhandel der Weg über § 826 BGB zur Geltendmachung eines Schadensersatzanspruches offen. Da das Insiderhandelsverbot als Schutzgesetz identifiziert wurde und für § 826 BGB hinsichtlich Kausalität und Verschulden die gleichen Probleme wie bei Schutzgesetzverletzungen entstehen, ist insoweit auf die Untersuchung zu § 823 BGB verwiesen.

4. Zentraler Haftungstatbestand im US-amerikanisches Recht

Ursprünglich basierten Klagen gegen Insider auf Grundsätzen des *common law* wegen Verletzung einer besonderen Treuepflicht (*breach of fiduciary duty*)[423]. Heute spielt die Haftung nach *common law* in der Praxis eine geringe Rolle: Sec. 10(b) SEA[424] i.V.m. der von der SEC im Jahre 1942 erlassene Rule 10b-5[425] bildet

---

419 Vgl. MüKo-*Mertens*, BGB, § 826, Rn. 61; Palandt-*Thomas*, § 826, Rn. 10.

420 Vgl. MüKo-*Mertens*, BGB, § 826, Rn. 62; Palandt-*Thomas*, § 826, Rn. 10.

421 Palandt-*Thomas*, § 826, Rn. 11.

422 M.w.N. *Kaiser*, WM 1997, 1557, 1561.

423 Zur Notwendigkeit der Schaffung einer *common law remedy* siehe Diamond v. Oreamuno et al., 24 N.Y.2d 494, 248 N.E.2d 910, 301 N.Y.S.2d 78 (N.Y.1969).

424 15 U.S.C.A. § 78 j(b). Sec. 10 (b) bestimmt:
„It shall be unlawful for any person, directly or undirectly, by the use of any means or instrumentality of interstate commerce or of the mails, or of any facility of any national securities exchange- to use or employ, in connection with the purchase or sale of any security registered on a national exchange or any security not so registered, any manipulative or deceptive device or contrivance in contravention of such rules and regulations as the Commission may prescribe as necessary or appropriate in the public interest or for the protection of investors."

425 17 C.F.R. § 240.10b-5. Rule 10b-5 bestimmt:
„It shall be unlawful for any person, directly or undirectly, by the use of any means or instrumentality of interstate commerce or of the mails, or of any facility of any national securities exchange,

den zentralen Haftungstatbestand bei Insiderhandel und bei sonstigen betrügerischen Handlungen. Sec. 10(b) verbietet betrügerische und irreführende Praktiken beim Handel mit Wertpapieren, wenn sie gegen Bestimmungen der SEC verstoßen. Konkretisiert wurde dieses Verbot durch Rule 10b-5. Die beiden Vorschriften haben jedoch weder eine geplante noch eine wünschenswerte Entwicklung durchlaufen. Sie wurden in einem solchem Maße auf die verschiedenartigsten Sachverhalte ausgeweitet, dass Sec. 10(b) in der Entscheidung Ernst & Ernst v. Hochfelder vom Supreme Court bereits als "catchall" charakterisiert wurde[426]. Rule 10b-5 wurde 1942 von der SEC erlassen, um die verbliebene Lücke im Kampf gegen betrügerische Handlungen zu schließen[427]. Rule 10b-5 ist eine generelle Anti-Betrugs-Vorschrift, die alle betrügerischen Handlungen hinsichtlich Käufen oder Verkäufen von Wertpapieren verhindern soll. Der Anwendungsbereich von Rule 10b-5 erstreckt sich im Zusammenhang von Wertpapiertransaktionen von *material corporate misstatements or nondisclosures* über *insider trading* zu *corporate mismanagement problems*, die im Zusammenhang mit Wertpapiertransaktionen auftreten[428]. Rule 10b-5 findet auf Kapital- und Personengesellschaften Anwendung und auf registrierte und nicht registrierte Wertpapiere[429]. Die grundlegenden Elemente für eine Verletzung von Rule 10b-5 sind: (1) a misstatement or omission (2) of a material fact (3) with scienter (4) upon which the plaintiff justifiably relied (5) that proximately caused the damages[430].

Ein Insider haftet nach Sec. 10(b) SEA i.V.m. Rule 10b-5[431], wenn er wesentliche, nicht-öffentliche Information nicht offenlegt bevor er eine Transaktion aufgrund dieser Information vornimmt und auf diese Weise „geheime" Gewinne macht (*disclose-or-abstain* Grundsatz)[432]. Anders als im deutschen Recht

---

(a) to employ any device, scheme, or artifice to defraud,

(b) to make any untrue statement of a material fact or to omit to state a material fact necessary in order to make the statements made, in the light of the circumstances under which they were made, not misleading, or

(c) to engage in any act, practice, or course of business which operates or would operate as a fraud or deceit upon any person,

in connection with the purchase or sale of any security."

426 Ernst & Ernst v. Hochfelder, 425 U.S. 185, 203 (1976): "The section was described rightly as a "catchall" clause to enable the Commission "to deal with new manipulative [or cunning] devices.""; siehe auch *Steinberg*, Securities Law, S. 181.

427 Siehe *Merkt*, S. 452.

428 Siehe *Hazen*, S. 766.

429 *Hazen*, S. 771.

430 Bentley v. Legent Corp., 849 F.Supp. 429, 431 (E.D.Va. 1994).

431 Der Einfachheit halber wird im nachfolgenden Text nur noch Rule 10b-5 erwähnt, obwohl Schadensersatzansprüche auf beide Vorschriften gestützt werden.

432 Dirks v. SEC, 463 U.S. 646, 647 (1982); United States v. O'Hagan, 117 S.Ct. 2199, 2203

ist für die Öffentlichkeit der Tatsache die Bereichsöffentlichkeit nicht ausreichend. Eine Information ist nicht-öffentlich, wenn sie der durchschnittlichen Öffentlichkeit, also den Investoren, nicht allgemein zugänglich ist[433]. Wesentlich im Sinne von Rule 10b-5 ist die Information, wenn eine überwiegende Wahrscheinlichkeit besteht, dass die Publizität der Tatsache von einem vernünftigen Investor so beurteilt wird, dass sie die Gesamtheit („total mix“) der verfügbaren Information bedeutsam verändert[434] und deshalb eine Wertänderung des Wertpapiers bewirken könnte. Die EG-Insiderrichtlinie bestimmt gleich wie die Vorschriften im US-amerikanischen Rechtssystem, dass „bloße Eignung zur Kursbeeinflussung genügt“. Die Tatsache muss geeignet sein, bei Bekanntwerden des Sachverhalts den Börsenpreis erheblich zu beeinflussen. Bei einer geringfügigen Kursbewegung ist der Anforderung der Erheblichkeit nicht genüge getan[435]. Diese Bestimmung soll vermeiden helfen, dass jede noch so unbedeutende Information über den Emittenten oder das Wertpapier zu einer Insidertatsache wird[436]. Für Rule 10b-5 muss ein besonderes Pflichtverhältnis zur Informationsquelle gegeben sein. Besteht ein solches Verhältnis nicht, so wird eine Schadensersatzklage im Normalfall abgewiesen werden. Nach deutschem Recht ist an die Unrechtmäßigkeit der Verwertung keine Voraussetzung eines Treuepflicht- oder Vertragsverhältnisses geknüpft[437].

Neben Rule 10b-5 können zivilrechtliche Ansprüche gegen Insider aus Sec. 17(a) SEA[438], bei dem jedoch die Gewährung eines implizierten Klagerechts umstritten ist, Section 16(b) SEA[439], der nur eine Klage in Form der Derivativklage

---

(1997). Zum *disclose-or-abstain* Grundsatz siehe oben S. 74.

433 Siehe z.B. In the Matters of Investors Management Co., Inc., et al., 44 S.E.C. 633, 644 f. (1971).

434 TSC Industries Inc. v. Northway Inc., 426 U.S. 438, 449 (1976).

435 Siehe *Kümpel*, Wertpapierhandelsgesetz, S. 60 f.

436 Begr. RegE 2. FFG, BT-Drucks. 12/6679, S. 47.

437 *Assmann*, AG 1994, 196, 202.

438 Sec. 17(a) SA verbietet *fraud, misstatements* und *omissions* in Verbindung mit dem Verkauf von *securities* und weist insofern Ähnlichkeit mit Rule 10b-5 auf. Für eine Verletzung von Sec. 17(a) SA genügt fahrlässiges Verhalten bezüglich der wesentlichen *misstatements* und *omissions, Hazen*, S. 363. Der Supreme Court führte in Aaron v. SEC aus, dass *scienter* zwar für eine Klage nach Sec. 17(a)(1) SA erforderlich sei, nicht jedoch für Klagen nach Sec. 17(a)(2) und (3) SA (Aron v. SEC, 446 U.S. 680, 697 (1980). Sec. 17(a) SA gewährt kein explizites Klagerecht. Ein impliziertes Klagerecht bejahend: z.B. Stephenson v. Calpine Conifers, II, Ltd., 652 F.2d 808 (9th Cir.1981), verneinend Landry v. All American Assurance Co., 688 F.2d 381 (5th Cir.1982). Neuere Entscheidungen wie Fox v. Acadia State Bank, 937 F.2d 1566, 1570 (11th Cir.1991) oder Pelletier v. Zweifel, 921 F.2d 1465 (11th Cir.1991) blieben bei der Ablehnung eines *private right of action*. Der Supreme Court hat in Bateman Eichler, Hill Richards, Inc. v. Berner, 472 U.S. 299 (1985) bekundet, dass über diese Frage noch nicht entschieden sei.

439 Sec. 16(b) SEA ist eine spezielle Insiderhandelvorschrift, die dem Missbrauch von

gestattet und daher nur der Gesellschaft Schadensersatz (*short-swing profits*) gewährt, und schließlich Rule 14e-3[440] bestehen, die aber nur bei einem Übernahmeangebot Anwendung findet. Weiterhin kommen als Grundlage gegen Insiderhandel bundesrechtliche Vorschriften zur Bekämpfung von Post- und Telekommunikationsbetrug (*mail and wire fraud*) und der Racketeering Influenced and Corrupt Organizations Act (RICO) in Betracht sowie das *common law* der Einzelstaaten. Sec. 17(a), Sec. 16(b) SEA, Rule 14e-3, die Post- und/oder Telekommunikations-Betrugs Statute[441], der RICO[442] und einzelstaatliches *common law* sollen hier nicht weiter untersucht werden, da für Verletzungen durch Insider Rule 10b-5 die hauptsächliche Vorschrift ist[443]. Seit der Entscheidung der SEC in der Sache In the Matter of Cady, Roberts & Co.[444] wird sowohl von Primärinsidern als auch von Tippempfängern durchgeführter Insiderhandel von der SEC und den Gerichten als Verletzung von Rule 10b-5 angesehen[445]. Hinsichtlich der

---

Insiderinformationen vorbeugen soll und enthält ein explizites Klagerecht. Da Sec. 16(b) nicht wie Rule 10b-5 vorrangig dem Anlegerschutz dienen, sondern die vom Insiderhandel betroffene Gesellschaft schützen soll, kann zwar jeder Aktionär, so wie die Gesellschaft selbst auch, klagen, der Schadensersatz kommt aber der Gesellschaft zu (Sec. 16(b): „ ... any profit ... shall be recoverable by the issuer ...“).

440 Rule 14e-3 wurde 1980 von der SEC erlassen und sollte die Lücke schließen, die durch die Chiarella Entscheidung (Chiarella v. United States, 445 U.S. 222 (1980)) durch das Erfordernis eines besonderen Treueverhältnisses zwischen Geschädigtem und Insider entstanden ist. Rule 14e-3 verbietet jeder Person, die wesentliche nicht-öffentliche Information in Verbindung mit einem Übernahmeangebot besitzt, mit Wertpapieren der Zielgesellschaft bis zu dem Zeitpunkt zu handeln, in dem die Information und deren Quelle durch die Presse oder auf andere Art und Weise offengelegt worden ist, *Bergmans*, S. 35.

441 Die bundesrechtlichen Post- und/oder Telekommunikations-Betrugs Statute, die eigene Haftungs-
grundlagen bilden (18 U.S.C. § 1341, 1343), verbieten im wesentlichen den Gebrauch von innerstaatlichen Post- oder Telekommunikationmitteln für betrügerische Handlungen.

442 Der RICO (18 U.S.C. § 1961-68) wendet sich vor allem gegen organisierten Betrug (*racketeering activity*) unter Beteiligung von *business enterprises* (*white collar-crime*), 18 U.S.C.A. § 1962(c). Die *racketeering activity* schließt Verletzungen der bundesrechtlichen Gesetze ein, die Betrug durch Post- und Telekommunikationsmittel verbieten und jeden Verstoß, der *fraud* in Verbindung mit einem Verkauf von Wertpapieren beinhaltet, der nach *federal law* sanktioniert ist, also beispielsweise durch Rule 10b-5, Rule 14e-3 oder Sec. 17(a) SA. Voraussetzung für die Anwendbarkeit des RICO ist ein bestimmtes, immer wieder angewandtes Handlungsschema (*pattern of racketeering*), siehe Sedima S.P.R.L. v. Imrex Co., Inc., 105 S.Ct. 3275, 3285 Fn. 14 (1985). Der RICO kann den dreifachen Schadensersatz (*treble damages*) gewähren.

443 Rule 10b-5 will lediglich Handeln in Verbindung mit einem Erwerb oder einem Verkauf einer *security* verhindern. Daraus ergibt sich, dass die Entscheidung, Aktien zu halten, auch wenn sie auf Insiderinformation beruht, nicht zu einer Verletzung von Rule 10b-5 führen kann, Condus v. Howard Savings Bank, 781 F.Supp. 1052 (D.N.J.1992).

444 In the Matter of Cady, Roberts & Co., 40 S.E.C 907 (1961).

445 *Hoffman*, S. 247.

Durchsetzung des Anspruchs sind die üblichen Voraussetzungen von Rule 10b-5 zu erfüllen. Rule 10b-5 findet sowohl auf das Verbreiten als auch auf das Unterdrücken von Information(en) Anwendung.

1988 wurde der Insider Trading and Securities Fraud Enforcement Act of 1988 vom Kongress verabschiedet[446], als dessen bedeutendster Beitrag des ITSFEA die Schaffung einer *express private remedy* angesehen werden kann[447], nachdem Rule 10b-5 als zivilrechtliche Anspruchsgrundlage in *misappropriation*-Fällen abgelehnt worden war[448]. Die in den Securities Exchange Act eingefügte Sec. 20A bestimmt, dass jede Person "who violates any provision of this title or the rules or regulations thereunder," by trading in a security "while in possession of material, nonpublic information shall be liable ... to any person who contemporaneously ... purchased or sold the same class of security on the opposite side of the market"[449]. Die Vorschrift ist nur anwendbar, wenn die widerrechtliche Verwendung von Information eine Verletzung der *securities laws* bedeutet[450]. Sec. 20A beschränkt die Geltendmachung von Ansprüchen nach anderen Vorschriften des Securities Exchange Acts, wie Sec. 10(b) SEA, nicht[451]. So blieb Rule 10b-5 auch in der nachfolgenden Zeit als wichtige Haftungsnorm für den Insiderhandel bestehen. Dies ist insbesondere auf die Entschädigungsbeschränkung von Sec. 20A insofern zurückzuführen, da Section 20A nur bei Insiderhandel durch einen Händler anzuwenden ist, der zeitgleich auf der anderen Marktseite steht und die gleiche Gattung von Wertpapieren erwirbt oder verkauft. Weiterhin ist der Schadensersatz beschränkt auf den erlangten Gewinn oder den vermiedenen Verlust durch den vom Beklagten durchgeführten gesetzeswidrigen Handel[452].

---

446 Der vier Jahre vorher erlassene Insider Trading Sanctions Act of 1984 (ITSA, 15 U.S.C.A. §§ 78u-(a)(1), 78ff(a)) gewährt lediglich der SEC das Recht, Klage gegen denjenigen zu erheben, der den Securities Exchange Act of 1934 oder danach erlassene Rules verletzt, indem er Wertpapiere erwirbt oder verkauft, während er im Besitz von wesentlicher, nicht-öffentlicher Information ist.

447 Das House of Committee Report stellte hinsichtlich des Insider Acts fest: „Although the courts have recognized an implied private right of action in insider trading cases, this section will codify an express right of action against insider traders and tippers for those who traded the same class of securities 'contemporaneously' with and on the opposite side of the market from the insider trader". siehe *Bloomenthal*, S. 1205. Ansonsten beschäftigt sich der Act hauptsächlich mit der Haftung der Arbeitgeber und *controlling persons*, *Hazen*, S. 856.

448 Moss v. Morgan Stanley, 719 F.2d 5, 13, 15 f.(2d Cir. 1983).

449 *Bloomenthal*, S. 1207 f.

450 *Bloomenthal*, S. 1185.

451 Vgl. die Ausführungen bei *Krauel*, S. 177.

452 *Steinberg*, Securities Law, S. 274.

D. *Haftungsrechtliche Regelung bei Ad-hoc-Publizitätsverletzung*

Im Unterschied zur Börsenprospekthaftung betrifft die Ad-hoc-Publizität den Sekundärmarkt. Es besteht bereits ein Wertpapierkurs, von dem erwartet wird, dass er den Wert des Unternehmensanteils möglichst exakt widerspiegelt.

I. *Erfordernis einer gesetzlichen Regelung*

Die Ad-hoc-Publizität soll die Bildung unangemessener Börsenpreise aufgrund von Informationsdefiziten von Seiten der Marktteilnehmer vermeiden helfen[453] und damit den Abbau von Informationsasymmetrien zwischen Kleinanleger und Fachleuten erreichen, die naturgemäß besser und schneller informiert sind[454]. Im semi-effizienten Markt entsteht ein fairer Preis nur, wenn Informationen, die Einfluss auf die Preisbildung haben und den Wert des Unternehmensanteils betreffen, veröffentlicht werden, da sich nur die öffentlich zugänglichen Informationen im Kurs niederschlagen können[455].

Empirische Untersuchungen haben ergeben, dass Offenlegung aufgrund gesetzlicher Regelungen die Preisintegrität gesteigert und die Anzahl wesentlicher Informationen auf dem Markt vergrößert hat, so dass Allokationseffizienz verbessert wurde[456]. Dagegen ist empirisch nicht erwiesen, dass gesetzliche Offenlegungsvorschriften Schaden verursachen und dass ihre Kosten ihren Nutzen übersteigen[457]. Es ist folglich davon auszugehen, dass ein Zuwenig an Information am Kapitalmarkt schwerer wiegt als ein Zuviel[458]. Eine Notwendigkeit gesetzlicher Regelung ergibt sich aber auch aus dem folgenden Grund: Selbst wenn interne Marktmechanismen theoretisch die Offenlegung von Informationen erreichen könnten, bestünde wie dargelegt die Gefahr des Marktversagens wegen Unsicherheit der Anleger, was bei gesetzlichen Offenlegungsvorschriften nicht der Fall sein wird. Daher ist die Informierung des Marktes durch gesetzliche Offenlegung den internen Marktmechanismen vorzuziehen.

In Deutschland ist die Zahl der Ad-hoc-Meldungen in einem Zeitraum von vier Jahren von 992 im Jahre 1995 auf 3219 im Jahre 1999 angestiegen[459]. Aus diesem Meldungsanstieg könnte man schließen, dass die Informationsverbreitung

---

453 *Kümpel*, Wertpapierhandelsgesetz, S. 100.
454 *Deckert/von Rüden*, EWS 1998, 46, 51.
455 Siehe oben zur Informationseffizienz S. 54.
456 *Fox*, 85 Va.L.Rev. 1335, 1379, 1393 (1999); *Coffee*, 70 Va.L.Rev. 717, 721, 751 (1984).
457 *Fox*, 85 Va.L.Rev. 1335, 1379, 1393 (1999).
458 *Gehrt*, S. 21 f.
459 *O.V.*, http://www.bawe.de/pm00_03.htm.

kursrelevanter Informationen angekurbelt und damit mehr Transparenz durch die Einführung der Ad-hoc-Publizität erreicht wurde. Das ist nicht der Fall. Die Ad-hoc-Publizität wird vielmehr zu Werbezwecken und Öffentlichkeitsarbeit missbraucht: Es werden Tatsachen veröffentlicht, die weder mitteilungspflichtig noch kursrelevant sind[460]. Dadurch wird der Markt mit Informationen überflutet, die dem Interesse der Anleger nicht entsprechen, die unnötige Kosten hervorrufen und die damit der Effizienz des Kapitalmarktes nicht zuträglich sind. Bei einer Informationsüberflutung überlagern Nebensächlichkeiten die wesentlichen kursrelevanten Informationen, die dann schwer erkennbar werden[461]. Der Anstieg von nicht mitteilungspflichtigen Tatsachen zeigt, dass Unternehmen bestrebt sind, Informationen herauszugeben, um für ihre Unternehmensanteile zu werben. Es ist eine Regelung notwendig, die den Anreiz setzt, dass nur Informationen veröffentlicht werden, die mitteilungspflichtig sind. Das vierte Finanzmarktförderungsgesetz sieht zwei Schadensersatzregelungen vor: Schadensersatz wegen unterlassener, unverzüglicher Veröffentlichung kursbeeinflussender Tatsachen und Schadensersatz wegen Veröffentlichung unwahrer Tatsachen[462]. Mit der neuen Regelung des § 37b WpHG hat der Gesetzgeber berücksichtigt, dass nicht nur die Mitteilung unwahrer Tatsachen, sondern auch die Nicht-Veröffentlichung mitteilungspflichtiger Tatsachen zu „falschen" Börsenpreisen führt. Nicht geregelt ist dagegen die Veröffentlichung nicht-mitteilungspflichtiger Tatsachen. Ob hierfür eine Ahndung des Missbrauchs der Ad-hoc-Publizität als Ordnungswidrigkeit, wie sie im vierten Finanzmarktförderungsgesetz enthalten ist, ausreicht, ist fragwürdig, da derartigen Verletzern der Ad-hoc-Publizitätspflicht keine sorgfaltsanreizfördernden Anlegerklagen drohen. Nach § 15 Abs. 1 S. 3 WpHG dürfen „sonstige Angaben, die die Voraussetzungen des Satzes 1 offensichtlich nicht erfüllen, (...), nicht veröffentlicht werden". Eine einfache Handhabung für den Emittenten liegt darin, dass er lediglich feststellen muss, wann eine Tatsache „offensichtlich" nicht unter § 15 Abs. 1 S. 1 WpHG fällt. Dies sollte realisierbar sein und nicht zu Rechtsunsicherheiten führen.

Eine Haftungsregelung, die einen Anreiz zur Veröffentlichung mitteilungspflichtiger Informationen setzt, hat drei Ziele: Die Bildung fairer Preise durch Offenlegung marktrelevanter Information, die Verhinderung des Missbrauchs der Ad-hoc-Publizität und die Vorbeugung gegen Insiderhandel. Es ist jedoch nicht davon auszugehen, dass durch die Gewährung von Schadensersatzansprüchen der Gefahr der Beeinträchtigung der Funktion der Ad-

460 *O. V.*, http://www.bawe.de/pm00_03.htm.
461 *Reuter*, Aktienmarkt, S. 189.
462 §§ 37b, 37c WpHG, siehe auch S. 63 f. des Gesetzesentwurfes, abrufbar im Internet unter http://www.bundesfinanzministerium.de/Kapitalmarktpolitik-.521.htm.

hoc-Publizität als insiderrechtliche Präventivmaßnahme entgegengewirkt werden könnte, denn indem vorsorgliche Befreiungsanträge gestellt würden, die nur mit Verzögerung bearbeitet werden könnten, wäre die schnellstmögliche Veröffentlichung nicht mehr möglich[463]. Einer Bearbeitungsüberforderung wäre durch eine Aufstockung des Personals bei der BAFin beizukommen[464], dann könnte diesem Argument kein Gewicht mehr zukommen.

II. Ad-hoc-Publizität im deutschen Recht

Während das US-amerikanische Recht mehrere Rechtsquellen für die Ad-hoc-Publizität bereithält, ist die deutsche Ad-hoc-Publizität nur im Wertpapierhandelsgesetz geregelt. Danach gehört die Ad-hoc-Publizität (§ 15 WpHG) zu den kapitalmarktrechtlichen Informationspflichten[465]. Sie entspricht im wesentlichen der früheren Regelung des § 44a BörsG a.F. Die Ad-hoc-Publizität soll die laufende Publizität in Gestalt der jährlichen aktienrechtlichen Rechnungslegung und der obligatorischen Zwischenberichterstattung ergänzen[466]. Jeder Emittent von Wertpapieren, die zum Handel an einer inländischen Börse zugelassen sind, unterliegt der sog. Ad-hoc-Publizitätspflicht[467]. § 15 WpHG stellt eine Präventivmaßnahme zur Bekämpfung des Insiderhandels dar. Damit ist die Ad-hoc-Publizität nicht mehr im Börsengesetz geregelt, sondern in unmittelbarem Anschluss an die Insiderhandelsverbote im WpHG. Die Ad-hoc-Publizität soll dazu beitragen, dass die mit den publizitätspflichtigen Sachverhalten vertrauten Insider nicht zu Lasten der nicht informierten Anleger missbräuchliche Vorteile aus ihrem Informationsvorsprung erlangen können[468]. Die Ausgestaltung, die auch als Präventivmaßnahme gegen Insiderhandel zu sehen ist, besagt jedoch nicht, dass jede emittenten- und wertpapierbezogene Insidertatsache auch der Ad-hoc-Publizität unterliegt[469]. Dagegen stellt jede publizitätspflichtige Tatsache im Sinne des § 15 WpHG zugleich eine Insidertatsache dar[470].

---

463 So *Kümpel*, in: Assmann/Schneider (Hrsg.), § 15, Rn. 190 f.

464 So der Vorschlag für das damalige BAWe von *von Klitzing*, S. 220.

465 Neben der (Börsen-) Prospektpflicht bestehen weitere Informationspflichten in Form der Zwischenberichterstattung nach § 40 Abs. 1 BörsG und der Informationspflicht gemäß § 49 Abs. 1 Nr. 3 BörsG.

466 BegrRegE, BT-Drucks. 10/4296, 16.

467 *Gruson/Wiegmann*, AG 1995, 173, 173.

468 *Kümpel*, in: Assmann/Schneider (Hrsg.), § 15 Rn. 7.

469 *Benner-Heinacher*, DB 1995, 765, 766.

470 *von Klitzing*, S. 74 m.w.N.

Gemäß § 15 Abs. 1 WpHG muss der Emittent unverzüglich eine neue Tatsache veröffentlichen[471], die in seinem Tätigkeitsbereich eingetreten und nicht öffentlich bekannt ist, wenn sie wegen der Auswirkungen auf die Vermögens- oder Finanzlage oder auf den allgemeinen Geschäftsverlauf des Emittenten geeignet ist, den Börsenpreis der zugelassenen Wertpapiere erheblich zu beeinflussen. Diese Verpflichtung schließt jede Tatsache ein, die im Fall zugelassener Schuldverschreibungen die Fähigkeit des Emittenten, seinen Verpflichtungen nachzukommen, beeinträchtigen kann. Für die erhebliche Kursbeeinflussung kommt es auf die marktübliche Relevanz an, das heißt, ob es sich zu kaufen oder zu verkaufen lohnt[472]. Vor Erlass des dritten Finanzmarktförderungsgesetzes waren Auswirkungen „auf die Vermögens- und Finanzlage" notwendig[473]. Diesbezüglich hat eine Änderung stattgefunden, da die bisherige Bestimmung nicht alle wirtschaftlich bedeutsamen Vorgänge erfasst hat, wie z.B. kurzfristige Kündigung sämtlicher Kreditlinien, die sich zunächst nur auf die Finanzlage auswirkt[474]. Die Veröffentlichungen erfolgen in 95 Prozent der Fälle über elektronische Systeme. Die übrigen fünf Prozent werden in überregionalen Börsenpflichtblättern vorgenommen[475].

Die BAFin kann ausländischen Emittenten gestatten, die ansonsten vor Veröffentlichung der offenzulegenden Tatsache vorzunehmende Mitteilung nach § 15 Abs. 2 S. 1 WpHG zusammen mit der Veröffentlichung nach § 15 Abs. 1 S. 1 WpHG durchzuführen, um deren Rückzug von deutschen Börsen zu verhindern[476]. Weiterhin kann das Bundesaufsichtsamt den Emittenten auf Antrag von der

---

471 Im Jahr 1997 erhielt das BAW 1272 Ad-hoc-Mitteilungen, deren Schwerpunkt bei Vorabinformationen zu Jahres- und Zwischenabschlüssen lag. Hierunter fallen insbesondere Angaben über Ergebnis- und Umsatzabweichungen in Jahres- und Halbjahresberichten oder sonstigen Zwischenberichten, siehe *o.V.*, FAZ v. 5.8.1998, S. 25.

472 *Hopt*, ZHR 159 (1995), 135, 155. Eine betriebswirtschaftliche Betrachtungsweise schlägt zur Bestimmung der Erheblichkeit der Kursbeeinflussung die spezifische Volatilität eines Wertpapiers vor, die das Risiko eines Anlegers als Maß der üblichen Kursschwankung ausdrückt. Wenn das Kursveränderungspotential des kurssensiblen Sachverhalts ein bestimmtes Vielfaches der spezifischen Volatilität eines Wertpapiers übersteigt, so ist davon auszugehen, dass der kurssensible Sachverhalt zu einer erheblichen Kursbeeinflussung geeignet ist. Siehe *Eisele*, Bankrechtshandbuch, § 109, Rn. 85.

473 Vgl. Wortlaut des § 15 Abs. 1 WpHG a.F.: „Der Emittent von Wertpapieren, die zum Handel an einer inländischen Börse zugelassen sind, muss unverzüglich eine neue Tatsache veröffentlichen, die in seinem Tätigkeitsbereich eingetreten und nicht öffentlich bekannt ist, wenn sie wegen der Auswirkungen auf die Vermögens- und Finanzlage oder auf den allgemeinen Geschäftsverlauf des Emittenten geeignet ist, den Börsenpreis der zugelassenen Wertpapiere erheblich zu beeinflussen, ..."; siehe dazu auch *Geibel*, in: Schäfer (Hrsg.), Wertpapierhandelsgesetz, § 15 WpHG, Rn. 59.

474 BR-Drucks. 605/97, S. 92.

475 *O.V.*, FAZ v. 5.8.98, S. 25.

476 § 15 Abs. 2 S. 3 WpHG.

Veröffentlichungspflicht befreien, wenn die Veröffentlichung der Tatsachen geeignet ist, den berechtigten Interessen des Emittenten zu schaden[477]. Maßgeblich für die Beurteilung eines berechtigten Interesses ist, ob die Nachteile des Emittenten aufgrund einer Veröffentlichung schwerer wiegen als das berechtigte Interesse der Anleger an zeitnahen Informationen[478]. Ein Überwiegen der Interessen des Emittenten ist erforderlich, da sich bei einer Befreiung von der Publizitätspflicht unangemessene Börsenpreise bilden[479]. Die Interessenabwägung hat die BAFin vorzunehmen[480]. Die Aufsichtstätigkeit der BAFin erfolgt allein zum Schutz der Funktionsfähigkeit des Kapitalmarktes und damit des Anlegerpublikums in seiner Gesamtheit[481]. Dem Anleger gegenüber besteht keine Amtspflicht im Sinne des § 839 BGB, so dass Ansprüche der Anleger wegen einer Amtspflichtverletzung ausgeschlossen sind[482].

Die Ad-hoc-Publizitätspflicht soll die Regelpublizität (Rechnungslegung und Zwischenberichterstattung) ergänzen, diese aber nicht verdrängen[483]. Tatsachen, die bereits innerhalb der laufenden Veröffentlichung der Jahresabschlüsse und Lageberichte (§ 39 Abs. 1 Nr. 3, Abs. 2 BörsG) oder der regelmäßigen Zwischenberichterstattung (§ 40 BörsG) darzustellen sind, fallen nach den Beratungen zum zweiten Finanzmarktförderungsgesetz nicht unter die Ad-hoc-Publizitätspflicht[484]. Die von der Ad-hoc-Publizitätspflicht erfassten Wertpapiere erstrecken sich entsprechend den Vorgaben des Art. 7 der EG-Insiderrichtlinie auf alle Arten von Wertpapieren, die zum amtlichen und geregelten Markt an einer

477 § 15 Abs. 1 S. 2 WpHG.

478 *Geibel*, in: Schäfer (Hrsg.), Wertpapierhandelsgesetz, § 15 WpHG, Rn. 114.

479 Bei einer negativen Nachricht kaufen die Anleger die Wertpapiere zu einem zu hohen Preis, während sie die Wertpapiere bei einer positiven Nachricht zu billig verkaufen, siehe *Geibel* in: Schäfer (Hrsg.), Wertpapierhandelsgesetz, § 15 WpHG, Rn. 114; *Kümpel*, in: Assmann/ Schneider (Hrsg.), § 15, Rn. 79.

480 Ein berechtigtes Interesse wird z.B. dann anzunehmen sein, wenn realistische Sanierungspläne für eine drohende Zahlungsunfähigkeit durch eine Ad-hoc-Publizitätspflicht gefährdet scheinen, weil bei Kenntnis die Banken zur Kündigung der Kredite geneigt sind, siehe für das damalige BAWe *Kümpel*, in: Assmann/Schneider (Hrsg.), § 15, Rn. 80 f.

481 Für das BAWe: Bericht des Finanzausschusses des Deutschen Bundestages, BT-Drucks. 12/7918, S. 100.

482 *Kümpel*, in: Assmann/Schneider (Hrsg.), § 15, Rn. 97-99.

483 Begr. des Gesetzesentwurfs der Börsengesetznovelle 1986, BT-Drucks. 10/4296, S. 16.

484 So für die alte Fassung (§ 44 Abs. 1 Nr. 3, Abs. 2 BörsG a.F. und § 44b BörsG a.F.) Begr. RegE 2. FFG, BT-Drucks. 12/6679, 48. Anders aber wiederum wurde es in der Begründung des Regierungsentwurfs der Börsengesetznovelle 1986, mit der die europarechtliche Ad-hoc - Publizitätspflicht in deutsches Recht umgesetzt wurde, gesehen. Hier heißt es, dass „alle für die Beurteilung der zugelassenen Werpapiere wichtigen Tatsachen schon unverzüglich nach ihrem Eintreten zu veröffentlichen sind". Siehe BT - Drucks. 10/4296, 16.

inländischen Börse zugelassen sind[485]. Emittenten von Wertpapieren des Freiverkehrs sind daher von einer solchen Pflicht befreit, gerade um die ausländischen Emittenten nicht vom Freiverkehr fernzuhalten[486].

1. Schadensersatzregelungen

Mit dem vierten Finanzmarktförderungsgesetz hat der Gesetzgeber zwei Anspruchsgrundlagen[487] für Schadensersatzansprüche von Anlegern bei der verspäteten, unterlassenen oder unrichtigen Veröffentlichung kursbeeinflussender Tatsachen geschaffen. Grund hierfür sah der Gesetzgeber im unzureichenden Schutz der Anleger und im mangelhaften Publizitätsverhalten einiger börsennotierter Unternehmen[488]. Unsicherheiten bestanden bei der Einführung der §§ 37b, 37c WpHG insbesondere über die Vereinbarkeit einer Schadensersatzvorschrift mit dem Grundsatz der Kapitalerhaltung, der dem in § 57 AktG geregelten Verbot der Einlagenrückgewähr zu Grunde liegt[489]. Als leges speciales gehen die §§ 37b, 37c WpHG allerdings vor, so dass Schadensersatzzahlungen aufgrund dieser Vorschriften nicht gegen § 57 AktG verstoßen[490].

Der Gesetzgeber ist dem Vorschlag der Regierungskommission „Corporate Governance" zur Einführung einer Haftung des Vorstands oder Aufsichtsrates wegen Falschinformation des Kapitalmarktes[491], deren Tatbestand umfassender sein sollte als der der §§ 37b, 37c WpHG, nicht nachgekommen. Der Vorschlag verlangt, dass sich die unrichtige oder verschleierte Information auf „die Verhältnisse der Gesellschaft einschließlich ihrer Beziehungen zu verbundenen Unternehmen in Darstellungen oder Übersichten über den Vermögensstand, in

---

485 Begr. RegE 2. FFG, BT-Drucks. 12/6679, S. 48.

486 Begr. RegE 2. FFG, BT-Drucks. 12/6679, S. 76. Nach *Hopt*, ZHR 159 (1995), 135, 151, gilt die Ad-hoc-Publizität als allgemein kapitalmarktrechtliche Pflicht, die unabhängig von §§ 15, 39 WpHG zum Schutz von Markt und Anlegerschaft ein Gebot für Emittenten ohne Börsennotierung darstellt.

487 § 37b WpHG wurde als Anspruchsgrundlage für Schadensersatz wegen unterlassenener unverzüglicher Veröffentlichung kursbeeinflussender Tatsachen geschaffen, § 37c WpHG als Anspruchsgrundlage für Schadensersatz wegen Veröffentlichung unwahrer Tatsachen in einer Mitteilung über kursbeeinflussende Tatsachen.

488 Begr. RegE 4. FFG, BT-Drucks. 14/8017, S. 64.

489 Siehe *Peltzer*, FAZ v. 29.09.2001, S. 23.

490 M.w.N. auch zum gleichen Problem bei der Börsenprospekthaftung *Fuchs/Dühn*, BKR 2002, 1063, 1070; *Rössner/Bolkart*, ZIP 2002, 1471, 1476.

491 Bericht der Regierungskommission „Corporate Governance", Rn. 186, abrufbar auf der Internetseite der Bundesregierung www.bundesregierung.de und abgedruckt in BT-Drucks. 14/7515.

Vorträgen oder Auskünften in der Hauptversammlung" bezieht[492]. Vom Tatbestand umfasst werden sollten damit wie in § 400 Abs. 1 AktG alle Darstellungen, Übersichten über den Vermögensstand, Vorträge, Auskünfte in der Hauptversammlung, und auch Vorstandsberichte und Ad-hoc-Meldungen[493]. Die Regierungskommission geht damit entgegen anderer Ansicht[494] davon aus, dass der Tatbestand des § 400 Abs. 1 Nr. 1 AktG auch Ad-hoc-Meldungen erfasst.

Schadensersatz hat nach §§ 37b, 37c WpHG derjenige Emittent zu leisten, dessen Wertpapiere zum Handel an einer inländischen Börse zugelassen sind, wenn er in einer Ad-hoc-Mitteilung eine unwahre Tatsache veröffentlicht, oder die Veröffentlichung einer Tatsache, die dem Tatbestand des § 15 WpHG unterfällt, unterlässt, sofern die jeweilige Tatsache nicht öffentlich bekannt ist und dem betroffenen Anleger durch die Veröffentlichung der unwahren Tatsache oder die Unterlassung der Veröffentlichung einer relevanten Tatsache ein Schaden entstanden ist.

2. *Gesetzlicher Ausschluss von Schadensersatzansprüchen*

Für Anleger, die durch Verletzung der Ad-hoc-Publizitätspflicht, d.h. wenn die gebotene Veröffentlichung nicht, nicht richtig, nicht vollständig, nicht in der vorgeschriebenen Form oder nicht rechtzeitig vorgenommen wurde, verletzt wurden, existierte bis zum vierten Finanzmarktförderungsgesetz keine explizite Haftungsregelung zur Geltendmachung von Schadensersatz. Vielmehr bestimmte § 15 Abs. 6 WpHG a.F., dass die Möglichkeit, bei einem Verstoß des Emittenten gegen die Verpflichtung nach Abs. 1, 2 oder 3 Schadensersatz geltend zu machen, ausgeschlossen sei. Es bestand lediglich die Möglichkeit der Verhängung öffentlichrechtlicher Sanktionen durch das BAWe, wie die Ahndung mit einer Geldbuße bis zu drei Millionen DM[495]. Schadensersatzansprüche, die auf anderen Rechtsgrundlagen beruhten, blieben gemäß § 15 Abs. 6 S. 2 WpHG a.F. unberührt, so dass Ansprüche, wie z.B. aus § 823 Abs. 2 BGB i.V.m. 263 StGB, nicht von § 15 Abs. 6 WpHG a.F. ausgeschlossen wurden[496]. Im Wege des vierten

492 Bericht der Corporate Governance Kommission, Rn. 186.

493 Bericht der Regierungskommission „Corporate Governance", Rn. 187, abrufbar auf der Internetseite der Bundesregierung www.bundesregierung.de und abgedruckt in BT-Drucks. 14/7515.

494 Siehe z.B. OLG München in ZIP 2002, 1989, 1994.

495 Vgl. § 39 Abs. 3 WpHG.

496 Bezüglich der Informationspflicht nach § 39 Abs. 1 Nr. 3 BörsG ist der Schutzgesetzcharakter i.S.d. § 823 Abs. 2 BGB ebenfalls abzulehnen, da die Vorschrift das allgemeine Publikum und die Zulassungsstelle informieren soll und nicht die subjektiven Interessen der Wertpapierinhaber, so dass ein Schadensersatzanspruch für die Anleger nicht

Finanzmarktförderungsgesetzes wurde § 15 Abs. 6 S. 1 WpHG dahingehend abgeändert, dass Schadensersatz „nur unter den Voraussetzungen der §§ 37b und 37c“ ersetzt wird. Fraglich ist, ob der Haftungsausschluss in § 15 Abs. 6 WpHG a.F. gegen europäisches Recht verstieß[497], weil der Schutz des einzelnen Anlegers verhindert wurde. Die nähere Ausgestaltung der Ad-hoc-Publizität erfolgte im Zuge der Umsetzung der Börsenzulassungsrichtlinie[498], in der der Anlegerschutz ausdrücklich als eigenständiges Ziel der Richtlinie neben der gegenseitigen Durchdringung der einzelstaatlichen Wertpapiermärkte benannt wird[499]. Aus der Formulierung der Börsenzulassungsrichtlinie ist zu schließen, dass die Ad-hoc-Publizität individualschützende Funktion hat und den Anlegerschutz nicht nur zur Erreichung eines funktionsfähigen Marktes gewährleisten soll. Auch die Insiderrichtlinie nimmt Bezug auf die Ad-hoc-Publizität, und zwar verweist sie in Art. 7 auf diese, und anerkennt damit ihre Unterstützungsfunktion gegen den Insiderhandel[500]. Es ist also auch das Ziel der Insiderrichtlinie zu prüfen. Die Insiderrichtlinie soll das reibungslose Funktionieren des Marktes sicherstellen, und dafür ist das Vertrauen der Anleger notwendig[501]. Dieses Vertrauen will die Richtlinie durch die Zusicherung vermitteln, dass die Anleger „gleichgestellt sind und dass sie gegen die unrechtmäßige Verwendung einer Insider-Information geschützt werden“[502]. Auch wenn der Individualschutz nur zum Zweck des Institutionenschutzes verfolgt wird, stellt er doch ein eigenständiges, zu

---

in Betracht kommt. § 40 Abs. 1 BörsG dagegen ist als Schutzgesetz einzustufen. Der Zwischenbericht ist neben dem Jahresabschluss wichtigstes Informationsmittel. Daher ist er wichtiges Instrument zur Wahrung der Chancengleichheit am Kapitalmarkt und Schaffung eines Informationsgleichgewichts. Der Gesetzgeber hatte hinsichtlich der Zwischenberichterstattung die Intention, mit der Berichterstattung insbesondere den subjektiven Interessen der Wertpapierinhaber zu dienen, um sie mit Informationen für eine Transaktionsentscheidung auszustatten, so die Präambel der Zwischenberichtsrichtlinie (82/121/EWG), ABl.EG Nr. L 48 v. 15.2.1982, S. 26, 26 f. Dem Zwischenbericht wird darüber hinaus unter Umständen Prospektcharakter zugebilligt, so dass bei dessen Unrichtigkeit oder Unvollständigkeit eine kapitalmarktrechtliche Schadensersatzhaftung i.V.m. § 278 BGB basierend auf den Grundsätzen der zivilrechtlliche Prospekthaftung in Betracht käme, *Hamann*, in: Schäfer (Hrsg.), Wertpapierhandelsgesetz, §§ 45, 46 a.F. BörsG, Rn. 29.

497 *von Klitzing*, S. 223, 265.

498 Richtlinie 79/279/EWG, ABl.EG Nr. L 66 v. 16.03.79, S. 21.

499 ABl.EG Nr. L 66 v. 16.03.79, S. 21, 21. Es heißt dort:“ Die Koordinierung der Bedingungen für die Zulassung von Wertpapieren ... ist geeignet, den Anlegerschutz auf Gemeinschaftsebene aufgrund der einheitlicheren Garantien in den einzelnen Mitgliedstaaten gleichwertig zu gestalten“. Durch die erleichterte Zulassung von Wertpapieren soll „... eine weitergehende gegenseitige Durchdringung der einzelstaatlichen Wertpapiermärkte“ erreicht werden.

500 *von Klitzing*, S. 48.

501 89/592/EWG, ABl.EG Nr. L 334 v. 18.11.1989, S. 30, abgedruckt in WM 1989, 1829.

502 Siehe Präambel der Insiderrichtlinie, ABl.EG Nr. L 334 v. 18.11.1989, S. 30.

verfolgendes Ziel und nicht einen bloßen „Rechtsreflex" dar. Sowohl die Börsenzulassungs- als auch die Insiderrichtlinie anerkennen den Individualschutz der Anleger. Damit ist der Haftungsausschluss in § 15 Abs. 6 WpHG durch die Verneinung des individualschützenden Charakters nicht mit den europarechtlichen Vorgaben vereinbar. Der Haftungsausschluss in § 15 Abs. 6 WpHG a.F. stellte einen Verstoß gegen die Pflicht eines Mitgliedstaates dar, die Verpflichtungen zu erfüllen, die sich aus dem EGV oder aus den Handlungen der gemeinschaftlichen Organe ergeben (Art. 10 EGV).

3. *Schutzgesetzqualität der Ad-hoc-Publizität*

Für die Beurteilung des Schutzgesetzcharakters der Ad-hoc-Publizität kommt es ebenso wie beim Insiderhandel auf die gesetzgeberische Intention und den Zweck der Vorschrift an[503]. Es ist also zu untersuchen, ob die Ad-hoc-Publizität allein den Schutz der Allgemeinheit oder (auch) den Schutz des Einzelnen bezweckt. Die Formulierung in § 15 Abs. 6 WpHG a.F., nach der Verletzungen der Abs. 1, 2 oder 3 nicht zum Schadensersatz führen, stellt klar, dass § 15 WpHG kein Schutzgesetz im Sinne des § 823 Abs. 2 BGB sein sollte[504]. Dass sich Gleiches schon aus dem Normzweck ergibt, da § 15 WpHG nur das Anlegerpublikum in seiner Gesamtheit und nicht den einzelnen Anleger schützen und damit die Funktionsfähigkeit des Kapitalmarktes sichern solle[505], ist zu verneinen. Denn ebenso wie die Vorschriften zum Insiderhandel soll die Ad-hoc-Publizität die Transparenz auf dem Kapitalmarkt verbessern, um das Vertrauen der Anleger in die Kapitalmärkte zu stärken[506]. Der Anlegerschutz ist mehr als ein Rechtsreflex[507], da er explizit bezweckt wird. Unerheblich ist, dass er zur Erreichung der Funktionsfähigkeit eingesetzt wird, denn er ist mehr als ein bloßer Nebeneffekt. Der Anlegerschutz ist eine Voraussetzung für die Schaffung funktionsfähiger Märkte, also explizites Regelungsziel. Damit erfüllt er die Voraussetzung für einen den

503 Vgl. Palandt-*Thomas*, § 823, Rn. 141.

504 Siehe nur *Kümpel*, in: Assmann/Schneider (Hrsg.), § 15, Rn. 188.

505 *Kümpel*, in: Kümpel/Ott (Hrsg.), Kap. 050, S. 48; *ders.*, in: Assmann/Schneider (Hrsg.), § 15, Rn. 188.

506 Begr. RegE 2. FFG, BT-Drucks. 12/6679, S. 76; Bericht des Finanzausschusses, BT-Drucks. 12/7918, S. 92: „Im Mittelpunkt stehen Maßnahmen zur Stärkung des Vertrauens der Anleger ...". S. 33: „Die Chancen des gleichberechtigten, schnellen Zugangs zu öffentlichen Informationen ... sollen verbessert und der Umfang der zu veröffentlichenden Informationen erweitert werden... ist für den Anleger die Transparenz des Marktgeschehens von Bedeutung."

507 Einen Rechtsreflex hat jüngst das BVerfG im Rahmen einer Verfassungsbeschwerde zu den Voraussetzungen der Gewährung von Akteneinsicht zugunsten mutmaßlich Verletzter im Strafverfahren angenommen, Urt. v. 24.9.2002, ZIP 2002, 1986, 1988

Schutzgesetzcharakter begründenden Individualschutz[508]. Darüber hinaus wird in der Börsenzulassungsrichtlinie, die der Vorschrift zur Ad-hoc-Publizität zugrunde liegt[509], und in der Insiderrichtlinie[510] ausdrücklich der Anlegerschutz neben dem Funktionsschutz bezweckt[511]. Außerdem läuft das aus § 15 Abs. 6 WpHG hergeleitete Argument gegen die Schutzgesetzqualität durch das vierte Finanzmarktförderungsgesetz leer, das explizite Schadensersatzregelungen bei unterlassener Veröffentlichung kursbeeinflussender Tatsachen und bei Veröffentlichung unwahrer Tatsachen vorsieht[512]. Anders sieht allerdings der Gesetzgeber in der Neuregelung des § 15 Abs. 6 WpHG die Unterstreichung dafür, das es sich bei § 15 WpHG nicht um ein Schutzgesetz i.S.d. § 823 Abs. 2 BGB handelt[513].

Als eines der Argumente gegen die Einstufung als Schutzgesetz wird der Wortlaut in § 4 Abs. 2 WpHG angeführt[514]. Diese Vorschrift besagt, dass die Aufsichtstätigkeit des Bundesaufsichtsamtes nur im öffentlichen Interesse erfolgt. Dagegen ist folgendes zu sagen: Zum einen sollen mit dieser Formulierung nur etwaige Amtshaftungsansprüche verhindert werden, zum anderen gilt es, die staatliche Kontrolle über die Einhaltung der Ad-hoc-Publizitätspflicht und die Einhaltung der Ad-hoc-Publizität gegenüber den Marktteilnehmern auseinander zu halten[515]. Von § 4 Abs. 2 WpHG wird jedenfalls nur erstere erfasst, so dass auch nur für die staatliche Kontrolle die Formulierung des „öffentlichen Interesses“ einschlägig ist und nicht auch in die Einhaltung der Ad-hoc-Publizität gegenüber den Anlegern hineingedacht werden darf. Weiterhin wird gegen den Schutzgesetzcharakter angeführt, dass ein Ausschluss von Schadensersatzansprüchen deshalb erforderlich wäre, weil Schadensersatzansprüche einer etwaigen Sanierung des Emittenten entgegenstehen könnten. Die Gewährung von Krediten könnte von den Kreditgebern eingestellt werden, wenn ersichtlich würde, dass sie zur Befreiung von Schadensersatzansprüchen eingesetzt würden[516]. Gegen dieses Argument spricht der Ansatz unterschiedlicher Maßstäbe für gleichgerichtete Schadensersatzansprüche, so beispielsweise bei Produkthaftungs-, und

---

508 Siehe MüKo-*Mertens*, BGB, § 823, Rn. 162; Palandt-*Thomas*, § 823, Rn. 141.
509 ABl.EG Nr. L 66 v. 16.03.79, S. 21, 21.
510 ABl.EG Nr. L 334 v. 18.11.89, Präambel.
511 Siehe oben S. 92 f.
512 §§ 37b, 37c WpHG.
513 BegrRegE 4. FFG, BT-Drucks. 14/8017, S. 87.
514 *Kümpel*, in: Assmann/Schneider (Hrsg.), § 15, Rn. 16, 97 f.
515 Siehe *Hopt*, ZHR 159 (1995), 135, 158 f.
516 Bericht des Finanzausschusses, BT-Drucks. 12/7918, S. 102.

Wettbewerbsfällen oder aus § 826 BGB, § 823 Abs. 2 BGB i.V.m. §§ 263 ff. StGB oder § 88 BörsG a.F.[517], für die ähnliche Überlegungen nicht angestellt wurden[518].

4. *Sittenwidrige Schädigung*

Bei vorsätzlicher sittenwidriger Schädigung kann § 826 BGB eingreifen, da sich der Haftungsausschluss in § 15 Abs. 6 S. 1 WpHG nicht auf Fälle betrügerischer oder sittenwidriger Schädigungen bezieht[519]. Sittenwidrig ist eine Rechtsausübung, wenn sie gegen das Anstandsgefühl aller billig und gerecht Denkenden verstößt[520]. Der Begriff der Sittenwidrigkeit wird inhaltlich durch die herrschende Rechts- und Sozialmoral bestimmt, wobei ein durchschnittlicher Maßstab anzulegen ist und auf das Anstandsgefühl des Kreises Rücksicht genommen werden muss, in dem die Handlung vorgenommen wird[521]. Zu prüfen ist daher, ob eine im Sinne des § 15 Abs. 1 WpHG unrichtige oder unvollständige Veröffentlichung oder die Unterlassung der Veröffentlichung einer zu veröffentlichenden Tatsache eine grobe Verletzung des von den Marktteilnehmern erwarteten Verhaltens begründet. Die Verletzung der Ad-hoc-Publizitätspflicht stellt eine Ordnungswidrigkeit gemäß § 39 Abs. 2 WpHG und damit ein rechtlich nicht gebilligtes Verhalten dar. Doch nicht jede Rechtsverletzung begründet die Sittenwidrigkeit[522]. Die Handlung muss gerade den Betroffenen gegenüber gegen die guten Sitten verstoßen[523]. Unterlässt der Emittent die Ad-hoc-Publizität zur Wahrung von Unternehmensinteressen, ohne sich dadurch einen persönlichen Vorteil zu verschaffen und die Chancengleichheit der Anleger zu gefährden, handelt er nicht sittenwidrig. Bei einem Verstoß gegen die Ad-hoc-Publizitätspflicht ist nur dann von einer sittenwidrigen Schädigung der Anleger auszugehen, wenn es sich um eine besondere Konstellation handelt, in der mehrere Bewertungselemente zusammenwirken und eine Sittenwidrigkeit begründen[524].

Auch die Verbindung zwischen Verletzung der Ad-hoc-Publizität und dem Tatbestand des Insiderhandels muss nicht zwingend sittenwidrig sein. Die Ad-hoc-Publizität soll Insiderhandel verhindern, der als allgemein missbilligenswert

---

517 Siehe ausführlich *von Klitzing*, S. 219. § 88 BörsG a.F. entspricht dem jetzigen § 20a WpHG.
518 Siehe *Hopt*, ZHR 159 (1995), 135, 161.
519 Bericht des Finanzausschusses, BT-Drucks. 12/7918, S. 102.
520 BGH DB 1957, 185; BGHZ 69, 295, 297; BAG NJW 1976, 1958.
521 Vgl. Palandt-*Heinrichs*, § 138, Rn. 2 und Palandt-*Thomas*, § 826, Rn. 2.
522 MüKo-*Mertens*, BGB, § 826, Rn. 6.
523 Vgl. MüKo-*Mertens*, BGB, § 826, Rn. 64.
524 MüKo-*Mertens*, BGB, § 826, Rn. 40.

angesehen wird[525]. Eine Verletzung der Ad-hoc-Publizitätspflicht ist aber nicht gleichzusetzen mit missbilligenswertem Insiderhandel, bei dem die Verwertungshandlung die allgemeine Missbilligung durch die Gefährdung der Chancengleichheit auf dem Kapitalmarkt hervorruft. Durch die Verletzung der Ad-hoc-Publizitätspflicht wird nicht gleich wie bei einer Verwertungshandlung aufgrund Insiderinformation die Chancengleichheit gefährdet. Sittenwidrigkeit wäre allerdings dann anzunehmen, wenn die Offenlegung Ad-hoc-publizitätspflichtiger Tatsachen unterlassen wird, um sich oder einem Dritten die Möglichkeit zu verschaffen, Insiderhandel zu betreiben.

§ 826 BGB wird bei Ad-hoc-Publizitätsverletzungen keine große praktische Bedeutung erlangen, da das Merkmal der Sittenwidrigkeit nur in gravierenden Fällen vorliegen dürfte und der Kläger alle Anspruchsvoraussetzungen darlegen und beweisen muss[526]. Das LG Augsburg (Informatec II)[527] gewährte erstmalig einem Anleger Ansprüche aus § 823 Abs. 2 i.V.m. § 88 BörsG und § 826 BGB wegen falscher Ad-hoc-Meldungen. Das Gericht sah ein grob leichtfertiges, gewissenloses Verhalten der Beklagten in der bewussten Hinwegsetzung über Fakten trotz Kenntnis darüber, dass sich „Anleger und potentielle Anleger auf die Richtigkeit solcher Mitteilung verlassen und dafür u.U. ihr Vermögen aufs Spiel setzen“[528]. Das Landgericht schloss vom Vorliegen des leichtfertigen Verhaltens auf den subjektiven Tatbestand und hielt den Schädigungsvorsatz damit gegeben[529]. Das Urteil hielt der Überprüfung durch das OLG München allerdings nicht stand, die Klage wurde abgewiesen[530]. Der Senat verneinte den Schutzgesetzcharakter von § 88 BörsG a.F. und hielt außerdem das Merkmal der Veröffentlichung der Ad-hoc-Meldung „zur Einwirkung auf den Börsen- oder Marktpreis“ für zweifelhaft[531]. Außerdem lehnte der Senat eine sittenwidrige vorsätzliche Schädigung nach § 826 BGB mangels Schadens und mangels Verfolgung eigensüchtiger Interessen ab und verneinte den Schutzgesetzcharakter von § 15 WpHG[532]. Es bleibt abzuwarten, wie der BGH entscheiden wird, das OLG hat das Urteil zur Revision zugelassen. Auch das LG München[533] kam im Fall Informatec in einem Verfahren im einstweiligen Rechtsschutz nicht zur Sittenwidrigkeit der Täuschung, da es an der Darlegung ausreichender Umstände gefehlt habe und nicht jede Täuschung sittenwidrig sei, wie sich schon aus der Wertung des § 15 Abs. 6

---

525 *Kaiser*, WM 1997, 1557, 1560 m.w.N.
526 Vgl. MüKo-*Mertens*, BGB, § 826, Rn. 104.
527 LG Augsburg, Urt. v. 24.9.2001, NZG 2002, 429 - 431.
528 LG Augsburg, Urt. v. 24.9.2001, NZG 2002, 429, 431.
529 LG Augsburg, Urt. v. 24.9.2001, NZG 2002, 429, 431.
530 OLG München, Urt. v. 1.10.2002 (nicht rkr.), NZG 2002, 1107 - 1110.
531 OLG München, Urt. v. 1.10.2002 (nicht rkr.), NZG 2002, 1107, 1108.
532 OLG München, Urt. v. 1.10.2002 (nicht rkr.), NZG 2002, 1107, 1108 f.
533 LG München I, Urt. v. 28.6.2001, ZIP 2001, 1814.

WpHG ergebe[534]. Denn danach sollten unrichtige Mitteilung grundsätzlich nicht zu einem Schadensersatzanspruch führen[535]. Da § 826 BGB im Gegensatz zu § 823 Abs. 2 BGB i.V.m. § 15 WpHG nicht alle Verletzungen der Ad-hoc-Publizitätspflicht, sondern nur gravierende Fälle bzw. schwer zu beweisende vorsätzliche sittenwidrige Konstellationen erfasst, ist für diese Untersuchung eine Fokussierung auf die gesetzlich geregelten Fälle und den Anspruch aus Schutzgesetzverletzung vorzugswürdig..

III. Ad-hoc-Publizität im US-amerikanischen Recht

Im US-amerikanischen Recht gibt es verschiedene Quellen für die Pflicht zur Ad-hoc-Publizität.

1. Bestimmungen der Börsen

Die parallelen Regelungen zur in § 15 WpHG geregelten Ad-hoc-Publizität sind in den USA in den Listing Agreements der Wertpapierbörsen enthalten[536]. Diese sind jedoch nicht rechtsverbindlich. Deshalb bringt deren Verletzung keine schadensersatzrechtlichen Sanktionen mit sich[537]. Aus diesem Grund sind die Bestimmungen der Börsen für diese Untersuchung nicht von Interesse.

2. Sec. 13(a) SEA

Sec. 13(a) SEA[538] regelt die durch den Emittenten zu ergänzenden und die periodischen Informationspflichten. Sie sind nach Sec. 15(d) SEA für den

534 LG München I, Urt. v. 28.6.2001, ZIP 2001, 1814, 1818.

535 LG München I, Urt. v. 28.6.2001, ZIP 2001, 1814, 1818.

536 *Gruson/Wiegmann*, AG 1995, 173, 176. So verlangt beispielsweise § 202.05 des NYSE Listed Company Manual: „A listed company is expected to release quickly to the public any news or information which might reasonably be expected to materially affect the market for its securities. This is one of the most important and fundamental purposes of the listing agreement which the company enters into with the Exchange. A listed company should also act promptly to dispel unfounded rumors which result in unusual market activity or price variations."

537 Vgl. z.B. § 8 des NYSE Listed Company Manual (*suspension and delisting rules*).

538 15 U.S.C.A. § 78m(a). Sec. 13(a) bestimmt: „Every issuer of a security registered pursuant to section 12 of this title shall file with the Commission , ... (1) such information and documents as the Commission shall require to keep reasonably current the information and documents required to be included in or filed with an application or registration staement

Freiverkehr entsprechend anzuwenden. Die SEC bestimmt den Umfang der Offenlegungspflichten. Vorgeschrieben ist hier das regelmäßige Einreichen formgebundener Erklärungen, die insbesondere Bezug auf die finanzielle Situation der Gesellschaft nehmen. Zu den wichtigsten dieser *reports* zählen der *annual report* (Jahresbericht) gemäß SEC Form 10-K[539], dessen wesentlicher Bestandteil die *financial statements* (Jahresabschluss) neben einer Vielzahl von Zusatzinformationen[540] sind sowie der *quarterly financial report* (vierteljährlicher Finanzbericht, in etwa dem Zwischenbericht nach deutschem Recht entsprechend) gemäß SEC Form 10-Q[541].

Eine beschränkte Ad-hoc-Publizität wurde durch die von der SEC erlassene Rule 13a-11 (Veröffentlichung eines *current report*) geschaffen, die durch das Formblatt Form 8-K konkretisiert ist[542]. Dabei handelt sich nur um eine beschränkte Ad-hoc-Publizität; denn für die Einreichung des *current report* bei der SEC ist - je nach Art der Information - ein Zeitrahmen von 5-15 Tagen bestimmt[543]. Es wird nicht wie in § 15 WpHG eine unverzügliche Offenlegung verlangt. Damit können kapitalmarktrelevante Tatsachen befristet zurückgehalten werden[544]. Form 8-K gibt sechs Sachverhalte vor, die der SEC eingereicht werden müssen[545]: Veränderungen in der Unternehmenskontrolle, d.h. Informationen über die veränderte Aktienstruktur, Erwerb oder Veräußerung von bedeutsamen Gegenständen außerhalb des gewöhnlichen Geschäftsverlaufs, Konkurs- oder Vergleichsantrag einschließlich Hintergrundinformationen, Wechsel des Wirtschaftsprüfers, Rücktritt von Vorstandsmitgliedern und sonstige Angelegenheiten, die der Emittent für die Interessen des Anlegerpublikums als wichtig erachtet[546]. Die Offenlegung des letztgenannten Sachverhalts ist für den Emittenten fakultativ[547].

Durch den am 30. Juli 2002 in Kraft getretenen Sarbanes-Oxley Act of 2002[548] wurden weitere Publizitätspflichten geschaffen. Hiervon umfasst ist auch eine „echte" Ad-hoc-Publizitätspflicht, die sog. *Real Time Issuer Disclosures*, die

filed pursuant to section 12,... (2) such annual reports, certified if required by the rules and regulations of the Commission by independent public accountants, and such quarterly reports, as the Commission may prescribe."

539 *Skousen*, S. 63.

540 *Glaum/Mandler*, S. 104.

541 Siehe *Gruson/Wiegmann*, AG 1995, 173, 175; *Skousen*, S. 22, 63-65.

542 *Gruson/Wiegmann*, AG 1995, 173, 177; *Skousen*, S. 22.

543 Form 8-K, General Instructions B.1.

544 Siehe *Gehrt*, S. 111.

545 Siehe Release 33-8106 vom 17.06.2002, S. 2, abrufbar unter www.sec.gov/rules/proposed/-33-8106.htm.

546 *Bloomenthal*, S. 573.

547 *Bloomenthal*, S. 573.

548 H.R. 3763, 107th Cong., 2d Sess. (Jan. 2002), Pub.L. 107-204, 116 Stat. 745 (2002).

durch Sec. 409 SOA als Sec. 13(l) in den SEA eingefügt wurde. Nach dieser Vorschrift ist jeder Emittent, der nach Sec. 13(a) oder 15(d) SEA Berichte einreichen muss, zur schnellen und laufenden Veröffentlichung zusätzlicher Informationen zu wesentlichen Veränderungen der finanziellen Lage oder zu Geschäftstätigkeiten des Emittenten verpflichtet[549]. Die *Real Time Issuer Disclosures* sind durch die SEC zu konkretisieren[550]. Relevant ist hier insbesondere ein Vorschlag der SEC zu zusätzlichen Anfordungen an Veröffentlichungen und zur Beschleunigung von *filing dates* für Form 8-K[551]. Der Vorschlag enthält acht weitere Sachverhalte, die die Pflicht zur Einreichung eines *current report* in Form von Formblatt 8-K auslösen. Außerdem verkürzt der Vorschlag die Frist für die Einreichung der Form 8-K auf zwei *business days*, sieht aber unter bestimmten Voraussetzungen einen *safe harbor* für verspätete Einreichungen vor[552]. Die Verkürzung der Frist wurde als unverhältnismäßig kurz und der vorgesehene *safe harbor* als zu eng angesehen[553]. Die SEC hat zunächst den Weg einer Emittentenfreundlicheren Vorschrift eingeschlagen: Release 33-8176 vom 22. Januar 2003 betreffend *Form 8-K Amendments Relating to Earnings and Releases*[554] sieht unter anderem durch die Einführung von *Item 12* die Veröffentlichung von Ergebnissen der Geschäftstätigkeiten und von der finanziellen Lage des Emittenten innerhalb fünf *business days* vor. Außerdem schließt der Wortlaut der neuen Vorschrift („*furnish to the Commission*", statt „*file with the Commission*") bei unrichtiger Information eine Haftung gemäß Sec. 18(a) SEA aus, da danach nur die Emittenten haften, die Dokumente bei der SEC einreichen („*file*") müssen[555]. Die SEC kündigte an, bei einer umfassenden Umsetzung der Vorschläge zu Form 8-K die Offenlegungsfristen eventuell zu verkürzen[556].

549 „Each issuer reporting under section 13(a) or 15(d) shall disclose to the public on a rapid and current basis such additional information concerning material changes in the financial condition or operations of the issuer ..." (Sec. 13(l) SEA).

550 „Each issuer ... shall disclose... such additional information..., as the Commission determines by rule, is necessary or useful for the protection of investors and in the public interest." (Sec. 13(l) SEA).

551 Additional Form 8-K Disclosure Requirements and Acceleration of Filing Date, 17 CFR PARTS 228, 229, 240 and 249 [Release Nos. 33-8106; 34-46084; File No. S7-22-02]; abrufbar unter www.sec.gov/rules/proposed/33-8106.htm.

552 S. 24, 26 f. des Vorschlags abrufbar unter www.sec.gov/rules/proposed/33-8106.htm.

553 Siehe z.B. Comments of Cleary, Gottlieb, Steen & Hamilton on S7-22-02, abrufbar unter www.sec.gov/rules/proposed/s72202/cleary1.htm.

554 Der Text ist abrufbar unter www.sec.gov/rules/final/33-8176.htm.

555 Sec. 18(a) SEA: „Any person who shall make or cause to be made any statement in any application, report, or document filed..., which statement was ... false or misleading with respect to any material fact, shall be liable to any person ..."

556 Release No. 33-8176, Fn. 53, abrufbar unter www.sec.gov/rules/final/33-8176.htm.

Die durch die Formblätter der SEC mitgeteilten Informationen müssen richtig und vollständig und dürfen nicht irreführend sein[557]. Bei Verletzungen von Vorschriften zur Einreichung von Informationen und Dokumenten bei der SEC aufgrund von Sec. 13(a), 13(d)[558] und 15(d) SEA regelt Sec. 18(a) SEA[559] den Ersatz des Schadens. Nach Sec. 18(a) SEA[560] haftet explizit derjenige, der verantwortlich für wesentliche unrichtige Aussagen oder unterlassene Informationen in Dokumenten ist, die aufgrund von Vorschriften des Securities Exchange Act an die SEC einzureichen sind. Die Kläger müssen Wertpapiere gekauft oder verkauft haben, deren Wert durch die unrichtigen Aussagen beeinflusst worden ist. Das Gericht kann zusätzlich zur Festsetzung der Gerichtskosten in seinem Ermessen Kosten einschließlich Anwaltskosten in vernünftiger Höhe auf irgendeine der Parteien festlegen[561]. Diese Bestimmung mindert den Klageanreiz, da die Zuteilung der Kosten eher ungewiss ist. Die Verjährung beträgt nach Sec. 18(c) SEA ein Jahr seit dem Zeitpunkt der Aufdeckung der die Klage begründenden Tatsachen, jedoch nicht mehr als drei Jahre seit deren Eintreten[562].

Für die Untersuchung der Einhaltung der Ad-hoc-Publizität ist Sec. 18 i.V.m. Sec. 13(a) SEA von Bedeutung, obgleich Sec. 13(a) SEA nicht wie § 15 WpHG eine unverzügliche Offenlegung verlangt und daher nicht einer wirklichen Ad-hoc-Publizitätspflicht entspricht. Aber wesentlicher als die exakte Wortlautübereinstimmung ist für die Untersuchung ohnehin die Tatsache, dass die Verletzung von Informationspflichten, die den Kurs zu beeinflussen vermögen, haftungsrechtlich geregelt ist. Darüber hinaus ist durch die Einsetzung von EDGAR davon auszugehen, dass eine schnellere Umsetzung der Information in

557 *Gruson/Wiegmann*, AG 1995, 173, 179.

558 Nach Sec. 13(d) SEA (15 U.S.C.A.) § 78m(d) muss jeder, der *equity securities* erwirbt, die nach Sec. 12 SEA registriert sind, und der durch den Erwerb der wirtschaftliche Eigentümer von mehr als fünf Prozent der Gattung wird, dies innerhalb von zehn Tagen (*ten day window*) nach dem Erwerb der *securities* dem Emittenten und der SEC inklusive spezieller Informationen über die Hintergründe mitteilen. Unter die mitzuteilenden Informationen fallen die genaue Zahl der *securities*, Hintergründe der erwerbenden Person, die Herkunft und die Höhe der dafür aufgewendeten Kapitalmittel, den Zweck, der mit dem Erwerb der Beteilung verfolgt wird, genauer ob die Kontrolle des Unternehmens beabsichtigt ist und ob der Erwerber die Gesellschaft zur *close corporation* machen will, siehe *Merkt*, S. 601. Nach der Rechtsprechung gewährt Sec. 13(d) jedoch kein *private right of action,* siehe dazu ausführlich *Hazen*, S. 652 - 655. Die Anleger können daher bei Verletzung der Vorschrift keine Klage nach Sec. 13(d) erheben.

559 15 U.S.C.A. § 78r(a).

560 15 U.S.C.A. § 78r(a).

561 *Hazen*, S. 751.

562 Sec. 18(c) SEA: „No action shall be maintained to enforce any liability created under this section unless brought within one year after the discovery of the facts constituting the cause of action and within three years after such cause of action accrued."

den Kurs erfolgen kann als über den Umweg über die professionellen Handelsteilnehmer, wie es im deutschen Recht vorgesehen ist. Es ist also fraglich, ob die unterschiedliche Ausgestaltung der zu vergleichenden Rechtsgrundlagen Sec. 13(a) SEA und § 15 WpHG tatsächlich zeitliche Unterschiede bei der Umsetzung der Information in den Kurs hervorruft. Durch EDGAR wird die direkte Informierung der breiten Öffentlichkeit bezweckt[563], während der deutsche Gesetzgeber die Informierung des breiten Anlegerpublikums nicht erforderlich, sondern die Herstellung einer Bereichsöffentlichkeit für ausreichend hält[564]. Nach deutschem Recht sollen nur die professionellen Handelsteilnehmer informiert werden, über deren Geschäfte die Information dann den Weg in den Wertpapierkurs findet[565].

Ob die Herstellung einer Bereichsöffentlichkeit dem steigenden Informationsbedarf des Kapitalmarktes gerecht wird, ist fraglich. Angesichts der zunehmenden Bedeutung der Altersvorsorge über den Kapitalmarkt wird auch der Bedarf an der breiten Öffentlichkeit zugänglichen Informationen deutlich zunehmen. Durch das Abstellen auf die Bereichsöffentlichkeit kann einerseits der Zeitraum für möglichen Insiderhandel verringert werden, andererseits wird das Ungleichgewicht zwischen professionellen und potenziellen privaten Kapitalmarktteilnehmern vergrößert. Unter dem Aspekt der steigenden Altersvorsorge breiter Schichten über den Kapitalmarkt und der Wahrung der Chancengleichheit auch für künftige Marktteilnehmer, ist die Informierung der breiten Öffentlichkeit vorzugswürdig. Dass Anstrengungen auf gesetzgeberischer Seite zur schnelleren Verbreitung von Informationen bestehen, zeigt der im Entwurf des vierten Finanzmarktförderungsgesetzes vom 4. September 2001 vorgesehene § 15 Abs. 3 S. 3 WpHG: Danach darf sich der Emittent im Rahmen der Pflicht zur Ad-hoc-Publizität eines Dienstleisters zur Weiterleitung der kurserheblichen Tatsache an ein Informationsverbreitungssystem nur dann bedienen, wenn sichergestellt ist, dass die Tatsache das Informationsverbreitungssystem unverzüglich erreicht[566]. Die Vorschrift wurde letztlich allerdings nicht in das vierte Finanzmarktförderungsgesetz übernommen.

563 *Graham*, S. 295.

564 Begr. RegE 2. FFG, BT-Drucks. 12/6679, S. 46, 48; *Assmann*, in: Assmann/Schneider (Hrsg.), § 13, Rn. 41. Durch das Abstellen auf die Bereichsöffentlichkeit kann der Zeitraum für möglichen Insiderhandel verringern werden.

565 Siehe m.w.N. *Kümpel*, in: Assmann/Schneider (Hrsg.), § 15, Rn. 157.

566 Siehe § 15 Abs. 3 S. 3 n.F. WpHG, abrufbar im Internet unter http://www.bundesfinanzmini-sterium.de/Kapitalmarktpolitik-.521.htm.

3. *Rule 10b-5*

Rule 10b-5 findet bei Transaktionen aufgrund von Insiderinformation Anwendung. Nach dem *disclose-or-abstain* Grundsatz muss der Insider, wenn er eine Transaktion aufgrund von Insiderinformation durchführen möchte, die Insiderinformation vorher veröffentlichen, tut er das nicht, muss er vom Handel absehen, ansonsten haftet er auf Schadensersatz[567]. Eine alleinige Pflicht zur Offenlegung nicht-öffentlicher Information ergibt sich allerdings aus Rule 10b-5 nicht[568], da der Verletzungsakt in einer Transaktion des Insiders ohne vorherige Offenlegung nicht-öffentlicher Information liegt[569] und nicht in der bloßen unterlassenen Offenlegung bei Besitz von Insiderinformation. Dennoch können Sachverhalte, für die Sec. 18 SEA einschlägig ist, auch unter Rule 10b-5 fallen, sofern eine betrügerische Handlung Gegenstand der Klage ist. In diesem besonderen Fall sind beide Vorschriften kumulativ anwendbar. Da die Merkmale von Rule 10b-5 leichter darzulegen sind als diejenigen von Sec. 18 SEA, ist in den Fällen der Einschlägigkeit beider Vorschriften Rule 10b-5 die bevorzugte Anspruchsnorm[570].

E. *Kontrolle durch Haftungsrecht*

Aus der bisherigen Untersuchung ergibt sich, dass durch das Haftungsrecht die Offenlegung richtiger und vollständiger Informationen erreicht werden soll. Die Sicherstellung des Ersatzes des durch Verletzung der oben vorgestellten Vorschriften entstandenen Schadens ist für die Effizienz des Kapitalmarktes als nicht aussreichend zu erachten, da dadurch Fehlallokationen von Kapital nicht verhindert werden. Es ist vielmehr von vornherein für richtige und vollständige Offenlegung von Informationen zu sorgen, damit eine optimale Allokation von Kapital auf dem Kapitalmarkt erfolgen kann. Mit diesem Ziel könnte dem Haftungsrecht eine Aufgabe zukommen, die zwar wirtschaftlichen Gesichtspunkten gerecht wird, vom Gesetzgeber aber nicht vorgesehen ist. Daher wird im folgenden untersucht, welche Aufgaben dem Haftungsrecht im Kapitalmarktbereich zukommen.

---

567 In the matter of Cady, Roberts & Co., 40 S.E.C. 907, 911 (1961); *Steinberg*, Securities Regulation, § 3.01, S. 3-1.

568 Laventhal v. General Dynamics Corp., 704 F.2d 407, 412 (8th Cir. 1983); Chiarella v. United States, 445 U.S. 222, 226 f., 235 (1980).

569 Siehe United States v. O'Hagan, 117 S.Ct. 2199, 2203 (1997); Fridrich v. Bradford, 542 F.2d 307, 317 (6th Cir. 1976). Zum *disclose-or-abstain*-Grundsatz siehe oben S. 74 f.

570 Vgl. *Occhipinti*, 47 Fordham L.Rev. 115, 116 (1978).

I. Rechtswissenschaftliche Auffassung

Die primären Ziele des Haftungsrechts sind Schadensausgleich und Prävention[571]. Das Haftungsrecht soll nicht nur für Ausgleich, Kostenzuweisung und Existenzsicherung sorgen, sondern Präventiv- und Straffunktion entfalten, so dass eine verhaltenssteuernde Regulierung zu erwarten ist[572]. Ferner hat das Haftungsrecht Rechtsverfolgungs-, Buß-, Sühne-, Genugtuungs- und Vergeltungsfunktion[573], wobei die Rechtsverfolgungsfunktion wie auch der Rechtsfortsetzungsgedanke und das Versorgungsprinzip als dem Ausgleichsgedanken zugehörig gelten[574]. Hierüber besteht gemeinhin Übereinstimmung. Anders ist dies aber hinsichtlich der Frage, in welchem Bereich der Schwerpunkt der haftungsrechtlichen Regelungen und damit das primäre Ziel liegt.

Vorrangiges Ziel des Haftungsrechts ist nach der allgemeinen Lehre der Rechtswissenschaft, dem Geschädigten einen Ausgleich zu verschaffen, durch den sein Schaden wiedergutgemacht, er ihm "abgenommen und dem Schädiger aufgebürdet wird"[575]. Damit wird der Schadensausgleichsfunktion als Grundlage des geltenden Schadensrechts Rechnung getragen. Die neben der Ausgleichsfunktion bestehende Präventionsfunktion wird lediglich "als ein in vielen Fällen erwünschtes Nebenprodukt der Schadensersatzpflicht" angesehen[576]. Das heißt: Neben dem Gedanken des materiellen Ausgleichs steht zwar der Präventionsgedanke, dieser ist aber nur zweitrangig. Die Schadensverhütung wird damit nur als nebensächlicher Erfolg betrachtet. Die Aufgabe der Prävention wird im deutschen Recht in umfassendem Maße grundsätzlich dem Strafrecht übertragen[577].

Dass Schadensausgleich Primärfunktion des Haftungsrechts ist, wird allerdings angezweifelt[578]. Es wird das Argument angeführt, dass bei primärer Schadensausgleichsfunktion dem Geschädigten jeder Schaden auszugleichen wäre,

---

571 Siehe *Kötz/Schäfer*, AcP 189 (1989), 501, 502; *Schirmer*, ZVersWiss 1996, 1, 2; *Engel*, JZ 1995, 213, 216.

572 Vgl. *Großfeld*, Zivilrecht, S. 20.

573 *Kötz*, in: FS Steindorff, S. 643, 643; *Kötz/Schäfer*, AcP 189 (1989), 501, 502.

574 *Larenz*, Schuldrecht, Bd. 1, S. 425.

575 *Kötz*, in: FS Steindorff, S. 643, 643; *Kötz/Schäfer*, AcP 189 (1989), 501, 502; *Schirmer*, ZVersWiss 1996 1, 2; *Marburger*, AcP 192 (1992), 1, 30; MüKo-*Mertens*, BGB, Vor. §§ 823-853, Rn. 41.

576 *Larenz*, Schuldrecht, Bd. 1, S. 423; *Schirmer*, ZVersWiss 1996, 1, 3; gegen die Geltung des Präventionsgedankens *Köndgen*, Haftpflichtfunktion, S. 69.

577 Vgl. *Kötz/Schäfer*, AcP 189 (1989), 501, 502.

578 Siehe z.B. *Kötz*, in: FS Steindorff, S. 643, 644; *Blaschczok*, in: Ott/Schäfer (Hrsg.), Präventivwirkung, S. 156, 157.

unabhängig von der Art und Weise seiner Entstehung[579]. Der Schädiger soll jedoch nicht die Funktion eines „all risk insurers" übernehmen[580], sondern nur unter bestimmten Voraussetzungen haften. Das zivile Haftungsrecht soll nicht dazu führen, dass jeder Schaden zu ersetzen ist, sondern nur in dem Fall für Ausgleich sorgen, in dem ein besonderer Haftungsgrund ersichtlich ist und dann auch nur in dem gesetzlich geregelten Umfang[581]. Richtigerweise muss erst festgestellt werden, ob überhaupt und, wenn ja, in welcher Höhe eine Schadenskompensation stattzufinden hat. Zunächst ist zu prüfen, ob der Schaden ersatzfähig ist und ob die rechtlichen Voraussetzungen für einen Ersatz gegeben sind, vor allem aber, ob die subjektiven Merkmale auf Seiten des Schädigers vorliegen. Im Schadensrecht geht es daher nicht nur um Schadensausgleich, sondern vielmehr um die Bestimmung der Voraussetzungen zur Begründung der Haftung und ihren Umfang[582]. Dem Geschädigten jeden entstandenen Schaden zu ersetzen, kann also nicht Intention derer sein, die den Schadensausgleich als Primärfunktion des Haftungsrechts bezeichnen. In diesem Sinne kann auch in Bezug auf die zu untersuchenden kapitalmarktrechtlichen Vorschriften deren primäres Ziel nicht jeder Ausgleich der Anleger sein, die durch einen durch falsche oder nicht veröffentlichte Informationen entstandenen „unfairen" Wertpapierpreis einen Schaden erlitten haben.

II. Ökonomische Zielsetzung

Mit dem Einsatz des Rechts zur Verfolgung ökonomischer Zwecke setzt sich die Ökonomische Analyse des Rechts auseinander[583]. Sie ist erfolgsorientiert[584] und

---

579 *Blaschczok*, in: Ott/Schäfer (Hrsg.), Präventivwirkung, S. 156, 157.

580 *Schirmer*, ZVersWiss 1996, 1, 3.

581 *Kötz*, in: FS Steindorff, S. 643, 644; *Blaschczok*, in: Ott/Schäfer (Hrsg.), Präventivwirkung, S. 156, 157.

582 *Kötz*, Deliktsrecht, Rn. 37; so auch *Fritsch/Wein/Ewers*, Marktversagen, S. 96.

583 Die Zusammenwirkung ökonomischer und juristischer Aspekte wurde schon vor langer Zeit erkannt. So wurde von *Stammler* bereits dargelegt, dass Einzelerkenntnis nur unter Bezugnahme auf die Einsicht in einen allgemeingültigen gesetzmäßigen Zusammenhang aller besonderen diesbezüglich möglichen Erkenntnisse erfolgen kann, siehe *Stammler*, Recht und Wirtschaft, S. 4. Begründer der neueren Ökonomischen Analyse des Rechts sind *Ronald H. Coase* (The Problem of Social Cost, 3 J.L. & Econ. 1 - 44 (1960)) und *Guidon Calabresi* (The Costs of Accidents (1970); Thoughts on Risk Distribution, 70 Yale L.J. 499 - 553 (1961)). Eine ökonomische Annäherung an Probleme von Unfällen nahm *Pigou* (The Economics of Welfare) schon im Jahre 1928 vor, der die Grundlage für die Untersuchung von *Coase* schuf. Diese frühen Arbeiten übten jedoch noch wenig Einfluss auf das Rechtsdenken aus, *Posner*, Economic Analysis, §2.1, S. 22. Weiterentwickelt wurde die Ökonomische Analyse des Rechts insbesondere von *Richard A. Posner* (Economic Analysis of Law), durch den sie zunehmend an Bedeutung gewann, durch den sie aber auch

betrachtet den Verteilungsgedanken als vorrangiges Ziel bei der Beurteilung eines zu regelnden Sachverhalts[585]. *Posner* als einer der bedeutenden Vertreter der Ökonomischen Analyse des Rechts[586] versteht darunter eine Analyse des positiven Rechts, gewonnen aus der Anwendung der Ökonomie auf das Recht. Dabei geht es darum, dass sich das praktizierte Recht explizit am Regelungsziel ökonomischer Effizienz, das heißt der optimalen Allokation der verfügbaren knappen Ressourcen orientiert[587]. Die zur Verfügung stehenden Mittel müssen so eingesetzt werden, dass sie zum höchstmöglichen Nutzen, zu einen möglichst hohen Grad an Bedürfnisbefriedigung führen (sog. Wohlfahrtsmaximierung)[588]. Rechtliche Regelungen werden danach beurteilt, in welchem Maße sie die Verschwendung von Ressourcen verhindern und damit die Effizienz und Verteilungsgerechtigkeit erhöhen[589]. Die Ökonomische Analyse hinterfragt, ob das Recht die politisch vorgegebenen Ziele mit den gewählten Mitteln erreicht und zu erreichen vermag, und ob nicht mit anderen Mitteln kostengünstiger zum Ziel gelangt werden kann (Ziel-Mittel-Relation)[590]. Nach der Ökonomischen Analyse des Rechts liegt das Ziel jeder Norm in der Überwindung der Güterknappheit[591].

Ein absoluter Vorrang des ökonomischen Effizienzprinzips wird kaum noch vertreten, so dass von der Behauptung einer lediglich ökonomischen Lösbarkeit und Analysierbarkeit aller Probleme, ob juristischer, politischer oder sozialer Natur, Abstand genommen wird[592]. Vielmehr versteht sich die Ökonomische Analyse des Rechts als Ansatz, der anderen wirtschaftlichen Ansätzen die

---

zunehmend in das Kreuzfeuer der Kritik geriet.

584 Die Ökonomische Analyse arbeitet im wesentlichen mit Modellen, anhand derer prognostisch-folgenorientierte Aussagen über Wirkungszusammenhänge gemacht werden können, *Taupitz*, 196 AcP (1996), 114, 117, Fn. 19.

585 *Burow*, JuS 1993, 8, 9.

586 Die 1972 von *Posner* publizierte Arbeit "Economic Analysis of Law" ist das Standardwerk bezüglich der Ökonomischen Analyse des Rechts.

587 *Kübler*, in: FS Steindorff, S. 687, 689.

588 Siehe *Schäfer/Ott*, Ökonomische Analyse, S. 1; *Burow*, JuS 1993, 8, 9.

589 *Schäfer/Ott*, Ökonomische Analyse, S. 1; *Burow*, JuS 1993, 8, 9; *Walz*, in: Schäfer/Ott, Ökonomische Analyse des Unternehmensrechts, S. 50 f.

590 *Taupitz*, 196 AcP (1996), 114, 136. Auch in der Rechtsprechung bei der Bewertung von Rechtsfragen kommt der Ökonomischen Analyse eine entscheidende Rolle zu, wenn bei einer Interessenabwägung die Frage aufkommt, nach welchen Kriterien eine Interessenabwägung vorgenommen werden soll, *Adams*, Jura 1984, 337, 337 f. und sie versucht, juristische Argumentationen auf eine rationale Basis zu stellen, vgl. *Taupitz*, AcP 196 (1996), 114, 115.

591 *Deckert*, JA 1996, 712, 717.

592 Die Ökonomische Analyse verzichtet mehr und mehr auf diesen Universalitätsanspruch. *Taupitz*, AcP 196 (1996), 114, 126 f; vgl. auch *Ott/Schäfer*, JZ 1988, 213, 214 f. Der Universalitätsanspruch wurde heftig kritisiert, siehe *Fezer*, JZ 1986, 817, 819.

Legitimation zur Erklärung des Rechts nicht absprechen will[593]. Die Ökonomische Analyse ist nicht uneingeschränkt auf alle Rechtsnormen anwendbar, da sie ihre normativen Aussagen allein auf das Kriterium der Allokationseffizienz beschränkt, und nicht in der Lage ist, Kriterien zur Lösung von Zielkonflikten zwischen Allokationseffizienz und anderen Gerechtigkeitsprinzipien zu entwickeln[594]. Berücksichtigt werden von der Ökonomischen Analyse des Rechts nur Prinzipien, die sich aus dem Ziel der Schaffung von Allokationseffizienz ergeben, andere Gerechtigkeitsprinzipien, insbesondere die Verteilungsgerechtigkeit, können vom theoretischen Ansatz her weder begründet, noch in Frage gestellt oder widerlegt werden[595]. Kritisiert wird an der Ökonomischen Analyse daher, dass sie sich als Gerechtigkeitstheorie[596] bezeichne, aber eine "rechtspolitische Ausrichtung allein auf Ökonomische Effizienz" vorliegt[597]. Nach *Ott* und *Schäfer* dagegen beschränkt sich die Ökonomische Analyse des Rechts nicht auf eine wissenschaftliche Erklärung des Rechts, sondern macht auch Aussagen über Gerechtigkeitsprinzipien[598]. Aus diesem Grunde stelle sie nicht nur eine gesellschaftliche Theorie des Rechts dar, sondern sie sei vielmehr eine Gerechtigkeitstheorie. Die Ökonomische Analyse des Rechts stützt ihre Gerechtigkeitstheorie allein auf das Ziel, Allokationseffizienz als wünschenswerten sozialen Zustand zu erreichen[599]. Dies begründet sie folgendermaßen: Eine Gesellschaft, der es gelingt, ihre Instrumente so zu entwickeln und einzusetzen, dass der Ressourceneinsatz gesamtgesellschaftlich optimiert wird, ist zwar effizient, muss aber nicht gerecht sein. Dagegen ist eine durch und durch ineffiziente Gesellschaft immer ungerecht[600]. Daraus ergibt sich, dass die (Allokations-) Effizienz zwar unabdingbare Voraussetzung für eine gerechte Gesellschaft ist, dass aber Allokationseffizienz allein, ohne Berücksichtigung anderer Kriterien rechtlichen Vorgaben nicht gerecht wird.

III. Betrachtung von Rechtsnormen unter dem Aspekt der Ökonomischen Analyse

Die Anwendbarkeit der Ökonomischen Analyse auf Rechtsnormen ist davon abhängig, welches Ziel der Gesetzgeber jeweils mit der einzelnen Norm verfolgt,.

---

593 Die Ökonomische Analyse verfolgt dennoch das Ziel, sich durchzusetzen *Ott/Schäfer*, JZ 1988, 213, 214 f.
594 *Fezer*, JZ 1988, 223, 227.
595 *Ott/Schäfer*, JZ 1988, 213, 215.
596 *Burow*, JuS 1993, 8, 11.
597 *Taupitz*, AcP 196 (1996), 114, 125.
598 *Ott/Schäfer*, JZ 1988, 213, 215.
599 *Ott/Schäfer*, JZ 1988, 213, 215.
600 Siehe *Schäfer/Ott*, Ökonomische Analyse, S. 6.

Das bedeutet, dass für die Beurteilung einer zweckgebundenen Anwendung des Haftungsrechts, um einen Begriff von *Steindorff* zu verwenden[601], die Politik des Gesetzes ausschlaggebend ist. In bestimmten (Rechts-) Gebieten kann dann eine Beurteilung nach Effizienzgesichtspunkten erfolgen, wenn dies vom Gesetzgeber gewollt ist.

Wie oben festgestellt wurde, bezwecken die Vorschriften des Börsengesetzes und des Wertpapierhandelsgesetzes die Sicherstellung der Funktionsfähigkeit des Kapitalmarktes, da dieser fähig sein muss, die vielfältigen Finanzierungsbedürfnisse der Marktteilnehmer optimal zu befriedigen[602]. Für das Haftungsrecht hinsichtlich der für diese Untersuchung relevanten kapitalmarktrechtlichen Vorschriften kann ein Abstellen auf Effizienz- und Verteilungsgesichtspunkte festgestellt werden. Der Gesetzgeber stellt auf die optimale Ressourcenallokation ab, das Ziel der zu untersuchenden Regelungen ist explizit als ein ökonomisches Ziel mit Effizienzgesichtspunkten benannt[603]. Diese Argumentation wurde innerhalb der Begründung des dritten Finanzmarktförderungsgesetzes fortgeführt[604]. So betonte der Bundesrat in seiner Stellungnahme zum dritten Finanzmarktförderungsgesetz die Behinderung des Kapitaltransfers durch erhöhte Transaktionskosten aufgrund rechtlicher Unklarheiten und komplizierter und veralteter Haftungsregeln[605]. In dem eingegrenzten Bereich der Vorschriften zur Börsenprospekthaftung, zum Insiderhandel und zur Ad-hoc-Publizität entspricht das Ziel des Gesetzgebers dem Verteilungsgedanken der Ökonomischen Analyse. Die Verfolgung ökonomischer Ziele durch den Gesetzgeber zeigt, dass das Haftungsrecht schon in einigen Bereichen, insbesondere in den verschiedenen Bereichen des Wirtschaftsrechts, so auch im Bereich des Kapitalmarktrechts, „ökonomisiert"[606] ist.

Ein allgemeiner Vorrang des Effizienzkriteriums, der andere zu analysierende Gesichtspunkte, wie beispielsweise ökologische oder psychologische Kriterien, ausschließt, wäre verfehlt[607]. Das Effizienzprinzip darf andere Vorschriften, die andere Zwecke verfolgen, nicht entwerten[608]. Gesellschaftspolitische Ziele dürfen neben Effizienzzielen jedenfalls nicht vernachlässigt werden. Wird das schwierige Verhältnis von Allokationseffizienz und Verteilungsgerechtigkeit überwunden, so wird die Rechtsanwendung schließlich dort erfolgreich sein, wo ein sinnvoller Ausgleich zwischen der Forderung nach Effizienz und der Forderung nach

---

601 Siehe dazu *Steindorff*, in: FS Larenz, S. 217, 217.
602 Begr. RegE 2. FFG, BT-Drucks. 12/6679, S. 33.
603 Begr. RegE 2. FFG, BT-Drucks. 12/6679, S. 33.
604 Begr. RegE 3. FFG, BT-Drucks. 13/8933, S. 54 f.
605 BR-Drucks. 605/97, S. 55.
606 Vgl. *Kübler*, in: FS Steindorff, S. 687, 688.
607 Siehe *Taupitz*, AcP 196 (1996), 114, 125.
608 *Kübler*, in: FS Steindorff, S. 687, 698.

Gerechtigkeit gelingt[609]. Anhand der Regelung des Insiderhandels lässt sich hier ein Beispiel für einen Ausgleich von Effizienz und Gerechtigkeit anführen: Besteht für die Anleger eine Möglichkeit, Schadensersatz geltend zu machen, wird die Effizienz des Kapitalmarktes gefördert, da für den Insider aus Angst vor Inanspruchnahme ein Anreiz zur Unterlassung der Insiderhandelstransaktion besteht, gleichzeitig wird das durch den Insiderhandel hervortretende wirtschaftliche Ungleichgewicht verringert. Die Chancengleichheit auf dem Kapitalmarkt wird gewahrt.

Aus ökonomischer Sicht entsteht durch den von der Jurisprudenz primär angestrebten Schadensausgleich ein weiterer Wohlfahrtsverlust, und zwar durch Informationskosten, Verwaltungskosten und eventuelle Prozesskosten[610]. Das bedeutet konkret, dass der Schadensausgleich einen weiteren „Schaden" zur Folge hat. Die Situation des Schadensausgleichs soll also von vornherein vermieden werden, damit diese „Zusatzkosten" gar nicht erst entstehen können. Daraus folgt, dass der Präventionsgedanke und damit die Schadens- und Zusatzkostenverhütung im Vordergrund stehen. Die Schadensausgleichsfunktion wird auf den zweiten Rang verwiesen und im rechtswissenschaftlichen Sinne gänzlich aus den Angeln gehoben[611].

In den USA ist die Auffassung von der Interdependenz zwischen Ökonomie und Recht weit verbreitet[612]. Dazu hat zum einen eine in Deutschland nicht vorhandene gesellschaftspolitische Strömung beigetragen. Zum anderen sorgten die bedeutendsten Vertreter der Ökonomischen Analyse wie *Posner* und *Easterbrook* in ihrer Tätigkeit als Richter dafür, dass wirtschaftswissenschaftliche Argumentationsmuster Eingang in die Entscheidungsgründe der Rechtsprechung fanden[613]. Der deutschen Rechtsprechung eine Schlüsselstellung bei der

---

609 *Kübler*, in: FS Steindorff, S. 687, 700.

610 Vgl. *Taupitz*, AcP 196 (1996), 114, 137.

611 Vgl. *Taupitz*, AcP 196 (1996), 114, 138.

612 *Kübler*, in: FS Steindorff, S. 687, 689. Auch in Deutschland lässt die Rechtsprechung bei Interessenabwägungen teilweise bereits wirtschaftliche Gesichtspunkte in die Entscheidungsgründe wesentlich miteinfließen, ohne allerdings ausdrücklich auf die Ökonomische Analyse abzustellen, *Taupitz*, 196 AcP (1996), 114, 120. Ein neueres Beispiel ökonomischer Erwägungen in der Rechtsprechung zeigt die Begründung des BGH in seinem Urteil vom 21.4.1997 (BGH v. 21.4.1997 - II ZR 317//95, abgedruckt in: ZIP 1998, S. 241) hinsichtlich der Diskussion über die Vereinbarkeit von Prüfung und Beratung durch ein Unternehmen. In der Urteilsbegründung werden ökonomische Gesichtspunkte berücksichtigt: „Nach Auffassung des Gesetzgebers" bestehe eine „grundsätzliche Vereinbarkeit von Abschlussprüfung und Beratung in steuerlichen und wirtschaftlichen Angelegenheiten", um „eine zusätzliche Kostenbelastung der prüfungspflichtigen Unternehmen" zu vermeiden. Zur geringen Einflussnahme der Ökonomischen Analyse auf die Rechtsprechung: siehe *Kirchner*, 11 Int'l.Rev.L. & Econ. 277-292 (1991).

613 *Eidenmüller*, Effizienz, S. 405; siehe auch umfassend *Taupitz*, AcP 196 (1996), 114, 128 -

Realisierung des Effizienzzieles zu überlassen, wäre verfehlt: Deutsche Gerichte sind nur dann legitimiert, Entscheidungen unter Berücksichtigung von Effizienzgesichtspunkten zu treffen, wenn dies dem gesetzgeberischen Willen entspricht (Art. 20 Abs. 3 GG)[614], unter dieser Prämisse sind sie aber auch dazu verpflichtet. Die Rechtsprechung ist also nur zur Konkretisierung von der Legislative erlassener abstrakter Rechtsnormen legitimiert. Sie hat weniger Raum für die Einbeziehung externer Werte, so dass die Anwendung traditioneller Konzepte nicht aufgegeben wird[615]. Bei der Interpretation von Rechtsbegriffen können nur dann ökonomische Erwägungen in die Entscheidungsfindung aufgenommen werden, wenn der Gesetzgeber vorher dazu Stellung genommen hat[616]; denn dem Gesetzgeber fällt die Aufgabe zu, gesellschaftliche Zielkonflikte aufzulösen[617].

Dagegen kann die US-amerikanische Rechtsprechung bei der Interpretation des kodifizierten Rechts ökonomische und andere Erwägungen einfließen lassen[618]. Sie hat selbst in Bereichen, die gesetzlich geregelt sind, das letzte Wort[619], insoweit als ihr die Aufgabe der Auslegung der Gesetze zufällt, die als Präjudiz bindend für die Untergerichte in späteren Fällen ist[620]. Ihrem Handeln kommt durch die Aufstellung neuer Grundsätze gesetzgeberische Wirkung zu[621]. Damit nimmt sie die Lösung von Zielkonflikten vor. Durch die Anwendung soziologischer Ansätze erfährt die US-amerikanische Rechtsprechung eine Stärkung ihrer Entscheidungen, so dass die wirtschaftswissenschaftliche Argumentation sich immer mehr durchsetzen kann[622].

134.

614 Siehe *Eidenmüller*, AcP 197 (1997), 80, 116 f.; Art. 20 Abs. 3 GG: „Die Gesetzgebung ist an die verfassungsmäßige Ordnung, die vollziehende Gewalt und die Rechtsprechung sind an Gesetz und Recht gebunden."

615 *Kirchner*, 11 Int'l Rev.L.& Econ. 277, 284 (1991).

616 *Eidenmüller*, AcP 197 (1997), 80, 96.

617 Siehe *Taupitz*, AcP 196 (1996), 114, 144.

618 *Friedman*, S. 102.

619 *Eidenmüller*, Effizienz, S. 405.

620 *Hay*, US-amerikanisches Recht, S. 10.

621 *Friedman*, S. 105.

622 *Kübler*, in: FS Steindorff, S. 687, 688; *Kirchner*, 11 Int'l Rev.L.& Econ. 277, 283-286 (1991). Darüber hinaus werden Intensivkurse für Bundesrichter durchgeführt, die unter anderem Grundlagen der Mikroökonomik und der Ökonomischen Analyse des Rechts behandeln, *Eidenmüller*, Effizienz, S. 405.

1. Steuerbarkeit des Verhaltens

Die Ökonomie vertritt die Hypothese, das menschliche Verhalten sei durch ökonomische Anreize grundsätzlich steuerbar[623]. Ausgangspunkt ist die Annahme, der Mensch handele eigeninteressiert, nutzenmaximierend und reagiere auf Veränderungen seiner Umwelt durch die Änderung seines Verhaltens[624] (REMM-Hypothese: resourceful, evaluative, maximizing man). Es könne nicht davon ausgegangen werden, dass der Mensch sich von Pflichtbewusstsein oder moralischen Gründen leiten lässt, sondern von einer wirtschaftlichen eigennützigen Denkweise geführt wird[625]. Dabei steht fest, dass (auch) Rechtsnormen für das Verhalten in Entscheidungssituationen von erheblicher Bedeutung sind, weil eine Verknüpfung der für den Einzelnen bestehenden verschiedenen Handlungsalternativen mit unterschiedlichen Sanktionen oder Anreizen stattfindet, die angesichts der knappen Ressourcen zu einer optimalen Befriedigung individueller Bedürfnisse beitragen können. Diese Verknüpfung wirkt handlungssteuernd[626]. Der Mensch soll / kann bei bestehender Handlungsalternative nach Kosten und Nutzen abwägen und sich dann für die für ihn günstigere und damit für die gesamtgesellschaftlich optimale Alternative entscheiden.

Das Bild des Menschen als schierer Nutzenmaximierer (die REMM - Hypothese) hat der Ökonomischen Analyse den Vorwurf der Realitätsferne eingebracht. Der REMM belebe lediglich die realitätsferne Welt der Theoretiker der ökonomischen Effizienz[627]. In der Kosten-Nutzen-Abwägung liege die Gefahr einer ökonomischen Verplanung des Menschen zur Effizienzsteigerung im Allgemeininteresse auf der Hand. Die Selbstkonstitution des Menschen als Person werden nicht zum Bestimmungsgrund des Rechts erhoben[628]. Bei einer Ausrichtung von Rechtsnormen allein auf Effizienz in jedem Rechtsbereich besteht die Gefahr, den Menschen zu einem "homo oeconomicus" werden zu lassen, der sich ausschließlich von ökonomischen Motiven leiten lässt. Aber in Bereichen wie dem Kapitalmarktrecht, in denen der Gesetzgeber das Effizienzziel ausdrücklich benennt, ist davon auszugehen, dass sie ohnehin schon „ökonomisiert“ sind, wie das im Kapitalmarktbereich der Fall ist. Kapitalmarktbezogene Entscheidungen können nicht getroffen werden, ohne wirtschaftliche Erwägungen einzubeziehen.

---

623 Siehe *Kötz*, ZVersWiss 1993, 57, 58.

624 *Posner*, in: Assmann/Kirchner/Schanze, Ökonomische Analyse, S. 93. Das Bild des Menschen als schierer Nutzenmaximierer ist nicht unkritisiert geblieben, siehe *Fezer*, JZ 1988, 223, 227.

625 *Taupitz*, 196 AcP (1996), 114, 117 f.

626 *Kötz*, ZVersWiss 1993, 57, 58.

627 *Fezer*, JZ 1988, 223, 227.

Der Kapitalmarkt dient der Umschichtung von Kapital. Die am Kapitalmarkt agierenden Teilnehmer beabsichtigen, höchstmögliche Gewinne zu erzielen. Sie werden ihr Verhalten gewinnmaximierend ausrichten und daher auch vor der Verletzung von Rechtsnormen die wirtschaftlichen Folgen einer solchen Verletzung in ihr Kalkül einbeziehen.

Eine Verhaltenssteuerung durch Rechtsnormen ist darüber hinaus nicht in allen Lebensbereichen möglich. Es muss vielmehr je nach Handlungsbereich und Entscheidungsfähigkeit des Einzelnen untersucht werden, ob eine Verhaltenssteuerung tatsächlich möglich ist, da sich aufgrund unterschiedlicher „Sanktionsempfindlichkeit" der Adressaten in verschiedenen Bereichen unterschiedlich starke Auswirkungen des Haftungsrechts ergeben können[629]. In plötzlichen Gefahrensituationen, wenn in Sekunden entschieden werden muss und keine Zeit für wirtschaftliche Überlegungen und Abwägungen bleibt, insbesondere bei Unfallereignissen, zeigt sich beispielsweise die Schwäche der Ökonomischen Analyse[630]. Anderes gilt für die hier einschlägigen Vorschriften des Kapitalmarktrechts, die die Erfüllung von Pflichten bei Teilnahme am Kapitalmarktgeschehen verlangen. Bei der Erstellung des Börsenprospekts, der Erfüllung der Ad-hoc-Publizität und der Beachtung des Insiderhandelsverbots sehen sich die Kapitalmarktteilnehmer keinen unvorhersehbaren Situationen gegenübergestellt. Vielmehr besteht Gelegenheit zur Planung sorgfältigen, vorausschauenden und abwägenden Verhaltens zur Schadensverhütung[631]. In diesem Bereich kann das Haftungsrecht das Verhalten des potenziellen Schädigers in eine bestimmte Richtung lenken[632], wobei von der Verschuldenshaftung und

---

628 *Fezer*, JZ 1988, 223, 228.

629 *Taupitz*, AcP 196 (1996), 114, 139.

630 Im Rahmen des privaten Bereichs beispielsweise steht vor allem das Unfallrecht im Vordergrund. Damit hat sich *Kötz* in einer Studie zur Unfallverhütung ausführlich beschäftigt, siehe *Kötz*, in: FS Steindorff, S. 643, 646-652. Bei Unfallereignissen handelt es sich desöfteren um Gefahrensituationen, die schnelles Handeln erfordern und kaum Zeit lassen, die Ratio in großem Rahmen einzuschalten. Daher ist hierbei verhaltensgesteuertes, zweckrationales Verhalten als Vorwirkung des Haftungsrechts im Augenblick konkreter Gefahren nicht zu erwarten, siehe *Schirmer*, ZVersWiss 1996, 1, 4, d.h. die Präventionsfunktion spielt im privaten Bereich insbesondere bei unvorhersehbaren Unfallereignissen nicht dieselbe Rolle wie in anderen Bereichen. Zusätzlich ist der private Bereich oft durch Haftpflichtversicherungen abgesichert, so dass volle Deckung gewährt wird, oftmals ohne versicherungsvertragliche Anreize wie beispielsweise Selbstbeteiligung. In diesen Fällen ist von schadensverhinderndem Verhalten nicht auszugehen, da oftmals in dem Bewusstsein gehandelt wird, dass eine Versicherung im Hintergrund steht und daher kein Anreiz besteht, die Sorgfalt zu erhöhen, es sei denn es besteht eine verlaufsabhänigige Prämiengestaltung oder ein Bonus-/Malussystem, *Weyers*, S. 361.

631 So allgemein für den beruflichen Bereich *Schirmer*, ZVersWiss 1996, 1, 4; siehe dazu auch *Koch*, S. 97 f.

632 So das Ergebnis der Untersuchung von *Kötz/Schäfer*, AcP 189 (1989), 501, 525. Die

auch von der Gefährdungshaftung "eine erzieherische und abschreckende Wirkung" ausgehen soll[633].

Insoweit bei der Börsenprospekthaftung und bei der Verletzung der Ad-hoc-Publizitätspflicht auf den Emittenten Bezug genommen wird, wird auf das Handeln des Vorstands (§ 31 BGB) und der *officers and directors* abgestellt, da die Emittenten als juristische Personen nicht handlungsfähig sind und daher nicht zu Effizienz förderndem Verhalten angehalten werden können. Für die Vorstandsmitglieder bzw. Mitglieder des *board* bestehen Anreize zu sorgfältigem Verhalten, da sie andernfalls der Gesellschaft gegenüber zum Schadensersatz verpflichtet sind[634]. In den USA haften die Verwaltungsmitglieder den Anlegern bei der Börsenprospekthaftung und bei der Ad-hoc-Publizität nach Sec. 18 SEA außerdem neben der Gesellschaft[635]. Wenn innerhalb dieser Untersuchung vom Verhalten der Emittenten die Rede ist, sind die für das Unternehmen Geschäfte führenden Organe gemeint (Vorstand, *(board of) directors*).

2. *Bestimmung des optimalen Zustandes*

Wie aufgezeigt, liegt die Aufgabe des Haftungsrechts im zu untersuchenden Kapitalmarktbereich in der Schaffung von Effizienz im Sinne eines funktionsfähigen Kapitalmarktes. Damit stellt sich die Frage, welche Anreize das Haftungsrecht für die Kapitalmarktteilnehmer schaffen muss, damit sich die Marktteilnehmer so verhalten, dass sich Effizienz des Kapitalmarktes einstellt.

---

wichtigen Vorsorgeeffekte und die abschreckenden und erzieherischen Wirkungen der zivilrechtlichen Haftung grundsätzlich bejaht beispielsweise auch das Grünbuch der Europäischen Kommission über die Sanierung von Umweltschäden zufolge (1993, S. 31 u. 34).

633 *Mertens*, Vermögensschaden, S. 109; *Larenz*, Schuldrecht, Bd. 1, S. 423; so auch das Ergebnis der Untersuchung von *Kötz/Schäfer*, AcP 189 (1989), 501, 525.

634 Für das deutsche Recht ergibt sich eine Haftung der Vorstandsmitglieder aus § 93 Abs. 2 AktG. Die Grenze zwischen haftungsfreiem Handlungsspielraum und haftungsbegründenden Entscheidungen ist schwer zu ziehen. Haftungsbegründend ist das Verhalten des Vorstands auf jeden Fall, wenn er rechtswidrig handelt, d.h. gegen gesetzliche Vorschriften verstößt, siehe *Horn*, ZIP 1997, 1129, 1129, 1131, 1139. Im US-amerikanischen Recht haften *directors* aus *common law*, wenn sie die ihnen der Gesellschaft und den Gesellschaftern gegenüber obliegenden Sorgfalts- und Treuepflichten verletzen, *Merkt*, S. 316. Hier gilt die *business judgement rule*, d.h. die Verwaltungsmitglieder haften nicht auf Schadensersatz, wenn es sich um einen Fehler der Verwaltung handelt, der im Rahmen einer geschäftlich vertretbaren Beurteilung liegt, selbst wenn sich die Maßnahme später als falsch herausstellt, siehe *Großfeld*, RabelsZ 39 (1975), 5, 13.

635 Dazu unten zur Börsenprospekthaftung S. 125 und zur Ad-hoc-Publizität S. 138.

a. Abwägung von Kosten und Nutzen

Der Bestimmung eines optimalen gesellschaftlichen Zustandes werden das Pareto-Kriterium und das Kaldor-Hicks-Kriterium zugrunde gelegt[636]. Nach der klassischen Definition des Begriffs der Effizienz von *Pareto* ist eine Transaktion oder eine Maßnahme effizient, wenn sie mindestens einem Beteiligten Vorteile bringt, ohne einen anderen zu benachteiligen[637]. Die praktische Relevanz dieser These ist gering, da ihre Erfüllung praktisch nicht möglich ist. Es ist vielmehr davon auszugehen, dass Streitschlichtung durch Recht nicht ohne Nachteile für eine Person erfolgen kann[638]. Nach dem Kaldor-Hicks-Theorem ist eine Regel oder Entscheidung richtig, wenn die Gewinne der Begünstigten die Verluste der Benachteiligten überwiegen, die Benachteiligten von den Begünstigten entschädigt werden können und den Begünstigten immer noch ein Gewinn bleibt[639].

Auf der Grundlage des Kaldor-Hicks-Kriteriums wurde die Kosten-Nutzen-Analyse entwickelt, nach der Effizienz heute einverständlich ermittelt wird[640]. Dabei findet eine Abwägung zwischen den Kosten der rechtlichen Maßnahme und dem Gesamtnutzen statt[641]. Probleme können sich auch hier bei der Bestimmung von Kosten und Nutzen, bei deren Verrechnung und hinsichtlich der Wahrscheinlichkeit der späteren Inanspruchnahme Benachteiligter ergeben[642]. Nach diesem Kriterium ist die Entscheidung für oder gegen eine Ersatzpflicht des Schädigers das Ergebnis eines konkreten Abwägungsvorganges. Für den potenziellen Schädiger ergibt sich nach dem US-amerikanischen Richters *Learned Hand* folgende Formel: Eine Verpflichtung zu Vorsorgemaßnahmen besteht dann, wenn der erforderliche Verhütungsaufwand geringer ist als das Produkt aus Wahrscheinlichkeit und Höhe des Schadens[643]. Zur Beurteilung, ob das Haftungsrecht in ökonomisch effizienter Weise funktioniert, wird der Aufwand zur Schadensverhütung dem Ergebnis der Schadensvermeidung oder -minimierung gegenübergestellt[644].

Ein gesamtgesellschaftlich optimaler Zustand liegt demnach dann vor, wenn der Schädiger die schädigende Handlung unterlässt, da sein Nutzen aus der Verursachung sozialer Zusatzkosten geringer ist als die von ihm zu erbringenden Kosten der Kompensation der Geschädigten. Der potenzielle Schädiger wird seine

636 *Burow*, JuS 1993, 8, 9.
637 *Kirchgässner*, JZ 1991, 104, 109; *Kübler*, in: FS Steindorff, S. 687, 695.
638 *Kübler*, in: FS Steindorff, S. 687, 695.
639 Siehe *Polinsky*, Introduction to Law and Economics, S. 7; *Burow*, JuS 1993, 8, 9.
640 *Schirmer*, ZVersWiss 1996, 1, 8; *Kötz*, ZVersWiss 1993, 57, 60.
641 *Burow*, JuS 1993, 8, 9.
642 Siehe hierzu ausführlich *Baker*, 8 Hofstra L.Rev. 939 - 972 (1980).
643 U.S. v. Carol Towing Co., 159 F.2d 169 (2d Cir. 1947).
644 *Schirmer*, ZVersWiss 1996, 1, 8.

Informationsverletzung oder den Insiderhandel unterlassen, wenn dies für ihn lohnender ist als die potenzielle Kompensierung der Geschädigten. Im umgekehrten Fall wird er unter der Voraussetzung, dass die Folgen der Handlungen mit Sicherheit absehbar sind, die schädigende Aktivität durchführen und die Geschädigten kompensieren (müssen)[645]. Ein Haftungsanspruch muss so ausgestaltet sein, dass er die Schadensvermeidung für den potenziellen Schädiger sowohl möglich als auch wirtschaftlich günstiger als die Durchführung der schädigenden Handlung mit ihren Konsequenzen macht. Die Schadensvermeidung kann nur in den Fällen funktionieren, in denen der potenzielle Schädiger Gelegenheit hat, über die Handlungsalternativen nachzudenken und die richtige unter den Alternativen auszuwählen. Zusätzlich muss er sich bewusst sein, dass sein Verhalten einen bestimmten zu verhindernden Tatbestand erfüllen und bestimmte Konsequenzen haben könnte. Insofern ergeben sich Schwierigkeiten angesichts der Beurteilung der (leichten) Fahrlässigkeitshaftung. Die Steuerung des bewussten Verhaltens ist einleuchtend, doch die Frage, wie (leicht) fahrlässiges Verhalten unterbunden werden soll, ist nicht offensichtlich auf dem gleichen Wege zu beurteilen. Schadensvermeidung darf nicht um jeden Preis erfolgen. Vielmehr soll die Summe aus Schäden und Verhütungsaufwendungen minimiert werden.

b. Vermeidung von Transaktionskosten

Unter den Transaktionskosten wird die Differenz zwischen den Brutto-Kapitalkosten der Finanzkapitalnehmer und den Netto - Kapitalerträgen der Kapitalgeber verstanden. Zu den Transaktionskosten werden insbesondere die Steuern und Kosten der Information, der Vertragsgestaltung und der Kontrolle und vor allem der Übertragung und Durchsetzung von Ansprüchen gezählt. Ihre Höhe hängt insbesondere vom Wettbewerb und von den institutionellen Gegebenheiten auf den Märkten ab[646]. Die Transaktionskosten werden erhöht, wenn mehr als die für eine Entscheidung erforderlichen Informationen herausgegeben werden und eine Übersättigung des Marktes erfolgt, da bei einem Informationsüberfluss nicht alle Informationen richtig aufgenommen und verarbeitet werden können[647]. Je niedriger die Transaktionskosten sind, desto effizienter ist der Kapitalmarkt. Für diese Untersuchung sind insbesondere die tertiären Kosten von Interesse. Als tertiäre Kosten werden die Kosten verstanden, die zur Abwicklung und Verteilung eines bereits entstandenen Schadens entstehen, also insbesondere die Kosten eines

645 *Fritsch/Wein/Ewers*, Marktversagen, S. 94.
646 *Horn*, Neuere Entwicklungen, S. 4.
647 Vgl. *Gehrt*, S. 21.

Rechtsstreits[648]. Auf der einen Seite ist also die Offenlegung von Informationen erforderlich, um Informationsasymmetrien zu vermeiden und faire Preise zu gewährleisten, auf der anderen Seite müssen Transaktionskosten vermieden bzw. niedrig gehalten werden.

Die schädlichen Folgen schikanöser Klagen, wie sie vor Erlass des Reform Acts nicht selten waren, und die u.a. die Transaktionskosten erhöhen, wurden bereits 1975 in der Entscheidung Blue Chip Stamps v. Manor Drug Store[649] beobachtet. Durch die von den Investoren angestrengten Klagen wurden den Gesellschaften unermessliche Zahlungen aufgebürdet. Während der letzten drei Jahre vor Erlass des Reform Act, wurde eine von zwölf an der NYSE geführten Gesellschaften wegen Wertpapierbetrugs verklagt[650]. Eine Studie besagt, dass 62 Prozent aller Unternehmen, die seit 1986 an der Börse notiert waren, durch eine Klage verfolgt wurden. Beklagte bei den Wertpapierklagen waren die Gesellschaften, Vorstandsmitglieder, Emissionshäuser, Wirtschaftsprüfer und Andere[651]. Attraktiv für Kläger und daher durchaus üblich war es, die Klagen gegen "deep pockets" Beklagte auszuweiten, um höhere Vergleichssummen zu erzielen[652]. Einer Studie zufolge ist die Anzahl der Vergleiche bei Wertpapierklagen um fünfzig Prozent höher, wenn als Beklagte außenstehende Berater wie Wirtschaftsprüfungsunternehmen, Anwaltskanzleien und Emissionshäuser genannt sind[653].

Durch die exzessiven Klagen wurden die Transaktionskosten auf dem Markt, insbesondere Gerichtskosten, Anwaltskosten, für Klagen aufgewendete Arbeitszeit, Einbußen wegen Rufschädigung und Vergleichskosten, drastisch erhöht. Die bloße Ankündigung von *class actions* löste bereits erhebliche Kurseinbußen aus[654]. Darüber hinaus wurden bestimmte Gruppen von Kapitalnehmern diskriminiert, so beispielsweise die High-Tech-Unternehmen, die unverhältnismäßig oft Opfer von Klagen waren[655]. Weiterhin besteht die Gefahr und Befürchtung, dass die

---

648 *Schäfer/Ott*, Ökonomische Analyse, S. 128.

649 Blue Chip Stamps v. Manor Drug Store, 421 U.S. 723, 739 (1975). Der Supreme Court stellte dort fest: "There has been widespread recognition that litigation under Rule 10b-5 presents a danger of vexatiousness different in degree and in kind from that which accompanies litigation in general."

650 Siehe Statement of Congressman Hastert (Illinois), 141 Cong. Rec. H15220 (Dec. 20, 1995).

651 *Phillips/Miller*, 51 Bus. Law. 1009, 1056 (1996).

652 Siehe SEC Report to the President and the Congress, http://www.sec.gov/news/studies/-lreform.txt, S. 6. *Deep pockets* haben insbesondere Wirtschaftsprüfungsgesellschaften, große Anwaltskanzleien und Emissionsbanken..

653 *Phillips/Miller*, 51 Bus.Law. 1009, 1057, Fn. 280 (1996).

654 *Hirte*, in: FS Leser, S. 335, 350.

655 Das ergibt sich aus der extrem hohen Vergleichsrate der High-Technology-Unternehmen, vgl. *Grundfest/Perino*, Securities Litigation Reform, S. 15.

Klageexzesse[656] dazu führen, dass insbesondere jungen und kleineren Unternehmen Beratung durch Professionelle aus Angst vor Haftung versagt wird[657] und die jungen Unternehmen dadurch mit Schwierigkeiten hinsichtlich ihres Wachstums und ihrer Entwicklung konfrontiert werden. Darüber hinaus wird jungen Unternehmen durch mangelnde Beratung der Zugang zum Markt erschwert. Die Kosten für die Kapitalbeschaffung sind dadurch hoch. Die exzessiven Klagen wirken folglich wie eine Marktzugangsschranke insbesondere für junge Unternehmen. Damit wird die operationale Funktionsfähigkeit des Marktes erheblich gestört[658]; es ist aber auch die allokative Funktionsfähigkeit nicht mehr gewährleistet[659]. Zur Fortentwicklung der Wirtschaft und zur Befriedigung zukünftiger Bedürfnisse brauchen gerade junge Unternehmen und Unternehmen im Bereich der High-Technology Investitionsmittel. Der gesamtwirtschaftlichen Vermittlungsaufgabe, die darin liegt, die Ersparnisse dorthin zu lenken, wo der dringendste Bedarf an Investitionsmitteln besteht und gleichzeitig hohe Rendite und ausreichende Sicherheit gewährleistet werden, kann damit nicht mehr genüge getan werden.

Eine weitere Folge der exzessiven Klagen ist die erhebliche Gefährdung der Wettbewerbsfähigkeit US-amerikanischer Gesellschaften auf dem globalen Markt[660]. Durch den enormen Zeit- und Geldaufwand der Gesellschaften für Klagen leidet sowohl deren Kapitalbildung als auch deren Entwicklung, vor allem hinsichtlich Forschungsprojekten, Produkterweiterungen und -änderungen, usw. Bezeichnend hierfür ist, dass die Vergleiche bereits als einer „Steuer auf die Kapitalbildung“[661] äquivalent bezeichnet werden. Hierbei leidet die gesamte Wirtschaftsentwicklung. Der Fortschritt gegenüber anderen Länder erfährt eine

---

656 Senator Reid (Nevada), 141 Cong. Rec. S 19085 (Dec. 21, 1995).

657 Siehe Central Bank of Denver, N.A. v. First Interstate Bank of Denver, N.A. 114 S. Ct. 1454 (1994).

658 Zur operationalen Funktionsfähigkeit siehe oben S. 53 f.

659 Die allokative Funktionsfähigkeit wird oben auf S. 52 erläutert.

660 Siehe *Note*, 31 New England L.Rev. 655, 658, Fn. 29 (1997): „The virtual explosion in shareholder litigation that is occurring in the United States is crippling effective management and is clearly reducing the competitiveness of U.S. companies in the global marketplace.“

661 *Seligman*, 108 Harv.L.Rev. 438, 439, Fn. 6 (1995). So besteht nicht nur eine große Hemmschwelle, neue Produkte auf den Markt zu bringen, aus Angst vor möglicher Inanspruchnahme wegen Schäden aufgrund Fehlerhaftigkeit der Produkte, sondern bestimmte Produkte, die bereits eingeführt waren, werden vom Markt genommen, um der scharfen Haftung zu entgehen, *Schirmer*, ZVersWiss 1996, 1, 36; vgl. auch *Reimann*, S. 112. Betroffen sind insbesondere Produkte mit geringem Umsatzanteil, wenn die Gefahr der Haftung im Verhältnis dazu höher eingestuft wird. Als Beispiel werden genannt bereits entwickelte künstliche Kniescheiben, Herzklappen oder Spezialgarne für die Naht von Blutgefäßen. Siehe *Schilling*, VW 1994, 1470, 1472, *Schirmer*, ZVersWiss 1996, 1, 34.

Verlangsamung, der Ansporn, neue Dinge zu entwickeln, wird gebremst[662]. Das Verhindern der Wirtschaftsentwicklung wirkt sich wiederum auf den Kurs der Wertpapiere aus.

Zur Klageflut in den USA hat insbesondere das prozessuale Haftungsrecht geführt[663]. Das Haftungsrecht war aufgrund der zahlreichen Missbrauchstatbestände kein effektives Kontrollinstrument und konnte ein Marktgleichgewicht nicht herzustellen. Der Reform Act sollte diesbezüglich eine positive Wendung bringen. So wird erwartet, dass die Transaktionskosten durch die Einschränkung von Klagen gesenkt werden. Doch sind auch negative Effekte der für die Gesellschaften günstigen Regelungen durch den Reform Act voraussehbar. Es besteht die Gefahr, dass die Gesellschaften auf der Grundlage des *safe harbor*[664] einen zu großen Schutz erhalten und die Anleger im Gegenzug missbraucht werden. Sehen sich die Gesellschaften aufgrund des ihnen gewährten Schutzes aufgefordert, unrichtige oder irreführende Aussagen abzugeben, so ist die Verbreitung von Information von angemessener Güte und damit die Effizienz der Kapitalmärkte wiederum nicht gewährleistet[665]. Die Befürchtung, dass der *safe harbor* missbraucht würde, hat sich allerdings bisher nicht bewahrheitet[666].

c. *Zusammenfassung*

Bei der Verfolgung der Funktionsfähigkeit des Kapitalmarktes ist eine Vermeidung unerwünschter Nebenfolgen der eingesetzten Mittel zu beachten[667]. Die Nebenfolge gesetzlicher Haftungsvorschriften sind die daraus resultierenden Rechtsstreitigkeiten, die zu tertiären Kosten führen. Übersteigen die tertiären Kosten den Nutzen der Informationensweitergabe, ist nicht mehr von einem effizienten Kapitalmarkt auszugehen. Kosten, wie Gerichtskosten, Anwaltskosten, Kosten der für das Verfahren aufgewendeten Arbeitszeit sollten von vornherein vermieden werden. All diese Zusatzkosten hemmen die Handlungsfähigkeit der Emittenten, der Emissionshäuser aber auch der Anleger, auf die diese Kosten letztlich wieder zurückfallen werden. Die Vermeidung der Schäden darf auf der anderen Seite nicht um jeden Preis geschehen. Das heißt, wenn die Schadensverhütung „teurer" ist als der potenziell entstehende Schaden, stimmt die Kosten-Nutzen-Rechnung nicht mehr und die Effizienz des Marktes ist nicht weiter

---

662 Beispielsweise wurde die Produktion eines technisch neuartig entwickelten Rollstuhls aus Angst vor Haftung gar nicht erst begonnen. *Schirmer*, ZVersWiss 1996, 1, 36.

663 Zu den Anreizen durch kollektive Geltendmachung siehe unten ab S. 236.

664 Zum *safe harbor* siehe unten ab S. 145.

665 Siehe auch *Note*, 31 New England L.Rev. 655, 665 (1997).

666 Siehe unten S. 150.

667 *Hopt/Will*, S. 52.

gewährleistet. Um die vielfältigen Finanzierungsbedürfnisse der Marktteilnehmer zu befriedigen, müssen diese Zusatzkosten berücksichtigt und vermieden werden. Zur Vermeidung möglicher anfallender Kosten sollte daher von vornherein eine effiziente Gestaltung der Informationsversorgung erreicht werden. Augenmerk ist dabei nicht nur auf die Steuerung der potenziellen Schädiger zu richten, sondern auch auf das Verhalten der potenziell Geschädigten. Gerade sie und ihre Anwälte beeinflussen, wie der Blick auf die USA zeigt, die Funktionsfähigkeit des Marktes durch ihr die Wirtschaft schädigendes Klageverhalten. In diesem Sinne sollte mit dem Haftungsrecht nicht nur das Ziel der Steuerung des Verhaltens der potenziellen Schädiger sondern auch des Verhaltens der Geschädigten im Hinblick auf ihr Prozessverhalten verfolgt werden. Durch den Reform Act wird deutlich, dass das Prozessverhalten nicht vom materiellen Haftungsrecht sondern in erster Linie vom prozessualen Haftungsrecht gesteuert wird, denn der Reform Act fokussiert zur Einschränkung missbräuchlicher Klagen auf prozessrechtliche Vorschriften. Es ist für einen effizienten Kapitalmarkt erstrebenswert, dass das Haftungsrecht das Informationsgleichgewicht wahrt bei gleichzeitiger Vermeidung von ungerechtfertigten Klageexzessen.

IV. Fazit

Die Ökonomische Analyse kann nicht uneingeschränkt in allen Rechtsgebieten Anwendung finden, da sie sich allein am Regelungsziel der ökonomischen Effizienz orientiert[668]. Schwierigkeiten bestehen insbesondere bei der Berührung wesentlicher Grundsatzfragen, so vor allem bei Gerechtigkeitsfragen, die im Rahmen der Ökonomischen Analyse auf die Allokationseffizienz beschränkt sind. Effizienz und Verteilungsoptimierung sind wesentliche Voraussetzungen einer gerechten Gesellschaft, können jedoch dem umfassenden Ziel der Gerechtigkeit, wie es Ziel der Rechtswissenschaft ist, nicht genügen. Dennoch müssen Effizienz und Gerechtigkeit nicht divergierende Ziele sein, wie am Beispiel einer Insiderregelung zur Schaffung sowohl von Funktionsfähigkeit des Kapitalmarktes und als auch von Chancengleichheit der Anleger deutlich wird[669]. Die Ökonomische Analyse des Rechts kann letztlich nur dort uneingeschränkt Anwendung finden, wo sich das gesetzgeberische Ziel ausschließlich auf

668 Die Kritik an der Ökonomischen Analyse des Rechts bezieht sich allerdings in großem Maße vor allem auf das äußerst extreme *posner*ische Belehrungsmodell, neben dem aber noch zwei Modelle zur Interaktion von Betriebswirtschaftslehre und Recht, und zwar das Austauschmodell und das Kooperationsmodell, das insbesondere eine fruchtbarere Zusammenarbeit vorsieht, bestehen. Siehe *R.H. Schmidt*, AG 1996, 250, 251-253.

669 Siehe oben zur Regelungsbedürftigkeit des Insiderhandels ab S. 68.

Effizienzgesichtspunkte beschränkt. Gleichzeitig muss das Recht die sich ändernden Bedürfnisse der Menschen und andere gesellschaftliche Veränderungen berücksichtigen. Der Gesetzgeber setzt bei den zu untersuchenden kapitalmarktrechtlichen Regelungen ökonomische Ziele, die es zu erfüllen gilt. Daher finden im Rahmen dieser Untersuchung ökonomische Kriterien Berücksichtigung, die für die Schaffung von Kapitalmarkteffizienz erforderlich sind. Es ist nicht Ziel, der Ökonomischen Analyse uneingeschränkt zu folgen, sondern vielmehr soll eine Art „Kooperationsmodell“[670] juristische und ökonomische Argumentationsmuster verbinden. Das Individuum wird nicht als homo oeconomicus definiert, doch ist der Kapitalmarkt ein Bereich, in dem es um die optimale Ressourcenallokation geht und in dem deshalb zugunsten aller Marktteilnehmer und der gesamten Volkswirtschaft Kosten vermieden werden sollen. Die Individuen agieren am Kapitalmarkt, um ihr Kapital zu vergrößern. Ihr Verhalten ist demnach wirtschaftlich orientiert.

Die primäre Schadensausgleichsfunktion ist grundlegender Kritik ausgesetzt. Bei einem primären Schadensausgleich wäre es, auf den Kapitalmarkt übertragen, Aufgabe des Haftungsrechts, bei unrichtiger Informationsbildung die Anleger zu entschädigen, und zwar unabhängig davon, wie ihr Schaden entstanden ist. Bei vorrangiger Präventionsfunktion durch das Haftungsrecht wird auf die Vermeidung des Schadensereignisses fokussiert, so dass der Markt mit richtiger und vollständiger Information versorgt wird. Das Haftungsrecht soll Abschreckung entfalten und damit sicherstellen, dass bei bestehenden Handlungsalternativen diejenige gewählt wird, die keinen Haftungstatbestand erfüllt, folglich auch kein Schadensereignis und daher keine Schadensersatzpflicht hervorruft[671]. Für den Fall der Börsenprospekthaftung bedeutet das die Herausgabe des Prospekts mit richtigen und vollständigen Angaben, für den Fall der Ad-hoc-Publizität die Offenlegung der Informationen und für den Fall des Insiderhandels das Absehen vom Insiderhandel. Der potenzielle Schädiger hat die Möglichkeit, sich frei zu entscheiden. Normalerweise wird er sich so entscheiden, dass ihm keine Kosten entstehen, und er einen Haftungstatbestand nicht erfüllt. Prävention auf dem Kapitalmarkt hat den Vorteil, dass durch die Schadensverhinderung der mit einer Entschädigung einhergehende Rechtsstreit nicht erforderlich wird.

Wird primär auf Schadensausgleich und die im Schadensfall folgende Wiederherstellung des status quo ante abgestellt, oder wenn dies nicht möglich ist, auf die Verschaffung einer Ersatzleistung zum Ausgleich des erlittenen Nachteils[672], entstehen zusätzliche Kosten. Kommt es zu einer haftungsrechtlichen

---

670 *R.H. Schmidt*, AG 1996, 250, 252-253.

671 In diesem Sinne *Kötz*, ZVersWiss 1993, 57, 58, der zu Recht davon ausgeht, dass eine Person die ihm nützlichste Handlungsalternative wählt.

672 §§ 249, 251 BGB.

Klage, sind nicht nur die üblichen Kosten, wie Verwaltungskosten, Prozesskosten und Anwaltskosten zu berücksichtigen, sondern auch die nur mittelbar in Erscheinung tretenden Kosten. Anzuführen sind hier insbesondere die Zeit, die für eine Klage aufgewendet werden muss, und die Rufschädigung, die erfolgt, wenn ein Wirtschaftsunternehmen durch eine anhängige Rechtsstreitigkeit in die Schlagzeilen gerät. Hierbei ist es sekundär, ob das Unternehmen berechtigt oder unberechtigt verklagt wird. Eine Rechtsstreitigkeit hat immer negative Auswirkungen auf das Renommee eines Unternehmens[673]. In den USA vergleichen sich viele Unternehmen, um einem Prozess und damit der Diskussion in der Öffentlichkeit und der daraus resultierenden negativen Publicity zu entgehen. Das Renommee eines Unternehmens kann den Wert des Unternehmensanteils erheblich beeinflussen. Sinkt der Wert der Aktie ist das sowohl für die Anleger als auch für die Unternehmen von Nachteil.

Um das Ziel der Funktionsfähigkeit des Marktes zu erreichen, ist die bloße Kompensierung des in der Vergangenheit entstandenen Schadens nicht ausreichend. Die Bildung „unfairer" Preise wird durch einen Schadensausgleich nicht verhindert. Zur Erreichung des Zieles der Allokationseffizienz genügt es nicht, dass Schadenskompensation geleistet wird, nachdem der wahre Wert von Unternehmensanteilen unterdrückt wurde, sich falsche Preise bilden konnten und Transaktionen stattgefunden haben, die nicht die optimale Allokation von Kapital gewährleisten. Es muss vielmehr für die Zukunft geplant werden. Denn von vornherein kann nur ein fairer Preis, der den wahren Wert des Wertpapiers beinhaltet, das Kapital dorthin lenken, wo der dringendste Bedarf und gleichzeitig die höchste Rendite bei ausreichender Sicherheit besteht. Folglich müsste das Haftungsrecht primär präventiv für eine Verbesserung der Allokationseffizienz des Kapitalmarktes eingesetzt werden, um der gesamtwirtschaftlichen Vermittlungsaufgabe des Kapitalmarktes gerecht zu werden.

Folgt man dieser Argumentation, ist das Haftungsrecht primär in seiner Funktion als Präventionsinstrument einzusetzen, um so die Funktionsfähigkeit des Kapitalmarktes zu erreichen. Schadenskompensation muss dann sichergestellt sein, wenn das Verhalten von Marktteilnehmern in bestimmten Situationen nicht steuerbar ist, wie dies zum Beispiel bei (leicht) fahrlässigen Handlungen zu erwarten ist oder wenn der potenzielle Schädiger die schädigende Aktivität nach einer Abwägung zwischen Durchführung und Unterlassung vornimmt.

---

673 Vgl. *Note*, 31 New England L.Rev. 655, 660 (1997).

2. Kapitel: Analyse der haftungsrechtlichen Vorschriften

Berücksichtigt man bei der Bewertung der Wirkung eines Schadensersatzanspruches, dass die Abschreckungswirkung einer Regelung nicht nur aus der angedrohten Folge resultiert, sondern aus einer Kombination der angedrohten Folge mit der Wahrscheinlichkeit ihrer Verwirklichung[674], so muss für eine Anreizwirkung auf den Schädiger die Durchsetzbarkeit des Anspruchs durch die Geschädigten von einer gewissen Wahrscheinlichkeit sein. Im deutschen Recht werden das materielle und das prozessuale Recht aufgrund des Nachwirkens der pandektistischen Lehre[675] streng getrennt[676]. Wechselwirkungen zwischen dem materiellen und dem prozessualen Recht sind aber zu bedenken, wenn das Verhalten der Marktteilnehmer auf ein bestimmtes Ziel hin gesteuert werden soll. Es ist zu untersuchen, wie Verschulden- und Mitverschulden, Kausalität, Darlegungs- und Beweislast eng miteinander verbundene Elemente zur Verhaltenssteuerung sind, die sich in ihrer Wirkung sowohl auf die potenziellen Haftungsverantwortlichen als auch auf die Anleger gegenseitig stärken oder auch schwächen können. Im US-amerikanischen Recht bestehen untrennbare Verknüpfungen von materiellen Haftungsregeln und der Darlegungs- und Beweislast. Das zeigt insbesondere der Umgang der Rechtsprechung mit den durch den Reform Act erhöhten Darlegungsanforderungen[677]. Bei der Analyse des Verschuldens und der Kausalität müssen daher immer gleichzeitig die Darlegungs- und Beweislastregeln mituntersucht werden, die für eine Durchsetzbarkeit des Anspruches bestimmend sind.

§ 1: Vorüberlegungen

Eine erste Schwelle zur Verhinderung von kostenaufwendigen Aufklärungsverfahren bei völlig haltlosen Behauptungen bietet die Substantiierungspflicht[678]. Der Kläger trägt die Darlegungslast hinsichtlich der Schlüssigkeit der Klage. Eine unschlüssige Klage ist abzuweisen. Die Klage ist schlüssig, wenn ihr Tatsachenvortrag, seine Richtigkeit unterstellt, geeignet ist, den

674 *Werner*, KritV 1992, 433, 436; *Ott/Schäfer*, in: Ott/Schäfer (Hrsg.), Präventivwirkung, S. 131, 152.

675 Siehe *Windscheid*, Lehrbuch des Pandektenrechts.

676 Was aber nicht bedeutet, dass Zusammenhänge nicht gesehen werden, siehe vor allem *Henckel*, Prozessrecht und materielles Recht; *Großfeld*, RabelsZ 39(1975), 5, insbes. 13-16.

677 Dazu unten zur Darlegung von *scienter* S. 156.

678 *Stürner*, ZZP 104 (1991), 208, 209.

Klageantrag sachlich zu rechtfertigen[679]. Dem Beklagten obliegt es, die Tatsachen darzulegen, die zur Begründung rechtshindernder, rechtsvernichtender oder rechtshemmender Einreden dienen[680]. Im US-Recht wurde die Substantiierungspflicht vor Erlass des Reform Act durch die Anwendung der *discovery* erleichtert, so dass die Substantiierungspflicht nach Rule 9(b) FRCP keine Hemmschwelle für die Erhebung offensichtlich unbegründeter Klagen konstituierte[681]. Beispiel für eine solche Klage vor Erlass des Reform Acts ohne Vorbereitung und Grund, in der Hoffnung, Anhaltspunkte für Gesetzesverstöße im Gang der *discovery* zu finden, ist die Erhebung einer Klage gegen den Zigarettenhersteller Philip Morris im Jahr 1995[682]. In der Sache ging es darum, dass Philip Morris aufgrund sinkender Verkaufszahlen ankündigte, den Preis der Marlboro Zigaretten um vierzig Cents pro Packung zu senken. Innerhalb von fünf Stunden nach dieser Ankündigung wurde eine Wertpapierklage unter Vorgabe von Betrug und falschen Darstellungen erhoben. Noch am selben Tag erhoben andere Aktionäre vier Klagen, fünf weitere folgten am nächsten Arbeitstag. Es wurde dargelegt, dass die Beklagten arglistig eine unrichtige Tatsachendarstellung abgegeben hätten, um den Wert der Aktien von Philip Morris künstlich zu erhöhen[683]. Zwei dieser Klagen enthielten die identischen Behauptungen, dass die Beklagten durch ihr Verhalten die Illusion von Philip Morris' Erfolg in der Spielzeug-Industrie schaffen und aufrechterhalten wollten[684], obwohl Philip Morris in dieser Branche gar nicht tätig ist. Das Gericht zweifelte an, dass die Kläger in so kurzer Zeit feststellen konnten, dass ein Betrugsvorfall vorlag und nahm folglich an, dass die Klage nur wegen des Sturzes der Aktienpreise um 25 Prozent erhoben worden war[685]. Darüber hinaus wandte das Gericht die *bespeaks-caution-doctrine* an[686]. Die Klage wurde abgewiesen. Im Ergebnis ist dennoch anhand dieses typischen Beispiels[687] offensichtlich, dass ein solches Klageverhalten der Anleger und ihrer Anwälte der Funktionsfähigkeit des Marktes nicht zuträglich ist und unterbunden werden muss.

---

679 Zöller-*Greger*, ZPO, Vor. § 253, Rn. 23.

680 *Thomas/Putzo*, ZPO, Vor. § 284, Rn. 23. So auch für das US-Recht *Dittfurth*, S. 179.

681 SEC Report to the President and the Congress, http://www.sec.gov/news/studies/lreform.txt, S. 14; *Vanyo/Labaton*, in: 31st Annual Institute (1999), S. 825, 829; in re Silicon Graphics Inc. Sec. Litig., 970 F.Supp. 746, 752 (N.D.Cal. 1997). Zur *discovery* siehe unten S. 212.

682 In re Philip Morris Sec. Lit., 872 F. Supp. 97 (S.D.N.Y. 1995).

683 872 F.Supp. 97, 98 (S.D.N.Y.1995).

684 872 F.Supp. 97, 98 (S.D.N.Y.1995).

685 *Note*, 31 New England L.Rev. 655, 655 (1997).

686 872 F.Supp. 97, 101 f. (S.D.N.Y.1995); zur *bespeaks-caution-doctrine* siehe auch unten Fn. 823.

687 „This scenario was not unusual in securities litigation prior to 1995", siehe *Antonucci*, 46 Emory L.J. 1237, 1237 (1997).

In einer der ersten Entscheidungen nach dem Reform Act, in Zeid v. Kimberley[688], wies der entscheidende District Court darauf hin, dass der erste Schritt in der Untersuchung einer *securities fraud* Klage die Bestimmung sei, ob die Klageschrift jede falsche oder irreführende Aussage ausreichend bezeichne und angemessen darlege, warum jedes der *statements* falsch oder irreführend sei[689]. In Bryant v. Avado Brands[690] betont der 11th Circuit die Erforderlichkeit der genauen Darlegung der anspruchsbegründenden Tatsachen beim Klagevorbringen (*state with particularity*), mit der Folge, dass die erforderlichen subjektiven Voraussetzungen glaubhaft vermittelt werden müssen[691]. Der 11th Circuit anerkennt das hohe Niveau der Klageanforderungen durch den Reform Act und schränkt die Klageerhebung potenzieller Kläger ohne eine substantiierte Darlegung von anspruchsbegründenden Tatsachen ein[692].

Entscheidend für die Durchsetzung eines Anspruches ist der Beweis des schlüssig vorgetragenen Anspruches. Alle bestrittenen Tatbestandsmerkmale müssen von der beweispflichtigen Partei bewiesen werden. Im deutschen Recht trägt nach dem allgemeinen Beweislastprinzip grundsätzlich jede Partei die Beweislast für die tatsächlichen Voraussetzungen der ihr günstigen Rechtsnormen[693], soweit gesetzlich nichts anderes geregelt ist. Danach muss der Kläger alle anspruchsbegründenden Tatbestandsmerkmale beweisen. Hierunter fallen die objektiven und subjektiven Voraussetzungen des Schadensersatzanspruchs, weiterhin Verschulden, haftungsbegründende Kausalität, der Schaden und die haftungsausfüllende Kausalität[694]. Der Beweis ist dem Kläger jedoch aufgrund mangelnder Kenntnis über Tätigkeiten des Emittenten oft nicht möglich. Zunächst muss der Kläger das fehlerhafte Verhalten des Schädigers an sich beweisen, womit große Schwierigkeiten verbunden und Sachkenntnisse unentbehrlich sind, insbesondere wenn es sich um Sachverhalte der fremden Geschäftssphäre handelt. Weiterhin muss der Kläger beweisen, dass er aufgrund des anspruchsbegründenden Verhaltens des Schädigers einen Schaden erlitten hat und die Höhe seines Schadens beziffern können.

Im US-amerikanischen Recht obliegt grundsätzlich wie im deutschen Recht dem Kläger nach den allgemeinen Beweisregeln (*rules of evidence*) die

---

688 Zeid v. Kimberley, 930 F.Supp. 431 (N.D.Cal. 1996).

689 Zeid v. Kimberley, at 434:"... the plaintiff must plead the specific circumstances of the alleged fraud, including the time, place, and nature of the statements made, and also facts demonstrating how the statements were false or misleading."

690 1999 WL 688050 (11th Cir. 1999).

691 Vgl. *Richey/Meadows*, http://www.pgfm.com/publications/pleadingscienter.html.

692 Zur Frage., wie sich die erhöhten Klageanforderungen auf den Verschuldensgrad auswirken, siehe unten S. 156.

693 BVerfG JZ 1979, 596, 598.

694 Palandt-*Heinrichs*, Vor. § 249, Rn. 162.

Darlegungs- und Beweislast (*burden of proof*) für alle anspruchsbegründenden Merkmale[695]. Doch bestehen neben Beweiserleichterungen[696] verfahrensrechtliche Erleichterungen. Die Beweislast wird vorrangig durch das *discovery*-Verfahren erleichtert. Die *discovery* soll das Beweismaterial innerhalb eines anhängigen Prozesses sichern, d.h. die Beweissicherung erfolgt erst nach Klageerhebung[697]. Hierbei wird die darlegungspflichtige Partei Tatsachen in Erfahrung bringen, die für sie anfangs nicht darzulegen waren.

§ 2: Die Haftungsverantwortlichen

Die Bestimmung des Kreises der Verantwortlichen beruht auf der Festlegung, für welche Personengruppe(n) aufgrund ihrer Informationsnähe Anreize zur richtigen und vollständigen Offenlegung von Informationen, zur Überprüfung von Prospektangaben auf deren Richtigkeit und zum Absehen vom Insiderhandel gesetzt werden sollen. Die Bestimmung der Verantwortlichen ist wesentlicher Bestandteil zur Schaffung von Effizienz, da deren Verhalten dahin gelenkt werden soll, dass marktrelevante, richtige und vollständige Informationen offengelegt werden und sich der Wahrheit entsprechende Wertpapierpreise bilden können. Die Haftungsverantwortlichen sollen darüber hinaus eine möglichst schnelle Umsetzung der Information(en) in den Preis bewirken. Anreize können nur für die Personengruppen geschaffen werden, die Nähe zu den offenzulegenden Informationen haben. Unnötige Kosten können nur dann vermieden werden, wenn die Personen, die Informationsnähe aufweisen, einer Haftung bei Verletzung von Publizitätsvorschriften ausgesetzt werden.

A. Börsenprospekthaftung

Bei der Börsenprospekthaftung variiert der Kreis der Verantwortlichen abhängig davon, ob Fremd- oder Eigenemissionen üblich sind. Eigenemissionen sind sowohl in Deutschland als auch in den USA in der Praxis selten und kommen außer bei Kreditinstituten und bei Kapitalerhöhungen von Konzerntöchtern kaum vor. Die

695 Siehe *Schwering*, Beweislast, S. 65, 87 f., 112 f.; Vgl. Rule 301 Federal Rules of Evidence: „In all civil actions and proceedings not otherwise provided for by Act of Congress or by these rules, a presumption imposes on the party against whom it is directed the burden of going forward with evidence to rebut or meet the presumption, but does not shift to such party the burden of proof in the sense of the risk of nonpersuasion, which remains throughout the trial upon the party on whom it was originally cast."

696 Dazu unten bei Verschulden und Kausalität ab S. 139.

697 *Jacoby*, ZZP 74 (1961), 145, 156; siehe zur *discovery* eingehend unten ab S. 212.

Bank tritt nicht nur als emissionsbegleitendes Kreditinstitut auf, sondern auch in der Rolle des Emittenten.

I. Emittent und Emissionsinstitute

Im deutschen wie im US-amerikanischen Recht sind neben dem Emittenten die die Emission begleitenden Institute (z.B. Emissionsbanken) einer Haftung bei fehlerhaftem oder unvollständigem Börsenprospekt ausgesetzt. Nach deutschem Recht fallen die Emissionshäuser neben den Emittenten unter die Prospekterlasser[698], d.h. sie gelten als diejenigen, die für den Prospekt förmlich die Verantwortung übernommen haben[699]. Durch die Neuregelung der §§ 45, 46 BörsG a.F. aufgrund des dritten Finanzmarktförderungsgesetzes hat sich der Wortlaut in § 45 Abs. 1 Nr. 1 BörsG a.F. (§ 44 Abs. 1 Nr. 1 BörsG n.F.) geändert. An Stelle der bisherigen Prospekterlasser werden nun diejenigen, „die für den Prospekt die Verantwortung übernommen" haben als Anspruchsgegner genannt. Die Neuregelung soll lediglich klarstellende Wirkung haben und keine Veränderung der Rechtslage herbeiführen[700]. Daher entspricht der Kreis derjenigen, die für den Prospekt die Verantwortung übernommen haben, dem Kreis der Prospekterlasser. Die Übernahme der Verantwortlichkeit muss nach außen erkennbar sein[701]. Der Prospekt wird von demjenigen erlassen, der ihn unterzeichnet[702]. Die Unterzeichner sind nach § 13 Abs. 1 S. 4 BörsZulVO die Antragsteller für die Zulassung der Wertpapiere zum amtlichen Markt. Notwendigerweise gehört jeder Antragsteller zu denjenigen, die die Verantwortung für den Prospekt übernommen haben. Der Antrag auf Zulassung muss vom Emittenten zusammen mit einem Kreditinstitut gestellt werden[703]. Damit fällt neben dem Emittenten das Emissionshaus unter die haftenden Unterzeichner.

Sec. 11(a) SA listet die potenziellen Haftungsverpflichteten ausdrücklich auf. Hierunter fallen alle Unterzeichner des Offenlegungsberichts[704], insbesondere der

---

698 § 44 Abs. 1 Nr. 1 BörsG.

699 Vgl. § 14 BörsZulV.

700 Siehe BR-Drucks. 605/97, S. 78.

701 *Hamann*, in: Schäfer (Hrsg.), Wertpapierhandelsgesetz, §§ 45, 46 a.F. BörsG, Rn. 38.

702 *Claussen*, Bank- und Börsenrecht, § 9, Rn. 85, S. 319; *Assmann*, in: Assmann/Schütze (Hrsg.), § 7, Rn. 109, S. 218; *Brondics/Mark*, AG 1989, 339, 342; *Hamann*, in: Schäfer (Hrsg.), Wertpapierhandelsgesetz, §§ 45, 46 a.F. BörsG, Rn. 39.

703 § 30 Abs. 2 S. 1 BörsG; § 13 Abs. 1 BörsZulVO. Bereits seit der Bekanntmachung betreffend die Zulassung von Wertpapieren zum Börsenhandel vom 4.7.1910, RGBl 917, können nur Bankinstitute Antrag auf Zulassung der Wertpapiere zum Börsenhandel stellen (§ 5 Abs. 1, 3). An die Stelle der BörsZulBek ist die BörsZulVO vom 15.4.1987 (BGBl I, S. 1234) getreten.

704 Sec. 11(a)(1) SA. Sec. 6(a) SA bestimmt die zu unterzeichnenden Personen: „[The

Emittent, der Vorstand[705] und diejenigen, die eine ähnliche Funktion innehaben, also alle Mitglieder des *board* zum Zeitpunkt der Einreichung des Offenlegungsberichts, Abschlussprüfer, Ingenieure und andere Personen, die im Offenlegungsbericht aufgrund ihrer Fachkunde als eine mit der Vorbereitung oder Bestätigung zumindest eines Teils des Offenlegungsberichts betraute Person genannt sind[706], sowie das Emissionshaus[707].

Die Haftung der Emissionshäuser ist ökonomisch sinnvoll. Das den Emissionsinstituten entgegengebrachte Vertrauen der Anleger wird rechtlich berücksichtigt und hat haftungsrechtliche Folgen. Dabei wird auf das abgestellt, was das Emissionshaus bzw. der Emittent aussagt, was das Emissionsinstitut billigt und damit mitträgt[708]. Mit der rechtlichen Verpflichtung gegenüber Dritten zum Zweck ökonomischer Effizienz beschäftigt sich die *gatekeeper theory*[709]. Sie ist anwendbar, wenn Sanktionen und Pflichten gegen direkte Adressaten (wie beispielsweise Ansprüche gegen Unternehmen als Emittenten) dem zu erreichenden Ziel (wie z.B. dem Anlegerschutz) nicht gerecht werden können. Die *gatekeeper theory* ist auch auf die Verantwortlichkeit der Emissionshäuser anwendbar, denn in der Regel stehen die Emissionshäuser dem Anleger näher als der Emittent selbst, d.h., der Anleger verlässt sich auf die Beurteilung der Emission durch das Emissionsinstitut. Die die Emission begleitenden Institute nehmen eine Mittlerfunktion zwischen Emittent und Anleger ein. Im Rahmen der *gatekeeper theory* soll der Dritte (hier das Emissionsinstitut) dem eigentlichen Adressaten (Emittent) Hilfe verweigern und Handlungen unterlassen, die dem gewünschten Ziel (Funktionsfähigkeit des Marktes durch Informationsvermittlung) entgegenstehen. In diesem Sinne sollte das Emissionshaus bei Manipulationen des Unternehmers Emissionen unterlassen[710] und eine Emission nur bei richtigem und vollständigem Börsenprospekt vornehmen. Tut es dies nicht, soll es gegenüber den Anlegern haften. Aus Sicht der Ökonomischen Analyse des Rechts wird erwartet, dass die Haftung des Emissionsinstituts sowohl durch Schadensprävention als auch durch leichtere und breitere Schadensverteilung zur Optimierung am Markt

---

registration statement must be] signed by each issuer, its principal executive officer or officers, its principal financial officer, its comptroller or principal accounting officer, and the majority of its board of directors or persons performing similar functions";15 U.S.C.A. § 77f(a). Unter dem Begriff *underwriter* ist meist die Emissionsbank gemeint.

705 Sec. 11(a)(2) SA. "Director" nach Sec. 3(a)(7) SEA bedeutet "any director of a corporation or any person performing similar functions with respect to any organization, whether incorporated or unincorporated."

706 Sec. 11(a)(4) SA.

707 Sec. 11(a)(5) SA.

708 *Hopt*, Verantwortlichkeit der Banken, § 3 Rn. 76.

709 Die *gatekeeper theory* wurde als Folge der Economic Analysis of Law- Bewegung entwickelt. Siehe *Hopt*, Verantwortlichkeit der Banken, § 3, Rn. 65.

710 *Hopt*, Verantwortlichkeit der Banken, § 3, Rn. 65.

beiträgt[711]. Das Emissionsinstitut wird als *cheapest cost avoider* angesehen. Die Haftung darf aber nur so weit gehen, wie sie auch wirtschaftlich sinnvoll und für das Funktionieren des Kapitalmarktes förderlich ist. Das kann insbesondere beim Verschulden berücksichtigt werden[712].

II. Dritte

Sind im Prospekt gemäß § 14 BörsZulVO weitere Personen oder Gesellschaften aufgeführt, die für den Inhalt die Verantwortung übernehmen, so unterliegen auch sie der Haftung nach § 44 BörsG. Somit könnte eine Haftung des Abschlussprüfers in Betracht kommen, der die für den Prospekt wesentliche Jahresabschlussprüfung erstellt[713]. Gemäß § 30 BörsZulVO muss der Abschlussprüfer, welcher die Jahresabschlüsse der letzten drei Geschäftsjahre geprüft hat, namentlich im Prospekt benannt werden. Weiterhin muss der Bestätigungsvermerk wortwörtlich im Prospekt wiedergegeben werden. Nach einem Vorschlag in der Literatur sollen die Emissionshäuser bzw. die Anlagemittler teilweise dadurch von einer Pflicht zur Prüfung von Prospektangaben entlastet werden, dass auf die Experten, wie beispielsweise den Abschlussprüfer, verwiesen wird, die diese Prüfung vorgenommen haben[714]. Die Haftungslücke, die damit entsteht, solle durch die genannten Experten in Form einer Einstandspflicht wieder geschlossen werden sollte. Es wird argumentiert, dass der Wirtschaftsprüfer durch Setzen des Bestätigungsvermerks (vgl. § 322 HGB) eine eigene prospektmäßige Erklärung abgibt, die nichts anderes bedeutet, als dass er bestimmte Prospektangaben nach ihren professionellen Standards überprüft hat[715]. Die berufliche Fachkunde führe zu einer Garantenstellung des Wirtschaftsprüfers, der durch Setzen des Prüfungsvermerks eine Garantie für die Richtigkeit der Rechnungslegung übernehme und damit nach außen am Prospekt mitwirke, und so einen Vertrauenstatbestand schaffe[716]. Der Vorschlag, Wirtschaftsprüfer in die Börsenprospekthaftung mit einzubeziehen, ist aus mehreren Gründen abzulehnen. Erstens kann der Bestätigungsvermerk letztlich nicht eine Garantie für die

---

711 *Hopt*, Verantwortlichkeit der Banken, § 3, Rn. 67.

712 Zum Verschulden siehe unten S. 142-143.

713 Ferner wird eine Haftung der Wirtschaftsprüfer, Rechtsanwälte und sonstigen Fachleute nach den Grundsätzen der allgemeinen zivilrechtlichen Prospekthaftung oder in Form der beruflichen Auskunftshaftung erwogen, siehe *Sittmann*, NZG 1998, 490, 493; *Lehmann*, WM 1985, 181, 183 m.w.N.

714 *Assmann*, Prospekthaftung, S. 305- 307.

715 *Assmann*, Prospekthaftung, S. 307 m.w.N.; siehe auch MüKo-*Mertens*, BGB, § 823, Rn. 467.

716 *Hamann*, in: Schäfer (Hrsg.), Wertpapierhandelsgesetz, §§ 45, 46 a.F. BörsG, Rn. 55.

Aufdeckung aller Gesetzes- und Satzungswidrigkeiten geben, da die Prüfung aus zeitlichen und wirtschaftlichen Gründen nicht unbegrenzt ausgeweitet werden kann[717]. Zweitens sind die Angaben über die Person des Abschlussprüfers nach § 30 BörsZulVO zwingend und nicht auf Grundlage von § 14 BörsZulVO erfolgt. Der Abschlussprüfer nimmt eine beratende Funktion bei der Prospekterstellung ein. Er wirkt aber nicht bei der Erstellung des Prospekts in seiner Gesamtheit mit. Folglich kann er auch nicht wegen der Unrichtigkeit oder Unvollständigkeit des Prospekts in seiner Gesamtheit haften[718]. Drittens steht der Anleger nicht ohne einen Ersatzpflichtigen da. Es ist demnach nicht verständlich, warum der Kreis der Haftenden auf den Abschlussprüfer erweitert werden soll, wenn dieser nicht ausdrücklich die Verantwortung durch Unterzeichnung übernimmt. Die Anleger sind ausreichend geschützt, indem sie gegen den Emittenten und das Emissionshaus vorgehen können. Der Emittent kann gegen den Abschlussprüfer bei Pflichtprüfungen wegen Verletzung seiner Pflichten aus § 323 Abs. 1 S. 3 HGB auf Schadensersatz vorgehen. Er hat also die Möglichkeit des Regresses, falls ihn die Anleger wegen eines Fehlers in der Jahresabschlussprüfung belangen. Eine Verpflichtung des Abschlussprüfers gegenüber den Anlegern ist daher nicht erforderlich. Für eine Haftung des Abschlussprüfers als Prospektveranlasser nach § 44 Abs. 1 Nr. 2 BörsG wird ihm in den meisten Fällen ohnehin ein eigenes wirtschaftliches Interesse an der Emission fehlen[719].

Nach Sec. 11(a)(4) SA haften Personen wie Sachverständige und Berater, die im Offenlegungsbericht als eine mit der Vorbereitung oder Bestätigung zumindest eines Teils des Offenlegungsberichts betraute Personen genannt sind, also ähnlich wie die für den Inhalt des Prospekts Verantwortung übernehmenden Personen nach § 14 BörsZulVO. Abschlussprüfer werden im Gesetzestext ausdrücklich erwähnt und müssen im Offenlegungsbericht namentlich genannt sein, so dass sie zur Haftung herangezogen werden können[720]. Eine Haftung soll allerdings nur dann entstehen, wenn die irreführende Information ausdrücklich diesen zuzuschreiben ist[721]. Anwälte werden nicht explizit genannt, werden aber als *professionals* angesehen, wenn sie Expertenmeinung liefern. Damit fallen sie unter Umständen ebenfalls in den Kreis der potenziellen Anspruchsgegner[722]. Sec. 11(a)(4) SA ist Grundlage für die Haftung der speziellen Berater, die zu dem unzureichenden Offenlegungsbericht beigetragen haben.

---

717 *Esser*, Zivilrechtliche Haftung, S. 24 f.

718 Vgl. *Sittmann*, NZG 1998, 490, 493; so auch *Hamann*, in: Schäfer (Hrsg.), Wertpapierhandelsgesetz, §§ 45, 46 a.F. BörsG, Rn. 54.

719 Siehe hierzu unten S. 130.

720 Sec. 11(a) SA.

721 McFarland v. Memorex Corp., 493 F.Supp. 631, 643 (N.D.Cal.1980).

722 *Hazen*, S. 330.

III. Tatsächliche Urheber

Die tatsächlichen Urheber des Prospekts fallen unter den Begriff der in § 44 Abs. 1 Nr. 2 BörsG genannten Prospektveranlasser[723]. Es geht dabei um die Personen oder Unternehmen, die ein eigenes wirtschaftliches Interesse an der Emission haben[724]. Wirtschaftliches Interesse können insbesondere eine Konzernmuttergesellschaft, deren Finanzierungstochter auf Veranlassung der Muttergesellschaft Wertpapiere emittiert oder ein Großaktionär haben, der seine Beteiligung veräußert und daher maßgeblich bei der Erstellung des Prospekts mitgewirkt hat. Lediglich Zulieferung von Material für den Prospekt reicht nicht aus, wenn kein eigenes wirtschaftliches Interesse besteht[725]. Ein Abschlussprüfer wird im Regelfall kein eigenes wirtschaftliches Interesse an der Emission haben. Die Erweiterung der Haftung auf die Prospektveranlasser soll vermeiden, dass die Ansprüche der Investoren wegen Illiquidität des formell Verantwortlichen nicht durchsetzbar sind, während der tatsächliche Veranlasser des Prospekts liquide und keinen Haftungsansprüchen ausgesetzt ist[726]. Aus dem gleichen Grund werden auch im US-Recht Aktionäre mit Mehrheitsbeteiligung und beherrschende Unternehmen zur Haftung herangezogen[727].

IV. Bewertung

Das deutsche und das US-amerikanische Recht auferlegen denjenigen eine Haftung, die Einfluss auf die Informationsverbreitung haben. Risikoerhöhungen, die sich aus der Mitwirkung weiterer Personen ergeben, werden berücksichtigt, indem die Personen, die entweder am Prospekt bedeutend mitgewirkt oder ein eigenes wirtschaftliches Interesse an der Emission haben, ebenfalls der Börsenprospekthaftung unterliegen, und zwar als Gesamtschuldner[728]. Im Gegensatz zum US-amerikanischen Recht haftet der Vorstand nach deutschem Recht nicht persönlich. Das ergibt sich schon aus dem Wesen der Aktiengesellschaft und ihrem Haftungsgefüge, die für den Regelfall nur eine Haftung mit dem Gesellschaftsvermögen vorsieht[729] und zwischen Innen- und

723 *Hamann* in: Schäfer (Hrsg.), Wertpapierhandelsgesetz, §§ 45, 46 n.F. BörsG, Rn. 11; *Assmann*, in: Assmann/Schütze (Hrsg.), § 7, Rn. 204; *Schwark*, Börsengesetz, §§ 45, 46, Rn. 7.

724 BR-Drucks. 605/97, S. 78.

725 BR-Drucks. 605/97, S. 78.

726 *Hamann*, in: Schäfer (Hrsg.), Wertpapierhandelsgesetz, §§ 45, 46 a.F. BörsG, Rn. 42.

727 *Bloomenthal*, S. 705.

728 Zur Haftung meherer Verantwortlicher siehe unten ab S. 188.

729 § 1 Abs. 1 S. 1 AktG. Die Durchgriffshaftung als Ausnahme ist meist nur in den Fällen der

Außenhaftung der Organe streng trennt[730]. Obwohl in den USA die Mitglieder des *board* der Börsenprospekthaftung ausgesetzt sind, ist nicht von einer größeren Anreizwirkung auf diese Personen als im deutschen Recht auszugehen. Denn in fast allen Bundesstaaten der USA besteht die Möglichkeit der Aufnahme von Haftungsfreistellungserklärungen (*indemnification clauses*) in das Gesellschaftsstatut für den Fall einer persönlichen Inanspruchnahme der Verwaltungsmitglieder der Gesellschaft[731]. Freilich wird die Freistellung eine Begrenzung in der Art beinhalten, dass nur die Personen freigestellt werden, die in gutem Glauben gehandelt haben und berechtigt annehmen konnten, dass ihr Handeln rechtmäßig war[732]. Grund für eine Haftungsfreistellung im US-amerikanischen Recht sind die enormen Risiken der Verwaltungsmitglieder, in Anspruch genommen zu werden. Konsequenz solcher Risiken mit bedenklichen Folgen für die wirtschaftliche Entwicklung ist die Schwierigkeit, geeignete Personen für entsprechende Positionen zu finden. Die Haftungsfreistellung bietet die Möglichkeit, qualifizierte Kräfte für die Unternehmensleitung zu gewinnen. Zugleich lässt eine Haftungsfreistellung aber an der Glaubwürdigkeit des Unternehmens zweifeln. Und für die Fälle, in denen ohnehin nur eine Freistellung für Handeln in gutem Glauben erfolgen kann, besteht wiederum das Problem des Nachweises der Gutgläubigkeit. Eine klar ausgestaltete Haftung, wie sie im deutschen Recht besteht, ist daher vorzugswürdig. Die Haftung der Vorstands nach US-amerikanischem Recht führt nicht zu einem effizienteren Kapitalmarkt.

B. Insiderhandel

Für das US-amerikanische Recht ist die Bestimmung der Insidereigenschaft aufgrund der *disclose-or-abstain*-Verpflichtung ausschlaggebend für die Festsetzung der Personengruppen, die für eine Offenlegung nicht öffentlich zugänglicher Informationen sorgen sollen. Diejenigen, die unter den Insiderbegriff fallen, sind für die Schaffung „fairer" Preise verantwortlich, da sie entweder die nicht öffentlich zugängliche Information offenlegen oder vom Handel absehen müssen. Für die Bestimmung der Insidereigenschaft stellt die US-amerikanische Regelung auf die Beziehung des Insiders zur Informationsquelle, genauer auf einen

---

Eröffnung des Vergleichs- und Konkursverfahren einschlägig, *Wiedemann*, Gesellschaftsrecht, S. 222.

730 Für Sorgfaltspflichtverletzungen besteht aus § 93 Abs. 2 S. 1 AktG eine Haftung grundsätzlich nur gegenüber der Gesellschaft, während eine Außenhaftung gegenüber Aktionären oder Dritten – abgesehenen von Haftung aus Delikt - nur gemäß § 117 Abs. 2 i.V.m. Abs. 1 S. 2 AktG in Betracht kommt

731 *Elsing/van Alstine*, S. 241 f..

732 Vgl. *Elsing/van Alstine*, S. 242.

Treuebruch gegenüber der Informationsquelle ab (sog. *misappropriation theory*), während das deutsche Wertpapierhandelsgesetz eine kapitalmarktrechtliche Bestimmung des Insiders vornimmt, indem es auf die Informationsdisparität zu der Marktgegenseite abstellt. Für das deutsche Recht ist die Begründung der Sekundärinsidereigenschaft wichtig für die Frage, wer hinsichtlich einer Insiderinformation dem Handelsverbot, nicht aber dem Weitergabe- und Empfehlungsverbot unterliegt und somit nicht öffentlich zugängliche Informationen verbreiten darf.

I. Primärinsider

Die erste Entscheidung, die Rule 10b-5 für Fälle von Insiderhandel anwendete, Cady, Roberts & Co.[733], verlangte für die Bestimmung des Insiders einen *access test.* Danach wird die Insidereigenschaft mit zwei Kriterien bestimmt[734]. Seit Chiarella[735] wird ein besonderes Treueverhältnis (*relationship of trust and confidence*) zwischen Aktionären und Insider verlangt (*fiduciary duty theory*)[736]. In einem Treuepflichtverhältnis zu den Aktionären stehen die Mitglieder des *board, officers, controlling shareholders* und (high level) *employees*[737]. Anders als die *fiduciary duty theory* stellt die von Chiarella abgeleitete *misappropriation theory* auf die Beziehung zur Informationsquelle ab[738]. Durch die Anwendung der *misappropriation theory* sollen „wahre" Märkte geschaffen und das Vertrauen der

733 Cady, Roberts & Co., 40 S.E.C. 907 (1961).

734 Zum einen eine Beziehung, durch die dem Insider der direkte oder indirekte Zugang zu Informationen eröffnet wird, die nur für unternehmerische nicht aber persönliche Zwecke verfügbar sein soll, zum anderen die dem Geschäft spezifisch innewohnende Ungerechtigkeit, dass die Informationen seinen Transaktionspartnern nicht zugänglich sind, wovon der Insider Kenntnis hat, Cady, Roberts & Co., 40 S.E.C. 907, 912 (1961). In Cady, Roberts wurde also noch auf die Informationsdisparität auf dem Markt abgestellt.

735 In Chiarella v. United States, 445 U.S. 222 (1980) war der Insiderhandel allerdings Gegenstand eines strafrechtlichen Verfahrens.

736 Siehe Chiarella v. United States, 445 U.S. 222 (1980). Hier lag eine Informationsnutzung seitens eines Druckereiangestellten vor. Die Information über eine bevorstehende Unternehmensübernahme hatte er einem zu druckenden Zeitschriftenbeitrag entnommen. Zwischen dem Angestellten des Verlages und den Investoren des Unternehmens, über das in dem Beitrag berichtet wurde, bestand nach Ansicht des Gericht jedoch kein Treueverhältnis, und es bestand keine rechtliche Pflicht zur Offenlegung der Information vor der Transaktion, da es sich um einen unternehmensexternen Insider handelte, so dass eine Haftung abgelehnt wurde, Chiarella v. United States, 445 U.S. 225, 231 - 235 (1980). Reaktion auf die Chiarella-Entscheidung und die *misappropriation theory* war der Erlass von Rule 14e-3 durch die SEC als weitere Haftungsgrundlage für Insiderhandel.

737 Siehe z.B. Meinhard v. Salmon, 164 N.E. 545 (N.Y. 1928).

738 United States v. O'Hagan, 117 S.Ct. 2199, 2209 (1997).

Anleger gestärkt werden[739]. U.S. v. O'Hagan[740] brachte die lang erwartete höchstrichterliche Klarstellung und bejahte die Vereinbarkeit der *misappropriation theory* mit Rule 10b-5[741]. Der Supreme Court führte aber an, dass seine Entscheidung auf strafrechtliche Verfahren beschränkt sei. Allerdings sollte die Entscheidung des Supreme Court ausreichend sein für die Bestimmung der Primärinsidereigenschaft und dafür, dass Handeln auf Grundlage einer unrechtmäßig verwendeten Information eine Verletzung von Rule 10b-5 darstellt, und zwar unabhängig davon, ob es sich um ein strafrechtliches oder ein zivilrechtliches Verfahren handelt[742]. Ob die Anleger tatsächlich einen Schadensersatzanspruch haben, weil ihnen gegenüber eine Pflicht bestand, ist eine ganz andere Frage.

Gegenstand der *misappropriation theory* ist die unrechtmäßige Verwendung der Information durch den Insider (*misappropriation*). Nach der *misappropriation theory* wird die Haftung auf Personen ausgeweitet, die im Besitz von wesentlicher, nicht-öffentlicher Information sind und eine Transaktion tätigen, auch dann, wenn ihnen keine Pflicht gegenüber den Wertpapierinhabern der Gesellschaft obliegt, in deren Wertpapieren das Insidergeschäft durchgeführt wurde[743]. Der Neunte Circuit fasste die Voraussetzungen der *misappropriation theory* in SEC v. Clark[744] folgendermaßen zusammen: Der Insider muss die Insiderinformation widerrechtlich verwenden, indem er eine Pflicht verletzt, die aus einem besonderen Vertrauensverhältnis resultiert, und die Information in einer Wertpapiertransaktion gebraucht, unabhängig davon, ob ihm gegenüber den Aktionären der gehandelten Wertpapiere eine Pflicht obliegt. Der Supreme Court in U.S. v. O'Hagan sah die Pflichtverletzung, die eine Haftung nach Rule 10b-5 auslöst, in dem Bruch der Verschwiegenheitspflicht gegenüber der Informationsquelle, indem der Insider eine Transaktion auf Grundlage der widerrechtlich verwendeten Informationen durchführte[745]. Es wird keine Offenlegung der Insiderinformation an alle Marktteilnehmer gefordert, sondern die Offenlegung des geplanten Vorhabens, mit der Insiderinformation zu handeln, an die Person(en), der/denen gegenüber die

---

739 United States v. O'Hagan, 117 S.Ct. 2199, 2203 (1997).

740 United States v. O'Hagan, 117 S.Ct. 2199 (1997).

741 In den Entscheidungen Chiarella, Dirks und Carpenter ließ der Supreme Court die Entscheidung offen, ob die *misappropriation theory* zulässig sei, Chiarella v. United States, 445 U.S. 222 (1980); Dirks v. SEC, 681 F.2d 824 (D.C.Cir.1982); Carpenter v. United States, 108 S.Ct. 316 (1987).

742 *Bloomenthal*, S. 1185.

743 Siehe *Steinberg*, Securities Law, S. 272.

744 Allerdings für eine *enforcement action* der SEC. SEC v. Clark, 915 F.2d 439, 443 (9th Cir. 1990).

745 *Bloomenthal*, S. 1148.

Treuepflicht besteht[746]. Zur Einhaltung der *disclose-or-abstain-rule* reicht es also aus, wenn der Insider die geplante Insidertransaktion gegenüber der Informationsquelle offenlegt. Anschließend kann er eine Transaktion vornehmen. Da die Pflicht zur Offenlegung des Transaktionsvorhabens nur gegenüber der Informationsquelle besteht und nicht gegenüber der Anlegerschaft, wird mit der O'Hagan-Entscheidung eine Ausdehnung von Schadensersatzklagen nicht erfolgen. Erfasst von der *disclose-or-abstain*-Verpflichtung wird also nicht jeder, der bestimmungsgemäß Zugang zu Insiderinformation hatte, sondern derjenige, der Information unrechtmäßig verwendet hat.

Nach dem Wertpapierhandelsgesetz ist Primärinsider, wer den in § 13 Abs. 1 WpHG genannten Personengruppen[747] zugehörig ist und kraft dieser Zugehörigkeit bestimmungsgemäß Zugang zu nicht-öffentlichen Informationen hat. Es wird also nicht wie bei der Treuebruchtheorie suggeriert, dass jeder, der in den Kreis der potenziellen Insider fällt, unabhängig von den Umständen der Informationserlangung vom Begriff des Insiders erfasst wird[748], vielmehr bedarf es eines bestimmungsgemäßen Zugangs zu der Insiderinformation, der zur Informationsdisparität zu der Marktgegenseite führt. Für das Vorliegen der Bestimmungsgemäßheit ist maßgeblich, ob eine Notwendigkeit der Mitteilung der Information für die Ausübung der jeweiligen Tätigkeit bestand und die Informationserlangung Ausfluss dieser Tätigkeit ist[749]. Dem deutschen Insiderrecht liegt demnach nicht ein unternehmensorientierter, gesellschaftsrechtlicher, sondern ein marktbezogener Ansatz zugrunde[750]. Das Wertpapierhandelsgesetz setzt zur Beurteilung der Insidereigenschaft bei der Informationsasymmetrie an, die aus Tätigkeiten unterschiedlicher Informationsnähe resultiert. Primärinsider dürfen weder Insiderhandel betreiben, noch die Information weitergeben und Empfehlungen erteilen[751]. Von Primärinsidern ist kein effizienzförderndes Verhalten zu erwarten, da sie lediglich dem Verwertungsverbot unterliegen, ohne dass sie eine Pflicht zur Offenlegung trifft[752].

---

746 United States v. O'Hagan, 117 S.Ct. 2199, 2202 f. (1997); *Bloomenthal*, S. 1148; *Lange*, WM 1998, 525, 533 f. Die Offenlegungspflicht bestand daher in der Nicht-Offenlegung der Information gegenüber der Kanzlei als Arbeitgeber.

747 § 13 Abs. 1 WpHG unterscheidet zwischen drei Personengruppen, erstens den Mitgliedern des Geschäftsführungs- oder Aufsichtsorgans bei den Emittenten oder mit diesen verbundenen Unternehmen, zweitens den Anteilseignern des Unternehmens oder mit diesen verbundenen Unternehmen und drittens denjenigen, die aufgrund ihrer beruflichen Tätigkeit Zugang zu nicht-öffentlichen Informationen haben.

748 Vgl. *Krauel*, S. 225.

749 *Krauel*, S. 231 f.

750 *Assmann*, in: Assmann/Schneider (Hrsg.), § 11, Rn. 42.

751 § 14 Abs. 1 WpHG.

752 Dazu schon oben S. 64.

II. Sekundärinsider

Im US-Recht ist die Stellung des Sekundärinsiders abhängig von der Insiderstellung des Primärinsiders. Der Sekundärinsider haftet nur dann nach Rule 10b-5, wenn der Primärinsider eine Treuepflicht gegenüber den Wertpapierinhabern verletzt hat, indem er dem Tippee die Information offengelegt, und der Sekundärinsider von dieser Verletzung gewusst hat bzw. davon hätte wissen müssen[753]. Da bei einem Fehlen einer Treuepflichtverletzung des Primärinsiders auch keine davon abgeleitete Verletzung stattfinden kann, hängt die Auferlegung der *disclose-or-abstain*-Verpflichtung für den Sekundärinsider davon ab, ob der Tipp des Primärinsiders den Bruch einer Treuepflicht darstellt. Entscheidendes Kriterium für eine solche Pflichtverletzung ist ein persönlicher finanzieller Vorteil für den Primärinsider durch die Preisgabe der Information[754]. Grund für die Ausweitung der Treuepflicht-Theorie auf die Haftung von Sekundärinsidern und die damit einhergehende Einschränkung der Haftung für Sekundärinsider, die nicht-öffentliche Information erhalten haben, ohne dass der Primärinsider eine Treuepflicht verletzt hat, ist die Förderung der Effizienz des Marktes durch die Aktivitäten von Marktanalysten[755]. Marktanalysten sollen dazu beitragen, dass Informationen dem Markt zugänglich gemacht werden, indem sie Informationen ausfindig machen und anschließend entsprechende Empfehlungen abgeben[756]. Marktanalysten, die bei der Informationssammlung zwangsläufig mit Unternehmensinsidern in Kontakt kommen, unterliegen also dann keiner Haftung nach Rule 10b-5, wenn die Weitergabe von Insiderinformation durch die Unternehmensinsider ohne persönliche Bereicherungsabsicht erfolgte. Der Tendenz der Rechtsprechung, die Effizenz des Marktes durch die Aktivität von Marktanalysten zu fördern, trat die SEC mit der im Oktober 2000 erlassenen Regulation F-D entgegen[757]. Regulation F-D soll die Offenlegung wesentlicher, nicht-öffentlicher Informationen an einen kleinen Personenkreis, wie Marktanalysten oder institutionelle Anleger unterbinden, um das Vertrauen der Anleger in die Integrität der Kapitalmärkte zu erhalten[758]. Nach Regulation F-D werden Emittenten, deren Wertpapiere gemäß Sec. 12 Securities Exchange Act registriert sind, und Emittenten, die den Offenlegungspflichten nach § 15(d) Securities Exchange Act unterliegen, verpflichtet, Informationen, die sie einem in

---

753 Dirks v. SEC, 463 U.S. 646, 660 (1983).

754 Dirks v. SEC, 463 U.S. 646, 661 f. (1983).

755 Dirks v. SEC, 463 U.S. 646, 658 f., Fn. 17 (1983).

756 *Langevoort*, 76 VA.L.Rev. 1023, 1025 f. (1990).

757 Siehe *SEC*, Written Statement, wysiwyg://7/http://www.sec.gov/news/testimony/051701-wssec.htm; Rule 100 Regulation F-D.

758 *SEC*, Written Statement, wysiwyg://7/http://www.sec.gov/news/testimony/051701wssec.-

Rule 100(b)(1) Regulation F-D genannten ausgewählten Personenkreis, wie Händlern, Investmentberatern, Investmentgesellschaften usw. offengelegt haben, im Fall von absichtlicher Offenlegung zeitgleich und im Fall nicht-absichtlicher Offenlegung unverzüglich öffentlich bekannt zu machen[759].

Anders als im US-Recht sind im deutschen Recht für die Tippee-Eigenschaft die Art und Weise der Informationserlangung und die Informationsquelle irrelevant[760]. Die Sekundärinsidereigenschaft wird nicht von der Stellung eines Primärinsiders abhängig gemacht, sondern von dem Vorliegen einer Insidertatsache, die Informationsdisparität begründet. Aktivitäten von Sekundärinsidern können der Effizienz von Kapitalmärkten zuträglich sein, da Tippees keinem Weitergabe- und Empfehlungsverbot unterliegen und somit dem Markt kursrelevante Information zugänglich machen können. Sekundärinsider ist, wer, ohne Primärinsider zu sein, Kenntnis von der Insidertatsache hat[761]. Hierunter fällt auch derjenige, der nicht weiß, dass er Kenntnis von einer Insidertatsache erhalten hat[762].

Die Aktivitäten von Marktanalysten werden weder von der Insiderrichtlinie noch vom Wertpapierhandelsgesetz als explizit förderungswürdig angesehen. Die Weitergabe von Insiderinformation durch Marktanalysten an interessierte Anleger wird vom deutschen Recht nicht unterbunden, wenn diese als Sekundärinsider einzustufen sind, da Sekundärinsider nur dem Insiderhandelsverbot unterliegen, nicht aber dem Empfehlungs- und Weitergabeverbot (§ 14 Abs. 2 WpHG). Analysten werden mit dem Argument, dass sie Insiderinformationen bestimmungsgemäß erhalten, nach überwiegender Ansicht dem Primärinsiderbegriff zugeordnet[763]. Auch die Rechtsprechung tendiert dazu, Marktanalysten unter den Primärinsiderbegriff zu subsumieren[764]. Richtigerweise fallen Analysten aber unter den Sekundärinsidertatbestand[765], da der Begriff der Bestimmungsgemäßheit ein Vorliegen der Merkmale „üblich" und „vorhersehbar" einschließt und nicht davon ausgegangen werden kann, dass ein Analyst

---

htm, 1 .

759 Der Text der Regulation F-D findet sich unter www.sec.gov/rules/proposed/s73199/-0427604.htm.

760 *Assmann/Cramer*, in: Assmann/Schneider (Hrsg.), § 14, Rn. 75.

761 § 14 Abs. 2 WpHG.

762 Hier wird es aber regelmäßig an der Ausnutzung dieser Kenntnis beim Handel aufgrund einer Insiderinformation fehlen, so dass der Verbotstatbestand nach § 14 Abs. 2 WpHG nicht erfüllt ist, *Assmann/Cramer*, in: Assmann/Schneider (Hrsg.), § 14, Rn. 75.

763 *Eichele*, WM 1997, 503, 505; *Immenga*, ZBB 1995, 197, 200; Siebold, S. 237; *Assmann*, AG 1994, 237, 239; eher gegen die allgemeine Primärinsidereigenschaft von Analysten *Assmann*, ZGR 1994, 494, 507 f.; *ders.*, in: Assmann/Schneider (Hrsg.), § 13, Rn. 19i, 23, 24b.

764 Vgl. z.B. OLG Frankfurt, NJW 2001, 982.

765 So im Ergebnis auch *Krauel*, S. 243, allerdings mit anderer Begründung.

üblicherweise Insiderinformationen bei Gesprächen mit Vorständen eines Emittenten erhält[766]. Demnach unterliegen die Analysten bei Kenntnis einer Insidertatsache lediglich dem Handelsverbot des § 14 Abs. 2 WpHG, nicht aber dem Weitergabe- und Empfehlungsverbot des § 14 Abs. 1 WpHG. Problematisch kann das Handelsverbot im Hinblick auf Analysten sein, die für Eigenhandel betreibende Unternehmen arbeiten. Die Lösung für solche Fälle bieten Chinese Walls[767].

Die Aktivitäten von Marktanalysten sind einerseits für den Markt effizienzfördernd, andererseits können sie das Vertrauen der Anleger in die Integrität des Kapitalmarktes erschüttern: Marktanalysten tragen dazu bei, dass sich Informationen schneller auf dem Markt ausbreiten und sich im Wertpapierpreis niederschlagen können. Durch die Informierung des Marktes helfen Marktanalysten außerdem darüber hinweg, dass Emittenten zum einen restriktive Informationspolitik betreiben, um eventueller Haftung wegen Aussagen betreffend die zukünftige Performance zu entgehen, und dass Emittenten zum anderen oftmals kein Vertrauen im Hinblick auf die Richtigkeit der von ihnen verbreiteten Informationen geschenkt wird[768]. Marktanalysten bieten sich dann als Informationsmittler für den Markt an. Durch die selektive Informationsweitergabe an Marktanalysten erfolgt auch keine Beeinträchtigung von Gleichbehandlungsinteressen der Anleger, da ohnehin nicht jeder Marktteilnehmer Zugang zu Insiderinformation hat, aber jeder Anleger entweder das Wissen von Analysten in Anspruch nehmen oder sich auf die sich auf dem Markt durch die Aktivitäten der Marktanalysten gebildeten „fairen“ Preise verlassen kann[769]. Das Wirken von Marktanalysten kann daher zum Abbau von Informationsasymmetrien führen. Andererseits besteht die Gefahr, dass die Anleger ihr Vertrauen in die Fairness des Kapitalmarktes durch den Informationsvorsprung einiger weniger Personengruppen verlieren und aus Enttäuschung dem Kapitalmarkt ihre Mittel entziehen. Außerdem kann die informationstechnische Privilegierung von Marktanalysten dazu führen, dass Emittenten wesentliche Informationen als Ware behandeln, die dazu gebraucht wird, sich mit bestimmten Analysten oder Investoren gut zu stellen, was dazu führen könnte, dass Analysten auf den Druck hin nur Positives über das Unternehmen berichten, um sich weiterhin den Zugang zu selektiv verbreiteter Information zu erhalten[770].

---

766 So *Assmann*, in: Assmann/Schneider (Hrsg.), § 13, Rn. 19i; *Krauel*, S. 244.

767 Dazu genauer und kritisch *Krauel*, S. 165 f., 241 f.,

768 *Langevoort*, 76 Va.L.Rev. 1023, 1029 f. (1990).

769 *Langevoort*, 76 Va.L.Rev. 1023, 1031 f. (1990).

770 *SEC*, Written Statement, wysiwyg://7/http://www.sec.gov/news/testimony/051701-wssec.htm, 1.

Der Ad-hoc-Publizitätspflicht unterliegen nach deutschem Recht lediglich die Emittenten und nicht jeder Insider, der Kenntnis einer Ad-hoc-publizitätspflichtigen Tatsache hat[771]. Gemäß §§ 37b Abs. 1, 37c Abs. 1 WpHG ist der Emittent Anspruchsgegner. In diesem Sinne stellt auch § 15 Abs. 5 S. 2 WpHG - im Hinblick auf die Bußgeldbewehrung - klar, dass der Emittent alleiniger Adressat der Norm ist. Eine Haftung des Vorstandes gegenüber Anlegern ist daher vom Gesetz nicht vorgesehen, obwohl die Herstellung der Ad-hoc-Publizität zum „Kernbereich der Leitungsfunktion des Vorstandes" gehört[772]. Die Regierungskommission „Corporate Governance" hatte vorgeschlagen, dem handelnden Vorstands- oder Aufsichtsratsmitglied bei Falschinformation des Kapitalmarktes eine Ersatzverpflichtung gegenüber den betroffenen Anlegern auf Schadensersatz aufzuerlegen[773]. Mit einer Regelung, die nicht die Gesellschaft sondern die Verwaltungsmitglieder zur Verantwortung heranzieht, sollte unter anderem vermieden werden, dass der Ersatz des Schadens letztlich wieder den Aktionären selbst auferlegt wird[774]. Der Gesetzgeber hat den Vorschlag der Regierungskommission jedoch nicht aufgegriffen und umgesetzt.

Das US-amerikanische Recht erfasst mit Sec. 18 SEA nicht nur die Emittenten, sondern wie bei der Börsenprospekthaftung auch die *officers* und *directors* des Unternehmens, also die Vorstandsmitglieder[775]. Auch für Insider besteht hier keine Offenlegungspflicht, es sei denn, der Insider möchte aufgrund einer Ad-hoc-publizitätspflichtigen Tatsache Handel betreiben, so dass er dann nach dem *disclose-or-abstain* Grundsatz einer Offenlegungspflicht unterliegt.

Die Einführung einer Organhaftung wie bei Sec. 18 SEA ist entgegen dem Vorschlag der Regierungskommission nicht wünschenswert und mit dem Wesen der Aktiengesellschaft und deren Haftungsgefüge nicht vereinbar[776]. Zunächst ist Adressat der Ad-hoc-Publizitätspflicht nach § 15 Abs. 1 S. 1 WpHG der Emittent selbst. Eine Verletzung der Ad-hoc-Publizitätspflicht kann daher nach geltendem Recht nur zu einer Haftung des gegenüber dem Kapitalmarkt für die Information verantwortlichen Adressaten führen. Da §§ 37b, 37c WpHG leges speciales sind, verstoßen Schadensersatzzahlungen auch nicht gegen § 57 Abs. 1 AktG[777]. Eine

771 § 15 Abs. 1 WpHG.

772 Siehe m.w.N. *Rössner/Bolkart*, ZIP 2002, 1471, 1476.

773 Bericht der Corporate Governance Kommission, Rn. 186, abrufbar auf der Internetseite der Bundesregierung unter www.bundesregierung.de

774 So auch *Baums*, ZHR 166 (2002), 375, 379.

775 „Any person who shall make or cause to be made any statement in any application, report, or document filed pursuant to this title or any rule or regulation thereunder..."

776 Dazu auch ausführlich *Fuchs/Dühn*, BKR 2002, 1063, 1070.

777 M.w.N. *Fuchs/Dühn*, BKR 2002, 1063, 1070; *Rössner/Bolkart*, ZIP 2002, 1471, 1476.

Haftung der Organe kommt darüber hinaus wegen der Organisationsstruktur der Aktiengesellschaft nicht in Betracht. Zwischen Innen- und Außenhaftung der Organe besteht eine strikte Trennung. Während die Verletzung von Sorgfaltspflichten gemäß § 93 Abs. 2 S. 1 AktG (bzw. § 116 i.V.m. § 93 Abs. 2 AktG) nur zu einer Haftung gegenüber der Gesellschaft führt, kommt eine Außenhaftung – abgesehen von deliktischer Haftung - allein unter der Voraussetzung des § 117 Abs. 2 i.V.m. Abs. 1 S. 2 AktG in Betracht. Aber auch unter Anreizgesichtspunkten ist eine Organhaftung nicht erforderlich. Denn das pflichtwidrig handelnde Organ ist ohnehin der Haftung gegenüber der Gesellschaft wegen Verletzung von Sorgfaltspflichten gemäß § 93 Abs. 2 AktG ausgesetzt, was bereits zu einer Förderung sorgfältigen Verhaltens führen dürfte. Schadensersatzansprüche der Gesellschaft gegen Vorstandsmitglieder bleiben nach den neuen Vorschriften unberührt und können auch nicht im Voraus ermäßigt oder erlassen werden[778]. Außerdem droht pflichtwidrig handelnden Organen die Haftung gegenüber Anlegern aus Delikt. Bei einer Erweiterung der Organhaftung besteht darüber hinaus die Gefahr, dass die Organe zu übervorsichtigem Handeln angehalten werden, was der wirtschaftlichen Entwicklung der Gesellschaft langfristig schaden kann.

§ 3: Verschulden und Mitverschulden

Der Verschuldensmaßstab einer Haftungsanspruchsgrundlage bildet die Basis sowohl für das Verhalten des potenziellen Verletzers als auch für das sich daran anschließende Verhalten des potenziell Geschädigten. Auch eine Mitverschuldensregelung vermag sowohl das Verhalten des Schädigers als auch das des Geschädigten zu beeinflussen.

A. Verschulden

Bei einer Verschuldenshaftung ist davon auszugehen, dass das Sorgfaltsniveau des Schädigers gesteuert werden kann[779], denn der potenzielle Schädiger haftet nur, wenn ihm ein vorwerfbares Verhalten nachgewiesen werden kann[780]. Der potenzielle Schädiger hat die Möglichkeit, sorgfältig zu handeln, so dass der Anreiz besteht, eine Haftung zu vermeiden. Die verschuldensunabhängige Haftung stellt nicht auf Sorgfaltsanforderungen ab. Sorgfältiges Verhalten wird nicht mit

---

778 Vgl. §§ 37b Abs. 6, 37c Abs. 6 WpHG.

779 *Schäfer/Ott*, Ökonomische Analyse, S. 146.

780 Palandt-*Heinrichs*, § 276, Rn. 3.

einer Vermeidung von Haftung belohnt. Außerdem besteht bei einer verschuldensunabhängigen Haftung die Gefahr, dass die Anleger die Wirtschaft durch missbräuchliche Klagen schädigen[781]. Von der Verschuldenshaftung geht ebenfalls keine Anreizwirkung zur Schadensverhütung aus, wenn dem Anleger die Beweislast für alle anspruchsbegründenden Tatsachen obliegt. Der Schädiger weiß, dass er nicht zur Haftung herangezogen wird und wird daher keine Sorgfalt zur Schadensvermeidung aufwenden[782]. Umgekehrt kann eine erhöhte Anreizwirkung zur Schadensvermeidung entstehen, wenn eine Beweislastumkehr für alle anspruchsbegründenden Tatsachen besteht. In diesem Fall kommt die Verschuldenshaftung einer absoluten Haftung nahe. Die beweisrechtlichen Vorschriften können eine Veränderung der haftungsrechtlichen Risikoverteilung herbeiführen[783].

I. Börsenprospekthaftung

Im Rahmen der Börsenprospekthaftung wird erwartet, dass der Emittent die vom Gesetz vorgeschriebenen Informationen an die Anleger durch den Prospekt richtig und vollständig herausgibt. Während sich der deutsche Gesetzgeber für eine Verschuldenshaftung entschieden hat, besteht nach Sec. 11(a) SA eine verschuldensunabhängige Haftung, so dass der Emittent für die Unrichtigkeit des Prospekts absolut haftet, selbst wenn er nicht einmal fahrlässig hinsichtlich Fehler und Unvollständigkeiten gehandelt hat[784].

1. Deutsches Recht

Hinsichtlich des Verschuldensgrades wird nach §§ 44, 45 BörsG zwischen den verschiedenen, Verantwortung übernehmenden Personen aufgrund ihrer unterschiedlichen Stellung und der daraus folgenden Pflichten unterschieden.

---

781 Siehe z.B. Grünbuch der EG über die Sanierung von Umweltschäden mit Blick auf die Lage in den USA (Grünbuch, S. 32): „Ein äußerst umfassendes System der verschuldensunabhängigen Haftung könnte bestimmten Wirtschaftszweigen eine zu große Last aufbürden und zu größeren Störungen der Wirtschaft führen.“

782 *Schäfer/Ott*, Ökonomische Analyse, S. 257.

783 *Schäfer/Ott*, Ökonomische Analyse, S. 179 f.

784 *Hazen*, S. 338.

a. *Verschulden des Emittenten*

Die Haftung bei Unrichtigkeit knüpft an Kenntnis oder Unkenntnis, die nicht auf grober Fahrlässigkeit beruht (§ 45 Abs. 1 S. 1 BörsG). Hatte der Emittent nur leicht fahrlässig keine Kenntnis von der Fehlerhaftigkeit des Prospekts, entfällt der Anspruch also. Grobe Fahrlässigkeit liegt bei Verletzung der im Verkehr erforderlichen Sorgfalt in ungewöhnlich großem Maße vor[785]. Grundsätzlich ist die Beurteilung, was „grob" ist, eine tatrichterliche Frage, die für jeden Einzelfall beantwortet werden muss[786]. Für den Emittenten ist der Sorgfaltsmaßstab hoch anzusetzen, da für ihn die relevanten Daten des Rechnungswesens und der Unternehmenslage offenliegen. So kann bei dem Emittenten beispielsweise grobe Fahrlässigkeit vorliegen, wenn der Vorstand nicht die Sorgfalt eines ordentlichen Kaufmanns anwendet, indem er das Zielunternehmen einer geplanten Übernahme nicht sorgfältig analysiert[787].

Vor Erlass des dritten Finanzmarktförderungsgesetzes wurde hinsichtlich des erforderlichen Verschuldensgrades zwischen Unrichtigkeit und Unvollständigkeit unterschieden. Zur Begründung einer Haftung wegen Unvollständigkeit des Prospekts war bösliches Verhalten, also bösliches Verschweigen oder bösliche Unterlassung einer ausreichenden Prüfung erforderlich[788]. Der Begriff des böslichen Verschweigens ist zwischen grober Fahrlässigkeit und Arglist anzusiedeln[789]. Die "Böslichkeit" entspricht bedingtem Vorsatz[790]. Nach Ansicht des Bundesrates differenzierte die Regelung ohne überzeugenden Grund zwischen den Fällen der Unrichtigkeit und der Unvollständigkeit[791]. Im dritten Finanzmarktförderungsgesetz wurde die Unterscheidung zwischen Unrichtigkeit und Unvollständigkeit aufgegeben und das Verschulden hinsichtlich eines unvollständigen Prospekts an das Verschulden bei einem unrichtigen Prospekt angeknüpft. Es ist daher Kenntnis oder grob fahrlässiges Nichtkennen der Unvollständigkeit notwendig. Ein Prospekt mit fehlenden Informationen kann keinen der Wahrheit entsprechenden Gesamteindruck über den Emittenten und die Wertpapiere vermitteln, insbesondere, wenn es sich um entscheidungsrelevante Informationen handelt. Fehlende Informationen können den Gesamteindruck in gleichem Maße verfälschen wie unrichtige Informationen. Die Anpassung des Verschuldensmaßstabs bei Unvollständigkeit an den bei Unrichtigkeit war richtig

---

785 BGHZ 89, 153, 161.
786 BGHZ 10, 14, 17.
787 LG Frankfurt, ZIP 1998, 641, 644.
788 *Groß*, §§ 45, 46 BörsG, Rn. 42.
789 *Nußbaum*, Börsengesetz, § 46 Anm. IIIc.
790 LG Frankfurt a.M., Urt. v. 7.10.1997, ZIP 1998, 641, 644.
791 BR-Drucks. 605/97, S. 55.

und notwendig, da kein Grund ersichtlich ist, weshalb der Emittent bei Unvollständigkeit des Prospekts eine Privilegierung erhalten und ihm bösliches Verschweigen für eine Haftung nachgewiesen werden sollte.

b. *Verschulden des Emissionshauses*

Grundsätzlich haftet das Emissionshaus wie der Emittent für Vorsatz und grobe Fahrlässigkeit. Zu unterscheiden ist jedoch zwischen dem erforderlichen Verhalten eines Emittenten und dem erforderlichen Verhalten eines die Emission begleitenden Instituts. Der Sorgfaltsmaßstab bei Fahrlässigkeit ist ein objektiver Maßstab, der sich nicht nach individuellen Fähigkeiten des Schädigers bestimmt[792]. Die Sorgfaltspflichten der Emissionshäuser entsprechen nicht denen der Emittenten. Das Emissionshaus besitzt einen geringeren Einblick in die Unternehmenslage als der Emittent selbst. Der Emittent verfügt über Kenntnis sämtlicher Daten hinsichtlich der Unternehmenslage. Das Emissionshaus seinerseits ist auf die Informationen vom Emittenten und von dritter Seite angewiesen[793]. Die Anforderungen an einen besonnenen und gewissenhaften Menschen in der Lage des Emissionshauses sind folglich nicht so hoch wie die an einen besonnenen und gewissenhaften Menschen in der Situation des Emittenten. Eine Sorgfaltspflichtverletzung und damit ein anspruchsbegründendes Verschulden wird nur dann angenommen, wenn für das Emissionshaus eine Pflicht zur Prüfung und Berichtigung und Ergänzung des ihm vom Emittenten vorgelegten Prospektentwurfs bestand[794]. Ansonsten darf es sich auf die Angaben des Wirtschaftsprüfers verlassen[795].

Das Emissionshaus hat aber grundsätzlich, soweit es ihm möglich und zumutbar ist, die Angaben des Prospektes nachzuprüfen[796], wenn auch nicht mit derselben Prüfungsintensität wie der Emittent[797]. Es muss die ihm vorgelegten Daten aber auf ihre Vollständigkeit und Richtigkeit überprüfen[798]. Ein strengerer Maßstab ergibt sich, wenn für die Unrichtigkeit der Angaben konkrete

---

792 § 276 Abs. 1 S. 2 BGB.

793 BR-Drucks. 605/97, S. 80. In diesem Sinne entschied das Landgericht Frankfurt beispielsweise, dass im Falle der Unkenntnis des Emittenten über Schwächen des Tochterunternehmens aus grober Fahrlässigkeit erst recht von der Unkenntnis der Emissionsbank ausgegangen werden müsse, die nicht zu einem Verschuldensvorwurf führen könne, siehe Landgericht Frankfurt, ZIP 1998, 641, 644.

794 *Schwark*, Börsengesetz, §§ 45, 46, Rn. 21; *Canaris*, Bankvertragsrecht, Rn. 2280a; *Schwark*, ZGR 1983, 162, 172 f.

795 *Canaris*, Bankvertragsrecht, Rn. 2280a.

796 *Schwark*, ZGR 1983, 162, 172.

797 BR-Drucks. 605/97, S. 80.

Anhaltspunkte bestehen: Erfolgt trotz solcher Anhaltspunkte keine Nachprüfung, so bedeutet dieses Unterlassen grobe Fahrlässigkeit[799]. Würde beim Emissionshaus der gleiche Maßstab wie beim Emittenten angesetzt, würden sowohl der Emittent als auch die Anleger Schaden daraus ziehen, da das begleitende Institut aufgrund des unkalkulierbaren Risikos der Inanspruchnahme die Emissionsprovision erhöhen müsste. Das wiederum würde die Eigenkapitalbeschaffung erheblich verteuern[800]. Darüber hinaus besteht ohnedies eine hohe Prüfungsintensität der Emissionshäuser, da im Falle gleichzeitiger Platzierung von Aktien im Ausland ausländische Rechtsordnungen für den Sorgfaltsmaßstab bestimmend sind und hohe Anforderungen stellen[801]. Im Zuge des dritten Finanzmarktförderungsgesetzes wurde eine Haftungsverschärfung des Haftungsmaßstabs bei der Börsenprospekthaftung diskutiert. Es wurde davon Abstand genommen, da bei den Emissionshäusern keine Zurückhaltung ausgelöst und damit die Förderung der Bereitschaft zur Unterstützung von Risikokapital nicht gefährdet werden sollte[802].

c. *Beweislast*

Die Börsenprospekthaftung beinhaltet seit dem dritten Finanzmarktförderungsgesetz gesonderte Beweislastregeln. Sowohl hinsichtlich des Beweises des Verschuldens als auch hinsichtlich des Beweises der haftungsausfüllenden Kausalität sind Änderungen eingetreten. Obwohl vor Erlass des dritten Finanzmarktförderungsgesetzes hinsichtlich der Haftung des Emittenten keine spezialgesetzliche Regelung bestand und die Beweislast auf Seiten des Anlegers lag, wurde parallel zur zivilrechtlichen Prospekthaftung eine Beweislastumkehr hinsichtlich des Verschuldens des Emittenten analog §§ 282, 285 BGB nach den Grundsätzen der Beweislast nach Gefahrenbereichen in Erwägung gezogen[803]. Damit sollte eine Angleichung der Rechtslage an die §§ 20 Abs. 3 KAGG, 12 Abs. 3 AIG stattfinden, die für den Beweis des Verschuldens der Unrichtigkeit oder Unvollständigkeit des Verkaufsprospektes ebenfalls eine Beweislastumkehr vorsehen. Die Grundsätze der Beweislast nach Gefahrenbereichen treten dann ein, wenn die fraglichen Umstände allein in der Sphäre des Emittenten oder des Emissionshauses liegen[804]. Die Beweislast nach Gefahrenbereichen findet allerdings hauptsächlich bei vertraglichen Haftungsklagen, insbesondere bei

798 BR-Drucks. 605/97, S. 80.
799 RGZ 80, 196, 199.
800 *Assmann*, Prospekthaftung, S. 383 f.
801 *Hamann*, in: Schäfer (Hrsg.), Wertpapierhandelsgesetz, §§ 45, 46 n.F. BörsG, Rn. 35.
802 BR-Drucks. 605/97, S. 80.
803 Siehe *Hamann*, in: Schäfer (Hrsg.), Wertpapierhandelsgesetz, §§ 45, 46 a.F. BörsG, Rn. 99.
804 *Canaris*, Bankvertragsrecht, Rn. 2281.

positiver Forderungsverletzung Anwendung, während bei deliktischen Schadensersatzansprüchen die allgemeinen Beweislastregeln Vorrang haben[805]. Wie bereits erwähnt ist die Börsenprospekthaftung "zwischen Vertrag und Delikt stehend"[806]. Bei der Börsenprospekthaftung kann keine andere Wertung erfolgen, als bei der allgemeinen zivilrechtlichen Prospekthaftung[807], so dass der Ruf nach einer Beweislastumkehrung durchaus gerechtfertigt war.

Mit dem dritten Finanzmarktförderungsgesetz ist eine für die Kläger wesentliche Erleichterung eingetreten. Nach § 46 Abs. 1 BörsG a.F. (§ 45 Abs. 1 BörsG n.F.) wurde eine Umkehr der Beweislast für das Verschulden der Prospektverantwortlichen in Anlehnung an die Grundsätze über die Beweislast nach Gefahrenbereichen angeordnet[808]. Die fraglichen Umstände liegen in der Sphäre der Anspruchsverantwortlichen[809]. Nunmehr kann nach § 46 Abs. 1 BörsG a.F. (§ 45 Abs. 1 BörsG n.F.) nicht in Anspruch genommen werden, wer nachweist, dass er die Unrichtigkeit oder Unvollständigkeit der Angaben des Prospekts nicht gekannt hat und die Unkenntnis nicht auf grober Fahrlässigkeit beruht. Es besteht also die widerlegliche Vermutung, dass der Emittent bei Vorliegen unrichtiger oder unvollständiger Angaben im Prospekt schuldhaft gehandelt hat. Durch die Verschuldenshaftung verbunden mit einer Beweislastumkehr hinsichtlich des Verschuldens und der Kausalität kann von einer Anreizwirkung zur Schadensvermeidung und damit zur Ausgabe korrekter Informationen ausgegangen werden. Der Anreiz zur korrekten Informationsverbreitung wird durch den Anreiz für die Anleger verstärkt, Klage bei Unrichtigkeit oder Unvollständigkeit der Prospektangaben zu erheben. Mit Klageexzessen ist nicht zu rechnen, da die geschädigten Anleger zunächst die Unrichtigkeit oder Unvollständigkeit der Angaben und ihren Schaden beweisen müssen. Erst wenn diese Voraussetzung erfüllt ist, hilft ihnen die Beweislastumkehr weiter.

2. *US-amerikanisches Recht*

Sec. 11(a) SA sieht für Emittenten eine verschuldensunabhängige Haftung vor. Für andere am Prospekt Beteiligte besteht die Möglichkeit zur Exkulpation durch den

805 Vgl. *Ebke*, Wirtschaftsprüfer, S. 82.

806 *Schwark*, Börsengesetz, §§ 45, 46, Rn. 5.

807 *Hamann*, in: Schäfer (Hrsg.), Wertpapierhandelsgesetz, §§ 45, 46 a.F. BörsG, Rn. 99; a.A. *Schwark*, Börsengesetz, §§ 45, 46, Rn. 26 mit dem Argument, dass der Prospekthaftung die notwendige Vertragsnähe für eine Analogie zu den §§ 282, 285 BGB fehlt.

808 Begr. RegE 3. FFG, BT-Drucks. 13/8933, S. 80, BR-Drucks. 605/97, S. 80.

809 *Hamann*, in: Schäfer (Hrsg.), Wertpapierhandelsgesetz, §§ 45, 46 n.F. BörsG, Rn. 36; Begr. RegE 3. FFG, BT-Drucks. 13/8933, S. 80; BR-Drucks. 605/97, S. 80.

Nachweis gehöriger Sorgfalt[810]. Da die Haftung der Emittenten nicht von einem ihnen vorwerfbaren Verhalten abhängig gemacht wird, ist bei Nichtbeachtung anderer Tatbestandsmerkmale keine Steuerung des Verhaltens der Emittenten zu erwarten, da keine Anreize zur Sorgfältigkeit gesetzt werden. Anderes kann sich ergeben, wenn man die *safe harbor*-Regelung und die Regelung über das Mitverschulden[811] mitberücksichtigt, wie im Folgenden aufzuzeigen sein wird. Setzt man allerdings die strenge Haftung in Relation zur Anzahl der Klagen, die in den USA von den Anlegern wegen falscher Informationen erhoben werden, so kommen zwei Folgerungen in Betracht: Entweder es findet keine Sorgfaltserhöhung statt, oder die Anforderungen an die Darlegung der anspruchsbegründenden Merkmale sind so niedrig, dass trotz hoher Sorgfaltsanwendung Klagen erhoben werden[812].

a. Safe Harbor

Ein Anreiz zur Offenlegung von Informationen wurde durch die Regelung des *safe harbor* geschaffen. Mit Sec. 102 Reform Act wird das Ziel der Erhöhung der Markteffizienz verfolgt, indem Unternehmen ermutigt werden, *forward-looking statements* abzugeben[813]. Die *safe harbor*-Regel soll es den Gesellschaften ermöglichen, die Aussichten hinsichtlich ihrer zukünftigen Leistungsfähigkeit öffentlich darzulegen, ohne rechtliche Schritte befürchten zu müssen, und die Anleger mit wertvollen Information über zukünftige Entwicklungen zu versorgen[814]. Die *safe harbor*-Regelung ist auf jede zivilrechtliche Klage anwendbar, die unter dem Securities Act oder dem Securities Exchange Act erhoben wird, sofern es sich um einen Anspruch handelt, der sich auf eine falsche oder irreführende Aussage über eine wesentliche Tatsache betreffend ein *forward-looking statement* stützt[815]. Die Regelung betrifft Emittenten, die den Publizitätspflichten nach Sec. 13(a) oder Sec. 15(d) Securities Exchange Act unterliegen, aber auch Personen, die im Interesse des Emittenten handeln, also sog.

---

810 Sec. 11(b) SA. Dazu unten ab S. 150.

811 Zum Mitverschulden unten S. 164-167.

812 Sec. 11 SA ist durch die Auferlegung einer verschuldensunabhängigen Haftung nicht von den erhöhten Darlegungsanforderungen des Reform Act in Bezug auf das Merkmal *scienter* betroffen. Rule 10b-5 dagegen schon, dazu unten S. 156 - 164.

813 SEC Report to the President and the Congress, http://www.sec.gov/news/studies/lreform.txt, S. 12; *Steinberg*, Securities Law, S. 260.

814 Siehe House Conf. Rep. No. 104 - 369 (1995), 1995 U.S.C.C.A.N. 730, 742; SEC Report to the President and the Congress, http://www.sec.gov/news/studies/lreform.txt, S. 12.

815 Sec. 27A(c)(1) SA, Sec. 21E(c)(1) SEA.

persons acting on behalf of the issuer[816], oder außenstehende Personen, die vom Emittenten angehalten wurden, in seinem Namen eine Aussage zu machen, und schließlich auch ein Emissionshaus bezüglich einer vom Emittenten beschafften Information[817]. Eine Aktualisierungspflicht bezüglich abgegebener Voraussagen (*duty to update*) besteht nicht[818]. *Forward-looking statements* umfassen Finanzvorhaben, Aussagen über Zukunftspläne und Ziele des Managements und Aussagen über die zukünftige wirtschaftliche Leistungsfähigkeit[819]. Für die Investoren, Marktanalysten[820] und andere Marktteilnehmer sind die Informationen hinsichtlich der zukünftigen Entwicklung und Ziele des Unternehmens von außerordentlicher Wichtigkeit, denn schließlich sind die Investoren von derartigen Informationen für zukünftige Anlageentscheidungen abhängig. Auch für die (korrekte) Preisbildung auf dem Markt sind realistische Erwartungen der Marktteilnehmer über die künftigen Erträge entscheidend, da die Erwartungen nur anhand zukunftsorientierter Informationen auf rationale Weise geformt werden können[821]. Die wichtigste Information einer Gesellschaft ist nämlich diejenige, die darüber informiert, wie die Gesellschaft die Zukunft gestalten wird, und nicht etwa diejenige, die über Vergangenes berichtet[822]. Informationen über zukünftige

816 Unter eine „person acting on behalf of an issuer" fällt ein „officer, director, or employee of the issuer", siehe Sec. 27A(i)(6) SA und Sec. 21E(i)(4) SEA.

817 Sec. 27A(a) SA, Sec. 21E(a) SEA.

818 Sec. 27(A)(d) SA und Sec. 21E(d) SEA. Obwohl der Reform Act niemandem eine Pflicht aufbürdet, *forward-looking statements* im Sinne des Refom Act auf den neuesten Stand zu bringen, ist die Frage einer *duty to update* weitgehend ungelöst. Zum einen, da der Reform Act die *duty to update* nicht ausdrücklich eliminiert, zum anderen, weil einige Voraussagen, Vorhersagen und Pläne nicht unter den Begriff des *forward-looking statement* des Reform Act fallen, vom Anwendungsbereich explizit ausgenommen sind und der persönliche Schutzbereich auf die im Gesetz genannten Personen begrenzt ist, *Gwyn/Matton*, 24 Sec.Reg.L.J. 366, 367 (1997).

819 Sec. 27A (i)(1) SA und Sec.21E(i)(1) SEA: „The term forward - looking statement means (A) a statement containing a projection of revenues, income (including income loss), earnings per share, capital expenditures, dividends, capital structure, or other financial items; (B) a statement of the plans and objectives of management for future operations, including plans or objectives relating to the products or services of the issuer; (C) a statement of future economic performance, including any such statement contained in a discussion and analysis of financial condition by the management or in the results of operations included pursuant to the rules and regulations of the Commission; (D) any statement of the assumptions underlying or relating to any statement described in subparagraph (A), (B), or (C); (E) any report issued by an outside reviewer retained by an issuer, to the extent that the report assesses a forward - looking statement made by the issuer; or (F) a statement containing a projection or estimate of such other items as may be specified by rule or regulaion of the Commission."

820 Siehe 26 Sec. Reg. & L. Rep. 937 (1994).

821 Dazu oben S. 54-57.

822 *Bloomenthal*, S. 600.

Erträge sind allokationsrelevant, da sie ausschlaggebend dafür sind, wohin Kapital gelenkt wird, so dass für die Effizienz des Kapitalmarktes die Offenlegung zukunftsorientierter Informationen unerlässlich ist.

Der *safe harbor*-Regelung liegt die von der Rechtsprechung entwickelte *bespeaks-caution-doctrine* zugrunde[823]. Die durch Sec. 102(a) bzw. (b) Reform Act geschaffenen Sec. 27A SA und Sec. 21E SEA gewähren einen *safe harbor* bei Abgabe von *forward - looking statements*, die von den im Gesetz bestimmten Personen abgegeben werden, und die von der Definition des Reform Act erfasst sind. Die *safe harbor*-Regel gilt für *forward-looking statements*, unabhängig davon, ob die *statements* schriftlich oder mündlich erfolgt sind. Die *safe harbor*-Regelung ist jedoch nur unter folgenden Voraussetzungen anwendbar:

- Die Voraussage muss als solche gekennzeichnet und an eine Beschreibung der Faktoren gekoppelt sein, die zu einer Abweichung der Voraussage führen können (*cautionary statements*).
- Die Voraussage ist ohnehin unwesentlich.
- Der Kläger kann nicht beweisen, dass die Voraussage in dem Wissen gemacht wurde, dass sie falsch oder irreführend ist[824].

Handelt es sich um eine mündliche Aussage, muss sie von warnenden Angaben begleitet werden, die die Aussage als *forward-looking statement* kennzeichnen und aufzeigen, dass der Inhalt der Voraussagen wesentlich von den künftig eintretenden Ereignissen abweichen kann[825]. Ferner muss ein schriftliches Dokument verfügbar sein, falls es sich bei den warnenden Angaben um eine mündliche Aussage handelt[826]. Wenn eine Gesellschaft die Risiken, die die zukunftsorientierte Aussage begleiten, offengelegt hat, kann sie nicht mehr wegen Sinkens der Aktienpreise verklagt werden. Sie befindet sich in einem *safe harbor*.

---

823 Die *bespeaks caution doctrine* wurde von der Rechtsprechung als Reaktion auf den wachsenden Druck von Gesellschaften, „soft informatione" offenzulegen, entwickelt. „Soft information" sind Informationen subjektiver oder spekulativer Art, wie Neuigkeiten über einführende Zusammenschlussverhandlungen, Vermögensschätzungen, Ansichten des Vorstands und Vorraussagen, siehe *Stout*, 87 Mich.L.Rev., 613, 633 (1988). Die Offenelgung von „soft information" bedeutete eine erhebliche Gefahr für die Gesellschaften, in Anspruch genommen zu werden, wenn die tatsächlichen Ereignisse nicht den Vorhersagen entsprachen. Nach der *bespeaks caution doctrine* werden die Emittenten weitgehend gegen eine Haftung geschützt, wenn die „soft information" von warnenden Zusätzen (die sog. *cautionary language*) begleitet wird, die die damit verbundenen Unsicherheiten und Risiken angemessen darlegt, siehe *Hazen*, S. 797 f. Hinsichtlich der Entwicklung der Doktrin siehe In re Donald J. Trump Casino Securities Litigation, 793 F.Supp. 543 (D.N.J. 1992). Falls die warnenden Zusätze klar und deutlich genug sind, um zu vermeiden aus den Voraussagen gegenteilige Schlüsse ziehen zu können, können sie *reliance* hinsichtlich der zukunftsweisenden Aussagen ausschließen, *Hazen*, S. 810 f.

824 Siehe Sec. 27A(c)(1) SA, Sec. 21E(c)(1) SEA.

825 Sec. 27A(c)(2)(A)(i), (ii) SA, Sec. 21E(c)(2)(A)(i), (ii) SEA.

Der *safe harbor* besteht nicht, wenn eine Verletzung der Anti-Betrugsvorschriften der Kapitalmarktgesetze durch den Emittenten innerhalb der drei der Voraussage vorangehenden Jahre kraft einer gerichtlichen Verfügung festgestellt oder ihm untersagt wurde, ferner bei Emissionen von Kleinaktien[827] sowie bei Voraussagen, die im Jahresabschluss enthalten sind, der entsprechend den GAAP[828] erstellt wurde, außerdem nicht bei Voraussagen in einem Offenlegungsbericht von Investmentgesellschaften sowie bei Voraussagen im Rahmen eines Going Public oder eines Going Private oder einer Übernahmeofferte[829].

Obwohl das Vorliegen eines *safe harbor* ein für den Beklagten günstiges Tatbestandsmerkmal ist, fällt es in den Bereich des Klägers, darzulegen, dass ein *forward-looking statement* nicht unter den entlastenden *safe harbor* fällt[830]. Es besteht also die gesetzliche Vermutung, dass ein *forward-looking statement* unter den Voraussetzungen für ein Vorliegen des *safe harbor* abgegeben wurde. Weiterhin muss der Emittent mit tatsächlicher Kenntnis gehandelt haben, was ebenfalls vom Kläger zu beweisen ist[831]. Der Nachweis von tatsächlicher Kenntnis verlangt die Kenntnis des Emittenten von den zugrundeliegenden Tatsachen, die die Aussage irreführend machten, aber keinen Beweis der Absicht des Emittenten. Gleichzeitig begründet tatsächliche Kenntnis keine Haftung bei Unterlassung der gehörigen Sorgfalt oder wenn der Emittent leichtfertig bei Abgabe der Aussage hinsichtlich deren Unrichtigkeit war[832]. Eine Klage von Anlegern ist erst dann erfolgsversprechend, wenn sie ein Nicht-Vorliegen des *safe harbor* durch fehlende warnende Angaben und tatsächliche Kenntnis des Emittenten beweisen können, denn der Gesetzestext bestimmt ein Vorliegen des *safe harbor* alternativ, d.h. der Emittent befindet sich auch dann im *safe harbor*-Bereich, wenn er die falschen oder irreführenden *forward-looking statements* bewusst abgegeben hat, aber angemessene warnende Aussagen beigefügt hat. Der alternative Tatbestand für ein Vorliegen des *safe harbor* führte zu der Befürchtung, dass die *safe harbor*-Regelung bewusstes betrügerisches Vorgehen der Emittenten unterstütze[833]. Die erhöhten Darlegungsanforderungen des Reform Act sind auf Klagen wegen *forward-looking statements* auf Grundlage von Sec. 11 SA nicht anwendbar, da für

826 Sec. 27A(c)(2)(B)(i) SA, Sec. 21E(c)(2)(B)(i) SEA.

827 Bei *penny stock* handelt es sich um Kleinaktien, die zum Preis von weniger als einem Dollar gehandelt werden.

828 General Accepted Accounting Principles.

829 Sec. 27A(b) SA, Sec. 21E(b) SEA.

830 *Bloomenthal*, S. 882.

831 Sec. 27A(c)(1)(B)(i)SA, Sec. 21E(c)(1)(B)(i) SEA: „... the plaintiff fails to prove that the forward-looking statement ... was made with actual knowledge ...“

832 *Bloomenthal*, S. 866 f.

833 Vgl. *Bloomenthal*, S. 861.

den Securities Act keine dem Sec. 21(D)(b) SEA vergleichbare Vorschrift existiert[834].

In Silicon Graphics, Inc. Securities Litigation befasste sich erstmalig ein Gericht mit den *safe harbor*-Vorschriften des Reform Acts[835]. Der District Court wies das Argument der Beklagten, sie hätten für Warnungen in Rahmen einer Konferenz gesorgt, als Grundlage für einen Antrag auf Klageabweisung (*motion to dismiss*) zurück[836]. Dieses Argument war nur auf eine Erklärung des Chief Executive Officers der Gesellschaft gestützt, der behauptete, er habe die schriftlichen Warnungen, die seiner Erklärung beigefügt waren, zu Beginn der Konferenz gelesen[837]. Das Gericht kam ohnehin zu dem Schluss, dass dieser Beweis gar nicht Gegenstand einer Erwägung bei einem Antrag auf Klageabweisung sein könne[838].

In der Entscheidung Steckman v. Hart Brewing, Inc.[839] waren die Vorschriften des *safe harbor* nicht anwendbar, da es sich um falsche Darstellungen und Unterlassungen in Verbindung mit einer Erstemission (Initial Public Offering) handelte. Wichtig ist diese Entscheidung jedoch insofern, als sie die bleibende Brauchbarkeit der *bespeaks caution doctrine* in den Fällen unterstreicht, in denen der *safe harbor* keine Anwendung findet[840]. In der im Jahr 1999 ergangenen Entscheidung Harris v. Ivax Corporation[841] stärkte der 11th Circuit die Position des *safe harbor*. So bestimmte er einen weiten Anwendungsbereich für ein Vorliegen der *forward-looking statements* und führte aus, dass die warnenden Angaben nicht ausdrücklich die Tatsache nennen müssen, die das *forward-looking statement* ungenau macht[842]. Die Rechtsprechung ist gewillt, mit dem Gesetzgeber gleichzuziehen und die Offenlegung von Informationen zu fördern und folglich Rechtsauslegung zugunsten der Markteffizienz vorzunehmen.

---

834 Sec. 21(D)(b) SEA beinhaltet die Darlegungsvorschriften *(pleading provisions)*, dazu unten bezüglich Rule 10b-5 S. 156-160.

835 Silicon Graphics, Inc. Securities Litigation, 1996 WL 664639, 13 (N.D.Cal.).

836 Silicon Graphics, Inc. Securities Litigation, 1996 WL 664639, 13 (N.D.Cal.).

837 Silicon Graphics, Inc. Securities Litigation, 1996 WL 664639, 13 (N.D.Cal.).

838 Silicon Graphics, Inc. Securities Litigation, 1996 WL 664639, 13 (N.D.Cal.).

839 No. 96-1077-K (RBB) (S.D.Cal.); affirmed 143 F.3d 1293, Fed.Sec.L.Rep. P 90, 205, 98 Cal. Daily Op. Serv. 3660, 98 Daily Journal D.A.R. 5047 (9th Cir. (Cal.) 1998) (No. 97-55199).

840 Auch in Silicon Graphics, Inc. Securities Litigation, 1996 WL 664639, 13 (N.D.Cal.) wurde die *bespeaks-caution-doctrine* neben den *safe-harbor*-Vorschriften geprüft. Zur *bespeaks-caution-doctrine* siehe Fn 823.

841 1999 WL 542319 (11th Cir. 1999).

842 Vgl. *Richey/Bielema*, http://www.pgfm.com/-publications/reformact.html.

b. Bewertung der Safe Harbor-Regelung

Zusammenfassend ist die Doppelfunktion der *safe harbor*-Regel hervorzuheben: Sie schützt Investoren durch Publizität vor dem Kauf von künstlichen Werten, und sie schützt gleichzeitig Gesellschaften durch Einschränkung der Angreifbarkeit der *forward-looking statements* vor missbräuchlichen *class actions*. Aufgrund der zahlreichen Ausnahmen von der *safe harbor*-Regelung ist jedoch mit einer Prognose über den durchschlagenden Erfolg der Vorschrift vorsichtig umzugehen. Nach einer Untersuchung hat sich die Offenlegung von *forward-looking statements* erhöht, eine Tendenz zur Offenlegung unrichtiger und optimistischerer Informationen ist nicht ersichtlich, vielmehr werden detailliertere Informationen offengelegt[843]. Bezugnehmend auf diese Untersuchung kann zweierlei festgestellt werden: Der Vorwurf, die *safe harbor*-Regelung unterstütze bewusstes betrügerisches Verhalten, ist nicht aufrecht zu erhalten, und die zeit- und kostenintensive Kennzeichnung als *forward-looking statement* mit der Beifügung der Beschreibung von Faktoren, die zu einer Abweichung von den Voraussagen führen können, hat die Emittenten nicht davon abgehalten, *forward-looking statements* abzugeben. Die *safe harbor*-Regelung stellt eine Abweichung von den Voraussetzungen von Sec. 11 SA dar, da der Emittent dort verschuldensunabhängig haftet und andere vom Tatbestand des Sec. 11 SA erfasste Personen die Beweislast für die gehörige Sorgfalt tragen. Hinsichtlich *forward-looking statements* dagegen wird dem Kläger die Beweislast für das Verschulden auferlegt, und der Emittent hat darüber hinaus keine Verpflichtung zu gehöriger Sorgfalt; denn er haftet nur bei *actual knowledge* und für diesen Fall auch nur dann, wenn er den *forward-looking statements* keine angemessenen warnenden Angaben beigefügt hat. Die verschuldensunabhängige Haftung wird durch die *safe harbor*-Regelung abgeschwächt, die dem Emittenten unter den genannten Voraussetzungen ermöglicht, Informationen offenzulegen, ohne einer Haftung ausgesetzt zu sein.

c. Die gehörige Sorgfalt

Weitere Personen haften neben dem Emittenten nur, wenn sie die gehörige Sorgfalt (*due diligence/due care)* nicht eingehalten haben. Für die potenziell Haftenden besteht der Anreiz, durch Anwendung der gehörigen Sorgfalt einer Haftung nach Sec. 11(a) SA zu entgehen.

---

843 *O.V.*, http://www-gsb.securities.stanford.edu/research/reports/1998/kasznik_nelson.html. Zu einem anderen Ergebnis kommt allerdings der SEC Report to the President and the Congress, http://www.sec.gov/news/studies/lreform.txt, S. 84.

In der Entscheidung Escott v. BarChris Construction Corp.[844] wurde eine ausführliche Unterscheidung aller Gruppen von Beklagten vorgenommen, insbesondere zwischen *experts* und *non-experts*. Damit entstand ein breites Spektrum hinsichtlich der Anforderungen an eine Exkulpation[845]. Anwälte und Wirtschaftsprüfer, die lediglich Ratschläge gegeben haben, unterfallen nicht ohne Weiteres der Haftung nach Sec. 11(a)(4) SA, es sei denn, sie zählen zum Kreis der Unterzeichnenden des Offenlegungsberichts. Die höchsten Sorgfaltsanforderungen werden an das Emissionshaus gestellt. In BarChris führte der District Court aus, dass das Emissionshaus eine angemessene Untersuchung in Bezug auf die ihm überlassenen Informationen obliege, und dass es sich nicht auf die Verwaltungsorgane und Anwälte der Gesellschaft verlassen dürfe[846]. Es gibt zwar eine Exkulpationsmöglichkeit durch das Vertrauen auf Experten, die ist aber sehr eingeschränkt. In diesem Sinne nahm das Gericht in Escott v. BarChris an, dass die durch einen unabhängigen Wirtschaftsprüfer geprüften Posten den einzigen von einer sachkundigen Person angefertigten Teil des Offenlegungsbericht darstellen[847], mit der Konsequenz, dass nur in diesem Bereich die Möglichkeit besteht, sich auf einen Experten zu verlassen. Ausreichend für eine Exkulpation ist daher beispielsweise nicht das Vertrauen auf einen Anwalt, der als Wertpapierexperte den Offenlegungsbericht auf Offenlegungsmängel hin untersucht und lediglich Ratschläge gibt[848]. Erforderlich für rechtfertigendes exkulpierendes Vertrauen ist vielmehr, dass bestimmte Teile des Offenlegungsbericht speziell von einem Experten angefertigt werden müssen und dass die betroffenen Anwälte und Wirtschaftsprüfer in ihrer Funktion als Experten gehandelt haben[849]. Weniger streng zeigte sich der District Court für den N.D.Cal. in Software Toolworks Sec. Lit., der ausführte, dass sich die Emissionshäuser auf die Richtigkeit der Informationen verlassen dürften, und ihnen eine Untersuchung nur in einem angemessenen Rahmen obliege[850]. In der Regel lässt sich das Emissionshaus zum Nachweis erforderlicher und angemessener Nachforschungen einen sog. Comfort Letter von einem Wirtschaftsprüfer ausstellen, d.h. eine Bestätigung über die

---

844 Escott v. BarChris Construction Corp., 283 F.Supp. 643 (S.D.N.Y.1968).

845 *Hazen*, S. 341; siehe genau in Escott v. BarChris Construction Corp., 283 F.Supp. 643, 684 - 698 (S.D.N.Y.1968).

846 „In order to make the underwriters' participation in this enterprise of any value to the investors, the underwriters must make some reasonable attempt to verify the data submitted to them. They may not rely solely on the company's officers or on the company's counsel." Escott v. BarChris Construction Corp., 283 F.Supp. 643, 697. (S.D.N.Y.1968).

847 Escott v. BarChris Construction Corp., 283 F.Supp. 643, 683 f. (S.D.N.Y.1968).

848 Siehe *Hazen*, S. 341 f.

849 In re Flight Transportation Corporation Securities Litigation, 593 F.Supp. 612, 616 (D.Minn.1984) auf Grundlage von Escott v. BarChris Construction Corp., 283 F.Supp. 643, 683 f. (S.D.N.Y.1968).

850 In re Software Toolworks Sec. Lit., 789 F.Supp. 1489, 1496 (N.D.Cal.1992).

zutreffende und vollständige Übernahme bestimmter Angaben der Rechnungslegung in den Börsenzulassungsprospekt[851].

Die Experten haften nur hinsichtlich Aussagen im Offenlegungsbericht, die sie in ihrer Eigenschaft als Experten abgegeben haben. Ihnen obliegt nach Sec. 11(b)(3)(B) SA eine angemessene Untersuchung, aufgrund derer sie gerechtfertigterweise annehmen (*reasonable ground to believe*) dürfen, dass die Angaben zum Zeitpunkt des Wirksamwerdens des fraglichen Teils des Offenlegungsberichts richtig und vollständig sind[852]. Sec. 11(c) SA bestimmt den Maßstab der gerechtfertigten Annahme (*reasonableness*) folgendermaßen: "the standard of reasonableness shall be that required of a prudent man in the management of his own property."[853] Maßstab für eine gerechtfertigte Annahme ist daher die diligentia quam in suis, es wird auf die eigenübliche Sorgfalt abgestellt. Ein Experte ist darüber hinaus dann nicht haftbar, wenn seine Aussage nicht hinreichend genau wiedergegeben ist oder keinen ordentlichen Auszug aus seinem Report darstellt[854].

Ein Laie muss hinsichtlich eines von Experten angefertigten Teiles des Offenlegungsberichts lediglich beweisen, dass er Grund zu der Annahme hatte, die Angaben seien richtig und vollständig[855]. Einer angemessenen Untersuchung bedarf es nicht. Für Teile des Offenlegungsberichts, die nicht von Experten bearbeitet wurden, bedarf es zur Exkulpation wie beim Experten einer angemessenen Untersuchung, aufgrund derer der Laie gerechtfertigt zu der Annahme kommt, dass die Angaben richtig und vollständig sind[856].

---

851 *Ebke/Siegel*, WM Sonderbeil. Nr. 2 zu Heft 22/2001, 3, 3 f.

852 ...as regards any part of the registration statement purporting to be made upon his authority as an expert ... (i) he had after reasonable investigation, reasonable ground to believe and did believe, at the time such part of the registration statement became effective, that the statements therein were true and that there was no omission to state a material fact required to be stated therein or necessary to make the statements therein not misleading ..."

853 15 U.S.C.A. § 77k(c).

854 *Hazen*, S. 339.

855 Sec. 11(b)(3)(C): „... as regards any part of the registration statement purporting to be made on the authority of n expert ... he had no reasonable ground to believe and did not believe ... that the statements therein were untrue or that there was an omission to state a material fact..."

856 Sec. 11(b)(3)(A): „... as regards any part of the registration statement not purporting to be made on the authority of an expert ... he had reasonable ground to believe and did believe, at the time such part of the registration statement became effective, that the statements therein were true and that there was no omission to state a material fact ..."

II. Insiderhandel

Beim Verschulden wird im US-amerikanischen Recht im Gegensatz zum deutschen Recht der engere Zusammenhang zwischen der Primärinsider- und der Sekundärinsiderstellung berücksichtigt. Denn die Primärinsiderstellung hängt von einer Treuepflichtverletzung ab, und die Stellung des Sekundärinsiders wird anders als im deutschen Recht von der Stellung des Primärinsiders abgeleitetet.

1. Schuldform im deutschen Recht

Für eine zivilrechtliche Ersatzverpflichtung bei einer Schutzgesetzverletzung ist die Schuldform der Schutzgesetzsanktion maßgebend[857]. Für ein Transaktionsverbot gelten für den Primärinsider und den Sekundärinsider die gleichen subjektiven Merkmale[858]. Die Transaktion muss vorsätzlich und unter Ausnutzung der Kenntnis des Insiders von einer Insidertatsache erfolgen[859]. Ein Insider nutzt Insiderwissen aus, wenn er sich seinen Wissensvorsprung in der Hoffnung und mit der Zielrichtung zu Nutze macht, für sich oder einen anderen einen wirtschaftlichen Vorteil zu erlangen, der als Verstoß gegen den Grundsatz der Chancengleichheit der Anleger am Wertpapiermarkt angesehen und missbilligt wird[860]. Chancengleichheit meint in diesem Zusammenhang die Gleichheit beim Zugang zu Informationen[861]. Für ein Vorliegen der Kenntnis der Insidertatsache ist dolus eventualis ausreichend, da das Handeln unter Ausnutzung der Kenntnis ein Handeln zum wirtschaftlichen Vorteil des Insiders oder eines Dritten voraussetzt. Ziel des Verhaltens muss also die Vorteilsabsicht sein, während die Umstände zur Erstrebung des Ziels nicht sicher feststehen müssen[862]. Der Insider muss billigend in Kauf nehmen, dass es sich bei seiner Information nicht nur um ein Gerücht, sondern um eine Insidertatsache im Sinne des § 14 Abs. 1 WpHG handelt. Das schließt das Wissen des Insiders mit ein, dass die Tatsache geeignet ist, den Börsenkurs erheblich zu beeinflussen. Geht der Insider fälschlicherweise davon aus, dass es sich bei der Insidertatsache um eine öffentlich bekannte Tatsache handelt, hat er keine Absicht, eine Insiderkenntnis auszunutzen. Der Vorsatz entfällt. Ein Sekundärinsider hat keine Kenntnis von einer Insidertatsache, wenn

857 *Dörner*, JuS 1987, 522, 523 m.w.N.
858 Vgl. Wortlaut von § 14 Abs. 1 und Abs. 2 WpHG.
859 § 14 WpHG.
860 Begr. RegE, 2. FFG, BT-Drucks. 12/6679, S. 47.
861 LG Frankfurt a.M., NJW 2000, 301, 302.
862 Das ist allerdings strittig, siehe *Assmann/Cramer*, in: Assmann/Schneider (Hrsg.), § 14, Rn. 18, 24.

die tatsächliche Grundlage einer Empfehlung, die er erhalten hat, nicht erkennbar ist[863]. Es reicht aber aus, dass der Sekundärinsider weiß, dass ihm eine Insidertatsache mitgeteilt wurde, ohne dass er sich eine Vorstellung darüber machen muss, von wem die Information stammt[864]. Mit dieser Auslegung wird der Kreis möglicher Insider erweitert und erfasst auch Diebe und Werksspione, die in den Besitz kursrelevanter Informationen gelangt sind[865].

2. *Beweislast für Verschulden im deutschen Recht*

Nach der allgemeinen Beweislast müsste der geschädigte Anleger das Verschulden des Insiders darlegen und beweisen. Bei Schutzgesetzverletzungen, die zu einer Haftung nach § 823 Abs. 2 BGB führen, kann für den Schluss auf ein Verschulden des Verletzers die Darlegung und der Beweis der objektiven Verletzung eines Schutzgesetzes ausreichen. Dem Schädiger wird auferlegt, Umstände darzulegen und zu beweisen, die die Annahme seines Verschuldens ausräumen[866]. Eine solche Beweisumkehr kommt aber nicht für alle Schutzgesetzverletzungen in Betracht. Sie gilt für diejenigen, die das geforderte Verhalten konkret umschreiben, nicht jedoch für diejenigen, die lediglich einen bestimmten Erfolg verbieten[867]. Das Schutzgesetz muss das Verhalten so konkret umschreiben, dass mit der Verwirklichung des objektiven Tatbestandes der Schluss auf einen subjektiven Schuldvorwurf naheliegt[868]. § 14 WpHG verbietet nicht lediglich den Insiderhandel, sondern umschreibt nach Abs. 1 das für Primärinsider und nach Abs. 2 das für Sekundärinsider konkret zu unterlassende Verhalten.

3. *Grad des Verschuldens im US-amerikanischen Recht*

Hinsichtlich Rule 10b-5 bestand bis 1976 bei den Gerichten Uneinigkeit, inwieweit vorsätzliches Handeln für eine Verletzung von Rule 10b-5 Voraussetzung war[869].

---

863 *Assmann/Cramer*, in: Assmann/Schneider (Hrsg.), WpHG, § 14, Rn. 74.

864 *Caspari*, ZGR 1994, 530, 546.

865 *Caspari*, ZGR 1994, 530, 546.

866 BGH JZ 1985, 540, 541; m.w.N. *von Bar*, Verkehrspflichten, S. 286. BGH NJW 1986, 2757, 2758 nimmt an (allerdings für Verletzungen von § 823 Abs. 1 BGB), dass die Verletzung der äußeren Sorgfalt entweder die innere Sorgfalt indiziert oder den Anscheinsbeweis für die innere Sorgfalt schafft.

867 Palandt-*Thomas*, § 823, Rn. 174; *Lang*, WM 2000, 450, 466 f.; *Schneider*, Beweis, S. 146, Rn. 498; *von Bar*, Verkehrspflichten, S. 286.

868 Soergel-*Zeuner*, Schuldrecht, § 823, Rn. 318.

869 Die Anforderungen gingen von *ordinary negligence* über *gross negligence* bis hin zu *intentional and knowing conduct*, siehe *Patton/Saunders*, § 2.6, S. 12.

Der Gesetzestext gibt über den notwendigen Grad des Verschuldens für eine Haftung keine Auskunft. Speziell für Insiderhandel wurden die subjektiven Erfordernisse von Rule 10b-5 vom Supreme Court bislang nicht geklärt. In Ernst & Ernst v. Hochfelder[870] bestimmte der Supreme Court, dass der Beweis von *scienter* (*intent to deceive, manipulate, or defraud*[871]) für eine Verletzung nach Rule 10b-5 erforderlich sei[872]. Der Supreme Court lehnte in Ernst & Ernst v. Hochfelder die Idee ab, dass Sec. 10(b) zur Vermeidung jeglicher Verletzungen bei Wertpapiertransaktionen entgegen seinem vom Kongress im 1934 Act erteilten Zweck so ausgelegt werden könnte, dass fahrlässige falsche Darstellungen von *scienter* umfasst werden[873]. In der neueren Rechtsprechung besteht die mehrheitliche Ansicht, dass grobe Fahrlässigkeit dem *scienter*-Standard genügt[874]. Der Supreme Court hat in Ernst & Ernst die Frage offengelassen, ob *recklessness*, d.h. grobe Fahrlässigkeit, von *scienter* umfasst ist oder nicht[875]. Grob fahrlässig in diesem Sinne meint, dass der Beklagte falsche Aussagen macht unter grob fahrlässiger Nichtbeachtung der wahren Tatsachen (*with reckless disregard of the truth*)[876]. Die meisten Circuit Courts waren dabei der Ansicht, dass extreme Fahrlässigkeit im Falle der Rule 10b-5 den Anforderungen des *scienter* gerecht wird und einem vorsätzlichen Verhalten gleichkommt[877]. Der Seventh Circuit definierte in Sundstrand Corp. v. Sun Chemical Corp.[878] grob fahrlässiges Verhalten " ... as a highly unreasonable omission, involving not merely simple, or even inexcusable negligence, but an extreme departure from the standards of ordinary care, and which presents a danger of misleading buyers or sellers that is either known to the defendant or is so obvious that the actor must have been aware of it" und setzte diesen Grad von Fahrlässigkeit der Absicht gleich. Diese

---

870 Ernst & Ernst v. Hochfelder, 425 U. S. 185 (1976).

871 425 U.S. 185, 193, Fn. 12 (1976).

872 In Aaron v. SEC, 446 U.S. 680, 693, 695 (1980), entschied der Supreme Court, dass *scienter* für eine Klage nach Rule 10b-5 Voraussetzung ist, unabhängig davon, ob es sich um *private actions* handelt, oder um SEC *enforcement actions:* „According to Hochfelder, ... we conclude that scienter is a necessary element of a violation of § 10(b) and Rule 10b-5." „ ... scienter is an element of a violation of § 10(b) and Rule 10b-5, regardless of the identity of the plaintiff or the nature of the relief sought."

873 *Patton/Saunders*, § 2. 6, S. 13.

874 Vgl. nur Bryant v. Avado Brands, Inc., 187 F.3d 1271 (11th Cir. 1999); Marksman Partners, L.P. v. Chantal Pharmaceutical Corp., 927 F.Supp. 1297, 1309 (D.C.Cal.1996); in re Wells Fargo Securities Litigation, 12 F.3d 922 (9th Cir. 1993); Breard v. Sachnoff & Weaver, Ltd., 941 F.2d 142 (2d Cir. 1991).

875 425 U.S. 185, 193, Fn. 12 (1976).

876 *Hoffman*, Sp. 51; vgl. auch *Hazen*, S. 789.

877 Siehe z.B. Mc Donald v. Alan Bush Brokerage Co., 863 F.2d 809, 814 (11th Cir. 1989); SEC v. Rogers, 790 F.2d 1450, 1458 (9th Cir. 1986); Barker v. Henderson, Franklin, Starnes & Holt, 797 F.2d 490, 495 (7th Cir. 1986).

878 Sundstrand Corp. v. Sun Chemical Corp., 553 F. 2d 1033, 1045 (7th Cir. 1977).

Definition von grober Fahrlässigkeit wollte die SEC vom Senat übernehmen lassen[879], der Reform Act enthält jedoch keine derartige Definition.

Da *scienter* für alle Ansprüche aus Rule 10b-5 ein darzulegendes und zu beweisendes Element ist[880], müssen auch Insider für eine Haftung aus Rule 10b-5 entweder in positiver Kenntnis hinsichtlich aller Tatbestandsmerkmale gehandelt haben, also insbesondere in Bezug auf die Nichtoffenlegung der Information, die durchgeführte Transaktion, die Kursrelevanz der Information sowie deren Nichtöffentlichkeit oder grob fahrlässig die Tatsachen außer acht gelassen haben, die auf das Vorliegen der Tatbestandsmerkmale hindeuteten. Nicht entschieden hat der Supreme Court bisher die Frage, ob ein Primärinsider auch hinsichtlich der Treuepflichtverletzung mit *scienter* handeln muss. Konsequenz aus Ernst & Ernst v. Hochfelder[881] dürfte aber sein, dass *scienter* auch hinsichtlich der Treuepflichtverletzung vorliegen muss. Für ein Vorliegen der subjektiven Voraussetzungen beim Sekundärinsider ist die positive Kenntnis der Treuepflichtverletzung des Primärinsiders nicht erforderlich. Es ist für eine Anspruchsdarlegung ausreichend, dass der Sekundärinsider Kenntnis des Treuebruchs des Primärinsiders haben müsste[882]. Ein Abstellen darauf ist sinnvoll, da andernfalls die Wahrscheinlichkeit der Inanspruchnahme eines Sekundärinsiders so gering sein dürfte, dass für ihn kein Anreiz bestünde, möglichen Insiderhandel zu unterlassen.

4. *Verknüpfung mit prozessualem Haftungsrecht*

Im folgenden ist anhand des Reform Acts aufzuzeigen, dass sich im US-amerikanischen Recht keine klare Trennlinie zwischen materiellem und prozessualem Recht ziehen lässt. Hinsichtlich der materiellen Voraussetzungen für *scienter* lässt der Reform Act offen, ob Fahrlässigkeit den Anforderungen des *scienter*-Merkmal genügt. Es findet keine ausdrückliche Bestimmung des Umfangs von *scienter* statt. Der 11th Circuit in Bryant v. Avado Brands[883] hielt an *severe recklessness* fest, um die subjektiven Voraussetzungen (*required state of mind*) zu erfüllen[884]. In der Entscheidung Marksman Partners, L.P. v. Chantal

879 *Bloomenthal*, S. 695.

880 Vgl. Aaron v. SEC, 446 U.S. 680, 691 (1980).

881 Ernst & Ernst v. Hochfelder, 425 U. S. 185 (1976).

882 Dirks v. SEC, 463 U.S. 646, 660 (1982); Bateman Eichler, Hill Richards, Inc. v. Berner, 472 U.S. 299, 311, Fn. 21 (1985).

883 1999 WL 688050 (11th Cir. 1999).

884 Zur Bestimmung des Maßstabs von *severe recklessness* zitierte der 11th Cir. die Entscheidung McDonald v. Alan Bush Brokerage Co., 863 F.2d 809, 814 (11th Cir. 1989): „Severe recklessness is limited to those highly unreasonable omissions or

Pharmaceutical Corp.[885] entschied der District Court des Staates Kalifornien, dass Leichtfertigkeit weiterhin die Anforderung des *scienter* von Sec. 10(b) erfüllt. Gründe dafür fand der District Court darin, dass die Gesetzgebungsgeschichte des Reform Acts nicht für eine Eliminierung von *recklessness* spricht und dass die Erforderlichkeit von *knowledge* bei *forward-looking statements* und für eine Gesamtschuldnerhaftung (*joint and several liability*) nicht auf Verletzungen von Sec. 10(b) übertragen werden könne, der *scienter* als subjektive Voraussetzung verlangt[886]. Weiterhin führt der District Court aus, dass zwar die Anforderungen an das Vorbringen der Klägerpartei für *scienter* strenger geworden seien, dies aber nicht auf eine Veränderung der Beschaffenheit des *scienter*-Standards selbst schließen lasse[887]. Zum gleichen Ergebnis kommt der Sixth Circuit in In re Comshare, indem er ausführt, dass *recklessness* die Grundlage für die Darlegung von *scienter* sein kann, wie es bereits von der Rechtsprechung vor Erlass des Reform Act gehandhabt wurde, da der Reform Act das materielle Recht hinsichtlich *scienter* nicht antaste[888].

a. Neuerung durch Reform Act

Der Reform Act enthält ausdrückliche Bestimmungen zu den Anforderungen an die Darlegungslast. Sec. 21D(b) SEA enthält Bestimmungen hinsichtlich Anforderungen für *securities fraud actions*, da die Anforderungen in Rule 9(b) FRCP[889] zur Verhinderung von Missbräuchen nicht ausreichend waren und den Beklagten keinen adäquaten Schutz vor schikanösen Klagen bieten konnten, die als Vorwand für die Durchführung von *discovery* trotz Nichtvorliegens von Klagegründen erhoben wurden[890]. Denn die Anforderungen von Rule 9(b) FRCP können hinsichtlich der Tatsachen, die sich im Kenntnisbereich der gegnerischen

---

misrepresentations that involve not merely simple or even inexcusable negligence, but an extreme departure from the standard of ordinary care, and that present a danger of misleading buyers or sellers which is either known to the defendant or is so obvious that the defendant must have known of it."

885 927 F. Supp. 1297 (D.C.Cal. 1996).

886 Marksman Partners, L.P. v. Chantal Pharmaceutical Corp., 927 F. Supp. 1297, 1309 (D.C.Cal. 1996).

887 Marksman Partners, L.P. v. Chantal Pharmaceutical Corp., 927 F. Supp. 1297, 1309 (D.C.Cal. 1996).

888 In re Comshare Inc. Sec. Litig., 1999 WL 460917, 8 (6th Cir. 1999).

889 Rule 9(b) FRCP verlangt, dass „the circumstances constituting fraud or mistake shall be stated with particularity."

890 SEC Report to the President and the Congress, http://www.sec.gov/news/studies/-lreform.txt, S. 14; *Vanyo/Labaton*, in: 31st Annual Institute (1999), S. 825, 829; in re Silicon Graphics Inc. Sec. Litig., 970 F.Supp. 746, 752 (N.D.Cal. 1997).

Partei befinden, herabgesetzt werden, wenn vom Kläger nicht erwartet werden kann, dass er Kenntnis dieser Tatsachen bereits vor Durchführung der *discovery* hat[891]. Ziel der neuen Vorschrift ist es, die Zahl der Klagen zu verringern und missbräuchliche Klagen bereits im frühen Stadium zu stoppen, bevor die zeit- und kostenaufwendigen Untersuchungen beginnen[892].

Nach Sec. 21D(b)(1) und (2) SEA genügen allgemeine Ausführungen zur Darlegung der Tatbestandsmerkmale nicht. Der Kläger muss die vorgebrachten unwahren Aussagen genau (*with particularity*)[893] auflisten und darlegen, weshalb sie irreführend für ihn waren, und dass der Beklagte mit den erforderlichen subjektiven Voraussetzungen gehandelt hat. Dazu muss er die Elemente, aus denen die Täuschungsabsicht hervorgeht, substantiieren und die speziellen Fakten darlegen (*state with particularity facts*), die zu dem sich aufdrängenden Schluss (*strong inference*) führen, dass der Insider mit *scienter* gehandelt hat[894]. In den Fällen, in denen die Klage diese genauen Informationen nicht enthält, muss das Gericht die Klage nach Sec. 21D(b)(3) SEA abweisen[895]. Ein sich aufdrängender Schluss für ein Handeln mit *scienter* ergibt sich beispielsweise dann, wenn der Kläger das Vorliegen eines Schemas unüblichen Handelns durch den Insider beweisen kann[896]. Der Kongress wollte im Wortlaut explizit Verbindungen zu *motive* und *opportunity* und *recklessness* ausschließen, obgleich er sich auf die Interpretation des Second Circuit bezüglich der Darlegungsanforderungen für Section 10(b) und Rule 10b-5 stützte[897]. Der Second Circuit hat den bis zum Reform Act gebräuchlichen *motive and opportunity*-Test auch nach dem Reform Act aufrechterhalten[898]. Anders dagegen erachtete der Ninth Circuit in Silicon

891 In re Silicon Graphics Inc. Sec. Litig., 970 F.Supp. 746, 752 (N.D.Cal. 1997).

892 SEC Report to the President and the Congress, http://www.sec.gov/news/studies/-lreform.txt, S. 6 f.; House Conf. Rep. No. 104 - 369 (1995), 1995 U.S.C.C.A.N. 730, 736.

893 Sec. 21D(b)(1) SEA: „ ... the complaint shall specify each statement alleged to have been misleading, the reason or reasons why the statement is misleading, and, if an allegation regarding the statement or omission is made on information and belief, the complaint shall state with particularity all facts on which that belief is formed."

894 Sec. 21D(b)(2) SEA: „In any private action arising under this title in which the plaintiff may recover money damages only on proof that the defendant acted with a particular state of mind, the complaint shall, with respect to each act or omission alleged to violate this title, state with particularity facts giving rise to a strong inference that the defendant acted with the required state of mind."

895 Sec. 21D(b)(3): „In any private action arising under this title, the court shall, on the motion of any defendant, dismiss the complaint if the requirements of paragraphs (1) and (2) are not met."

896 M.w.N. *Hazen*, Practitioner Treatise, S. 626.

897 *Vanyo/Labaton*, in: 31st Annual Institute (1999), S. 825, 831; in re Silicon Graphics Inc. Sec. Litig., 183 F.3d 970, 978 f. (9th Cir. 1999).

898 Z.B. Press v. Chemical Inc. Servs. Corp. 166 F.3d 529, 537 - 538 (2d Cir. 1999); Stevelman v. Alias Research Inc. 174 F.3d 79, 85 f. (2d Cir. 1999); vor Erlass des Reform Act fand der

Graphics *motive, opportunity und non-deliberate recklessness* als nicht ausreichend für die Darlegung von *scienter*[899].

b. Silicon Graphics

Wie die materiellen und die prozessualen Vorschriften ineinander verzahnt sind, vermag insbesondere die Rechtsprechung zu den Anforderungen an *scienter* in Silicon Graphics aufzuzeigen[900]. Richter Sneed vom Ninth Circuit stellte in Silicon Graphics für das Vorliegen von *scienter* auf *deliberate recklessness* ab, da dieser Verschuldensgrad dem Zweck des Reform Act am gerechtesten werde[901]. Richter Sneed argumentierte mit den erhöhten Anforderungen an die Darlegung der subjektiven Voraussetzungen durch den Reform Act. Der Ninth Circuit ist der Ansicht, dass „nondeliberate" *recklessness* zwar einer vernünftigen Schlussfolgerung gerecht werden kann, nicht aber einer sich geradezu aufdrängenden Schlussfolgerung, wie sie vom Reform Act gefordert wird[902]. Darüber hinaus habe der Reform Act explizit die Formulierung von *recklessness* vermieden, was dafür spreche, dass sie den Darlegungsanforderungen nicht gerecht werde[903]. Um den erhöhten Anforderungen an das Klägervorbringen zu genügen, das zu der Annahme der Absicht führen muss, müssten auch die Anforderungen an das materielle Recht erhöht werden, so dass *deliberate recklessness* dargelegt werden müsse[904]. Der Ninth Circuit anerkennt also, dass das materielle Recht hinsichtlich des *scienter*-Standards keine Veränderung durch den Refom Act erfahren hat, er verlangt aber aufgrund der erhöhten Anforderungen an das Klägervorbringen eine Erhöhung des *recklessness*-Standards. Nach dem Ninth Circuit hätte der Reform Act also Auswirkungen auf das materielle Recht und das

---

motive and opportunity test seinen Höhepunkt in der Entscheidung in re Time Warner Inc. Sec. Lit. 9F.3d 259, 269 (2d Cir. 1993). Hiernach war für die Darlegung von *scienter* ausreichend: 1) „facts establishing a motive to commit fraud and an opportunity to do so"; oder 2) „facts constituting circumstantial evidence of either reckless or conscious beaviour".

899 In re Silicon Graphics Inc. Sec. Litig., 183 F.3d 970, 974 (9th Cir. 1999): „ ... although facts showing mere recklessness or a motive to commit fraud and opportunity to do so may provide some reasonable inference of intent, they are not sufficient to establish a strong *inference* of deliberate recklessness."

900 In re Silicon Graphics Inc. Sec. Litig., 183 F.3d 970 (9th Cir. 1999).

901 In re Silicon Graphics Inc. Sec. Litig., 183 F.3d 970, 974, 977 (9th Cir. 1999).

902 Sec. 21D(b)(2) SEA. In re Silicon Graphics Inc. Sec. Litig., 183 F.3d 970, 974 (9th Cir. 1999).

903 In re Silicon Graphics Inc. Sec. Litig., 183 F.3d 970, 978 f. (9th Cir. 1999).

904 In re Silicon Graphics Inc. Sec. Litig., 183 F.3d 970, 979 (9th Cir. 1999). So auch *Vanyo/ Labaton*, in: 31st Annual Institute (1999), S. 860 f.

prozessuale Recht: Der Kläger müsste Tatsachen vortragen, die zu einer Schlussfolgerung auf den erforderlichen Verschuldensgrad führen, im Fall von Rule 10b-5 zu bewusstem oder absichtlichem betrügerischem Verhalten. Dafür müsste der Kläger *deliberate recklessness*, statt wie bisher überwiegend von der Rechtsprechung angenommen *nondeliberate recklessness*, darlegen[905]. Das Abstellen auf *deliberate recklessness* scheint einen Widerspruch in sich zu enthalten, da auf der einen Seite Leichtfertigkeit dem *scienter*-Standard genügen soll, aber andererseits diese Form von Leichtfertigkeit vorsätzlich sein muss. Mit *deliberate recklessness* dürfte eine dem Vorsatz nahe Form von Leichtfertigkeit gemeint sein, die auf ein Unterlassen der geringst möglichen Sorgfalt abstellt. Eine höchstrichterliche Entscheidung wäre wünschenswert, da die unterschiedlichen Ansichten der Circuit Courts zu einer Rechtsunsicherheit führen und sich die Festlegung des Verschuldensgrades auf *deliberate recklessness* auch auf Klagen von Seiten der SEC auswirkt.

5. Praktische Auswirkungen

Ein Erfolg der Verschärfung der Anforderungen an die Darlegungslast durch den Reform Act lässt sich bei Klagerhebungen aufgrund Kursschwankungen vermerken. Vor Erlass des Reform Acts war ein Preiseinbruch von mehr als zehn Prozent bereits Anlass für eine Klageerhebung[906]. Im Jahre 1996 dagegen betrug der durchschnittliche Preiseinbruch für eine Klageerhebung 31 Prozent[907]. Eine Verschärfung der Darlegungslast beeinflusst also das Verhalten Geschädigter und schließt unfundierte Klagen von vornherein aus. Damit ist die Darlegungslast wichtiges Instrument zur Vermeidung schädigender Klagen, die die Effizienz des Marktes stören. Mit Blick auf den Reform Act ist festzustellen, dass eine Verlagerung der Klageerhebungsgründe in Richtung Insiderhandel stattgefunden hat. Der Großteil der erhobenen Wertpapierklagen basiert zu annähernd gleichen Teilen auf Unregelmäßigkeiten bei der Rechnungslegung und auf Insiderhandel[908]. Es besteht die Vermutung, dass Insiderhandel als Klagegrund die erhöhten Darlegungsanforderungen am ehesten zu überwinden vermag: 48,98 Prozent der

905 Z.B. Bryant v. Avado Brands, Inc., 187 F.3d 1271 (11th Cir. 1999); Marksman Partners, L.P. v. Chantal Pharmaceutical Corp., 927 F.Supp. 1297, 1309 (D.C.Cal. 1996); in re Wells Fargo Securities Litigation, 12 F.3d 922 (9th Cir. 1993); Breard v. Sachnoff & Weaver, Ltd., 941 F.2d 142 (2d Cir. 1991).

906 *Avery*, 51 Bus.Law. 335, 339 (1996).

907 *Grundfest/Perino*, Securities Litigation Reform, S. iii.

908 Vgl. SEC Report to the President and the Congress, http://www.sec.gov/news/studies/lreform.txt, S. 23; *Grundfest/Perino/Lomio/Wayne/-Reynolds*, http://securities.stanford.edu/report/nasdaq/98-q1.html, S. 6.

Kapitalmarktklagen, die im ersten Quartal im Jahre 1998 erhoben wurden, enthielten in ihren Begründungen Insiderhandel[909]. Diesbezüglich wird von den Klägeranwälten angenommen, dass Vorbringen auf der Grundlage von Insiderhandel und von Mängeln bei der Rechnungslegung eher den erhöhten Darlegungsanforderungen genügen[910]. Der Prozentsatz an Klagen, die wegen nicht eingetretener Vorhersagen erhoben wurden ist dagegen vergleichsweise gering[911].

6. Zusammenfassung

Die Regelungen in den USA und in Deutschland setzen die vorsätzliche Ausnutzung einer Insidertatsache voraus. Unbewusstes Handeln aufgrund Insiderinformationen kann keine Verletzung des Insiderhandelsverbots auslösen. Der Nachweis von Vorsatz dürfte für die geschädigten Anleger eine große Hürde sein. Die neue Regelung bezüglich der Darlegungsanforderungen durch den Reform Act schreckt die Anleger allerdings nicht ab, Klage wegen Insiderhandels zu erheben. Unterschiedlich behandeln die deutsche und die US-amerikanische Rechtsprechung die Herkunft der Insiderinformation. Während es im deutschen Recht unerheblich ist, ob der Sekundärinsider weiß, woher die Insiderinformation stammt und damit die Verbindung zum Primärinsider nicht berücksichtigt wird, verlangt das US-amerikanische Recht als Konsequenz der Ableitung der Stellung des Sekundärinsiders von der Primärinsiderstellung, dass der Sekundärinsider von der Treuepflichtverletzung des Primärinsiders Kenntnis haben müsste. Auf die Kenntnis selbst wird nicht abgestellt.

III. Ad-hoc-Publizität

Mit der Ausgestaltung des Verschuldens in den Vorschriften §§ 37b, 37c WpHG hat eine Annäherung an die maßgeblichen US-amerikanischen Vorschriften stattgefunden, indem die jeweiligen Verantwortlichkeitsbereiche der Beteiligten berücksichtigt wurden.

---

909 *Grundfest/Perino/Lomio/Wayne/Reynolds*, http://securities.stanford.edu/report/nasdaq/98q1.html, S. 6.

910 *Grundfest/Perino/Lomio/Wayne/Reynolds*, http://securities.stanford.edu/report/nasdaq/98q1.html, S. 5.

911 Der SEC Report geht von zwölf Prozent im ersten Jahr nach Erlass des Reform Act aus, vgl. SEC Report to the President and the Congress, http://www.sec.gov/news/studies/lreform.txt, S. 23.

Nach §§ 37b Abs. 2, 37c Abs. 2 WpHG haftet nur, wer die Veröffentlichung vorsätzlich oder grob fahrlässig unterlassen oder die unrichtige Ad-hoc-Mitteilung vorsätzlich oder grob fahrlässig veröffentlicht hat. Nach §§ 37b Abs. 2, 37c Abs. 2 WpHG trägt der Ad-hoc-Publizitätspflichtige die Beweislast für fehlendes Verschulden, d.h. er kann nicht in Anspruch genommen werden, wenn er nachweist, dass im Fall des § 37b WpHG die Unterlassung nicht auf Vorsatz oder grober Fahrlässigkeit beruht oder dass er im Fall des § 37c WpHG die Unrichtigkeit der Tatsache nicht gekannt hat und die Unkenntnis nicht auf grober Fahrlässigkeit beruht. Der Gesetzgeber begründet die Beweislastumkehr mit der Beweislastverteilung entsprechend den von den Beteiligten beherrschten Verantwortlichkeitsbereichen[912]. Damit hat der Gesetzgeber die Ausgestaltung des Verschuldensmerkmals bei der Schadensersatzhaftung wegen Verletzung der Ad-hoc-Publizität an die Ausgestaltung der Börsenprospekthaftung angelehnt[913]. Da es sich bei einer Ad-hoc-publizitätspflichtigen Tatsache um Informationen im Tätigkeitsbereich des Emittenten handelt, ist eine Beweislastumkehr notwendig, um geschädigten Anlegern zu ihrem Anspruch zu verhelfen. Dem Investor allerdings obliegt im Fall des § 37b Abs. 1 WpHG die Beweislast, dass der Emittent seiner Veröffentlichungspflicht nicht unverzüglich, d.h. nicht ohne schuldhaftes Zögern (§ 121 Abs. 1 S. 1 BGB) nachgekommen ist. Ein solcher Nachweis dürfte unproblematisch sein, da die Unverzüglichkeit objektiv nachprüfbar ist.

Ordnungswidrigkeitsrechtlich wird die Verletzung der Ad-hoc-Publizitätspflicht nur bei Vorsatz und leichtfertigem Handeln geahndet[914]. Wie beim Insiderhandel ist für eine zivilrechtliche Ersatzverpflichtung basierend auf § 823 Abs. 2 BGB die Schuldform der Schutzgesetzsanktion maßgebend[915]. Wird die Ad-hoc-Publizitätspflicht nach § 15 WpHG, wie oben diskutiert, als Schutzgesetz eingeordnet[916], müsste der Kläger demnach beweisen, dass der Emittent vorsätzlich oder leichtfertig gehandelt hat. Bei der allgemeinen Beweislastverteilung dürfte dem Kläger dieser Beweis nicht gelingen, so dass für den Emittent folglich kein Anreiz besteht, seiner Ad-hoc-Publizitätsverpflichtung nachzukommen. Um eine effiziente Durchführung der Ad-hoc-Publizität zu erreichen, wäre es sinnvoller, eine Ad-hoc-Publizitätsverletzung bereits bei (grob)

912 BT-Drucks. 14/8017, S. 93.
913 Siehe dazu insbesondere oben S. 143-144.
914 § 15 Abs. 1 i.V.m. § 39 Abs. 2 Nr. 2a) WpHG.
915 M.w.N. *Dörner*, JuS 1987, 522, 523.
916 Siehe oben S. 94 f.

fahrlässigen Verstößen anzunehmen[917], wie dies in der Regelung der §§ 37b, 37c WpHG erfolgt ist. Um die Durchsetzbarkeit eines begründeten Anspruchs aus § 823 Abs. 2 BGB für die Anleger zu ermöglichen, müssten außerdem für den Schluss auf ein Verschulden des Verletzers die Darlegung und der Beweis der objektiven Verletzung eines Schutzgesetzes als ausreichend erwogen werden, so dass dem Schädiger die Darlegung und der Beweis aufgebürdet wird, die Annahme seines Verschuldens auszuräumen[918]. Die von der Rechtsprechung angenommene Beweislastumkehr bei Schutzgesetzverletzungen kann auf die Ad-hoc-Publizität Anwendung finden, da es sich bei der Pflicht zur Ad-hoc-Publizität um eine Verhaltensnorm handelt[919]. Die Ad-hoc-Publizität stellt nicht lediglich auf eine Sanktion zur Vermeidung eines schädigenden Verhaltens ab, sondern will ein positives Verhalten, nämlich die Offenlegung entscheidungserheblicher Informationen erreichen, die für die Kapitalmarkteffizienz unerlässlich ist.

2. *Sec. 18 SEA*

Sec. 18 SEA beinhaltet den Anscheinsbeweis, dass der Beklagte bewusst eine falsche Aussage offengelegt hat. Der Beklagte haftet, sofern er nicht beweisen kann, dass er in gutem Glauben und ohne Kenntnis der Unrichtigkeit der Aussage gehandelt hat[920]. Da dem Kläger nicht die Beweislast für die subjektiven Anforderungen aufgebürdet wird und er nicht *scienter* oder eine betrügerische Absicht darzulegen und zu beweisen braucht[921], sind die erhöhten Darlegungsanforderungen des Reform Act hinsichtlich des Verschuldens hier nicht einschlägig. Grundsätzlich müsste der Anreiz, aus Sec. 18 SEA Klage zu erheben, groß sein und gleichzeitig einen Anreiz für den Emittenten mit sich bringen, die Ad-hoc-Publizitätspflicht zu erfüllen. Das ist aber nicht der Fall, da die vom

---

917 So auch *Gehrt*, Ad-hoc-Publizität, S. 191, allerdings für die alte Rechtslage bezüglich des Nachweises von Vorsatz oder Leichtfertigkeit durch das BAWe.

918 BGH JZ 1985, 540, 541; m.w.N. *von Bar*, Verkehrspflichten, S. 286. BGH NJW 1986, 2757, 2758 nimmt an (allerdings für Verletzungen von § 823 Abs. 1 BGB), dass die Verletzung der äußeren Sorgfalt entweder die innere Sorgfalt indiziert oder den Anscheinsbeweis für die innere Sorgfalt schafft.

919 Zur Beweislastumkehr bei Schutzgesetzverletzungen Palandt-*Thomas*, § 823, Rn. 174; *Lang*, WM 2000, 450, 466 f.; *Schneider*, Beweis, S. 146, Rn. 498; *von Bar*, Verkehrspflichten, S. 286.

920 „... unless the person sued shall prove that he acted in good faith and had no knowledge that such statement was false or misleading."

921 International Broadcasting Corp. v. Turner, 734 F.Supp. 383, 391 (D.Minn. 1990); Magna Investment Corp. v. John Does One Through Two Hundred 931 F.2d 38, 40 (11th Cir. 1991). Der Kläger muss lediglich den Beweis für die falsche, sich auf eine wesentliche Tatsache beziehende Offenlegung erbringen, *Bloomenthal*, S. 725.

Beklagten darzulegende Widerlegung der Vermutung einfacher zu erfüllen ist als die Anforderung der gehörigen Sorgfalt in Sec. 11(b) SA[922]. Die dem Emittenten mögliche Widerlegung schwächt die für den Kläger niedrigen Darlegungs- und Beweisanforderungen an das Verschulden ab. Dementsprechend werden Klagen aus Sec. 18 SEA selten erhoben[923], so dass nicht davon auszugehen ist, dass Sec. 18 SEA ein effizientes Instrument zur Durchsetzung Ad-hoc-publizitätspflichtiger Tatsachen darstellt.

B. Mitverschulden

Mit einer Mitverschuldensregelung soll vermieden werden, dass Risikoerhöhungen, die sich aus dem Verhalten der Geschädigten ergeben, zu Lasten des Schädigers gehen[924]. Gleichzeitig soll der Anreiz für die Geschädigten erhöht werden, Schaden zu vermeiden. Ob beides eintritt, ist eher fraglich.

I. Börsenprospekthaftung

Die Ersatzpflicht des Emittenten ist nach § 45 Abs. 2 Nr. 3 BörsG bei Mitverschulden des Anlegers ausgeschlossen. Nach § 45 Abs. 2 Nr. 3 BörsG besteht der Anspruch nicht, wenn der Erwerber die Unrichtigkeit oder Unvollständigkeit der Angaben des Prospekts bei dem Erwerb kannte. Grob fahrlässige Unkenntnis schadet nicht[925]. Durch diese Spezialregelung wird die Geltendmachung eines Mitverschuldens nach § 254 BGB bei der haftungsbegründenden Kausalität generell ausgeschlossen[926]. Der Sorgfältigkeitsmaßstab für das Mitverschulden bestimmte sich bisher nach der "diligentia quam in suis" im Sinne des § 277 BGB[927]. Dieser wurde ursprünglich festgelegt, um die unkundigeren Anleger besonders zu schützen. Nicht bedacht wurde dabei, dass die eigenübliche Sorgfalt gerade nicht geeignet ist, einen objektivierbaren Sorgfaltsmaßstab bereitzustellen. Denn die "diligentia quam in suis" ist begriffsnotwendig an den subjektiven Eigenschaften und Fähigkeiten des Handelnden orientiert, so dass die Erfahrenheit eines Anlegers in geschäftlichen Dingen für die Anforderungen an den Sorgfaltsmaßstab grundsätzlich unbeachtlich

---

922 Vgl. *Hazen*, S. 338 - 339, 751.
923 *Occhipinti*, 47 Fordham L.Rev. 115, 115 (1978).
924 *Schäfer/Ott*, Ökonomische Analyse, S. 209.
925 *Hamann*, in: Schäfer (Hrsg.), Wertpapierhandelsgesetz, §§ 45, 46 n.F. BörsG, Rn. 41.
926 *Hamann*, in: Schäfer (Hrsg.), Wertpapierhandelsgesetz, §§ 45, 46 n.F. BörsG, Rn. 42.
927 *Hamann*, in: Schäfer (Hrsg.), Wertpapierhandelsgesetz, §§ 45, 46 a.F. BörsG, Rn. 140.

ist[928]. Der Anleger erfährt durch die neue Regelung, nach der nur die tatsächliche Kenntnis, nicht aber ein Kennen müssen schadet, einen wesentlich besseren Schutz, da nur auf seine tatsächliche Kenntnis und nicht auf ein Kennen müssen abgestellt wird. Die Bürde des Beweises der Kenntnis des Anlegers von der Unrichtigkeit oder Unvollständigkeit des Prospekts trägt der Emittent nach den allgemeinen Beweislastregeln. Es wird ihm kaum möglich sein, ein Mitverschulden des Anlegers zu beweisen und sich dadurch zu exkulpieren.

Nach Sec. 11 SA haftet der Emittent nur dann nicht, wenn er beweisen kann, dass der Käufer Kenntnis von der Unrichtigkeit des Offenlegungsberichts hatte[929]. Wie im deutschen Recht obliegt dem Emittenten der Beweis des Mitverschuldens. Die Kombination aus verschuldensunabhängiger Haftung und Beweislast für Mitverschulden kann zwei Konstellationen mit sich bringen: Variante 1: Der Emittent weiß, dass er sich nicht exkulpieren kann und bemüht sich daher nicht, sich sorgfältig zu verhalten, während für den Anleger der Anreiz zur Klageerhebung erhöht wird, selbst wenn er einen ihm entstandenen Schaden mitverschuldet hat, da sich der Emittent ohnehin nicht exkulpieren kann. Variante 2: Der Anreiz für den Emittenten zur Weitergabe richtiger Informationen erhöht sich, da er nur dann einer Haftung entgehen kann, wenn die Informationen tatsächlich richtig und vollständig sind. Für den Anleger ist der Anreiz zur Klageerhebung bei Erhalt unrichtiger Information wie bei Variante 1 hoch, da ihm ein Mitverschulden nicht nachgewiesen werden kann. In der Praxis wird Variante 1 seltener als Variante 2 vorkommen, da der Emittent bemüht sein wird, eine Haftung zu vermeiden, unabhängig davon, ob den Anleger ein Mitverschulden trifft oder nicht.

Sowohl im deutschen als auch im US-amerikanischen Recht obliegt dem Emittenten die Beweislast für das Mitverschulden des klagenden Anlegers. Und es wird in beiden Regelungen auf die Kenntnis der Unrichtigkeit der Information abgestellt. Die Beweislastregelung beim Mitverschulden stärkt den Anleger in seiner Position und verstärkt gleichzeitig den Anreiz für den Emittenten - zumindest bei der Verschuldenshaftung, aber möglicherweise auch bei der verschuldensunabhängigen Haftung - richtige und vollständige Angaben herauszugeben, da die Kenntnis des Anlegers von der Unrichtigkeit bzw. Unvollständigkeit der Angaben schwer nachzuweisen ist. Der Emittent befindet sich nur dann im „sicheren Bereich“, in dem ihm keine Haftung auferlegt werden kann, wenn er tatsächlich richtige Informationen weitergibt, unabhängig davon, ob ihn Verschulden trifft oder nicht. Das ist darauf zurückzuführen, dass der Emittent nach deutschem Recht zwar nur bei Verschulden haftet, aber diesbezüglich eine

928 *Frohne*, S. 85 f.

929 „... unless it is proved that at the time of such acquisition he knew of such untruth or omission ...“, Sec. 11(a) SA.

Beweislastumkehr vorgenommen wird, er also sein sorgfältiges Verhalten beweisen muss, und der Emittent nach US-amerikanischem Recht ohnehin verschuldensunabhängig haftet. Gleichzeitig fordern sowohl die deutsche als auch die US-amerikanische Regelung Anleger heraus, Klage zu erheben, obgleich sie möglicherweise durch unsorgfältiges Verhalten den Schaden mitverschuldet haben, was ihnen aber nicht nachgewiesen werden kann. Die Anleger werden sich daher nicht um sorgfältiges Verhalten bemühen. Risikoerhöhungen, die sich aus dem Verhalten der Anleger ergeben, fallen zu Lasten der Emittenten. Daher ist in Erwägung zu ziehen, statt auf die Kenntnis besser auf ein Kennen müssen der Anleger abzustellen. Der Nachweis der Kenntnis des Anlegers von der Unrichtigkeit der Information wird dem Emittenten kaum gelingen, während der Anleger unberechtigterweise in Schutz genommen wird. Für ihn besteht bei einer solchen Regelung kein Anreiz, Informationen selbst bei Vorliegen von Anzeichen für deren Unrichtigkeit auf ihre Richtigkeit hin zu überprüfen. Vielmehr wird der Anleger als unmündig betrachtet: ihm wird das dem Wertpapiermarkt innewohnende Risiko abgenommen und dem Emittenten aufgebürdet.

II. Ad-hoc-Publizität

Nach § 37b Abs. 3 WpHG besteht der Schadensersatzanspruch nicht, wenn der Dritte die nicht veröffentlichte Tatsache im Falle des Absatzes 1 Nr. 1 bei dem Erwerb oder im Falle des Absatzes 1 Nr. 2 bei der Veräußerung kannte. Bei der Veröffentlichung unwahrer Tatsachen haftet der Ad-hoc-Publizitätspflichtige gemäß § 37c Abs. 3 WpHG dann nicht, wenn der Dritte die Unrichtigkeit der Tatsache im Falle des Abs. 1 Nr. 1 bei dem Erwerb oder im Falle des Absatzes 1 Nr. 2 bei der Veräußerung kannte. Grob fahrlässige Unkenntnis schadet der Geltendmachung des Anspruchs in Anlehnung an die Vorschriften über die Prospekthaftung (§ 44 BörsG n.F., § 20 KAGG, § 12 AuslInvestG) nicht[930]. Wie bei der Börsenprospekthaftung obliegt dem Emittenten der Beweis der Kenntnis des Anlegers von der Unterlassung oder der Unrichtigkeit der Mitteilung, was ihm schwer gelingen dürfte. Insofern wäre ein Abstellen auf ein Kennen müssen der Unterlassung oder Unrichtigkeit sachgerechter und darüber hinaus sorgfaltsfördernder[931].

Sec. 18(a) SEA enthält lediglich die Formulierung, dass der Haftungsverantwortliche „shall be liable to any person (not knowing that such statement was false or misleading)“, d.h. gegenüber den Personen haften soll, die keine Kenntnis von der Unrichtigkeit oder Irreführung der Aussage haben. Im

930 BT-Drucks. 14/8017, S. 94.

931 Vgl. dazu genauer die Ausführungen zur Börsenprospekthaftung S. 164-166.

Unterschied zu Sec. 11 SA kann hier vom Wortlaut her nicht von einer Beweislast des Emittenten bezüglich des Mitverschuldens ausgegangen werden[932], sondern von einer Beweislast des Anlegers dahingehend, dass er für die Anspruchsdurchsetzung positiv beweisen muss, keine Kenntnis von der Unrichtigkeit der Tatsache gehabt zu haben.

C. Bewertung

Eine Verschuldenshaftung bei unterlassener, unvollständiger oder fehlerhafter Informationsverbreitung auf dem Markt schafft unter bestimmten Bedingungen den Anreiz, die für die Informationseffizienz erforderlichen Informationen auf den Markt zu leiten. Bestimmt das Gesetz eine Vorsatzhaftung und besteht gleichzeitig die Vermutung für ein Vorliegen des Verschuldens des Emittenten, ist der Beklagte aufgrund des Verfahrensrechts jedoch nicht in der Lage, zu beweisen, dass er lediglich fahrlässig gehandelt hat, so kommt die Vorsatzhaftung einer strengen Haftungsregelung (d.h. einer Haftung auch für leichte Fahrlässigkeit oder sogar einer verschuldensunabhängigen Haftung) gleich. Umgekehrt nimmt das Beweisrecht der leichten Fahrlässigkeitshaftung ihre Schärfe, wenn das Gesetz eine Haftung auch für leichte Fahrlässigkeit vorsieht, der Beweis der anspruchsbegründenden Merkmale, insbesondere des Verschuldens, aber beim Kläger liegt und es für diesen nahezu unmöglich ist, Vorsatz des Beklagten zu beweisen. Bei einer Haftung, die keinen Anreiz gibt, Klage zu erheben (also beispielsweise eine Verschuldenshaftung ohne Beweislastumkehrungen) bestünde die Gefahr, dass die Informanten ihre kapitalmarktrechtlichen Informationspflichten vernachlässigen und das Vertrauen der Anleger missbrauchen.

I. Börsenprospekthaftung

Die Ausgestaltung der subjektiven Anforderungen in Verbindung mit der Mitverschuldensregelung und den Darlegungs- und Beweislastregeln halten den Emittenten bei der Börsenprospekthaftung sowohl nach der einschlägigen deutschen als auch der US-amerikanischen Vorschrift an, sich sorgfältig zu verhalten, um den Fluss unrichtiger oder unvollständiger Informationen auf den Markt zu verhindern und die Schaffung „wahrer“ Preise zu fördern. Das ist zu

932 Denn Sec. 11(a) SA sieht eine Haftung vor, sofern nicht bewiesen werden kann, dass der Anleger beim Kauf Kenntnis von der Unrichtigkeit oder Unterlassung hatte. Siehe dazu oben S. 164 f.

begrüßen. In beiden Rechtsordnungen erhält der Anleger Anreize zur Klageerhebung. Die Anleger werden durch die bestehende Mitverschuldensregelung allerdings nicht zu sorgfältigem Verhalten angehalten, sondern zu unsorgfältigem Verhalten verleitet. Risikoerhöhungen durch das Verhalten der Anleger werden somit den Emittenten angelastet. Die neue Mitverschuldensregelung im deutschen Recht ist durch das Abstellen auf die tatsächliche Kenntnis der Unrichtigkeit oder Unvollständigkeit der Prospektangaben hinsichtlich einer Effizienzförderung eher fragwürdig. Für einen Anreiz zu sorgfältigem Verhalten seitens der Anleger ist das Erfordernis des Kennen Müssens förderlicher. Die grundsätzlich strenge verschuldensunabhängige Haftung nach Sec. 11(a) SA wird abgemildert durch die *safe harbor*-Regelung und die Berücksichtigung der unterschiedlichen Stellung von Emittent und Anderen, indem der Emittent verschuldensunabhängig ohne Exkulpationsmöglichkeit haftet, während das Emissionshaus und Dritte die Verteidigungsmöglichkeit basierend auf der Anwendung gehöriger Sorgfalt haben. Darüber hinaus hat auch der Emittent die Möglichkeit, sich zu exkulpieren, indem er beweist, dass der Anleger Kenntnis von der Unrichtigkeit der Information hatte.

Eine Erweiterung der Haftung über den Verschuldensmaßstab im deutschen Recht hinaus ähnlich der verschuldensunabhängigen Haftung nach Sec. 11 SA ist nicht sinnvoll. Denn das Risiko einer Kursveränderung aufgrund der Verschlechterung der allgemeinen wirtschaftlichen Lage darf nicht dem Emittenten aufgebürdet und der Anleger davor völlig geschützt werden, indem er eine „Garantie“ gegen Kursveränderungen erhält[933]. Eine verschuldensunabhängige Haftung kann zum einen zusätzlich zum Schaden des Anlegerpublikums die Existenz gefährden[934] und zum anderen den Zwang für die Emissionshäuser herbeiführen, bei gefährlichen Emissionen ohne jegliche Prüfung auf Platzierungen außerhalb der Börse auszuweichen[935]. Auf weite Sicht laufen die Folgen einer verschuldensunabhängigen Haftung den Interessen der Anleger mehr zuwider als eine Verschuldenshaftung. Außerdem besteht bei einer verschuldensunabhängigen Haftung stets die Gefahr, dass Missbrauch durch Anleger ohne begründete Ansprüche betrieben wird. Für das deutsche Recht ist daher eine strengere Haftung des Emittenten nicht wünschenswert.

Eine Haftung für leichte Fahrlässigkeit - bei der Berufshaftung die Regel - ist ebenfalls abzulehnen[936]. Denn die Erweiterung des Sorgfaltsmaßstabs wird durch

---

933 *Brondics/Mark*, AG 1989, S. 339, 347.

934 Wie *Weber*, ZHR 45 (1896), 69, 99 schon im Jahre 1896 schrieb.

935 *Schwark*, BörsenG, §§ 45, 46, Rn. 1.

936 Bei den Prospektpflichten handelt es sich nach einem marktrechtlichen Verständnis um Marktinformationspflichten, *Assmann*, Prospekthaftung, S. 377, Fn. 1 bzw. S. 273-309, *ders.*, in: Assmann/Schütze (Hrsg.), § 7, Rn. 24, deren Verletzung insbesondere für die

eine gewisse „Entgeltlichkeit" ausgeglichen, indem die Kosten für die Provision, die sich am Emissionsvolumen orientiert, und die mögliche Inanspruchnahme aufgrund der Prospekthaftung bereits berücksichtigt sind und auf die Anleger verlagert werden[937]. Bei einer Aufhebung der Haftungsprivilegierung besteht die Möglichkeit, dass Anlagemöglichkeiten verknappt und verteuert werden. Auch könnten Emissionshäuser durch ein zu hohes Haftungsrisiko vom Emissionsgeschäft abgehalten werden[938], oder es könnten Marktverzerrungen entstehen, insofern als langfristige Kreditfinanzierungen gegenüber der Ausgabe von Aktien und Anleihen begünstigt würden[939]. Zusätzlich würden die Emittenten und die Banken ihre höheren (Nach-) Prüfungskosten wiederum auf die Anleger übertragen, was aus ökonomischer Sicht völlig ineffizient wäre. Außerdem gewährt die Haftungsmilderung eine Art Kompensation dafür, dass der Kreis der potenziellen Kläger insofern ausgeweitet wird, als kein rechtsgeschäftlicher Kontakt zwischen Prospektverantwortlichem und Geschädigtem für eine Haftung verlangt wird[940].

Die Kombination der Verschuldenshaftung mit der Vermutungsregel über das Verschulden ist für eine ausgewogene Anreizsetzung sowohl für den Emittenten als auch die geschädigten Anleger ideal: der Emittent wird zu sorgfältigem Verhalten angehalten, für die Anleger besteht die Entlastung von der Beweislast für das Verschulden, das in der Sphäre des Emittenten liegt. Mit Klageexzessen ist nicht zu rechnen, da die geschädigten Anleger zunächst die Unrichtigkeit oder Unvollständigkeit der Angaben und ihren Schaden beweisen müssen. Erst wenn diese Voraussetzung erfüllt ist, hilft ihnen die Beweislastumkehr weiter.

II. Insiderhandel

Für die Verletzung des Insiderhandelsverbotes kann im Rahmen der von der Rechtsprechung vorgenommenen Beweislastumkehr bei Schutzgesetzverletzungen auf den Nachweis für das Verschulden des Insiders verzichtet werden. Dem Insider kommt dann die Darlegungs- und Beweislast für das Fehlen seines Verschuldens zu. Die vorgenommene Analyse insbesondere zum *scienter*-Merkmal im Rahmen von Sec. 10(b) SEA und Rule 10b-5 zeigt, dass sich im US-amerikanischen Recht Elemente des materiellen Haftungsrechts nur mit den beweisrechtlichen Elementen

---

Emissionsbanken einen Fall der Berufshaftung bildet, so dass als Sorgfaltsmaßstab leichte Fahrlässigkeit anzulegen wäre, *Grundmann/Selbherr*, WM 1996, 985, 989.

937 Siehe *Grundmann/Selbherr*, WM 1996, 985, 989 m.w.N.

938 *Grundmann / Selbherr*, WM 1996, 985, 986.

939 *Hopt*, Verantwortlichkeit der Banken, Rn. 81.

940 *Grundmann/Selbherr*, WM 1996, 985, 989 m.w.N.

des prozessualen Haftungsrechts wegen der Verhaltenssteuerung untersuchen lassen. Erst durch die vom Reform Act verlangten erhöhten Darlegungsanforderungen wird das *scienter*-Merkmal schärfer und vermag die bislang bestandenen überhöhten Klageanreize zu vermindern. Setzt man die nun strengere Haftung in Relation zur Anzahl der Klagen, die in den USA von den Anlegern wegen falscher Informationen erhoben werden, so kommen zwei Folgerungen in Betracht: Entweder es findet trotz strenger Haftung keine Senkung der Zahl von Insidertransaktionen statt, oder die Anforderungen an die Darlegung der anspruchsbegründenden Merkmale sind immer noch so niedrig, dass trotz hoher Sorgfaltsanwendung Klagen erhoben werden.

III. Ad-hoc-Publizität

Die Struktur der Schadensersatzvorschriften der §§ 37b, 37c WpHG hinsichtlich des Verschuldens, Mitverschuldens und der Beweislast ist an die Ausgestaltung der Vorschriften der Börsenprospekthaftung gemäß §§ 44, 45 BörsG angelehnt. Da die Börsenprospekthaftung wie die Pflicht zur Ad-hoc-Publizität die Verbreitung entscheidungserheblicher und richtiger Informationen mit dem Hintergrund zum Ziel hat, dass sich diese Informationen in der Sphäre des Emittenten befinden, ist eine Gleichbehandlung der Tatbestandsmerkmale dieser Vorschriften konsequent und sachgerecht. Von den Wirkungen des Zusammenspiels des Verschuldens, Mitverschuldens und der Beweislast bei der Börsenprospekthaftung ausgehend[941], bietet die Ausgestaltung von §§ 37b, 37c WpHG Anreize für den Emittenten, sich sorgfältig zu verhalten und dem Markt richtige und vollständige Ad-hoc-Meldungen zuzuleiten. Gleichzeitig wird wie bei der Börsenpropekthaftung den Anlegern durch das Abstellen auf die Kenntnis der nicht veröffentlichten Tatsache bzw. der Unrichtigkeit der Tatsache beim Mitverschulden die Verantwortung für sorgfältiges Verhalten genommen, indem das Kennen müssen der nicht veröffentlichten Tatsache bzw. der Unrichtigkeit der Tatsache nicht ausschlaggebend für das Vorliegen von Mitverschulden ist. Für den Emittenten wäre der Beweis des Kennen müssens der Unterlassung oder Unrichtigkeit der Mitteilung leichter zu erbringen.

Bei einer Einstufung der Ad-hoc-Publizität als Schutzgesetz ist eine Haftung bereits bei (grob) fahrlässigen Verstößen oder eine widerlegbare Vermutungsregel hinsichtlich des Vorsatzes des Emittenten für die effiziente Verbreitung Ad-hoc-publizitätspflichtiger Sachverhalte wünschenswert, da andernfalls kein Anreiz für den Emittenten zur richtigen und vollständigen Ad-hoc-Publizität besteht. Da

941 Siehe dazu oben ab S. 167.

widerlegbare Vermutungen den Anreiz zur Klageerhebung aber auch gleichzeitig die Möglichkeit für Emittenten zur Exkulpation schaffen und dabei berücksichtigen, dass Merkmale in der Sphäre der gegnerischen Partei schwer bewiesen werden können, sind sie ein geeignetes Mittel, ein gerechtes Ergebnis zu erzielen, begründete Ansprüche durchsetzbar und unbegründete Ansprüche undurchsetzbar zu machen. Die Erhöhung des Sorgfaltsmaßstabs auf leichte Fahrlässigkeit vermag ohne Beweiserleichterungen den Anreiz zu Klageerhöhungen und damit zu Sorgfaltserhöhungen durch den Emittenten nicht zu steigern. Mit Beweiserleichterungen kann ein überhöhter Klageanreiz entstehen, da der Emittent kaum zur Exkulpation fähig sein wird. Eine widerlegbare Vermutung ist daher der Erhöhung des Sorgfaltsmaßstabs auf leichte Fahrlässigkeit vorzuziehen.

Nach Sec. 18 SEA haftet der Beklagte, sofern er nicht beweisen kann, dass er in gutem Glauben und ohne Kenntnis der Unrichtigkeit der Aussage gehandelt hat[942], d.h. es besteht die widerlegbare Vermutung, dass der Beklagte bewusst eine falsche Aussage offengelegt hat. Der Kläger muss die falsche, sich auf eine wesentliche Tatsache beziehende Offenlegung und die Auswirkung der Aussage auf den Preis des betroffenen Wertpapiers belegen[943]. Ähnlich wie im deutschen Recht vor Erlass des vierten Finanzmarktförderungsgesetzes bestehen für den Kläger diesbezüglich keine Beweiserleichterungen, so dass die Durchsetzung von Ansprüchen erschwert und damit einhergehend der Anreiz zur Offenlegung von Informationen reduziert wird. Die vom Beklagten darzulegende Beweislast ist einfacher zu erfüllen als die *due diligence* Anforderung in Sec. 11(b) SA[944]. Es ist daher eher fraglich, ob Sec. 18 SEA ein effizientes Instrument zur Durchsetzung Ad-hoc-publizitätspflichtiger Tatsachen darstellt.

§ 4: Schaden, Schadensberechnung und Gesamtschuldnerhaftung

Die Berechnung des Schadensersatzes vermag das Klageverhalten von Emittenten, Insidern und Anlegern ebenfalls zu beeinflussen. Einerseits ist davon auszugehen, dass die Offenlegung von Informationen mit der Höhe des ersatzfähigen Schadens der Anleger ansteigt[945], da der Anreiz zur Klageerhebung für Anleger mit steigender Höhe des möglichen Schadensersatzes erhöht wird, was zu einer wünschenswerten Steigerung der Effizienz der Kapitalmärkte führen würde.

942 „... unless the person sued shall prove that he acted in good faith and had no knowledge that such statement was false or misleading."
943 *Bloomenthal*, S. 725.
944 Vgl. *Hazen*, S. 338 f., 751.
945 *Schönenberger*, S. 162.

Andererseits ist bei steigender Höhe des ersatzfähigen Schadens mit Klagemissbrauch zu rechnen, der im US-amerikanischen Recht durch die Möglichkeit der *discovery*[946], die die Darlegung der Anspruchsvoraussetzungen durch den Kläger zunächst entbehrlich macht, und durch die Möglichkeit der *class action* verstärkt wird[947].

A. Börsenprospekthaftung

Im deutschen Recht kann der Kläger die Rücknahme der Wertpapiere gegen Erstattung des Erwerbspreises, soweit dieser ihren ersten Ausgabepreis der Wertpapiere nicht überschreitet, und den mit dem Erwerb verbundenen üblichen Kosten verlangen[948]. Ist der Erwerber nicht mehr Inhaber der Wertpapiere, kann er Zahlung des Unterschiedsbetrags zwischen dem Erwerbspreis, soweit dieser den ersten Ausgabepreis nicht überschreitet, und dem Veräußerungspreis der Wertpapiere sowie der mit dem Erwerb und der Veräußerung verbundenen üblichen Kosten verlangen[949]. Für den Anleger besteht lediglich ein Anreiz, Klage zu erheben, wenn ein großer Schaden entstanden ist. Bei einem geringen Abweichen des Wertes des Wertpapiers vom wahren Wert wird er sich nicht die Mühe der Erhebung einer Klage machen, sondern das nicht dem wahren Wert entsprechende Wertpapier behalten. Der niedrige Klageanreiz sollte mit der Begrenzung der Haftung auf den Ausgabepreis erreicht werden, um die Haftung überschaubar zu halten und zur Risikokapitalförderung beizutragen[950]. Gleichzeitig wird der Emittent bei der vorliegenden Regelung nicht „bestraft" und kann den Anreiz erhalten, den Markt mit unrichtigen oder unvollständigen Informationen zu versorgen, um das Unternehmen besser darzustellen als es ist.

Für die Erhöhung der Sorgfalt des Emittenten und des Emissionshauses wäre erwägenswert, dem Anspruchsinhaber das (Wahl-)Recht vorzubehalten, das betroffene Wertpapier zu behalten oder die Differenz zwischen Erwerbspreis und dem wahren Preis zum Zeitpunkt des Erwerbs geltend machen[951]. Eine Ersetzungsbefugnis müsste dann für den Emittenten möglich sein, wenn von den Anlegern überzogene Schadensersatzansprüche gestellt werden. Ein Schadensersatzanspruch neben der Möglichkeit der Rückgabe des Wertpapiers gegen den Erwerbspreis kann außerdem dem Emittenten entgegenkommen: Bei

---

946 Siehe dazu unten ab S. 212.
947 Zur *class action* unten ab S. 239.
948 § 44 Abs. 1 BörsG.
949 § 44 Abs. 2 BörsG.
950 Begr. RegE 3. FFG, BT-Drucks. 13/8933, S. 54, 78.
951 So auch *Kort*, AG 1999, 9, 13.

einem geringen Wertunterschied zwischen tatsächlichem und wahrem Wert wäre lediglich der Differenzbetrag zu bezahlen statt des Ersatzes des gesamten Erwerbspreises, und das Wertpapier würde im Umlauf bleiben. Der Makel der Rücknahme des Wertpapiers wäre gemindert.

Bei einem Schadensersatz ist der Anleger unter Berücksichtigung der Qualifikation der Börsenprospekthaftung als zwischen Vertrag und Delikt stehende Vertrauenshaftung nicht nur so zu stellen, wie er stehen würde, wenn er die Anlage nicht getätigt hätte[952], sondern er ist so zu stellen, wie er gestanden hätte, wenn ihm die richtigen und vollständigen Informationen mitgeteilt worden wären. Der Ersatz des positiven Interesses, also der Anspruch auf Herstellung des Zustandes, der sich ergeben hätte, wenn die Angaben im Prospekt der Wahrheit entsprochen hätten, also zutreffend und vollständig gewesen wären[953], wäre nur vertretbar, wenn man den Börsenprospekt als rechtsgeschäftliche Erklärung der Prospektverantwortlichen qualifizierte, der ein Qualitätsversprechen enthält. Nur das Qualitätsversprechen kann dazu führen, dass sich der geschädigte Anleger auf die Richtigkeit der vorgelegten Informationen berufen kann. Ansonsten entspricht es dem Ziel des Kapitalmarktrechts, nämlich der Bildung fairer Preise, den Anleger in den Zustand zu versetzen, in dem auf dem Markt tatsächlich faire Preise herrschen. Der Ersatz des positiven Interesses würde über dieses Ziel hinausgehen, dem Anleger unangemessene Vorteile einräumen und ihm das einer Risikoanlage immanente Risiko abnehmen. Das Recht des Anlegers, seine Entscheidung, resultierend aus einer Abwägung zwischen Chancen und Risiken, selbstverantwortlich in voller Kenntnis sämtlicher für die Beurteilung dieses Risikogeschäfts maßgeblicher Umstände zu treffen[954] führt dazu, ihn möglichst in die Lage zu versetzen, in der er sich befinden würde, wenn er die der Wahrheit entsprechenden Informationen besitzen würde. Da das Ziel der Börsenprospekthaftung die Gewährung voller Kenntnis des Anlegers von dem der Anlage innewohnenden Risiko und Transparenz des Kapitalmarktes ist, ist der Anleger auch genau in den Zustand zu versetzen, in dem ihm richtige und vollständige Angaben im Börsenprospekt vorgelegt werden.

Sec. 11 SA sieht keine dem § 44 Abs. 1 BörsG vergleichbare Ersetzungsbefugnis vor. 11(e) SA bietet drei Alternativen zur Schadensbemessung[955]. Erstens die Differenz zwischen Erwerbspreis des

952 BGH WM 1993, 1787, 1789.

953 So aber für die alte Rechtslage *Brondics/Mark*, AG 1989, 339, 343; dagegen m.w.N. *Hamann*, in: Schäfer (Hrsg.), Wertpapierhandelsgesetz, §§ 45, 46 a.F. BörsG, Rn. 146

954 BGH WM 1993, 1787, 1789.

955 „The suit authorized under subsection (a) may be to recover such damages as shall represent the difference between the amount paid for the security and (1) the value thereof as of the time such suit was brought, or (2) the price at which such security shall habe been disposed of in the market before suit, or (3) the price at which such security shall have been

betroffenen Wertpapiers und dem Wert zum Zeitpunkt des Rechtsstreits, zweitens die Differenz zwischen Erwerbspreis und dem Preis, für den der Kläger das Wertpapier vor Beginn des Rechtsstreits verkauft hat und drittens die Differenz zwischen Erwerbspreis und dem Preis, zu dem das Wertpapier nach Erhebung der Klage aber vor der Urteilsfindung verkauft wurde, falls der Schaden unter dieser Alternative geringer ist als derjenige, der sich aus der Differenz zwischen Erwerbspreis und Wert zum Zeitpunkt der Erhebung der Klage errechnet (Alternative 1). Für den Fall des bereits erfolgten Weiterverkaufs des Wertpapiers erfolgt die Berechnung des Schadensersatzes also gleich wie im deutschen Recht, nämlich Differenz des Erwerbspreises und dem Verkaufspreis, allerdings mit der Ausnahme, dass bei einem Verkauf nach Rechtshängigkeit und vor Erledigung des Rechtsstreits unter Umständen auf den Wert zum Zeitpunkt der Erhebung der Klage abgestellt wird. Hält der Anleger das Wertpapier, wird nicht der wahre Wert zugrundegelegt, sondern lediglich die Differenz zwischen dem Erwerbspreis und dem Wert zum Zeitpunkt des Rechtsstreits ausgeglichen. D.h. der Kläger wird auch nicht so gestellt, als ob die Angaben im Prospekt zutreffend gewesen wären, sondern ihm wird lediglich ein Vertrauensschaden ersetzt.

B. Insiderhandel

Das Problem der Schadensentstehung und Schadensberechnung relativiert Ansprüche von durch Insiderhandel geschädigte Anleger.

I. Schadensentstehung

Grundsätzlich wird es einem Anleger bei einem bloßen Insiderhandelsverbot kaum gelingen, einen erlittenen Schaden zu beweisen. § 823 Abs. 2 BGB i.V.m. § 14 WpHG bietet dann keinen Anreiz zur Unterlassung von Insiderhandel. Ist der Schaden nicht darzulegen, so wird das Schutzbedürfnis der Anleger zusätzlich stark relativiert[956]. Ist das Insiderhandelsverbot mit einer Veröffentlichungspflicht kombiniert, ist der Nachweis eines Schadens leichter. Der Schaden besteht dann in der nicht durchführbaren Realisierung des „wahren“ Preises.

Insiderrechtliche Haftungsklagen auf Schadensersatz werden in Deutschland unter anderem deshalb abgelehnt, weil die Frage des entstandenen Schadens und

disposed of after suit but before judgment if such damages shall be less than the damages representing the difference between the amount paid for the security and the value thereof as of the time such suit was brought.“

956 *Assmann*, AG 1994, 196, 203.

dessen Bezifferung als äußerst schwierig gilt[957]. Der Geschädigte muss nicht nur seinen derzeitigen, sondern auch den hypothetischen Vermögensstand nachweisen, der ohne den Insiderhandel gegeben wäre[958]. Hinzu kommt, dass der Kreis der Anspruchsberechtigten nicht auf alle Personen der Marktgegenseite ausgedehnt werden kann, sondern auf diejenigen eingeschränkt werden müsste, die gerade vom Insider erworben haben. Die ursprüngliche Ursache für die Problematik der Schadensdarlegung war die Anonymität der Börsengeschäfte, die einen direkten Kontakt der Anleger als Käufer oder Verkäufer verhinderte, so dass ein unmittelbarer Nachteil für den Anleger durch ein verbotenes Insidergeschäft nur in Ausnahmefällen entstehen konnte[959]. Seit der im Jahre 1995 neugefassten AGB Wertpapiergeschäfte hat diese Ursache an Bedeutung verloren. Eine Identifikation des Geschädigten müsste nun möglich sein[960], da seither die Effektenaufträge ohne Selbsteintritt ausgeführt werden[961]. Die Bank tätigt die Geschäfte als Kommissionärin für Rechnung ihrer Effektenkunden[962]. Das auszuführende Geschäft muss aufgrund ihrer Rechenschaftspflicht[963] dem betreffenden Effektenkunden zuzuordnen sein. Mehr Transparenz könnte hier auch die im Entwurf des vierten Finanzmarktförderungsgesetzes vorgesehene Veröffentlichungspflicht für Unternehmensinsider bringen. Nach § 15a WpHG obliegt sowohl Mitgliedern des Geschäftsführungs- oder Aufsichtsorgans als auch persönlich haftenden Gesellschaftern eine Pflicht zur Veröffentlichung von Transaktionen, die sie in Wertpapieren des Emittenten oder in davon abhängenden Derivaten getätigt haben[964].

Ein weiteres Problem hinsichtlich des Nachweises des Schadens bildet die Volatilität des Wertpapiers. Die Kursentwicklung hängt von derartig vielen Faktoren ab, dass für den Anleger schwer nachzuweisen wäre, welche der vielen Ursachen wie viel zur Kursveränderung beigetragen hat[965]. Daher wäre erstens der Schaden höchstwahrscheinlich auch eingetreten, hätte der Insider nicht am Wertpapierhandel teilgenommen, zweitens hätte sein Transaktionsgegner mit großer Wahrscheinlichkeit auf jeden Fall zu dem damals bestehenden Kurs gekauft

957 *Assmann*, AG 1994, 237, 250.
958 Vgl. MüKo-*Grunsky*, BGB, Vor. § 249, Rn. 132.
959 *Caspari*, ZGR 1994, 530, 533.
960 Hierzu genau *Kümpel*, Wertpapierhandelsgesetz, S. 51.
961 Bis dahin hat die beauftragte Bank Wertpapiergeschäfte für eigene Rechnung durch kommissionsrechtlichen Selbsteintritt getätigt, siehe *Assmann/Cramer*, in: Assmann/Schneider (Hrsg.), § 14, Rn. 106; *Hopt*, ZHR 159 (1995), 135, 162.
962 § 383 HGB.
963 § 384 Abs. 2 HGB.
964 S. 55 des Entwurfes vom 04.09.2001, abrufbar im Internet unter http://www.bundesfinanzministerium.de/Kapitalmarktpolitik-.521.htm.
965 *Siebold*, S. 193.

oder verkauft, so dass ein möglicher Anspruch kaum durchzusetzen wäre[966]. In diesen Fällen wäre es für die Kläger hilfreich, wenn das Gericht den Schaden im Sinne des § 287 ZPO ermitteln und schätzen würde[967]. Danach entscheidet das Gericht bei Streitigkeiten bezüglich der Frage, ob ein Schaden entstanden ist und auf welche Höhe er sich beläuft, unter Würdigung aller Umstände nach freier Überzeugung[968]. Zweck der Vorschrift ist zu verhindern, dass die Abweisung einer Klage allein deshalb erfolgt, weil der Kläger nicht den vollen Beweis für einen ihm entstandenen Schaden erbringen kann, wenn zum Beispiel die Schadensberechung Ermessenssache ist[969]. Die Schadensermittlung umfasst die Schadensentstehung und die Schadenshöhe. Zur Schadenshöhe gehört alles, was zu ihrer Berechnung zählt[970]. Liegt ein Streit über die Entstehung des Schadens vor, so ist der Schaden zu beurteilen, wenn der Haftungsgrund unstreitig oder erwiesen, der Schadenseintritt zumindest wahrscheinlich ist und eine hinreichende Schätzungsgrundlage besteht[971]. Anders ist dies, wenn mehrere Ereignisse zum Haftungsgrund gehören. In diesem Fall müssen alle Ereignisse vom Kläger nach § 286 ZPO bewiesen werden[972].

Bei einem von einer Offenlegung abhängigen Insiderhandelsverbot ist eine Einschränkung der Anspruchsberechtigung auf diejenigen Personen, deren Käufe entsprechenden Gegengeschäften des Insiders zuzuordnen sind, nicht sinnvoll. Bei einer gesetzlichen Offenlegungspflicht werden bei einer Insiderhandelstransaktion ohne eine zuvor erfolgte Offenlegung der Information nicht nur die Anleger geschädigt, die direkt mit dem Insider ein Geschäft abschließen, sondern die gesamte Marktgegenseite, die Transaktionen mit den Insiderpapieren mit dem „falschen" Kurs durchgeführt hat. Eine Berechtigung zur Geltendmachung eines Anspruches nur bei unmittelbarem Kontakt mit dem Insider wäre dann vom

966 *Hopt*, ZHR 159 (1995), 135, 162.

967 So auch *Hasslinger*, S. 116. Für den konkreten Haftungsgrund, der sich aus der konkreten Tatbestandsverwirklichung einer Norm sowie den erforderlichen Verschuldenselementen zusammensetzt, einschließlich seiner Kausalbeziehungen, ist allerdings eine Schätzung gemäß § 287 ZPO ausgeschlossen, da Beweis gemäß § 286 ZPO nötig ist, Zöller-*Greger*, ZPO, § 287, Rn. 3; MüKo-*Prütting*, ZPO, § 287, Rn. 8. Hinsichtlich der Kausalbeziehungen muss allerdings zwischen haftungsbegründender und haftungsausfülllender Kausalität unterschieden werden, so MüKo-*Prütting*, ZPO, § 287, Rn. 9. Bei Fragen der haftungsbegründenden Kausalität sind die allgemeinen Beweislastregeln und § 286 ZPO anzuwenden, wohingegen Fragen der haftungsausfüllenden Kausalität § 287 Abs. 1 ZPO zugeordnet werden, MüKo-*Prütting*, ZPO, § 287, Rn. 10, 13. § 287 Abs. 1 ZPO ist ohne Zweifel eine Erleichterung für die Darlegungslast des Klägers und kann die frühzeitige Abweisung einer Klage verhindern.

968 § 287 Abs. 1 S. 1 ZPO.

969 Siehe m.w.N. Zöller-*Greger*, ZPO, § 287, Rn. 1.

970 BGH RR 1988, 343.

971 BGH BB 1986, 1878, 1879.

„zufälligen" Ergebnis der elektronischen Datenverarbeitung der Börse abhängig[973]. Die übrigen Marktteilnehmer blieben auf ihrem Schaden sitzen. Weil dieses Ergebnis nicht befriedigen kann, ist die Ausdehnung der Anspruchsberechtigung auf die gesamte Marktgegenseite gerechtfertigt. Bis zur Chiarella-Entscheidung beschränkte auch die US-amerikanische Rechtsprechung einen Anspruch nicht auf den Transaktionspartner des Insiders, mit dem Argument, dass eine Offenlegungspflicht der Insiderinformation gegenüber dem Anlegerpublikum bestand, und daher nicht auf die Art und Weise der Transaktion (*face to face* oder anonym) abgestellt werden sollte[974]. Durch die Offenlegungspflicht gegenüber der Informationsquelle nach der O'Hagan-Entscheidung könnte sich aber anderes ergeben. Denn dort wurde nicht kapitalmarktrechtlich argumentiert, sondern vielmehr auf die einzelnen Beziehungen zwischen den Marktteilnehmern abgestellt, was neben der eingeschränkten Offenlegungspflicht eine Einschränkung der Anspruchsberechtigung mit sich bringen könnte.

Für eine Anspruchsberechtigung unter Rule 10b-5 muss die fragliche Transaktion in Verbindung mit dem Erwerb oder Verkauf von Wertpapieren erfolgen (*in connection with a purchase or sale*). Der Kläger muss selbst Erwerber oder Verkäufer sein[975], d.h. er muss tatsächlich Wertpapiere gekauft oder verkauft haben. Diesem Grundsatz liegt die Entscheidung Birnbaum v. Newport Steel Corp.[976] zugrunde, durch die sich das Erfordernis des tatsächlichen Wertpapierkaufs oder -verkaufs auf Seiten des Klägers als *purchaser-seller doctrine* etabliert hat[977]. Bestätigung durch den Supreme Court erfuhr die *purchaser-seller doctrine* in der Entscheidung Blue Chip Stamps v. Manor Drug Stores[978]. Hier stellte der Supreme Court zudem fest, dass dem Kläger kein Anspruch aus Rule 10b-5 zustehe, wenn er aufgrund unrichtiger Information(en) oder unterlassener Mitteilung(en) wesentlicher Information(en) lediglich vom Kauf oder Verkauf abgesehen habe[979]. Kläger und Beklagter müssen nicht Parteien der gleichen Transaktion sein. Voraussetzung ist lediglich, dass der Kläger Wertpapiere gekauft oder verkauft hat. Allerdings muss das Geschäft des Klägers zeitliche Nähe zum Insidergeschäft aufweisen. Nur die zeitgleich (*contemporaneous*) handelnde Marktgegenseite ist anspruchsberechtigt[980]. Auch

---

972 *Baumbach/Lauterbach/Albers/Hartmann*, § 287, Rn. 10.

973 *Arbeitskreis Gesellschaftsrecht*, S. 45. Anspruchsberechtigung würde zu einer Lotterie werden, so *Krauel*, S. 129.

974 Shapiro v. Merrill Lynch, Pierce, Fenner & Smith, Inc., 495 F.2d 228, 240 (2d Cir. 1974).

975 Vgl. *Loss*, Fundamentals, S. 904.

976 Birnbaum v. Newport Steel Corp., 193 F.2d 461 (2d Cir. 1952).

977 Birnbaum v. Newport Steel Corp., 193 F.2d 461, 463 f. (2d Cir. 1952).

978 Blue Chip Stamps v. Manor Drug Stores, 421 U.S. 723, 737-749 (1975).

979 Blue Chip Stamps v. Manor Drug Stores, 421 U.S. 723, 749-755 (1975); *Hazen*, S. 782.

980 Zuerst Fridrich v. Bradford, 542 F.2d 307, 327 (6th Cir. 1976): „I also am unwilling to

der 1988 eingefügte Sec. 20A SEA verlangt für eine Anspruchsberechtigung die dem Insiderhandel zeitgleiche Vornahme einer Transaktion. Die Eingrenzung der Anspruchsberechtigten auf die Marktteilnehmer, die tatsächlich Wertpapiere gekauft oder verkauft haben, wird in Blue Chip Stamps mit umfangreichen Beweiserhebungen und *pre-trial discoveries* begründet[981]. Wird also der Kreis der Anspruchsberechtigten zu sehr ausgeweitet, besteht die Gefahr missbräuchlicher Klageerhebungen, die unnötige Kosten mit sich bringen und der Kapitalmarkteffizienz nicht förderlich sind. Eine Gefahr missbräuchlicher Klageerhebungen wäre nach deutschem Recht allerdings nicht zu erwarten, da die Kostenverteilung für solche Fälle klagehemmend wirkt[982].

Bei Beibehaltung der derzeitigen Rechtslage im deutschen Recht ohne eine Offenlegungspflicht des Insiders ist der Kreis der Anspruchsberechtigten auf die unmittelbar mit dem Insider handelnden Marktteilnehmer begrenzt, da für die übrigen Marktteilnehmer kein Schaden durch den Insiderhandel entsteht, abgesehen davon, dass ihnen die von Insidern erzielten Gewinne verloren gehen. Bei der Etablierung einer Offenlegungspflicht ist die Anspruchsberechtigung auf die zeitgleich handelnde Marktgegenseite auszuweiten, da diese durch die Verwehrung des „wahren" Preises bei einer Offenlegungspflichtverletzung Schaden erleidet.

II. Haftungsumfang

Die meisten Rule 10b-5-Klagen sind auf Schadensersatz gerichtet[983]. Hat der Kläger die Wertpapiere bereits vor Klageerhebung wieder verkauft, bleibt ohnehin nur die Klage auf Schadensersatz[984]. Die Bemessung des Schadensersatzes wird durch Sec. 28(a) SEA bestimmt[985]. Sie erfolgt entweder durch die *out of pocket*

---

extend the „disclose or abstain" rule beyond the class of investors it was designed to protect - those trading contemporaneously with the insiders." Folgend Elkind v. Ligget & Myres, Inc., 635 F.2d 156, 165 (2d Cir. 1980); Wilson v. Comtech Telecommunication Corp., 648 F.2d 88, 94 f. (2d Cir. 1981); Laventhal v. General Dynamics Corp., 704 F.2d 407, 412 (8th Cir. 1983); Backman v. Polroid Corp., 540 F.Supp. 667, 670 (D.Mass. 1982).

981 Blue Chip Stamps v. Manor Drug Stores, 421 U.S. 723, 739-743 (1975)

982 Dazu unten ab S. 228.

983 *Hazen*, S. 823. Grundsätzlich kann sich eine Klage nach Rule 10b-5 auf Rückgängigmachung des Vertrages (*rescission*), einen Unterlassungsanspruch (*injunctive relief*) oder auf Schadensersatz (*damages*) richten, Siehe *Hoffmann*, S. 243.

984 *Assmann*, Prospekthaftung, S. 179.

985 Sec. 28(a) SEA: „ ... but no person permitted to maintain a suit for damages under the provisions of this title shall recover, through satisfaction of judgment in one or more actions, a total amount in excess of his actual damages on account of the act complained of."

measure oder die *benefit of the bargain measure.* Die öfter angewandte *out of pocket measure* bezeichnet den Haftungsumfang als Differenz zwischen dem bezahlten oder erhaltenen Preis und dem wahren Wert des Wertpapiers zum Zeitpunkt des Kaufs oder Verkaufs[986]. Der wahre Wert bestimmt sich danach, zu welchem Preis das Wertpapier während des Zeitraumes der betrügerischen Handlungen bei idealer Publizität verkauft worden wäre. Zugrunde gelegt wird also der Wert der Wertpapiere bei optimaler Versorgung mit Information durch die beklagte Gesellschaft auf dem Kapitalmarkt[987]. Die Wertmessung erfolgte oftmals an dem Tag, an dem die irreführende Aussage oder die irreführende, unterlassene Offenlegung korrigiert wurde[988]. Eine solche Bemessung des Schadens ist für den Kläger günstig, da bei einer Korrektur von Informationen Kurssprünge zu erwarten sind. Das heißt, der Wert einer Beteiligung sinkt in der Regel erst einmal nach Offenlegung der wahren ungünstigen Tatsachen. Nach der *benefit of the bargain measure* wird der Schaden am erwarteten Gewinn des Klägers bemessen[989]. Die auf einer Nichteinhaltung eines Versprechens basierende *benefit of the bargain measure* wurde allerdings von den meisten Gerichten abgelehnt[990].

1. Gewinnherausgabe

Klagen aus Rule 10b-5 gehen bei Insiderhandel auf Gewinnherausgabe, da der Schadensersatz auf den Betrag beschränkt ist, den der Insider durch sein Geschäft

---

986 15 U.S.C.A. § 78bb, 802, 810; *Hoffmann*, S. 243.

987 *Antonucci*, 46 Emory L.J. 1237, 1252 (1997).

988 *Phillips/Miller*, 51 Bus.Law. 1009, 1017 (1996); *Antonucci*, 46 Emory L.J. 1237, 1252 (1997).

989 *Hazen*, S. 827.

990 In the Matter of Arbitration Between Eljer Manufacturing, Inc. v. Kowin Development Corp., 14 F.3d 1250 (7th Cir. 1994). Hinsichtlich der Schadensberechnung im *common law* der Einzelstaaten wird bei *deceit* in den meisten Fällen die *loss-of-bargain rule* angewandt, d.h. die Berechnung des Schadens orientiert sich am entgangenen Gewinn. Nach dem Uniform Commercial Code ist der entgangene Gewinn die Differenz zum Zeitpunkt der Annahme der Waren zwischen dem tatsächlichen Wert der Waren und dem Wert, den sie hätten, falls sie in der Art und Weise vorgelegen hätten, wie sie garantiert waren (§ 2-714(2) UCC: "...difference at the time and place of acceptance between the value of the goods accepted and the value they would have if they had been as warranted, unless special circumstances show proximate damages of a different amount"). Dem Käufer soll so der Gewinn zuteil werden, dessentwegen er erworben hat, *Loss*, Fundamentals, S. 1011. Einige der Staaten wenden jedoch bei *deceit* die sogenannte *tort measure* oder *out-of-pocket rule* an, bei der der Anspruch des Käufers auf die Differenz zwischen dem Kaufpreis und dem Wert zum Zeitpunkt der *delivery* (also dem wahren Wert) beschränkt ist. Die *tort rule* muss auf jeden Fall dort angewandt werden, wo es um die Klage gegen einen Dritten geht, der in keiner vertraglichen Beziehung zu dem Kläger steht, *Keeton/Dobbs*, Law of Torts, S. 768.

erlangt bzw. auf den Verlust, den er vermieden hat[991]. Bei einer Verpflichtung lediglich zur Herausgabe des Gewinnes ist fraglich, ob eine Insiderregelung Präventionswirkung entfalten kann. Von einer Präventionswirkung ist vielmehr nur dann auszugehen, wenn der Insider erstens befürchten muss, mehr zu verlieren als er durch das Insidergeschäft gewonnen hat[992] und zweitens der Nachweis der Kausalität für die geschädigten Anleger überwindbar ist.

Bei einem Schadensersatzanspruch, der ein Insiderhandelsverbot mit einer Offenlegungspflicht verknüpft, wäre ein über die Gewinnabschöpfung hinausgehender Schadensersatz nachteilig für die Effizienz des Kapitalmarktes, da ein Anreiz zur Informationsweitergabe gehemmt würde. Zunächst muss festgehalten werden, dass bei einer Offenlegungspflicht des Insiders ein Schaden auf der Anlegerseite dadurch entstehen würde, dass die Anleger bei einer erfolgten Offenlegung bereits den „wahren" Kurs realisiert hätten[993]. Ein Schaden würde dann also bereits bei der Nicht-Offenlegung der Information bestehen. Anders als bei dem *disclose-or-abstain*-Grundsatz müsste dann bereits die unterlassene Offenlegung der Insiderinformation die zum Schadensersatz berechtigende Handlung begründen. Es ist aber nicht einzusehen, weshalb dem Insider eine Offenlegungspflicht auferlegt werden sollte, obwohl er vom Insiderhandel absieht. Daher kommt eine Offenlegungspflicht nur in Verbindung mit einer erstrebten Insiderhandelstransaktion in Betracht. Eine drohende Schadensersatzverpflichtung kann bei einer *disclose-or-abstain* Regelung effizienzhemmend wirken: Wenn ein Insider bei einem bloßen Verdacht einer Unternehmenswertänderung eine Transaktion tätigt, die Information sich anschließend immer mehr verdichtet, wird der Insider die Information aus Angst vor Inanspruchnahme wegen seiner vorhergehenden Transaktion nicht offen legen und eine weitere Transaktion nicht durchführen. In diesem Fall besteht also ein Anreiz zur Transaktionsunterlassung aber kein Anreiz zur Offenlegung der Insiderinformation. Ein fairer Preis kann sich so nicht bilden. Bei einer bloßen Gewinnabschöpfungsregel besteht dagegen die Gefahr, dass der Insider es „darauf ankommen lässt", also Informationen nicht offen legt und die gewinnbringende Transaktion durchführt, da ihm lediglich Gewinnentziehung droht. Das Verhalten des Insiders bei einer drohenden Gewinnabschöpfung ist dann davon abhängig, ob das erste oder das zweite Geschäft für ihn lohnender ist. Ist ersteres der Fall, wird er nicht offen legen, bei einem lohnenderen zweiten Geschäft dagegen schon.

---

991 Der 2d Circuit wendet dabei weder die *causation in fact*-Methode noch die *out-of-pocket*-Berechnung an, Elkind v. Ligget & Myres, Inc., 635 F.2d 156, 170-172 (2d Cir. 1980).

992 Vgl. *Arbeitskreis Gesellschaftsrecht*, S. 45.

993 So auch *Kirchner*, in: FS Kitagawa, S. 665, 679.

2. *Senkung des Klageanreizes durch Reform Act*

Um den Anreiz zur Klageerhebung zu senken, erfolgte durch den Reform Act eine Beschränkung des ersatzfähigen Schadens. Nach der neuen Schadensberechnung erhält der Kläger die Differenz zwischen dem tatsächlich gezahlten Preis und dem mittleren Kurswert[994] während einer neunzigtägigen Zeitspanne, nach der die richtigstellende Mitteilung veröffentlicht worden ist[995]. Der während dieser Zeitspanne errechnete Mittelwert soll verhindern, dass kurzfristige Kurssprünge die Grundlage für die Berechnung des Schadens bilden[996]. Zweck der Regelung ist zum einen die Anreizverminderung für die Erhebung einer Klage bei sehr geringem Anlass, zum anderen die Verhinderung großen Schadens bei der Gesellschaft[997]. Die neue Schadensberechnung berücksichtigt, dass der Kurs eines Wertpapiers nach Offenlegung einer schlechten Unternehmensnachricht zwar zunächst sinkt, sich aber schnell wieder erholen kann. Eine Ausnahme von der neuen Schadensberechnung besteht lediglich dann, wenn der Kläger innerhalb dieser neunzigtägigen Zeitspanne das betroffene Wertpapier verkauft oder wieder kauft[998]. In diesem Fall darf der zu zahlende Schadensersatz die Differenz zwischen dem vom Kläger bezahlten Kauf- bzw. erhaltenen Verkaufspreis und dem mittleren Kurswert während einer Zeitspanne, die unmittelbar nach der Verbreitung der die falsche Aussage oder die Unterlassung einer Information korrigierenden Information beginnt und mit dem Zeitpunkt, zu dem der Kläger das Wertpapier verkauft oder wiederkauft endet, nicht überschreiten[999].

III. Bewertung

Weder ein Schadensersatzanspruch noch eine Gewinnabschöpfungsregel bietet eine zufriedenstellende Lösung. Ein Schadensersatzanspruch vermag den Insider davon abzuhalten, die Insiderhandelstransaktion durchzuführen. Damit ist aber noch keine Informationsoffenlegung und die Förderung eines „fairen" Preises auf

---

994 Der „mean trading price" ist „ ... an average of the daily trading price of that security, determined as of the close of the market each day during the 90-day period ..."; vgl. Sec. 21D(e)(3) SEA.

995 Vgl. Sec. 21D(e)(1) SEA.

996 *Tschäni*, SZW/RSDA 1996, 76, 77.

997 Aussagen von Vertretern der *high - technology* Industrie zufolge gab es bestimmte Anwälte, die bei Sinken des Aktienpreises um mehr als 10 Prozent bereits Klage erhoben, siehe *Avery*, 51 Bus. Law. 335, 339 (1996); zustimmend, dass bei Sinken des Aktienpreises sofort Klage erhoben wird: *Bloomenthal*, Preface S. ix.

998 Siehe Sec. 21D(e)(2) SEA.

999 Sec. 21D(e)(2) SEA.

dem Kapitalmarkt erreicht. Die Gewinnabschöpfungsregel hemmt die Offenlegung grundsätzlich in Fällen innerhalb der *disclose-or-abstain* Regelung nicht, bietet aber auch keinen Anreiz, die Insidertransaktion zu unterlassen. Bei einer Koppelung von Offenlegung und Absehen vom Insiderhandel wird die Gewinnabschöpfungsregel letztlich ein effizienteres Ergebnis als eine Schadensersatzregelung erzielen, da sie den Insider nicht in gleichem Maß wie ein drohender Schadensersatzanspruch davon abhält, bei einer auf einer zunächst vagen Information basierenden, bereits erfolgten Transaktion die Offenlegung der Insidertatsache vorzunehmen, um eine weitere (noch) gewinnbringende(re) Transaktion durchführen zu können. Für das deutsche Recht muss berücksichtigt werden, dass vom Primärinsiderbegriff diejenigen erfasst werden, die bestimmungsgemäß Zugang zu der Information erhalten haben, so dass eine Gewinnabschöpfungsregel sinnvoller ist. Bei diesen Personen ist nämlich zu erwarten, dass sie nicht nur eine einmalige Transaktion durchführen werden, sondern durch die bestehende Informationsquelle eventuell schon bei dem bloßen Verdacht einer Information Geschäfte tätigen (wollen). Anderes kann für Sekundärinsider gelten, da sie unabhängig von der Art und Weise des Zuganges zur Information Insidereigenschaft haben[1000]. Es kann sich daher um die einmalige Erlangung einer Insiderinformation und die daraufhin durchgeführte Insidertransaktion handeln. In diesem Fall ist davon auszugehen, dass eine Schadensersatzregelung die effizienzfördernde Regelung darstellt, denn der Sekundärinsider soll von genau dieser Transaktion abgehalten werden.

C. Ad-hoc-Publizität

Bei der Verletzung der Ad-hoc-Publizitätspflicht liegt der Schaden der Anleger wie bei etwaigen Verletzungen von Offenlegungspflichten eines Insiders in der nicht möglichen Realisierung des „wahren“ Kurses.

I. Rechtliche Vorgaben

Nach § 37b Abs. 1 WpHG kann der geschädigte Anleger „Ersatz des durch die Unterlassung entstandenen Schadens“, nach § 37c Abs. 1 WpHG „Ersatz des Schadens (...), der dadurch entsteht, dass [er] auf die Richtigkeit der Tatsache vertraut“, verlangen. Erfasst vom Schutzbereich der §§ 37b, 37c WpHG sind allerdings lediglich folgende Konstellationen: (1) Die Anleger haben (a) nach der Unterlassung der Mitteilung einer negativen Tatsache oder (b) nach der

1000 *Assmann/Cramer*, in: Assmann/Schneider (Hrsg.), § 14, Rn. 75.

wahrheitswidrigen Veröffentlichung einer positiven Tatsache Wertpapiere gekauft und sind bei Bekannt werden der negativen Tatsache noch Inhaber der Wertpapiere (§§ 37b Abs. 1 Nr. 1, 37c Abs. 1 Nr. 1 WpHG), (2) die Anleger haben vor Eintritt einer positiven Tatsache Wertpapiere gekauft und haben (a) im Fall des § 37b Abs. 1 Nr. 2 WpHG nach der Unterlassung der Veröffentlichung der positiven Tatsache und vor Bekannt werden der positiven Tatsache die Wertpapiere wieder veräußert bzw. (b) im Fall des § 37c Abs. 1 Nr. 2 WpHG nach der wahrheitswidrigen Veröffentlichung einer negativen Tatsache und vor Bekannt werden der positiven Tatsache die Wertpapiere wieder veräußert. Nicht ersetzbar ist nach §§ 37b, 37c WpHG der Schaden von Anlegern, die aufgrund der nicht unverzüglich vorgenommenen oder aufgrund der wahrheitswidrigen Ad-hoc-Meldung davon abgehalten wurden, ihre Wertpapiere zu verkaufen. Der im Bericht der Regierungskommission „Corporate Governance" entsprechend angeführte Vorschlag wurde vom Gesetzgeber nicht aufgegriffen[1001]. Weiterhin nicht geregelt ist der Fall, dass Anleger nach der Unterlassung oder unrichtigen Veröffentlichung Wertpapiere gekauft und diese vor Bekanntmachung wieder verkauft haben. Diese Konstellation erfordert allerdings auch keinen Schadensersatz, da dem betreffenden Anleger kein Schaden entstanden ist. Denn dem nicht der Wahrheit entsprechenden Börsenkurs beim Kauf des Wertpapiers steht ein nicht der Wahrheit entsprechender Börsenkurs beim Verkauf des Wertpapiers gegenüber, d.h. für den Fall, dass es sich um eine veröffentlichungspflichtige positive Tatsache handelt, war der Preis beim Verkauf wie auch beim Kauf des Wertpapiers zu niedrig, für den Fall, dass es sich um eine veröffentlichungspflichtige negative Tatsache handelt, war der Preis sowohl beim Kauf als auch beim Verkauf zu hoch. Somit hat der innerhalb der genannten Zeitspanne kaufende und wieder verkaufende Anleger keinen Schaden erlitten.

Nach der Begründung des Regierungsentwurfs ist der Anleger für die gesetzlich geregelten Fälle so zu stellen, als ob der Emittent seine Pflichten ordnungsgemäß erfüllt hätte[1002], d.h., es muss der Zustand hergestellt werden, der bestehen würde, wenn der Emittent - im Fall der Mitteilung einer unrichtigen Tatsache - die richtige Tatsache veröffentlicht, beziehungsweise - im Fall der Unterlassung der Ad-hoc-Publizität - die veröffentlichungspflichtige Tatsache ordnungsgemäß mitgeteilt hätte. Grundsätzlich richtet sich auch der Schadensersatzanspruch gemäß §§ 37b, 37c WpHG mangels spezialgesetzlicher Regelung nach §§ 249 ff. BGB und geht auf Naturalrestitution, d.h.

1001 § 79 Abs. 3 des Vorschlages gewährt den Anlegern Schadensersatz, die „durch eine falsche Darstellung davon abgehalten worden [sind], Aktien zu veräußern...", siehe Bericht der Regierungskommission „Corporate Governance", Rn. 186, abrufbar auf der Internetseite der Bundesregierung www.bundesregierung.de und abgedruckt in BT-Drucks. 14/7515.

1002 BT-Drucks. 14/8017, S. 93.

Rückabwicklung des Wertpapiergeschäfts. Der Wortlaut des Gesetzestextes spricht allerdings nicht wie bei § 44 Abs. 1 BörsG für die Übernahme des Wertpapiers gegen Erstattung des Erwerbspreises. Das LG Augsburg hat im Informatec-Urteil bei alter Rechtslage Schadensersatz Zug-um-Zug gegen Abtretung der Aktien zugesprochen[1003]. Der Vergleich zur Börsenprospekthaftung suggeriert eine andere Lösung[1004]. Anders als bei der Ausgabe eines Prospektes besteht bei der Verletzung der Ad-hoc-Publizitätspflicht kein entsprechendes Näheverhältnis zwischen Emittent und Anleger. Der die falsche Ad-hoc-Meldung veröffentlichende Emittent und der Vertragspartner des geschädigten Anlegers sind typischerweise nicht identisch. Die Übernahme des Wertpapiers macht ohne Bestehen eines vertraglichen Verhältnisses auch hinsichtlich einer angemessenen Risikoverteilung keinen Sinn, denn dem Anleger soll nicht das allgemeine Marktrisiko, sondern lediglich das Irreführungsrisiko abgenommen werden[1005]. Folglich ist hier lediglich Raum für eine Differenzlösung: dem Anleger ist der Schaden in Geld zu ersetzen. Der Unterschied zur Börsenprospekthaftung ergibt sich außerdem daraus, dass bei der Verletzung der Ad-hoc-Publizitätspflicht nicht nur der Fall, dass die Wertpapiere zu teuer gekauft werden, sondern auch der Fall eintreten kann, dass die Wertpapiere zu billig verkauft werden. Die Erstattung des Erwerbspreises gegen Rückgewähr der Wertpapiere wäre in letzterem Fall ohnehin nicht möglich, so dass gemäß § 251 BGB Geldersatz zu leisten wäre. Kann der Anleger den Differenzbetrag nicht exakt beziffern, kann der Richter gemäß § 287 ZPO den Schaden nach freier Überzeugung ermitteln und schätzen[1006].

Sec. 18 SEA geht wie Rule 10b-5[1007] auf Ersatz des Differenzschadens (*out of pocket measure*), ebenfalls mit der Besonderheit, dass die Ersatzverpflichtung bei Sec. 18 SEA durch den Reform Act begrenzt wird[1008], da Sec. 21D(e) Securities Exchange Act auf alle aus dem Securities Exchange Act erhobenen Klagen Anwendung findet. Der Kläger erhält nicht mehr als die Differenz zwischen dem Preis, den er für das Wertpapier gezahlt hat und dem mittleren Kurswert[1009] während einer neunzigtägigen Zeitspanne, nachdem die richtigstellende Mitteilung

1003 Siehe LG Augsburg, Urt. v. 24.9.2001, NZG 2002, 429, insbesondere 431 (aufgehoben durch OLG München, Urt, v. 1.10.2002, NZG 2002, 1107 (nicht rkr.)).

1004 So auch *Fleischer*, BB 2002, 1869, 1870 f.; *Fuchs/Dühn*, BKR 2002, 1063, 1069; a.A. *Rössner/Bolkart*, ZIP 2002, 1471, 1475.

1005 Vgl. *Fleischer*, BB 2002, 1869, 1870; *Fuchs/Dühn*, BKR 2002, 1063, 1069.

1006 *Fleischer*, BB 2002, 1869, 1873.

1007 Dazu oben ab S. 178.

1008 Genauer dazu S. 181 f.

1009 Der „mean trading price" ist „ ... an average of the daily trading price of that security, determined as of the close of the market each day during the 90-day period ..."; vgl. Sec. 21D(e)(3) SEA.

publiziert worden ist[1010]. Wenn der Kläger innerhalb dieser neunzigtägigen Zeitspanne das betroffene Wertpapier verkauft oder wieder kauft, wird die abzuwartende Zeitspanne verkürzt, so dass sie zu dem Zeitpunkt endet, in dem der Kläger das Wertpapier verkauft oder wieder kauft[1011].

II. Bewertung

Der Schadensersatz berechnet sich nach der Differenzhypothese. Er geht nicht auf Rückabwicklung der Wertpapiertransaktion, da kein der Börsenprospekthaftung vergleichbares Näheverhältnis zwischen Emittent und Anleger besteht und der Emittent im Rahmen einer angemessenen Risikoverteilung nicht als Versicherer für Kurseinbrüche aufgrund allgemeiner Markt- oder Börsenschwäche eintreten soll. Der Anleger soll auch nicht so gestellt werden, als ob die veröffentlichte Information richtig wäre bzw. der durch die unterlassene Veröffentlichung hervorgerufene Zustand tatsächlich bestehen würde. Vor dem Hintergrund, dass den Anlegern nicht jegliches Risiko ihrer Kapitalanlage genommen werden soll, und einhergehend mit dem Ziel der Schaffung „wahrer" Märkte ist der geschädigte Anleger vielmehr so zu stellen, wie er stehen würde, wenn ihm die mitteilungspflichtige Tatsache unverzüglich offengelegt worden wäre.

1. §§ 37b Abs. 1 Nr. 1, 37c Abs. 1 Nr. 1 WpHG

Ist der geschädigte Anleger bei Bekanntgabe der Tatsache bzw. der Unrichtigkeit der Tatsache noch Inhaber der Wertpapiere, ist ihm die Differenz zwischen dem Erwerbspreis und dem „wahren" Preis, d.h. dem Börsenpreis nach der Bekanntmachung zu erstatten, denn er hat die Wertpapiere zu teuer gekauft, da die negative nicht veröffentlichte Tatsache zum Zeitpunkt des Erwerbs nicht im Preis verkörpert war. Hier wird auch vorgeschlagen, bei der Schadensberechnung nicht darauf abzustellen, wann dem Anlegerpublikum oder der Börsenaufsichtsbehörde die wahre Tatsache bekannt wurde, sondern zu welchem Zeitpunkt spätestens ein ordnungsgemäß handelnder Emittent unter Beachtung des Unverzüglichkeitserfordernisses die Berichtigung über ein elektronisches Informationsverbreitungssystem veröffentlicht und somit das Ende der unwahr veröffentlichten Tatsache herbeigeführt hätte[1012]. Diese Schadensberechnung ist abzulehnen, da sie den Anleger unangemessen benachteiligt. Denn wenn auf den

1010 Sec. 21D(e)(1) SEA.
1011 Sec. 21D(e)(2) SEA.
1012 Beck'sche Gesetzesdokumentationen, Einführung, Rn. 55.

Zeitpunkt des „Veröffentlichen müssens" der Berichtigung abgestellt wird, ohne dass die wahre Tatsache tatsächlich bekannt wurde, ist in dem Börsenpreis immer noch die falsche positive Ad-hoc-Meldung enthalten bzw. die negative Tatsache noch nicht verkörpert, so dass der Anleger keinen angemessenen Differenzbetrag verlangen könnte. Außerdem wird die Zeitspanne zum Nachteil des Anlegers verkürzt, da es auf spätere Zeitpunkte, wie beispielsweise die Veröffentlichung in einem Börsenpflichtblatt, nicht ankommt. Dies ist auch nicht aus Gründen der Rechtssicherheit in Kauf zu nehmen[1013]. Vielmehr würde durch das Abstellen auf das „Veröffentlichen müssen" Rechtsunsicherheit erzeugt werden, da dieser Zeitpunkt schwer zu bestimmen sein dürfte.

Dem Vorschlag der Regierungskommission „Corporate Governance", die Differenz zwischen dem Erwerbspreis und dem Börsen- oder Marktpreis der Aktien nach Ablauf der Sechs-Monats-Frist beginnend mit dem Zeitpunkt der falschen Darstellung, zu ersetzen[1014], ist dagegen nicht zu folgen. Denn hierbei ist nicht berücksichtigt, dass zum einen eventuell noch keine Berichtigung der falschen Darstellung erfolgt ist, der Börsenpreis also die richtige Information noch nicht verkörpert, zum anderen der Börsenpreis sich nach einer bereits erfolgten eventuell Berichtigung möglicherweise noch nicht wieder eingependelt hat. Es ist daher vorzugswürdig für die Berechnung des Wertes des Wertpapiers eine Zeitspanne beginnend mit dem Erwerb der Wertpapiere und endend mit dem Bekannt werden der der Wahrheit entsprechenden Tatsache festzulegen.

2. *§§ 37b Abs. 1 Nr. 2, 37c Abs. 1 Nr. 2 WpHG*

Ist der geschädigte Anleger nicht mehr Inhaber der Wertpapiere, ist ihm die Differenz zwischen dem Verkaufspreis und dem „wahren" Wert zum Zeitpunkt der Bekanntmachung zu ersetzen, denn er hat die Wertpapiere zu billig verkauft. Wäre die Ad-hoc-Mitteilung ordnungsgemäß erfolgt, hätte er den „wahren" Wert bereits beim Verkauf realisieren können, da der Wert des Wertpapiers die positive Tatsache reflektiert hätte. Der Vorschlag der Regierungskommission „Corporate Governance" sieht die Erstattung der Differenz zwischen dem Erwerbspreis und dem Veräußerungspreis als Schadensersatz vor[1015]. Diesem Vorschlag ist nicht zu folgen. Denn er berücksichtigt nicht, dass der Anleger nicht nur so gestellt werden

---

1013 So aber Beck'sche Gesetzesdokumentationen, Einführung, Rn. 55.

1014 § 79 Abs. 2 S. 1 des Vorschlages, Bericht der Regierungskommission „Corporate Governance", Rn. 186, abrufbar auf der Internetseite der Bundesregierung www.bundesregierung.de und abgedruckt in BT-Drucks. 14/7515.

1015 § 79 Abs. 3 S. 1 des Vorschlages, Bericht der Regierungskommission „Corporate Governance", Rn. 186, abrufbar auf der Internetseite der Bundesregierung www.bundesregierung.de und abgedruckt in BT-Drucks. 14/7515.

soll, als ob er von dem Erwerbsgeschäft nie betroffen gewesen wäre, sondern dass der Zustand hergestellt werden soll, der bestehen würde, wenn die Ad-hoc-Mitteilung ordnungsgemäß erfolgt wäre. In letzterem Fall wird der Anleger so gestellt, wie er stehen würde, wenn der Marktpreis die offenlegungspflichtige Information reflektiert hätte. Nur eine solche Schadensbemessung steht im Einklang mit dem Ziel der Offenlegungsvorschriften: die Schaffung „wahrer" Märkte.

3. *Schutzgesetzverletzung*

Auch bei einer Schutzgesetzverletzung im Sinne des § 823 Abs. 2 BGB richtet sich die Bemessung der Schadenshöhe nach den allgemeinen Vorschriften der §§ 249 ff. BGB. Dem Anleger ist der Vertrauensschaden zu ersetzen, den er in seinem Vertrauen auf die Richtigkeit der Ad-hoc-Publizität erlitten hat[1016]. Der die Ad-hoc-Publizitätspflicht verletzende Emittent müsste dann den wirtschaftlichen Zustand herstellen, der ohne das schädigende Ereignis bestehen würde[1017]. Unter Berücksichtigung des Schutzzwecks der Ad-hoc-Publizität, der Vermeidung der Bildung unfairer Preise zur Schaffung eines effizienten Kapitalmarktes, ist eine Haftung angemessen, die dem Anleger die Differenz zwischen seinem Kauf- oder Verkaufspreis und dem Kurs ausgleicht, der nach der Richtigstellung der unrichtigen oder unvollständigen Mitteilung entsteht. Der Anleger soll so gestellt werden, wie er gestanden hätte, wenn ihm die richtige und vollständige Information mitgeteilt worden wäre[1018]. So kann ein Anreiz für den Ad-hoc-Publizitätspflichtigen entstehen, eine richtige und vollständige Offenlegung vorzunehmen. Für den Ersatz des positiven Interesses, also für die Herstellung des Zustandes, der sich bei den der Wirklichkeit entsprechenden unrichtigen oder unvollständigen Angaben ergeben hätte[1019], besteht kein Anlass, denn wie bei der Börsenprospekthaftung übernimmt der Emittent bei der Ad-hoc-Publizität keine Garantie für die Richtigkeit der Angaben[1020] und steht in keiner vertraglichen oder vertragsähnlichen Beziehung zu den Anlegern. Für die genaue Berechnung des Schadensersatzes gilt Gleiches wie für einen Schadensersatzanspruch nach § 37b oder § 37c WpHG.

1016 BGH WM 1993, 1787, 1789.

1017 Vgl. Palandt-*Heinrichs*, § 249, Rn. 2.

1018 So für die Auskunftserteilung Palandt-*Heinrichs*, Vor. § 249, Rn. 18.

1019 Für die Börsenprospekthaftung nach alter Rechtslage befürwortend *Brondics/Mark*, AG 1989, 339, 343.

1020 Nur dann wäre bei einer Auskunftserteilung das positive Interesse zu ersetzen, siehe Palandt-*Heinrichs*, Vor. § 249, Rn. 18.

4. *Begrenzung des Schadensersatzanspruches*

Für alle Konstellationen ist eine Begrenzung der Ersatzverpflichtung in Anlehnung an die Vorschriften im US-amerikanischen Recht, d.h. Sec. 21D(e) SEA, wünschenswert. Die durch den Reform Act geschaffene Regelung bildet eine faire Basis für die Begrenzung der Ersatzverpflichtung, welche die Volatilität des Wertpapiers berücksichtigt und verhindert, dass kurzfristige Kurssprünge als Berechnungsgrundlage zugunsten der Anleger und zum Schaden der Informationsverantwortlichen herangezogen werden können. Damit einher geht ein verminderter Anreiz zur Erhebung von Klagen bei kurzfristigen Kurssprüngen, deren Ursache nicht in der Sphäre potenzieller Schädiger liegt.

D. *Anreizsetzung bei mehreren Verantwortlichen*

Im Kapitalmarktbereich ist die Verantwortlichkeit mehrerer Personen nicht ungewöhnlich, da z.B. Emittenten, Emissionshäuser, Wirtschaftsprüfungsgesellschaften und Investmentberater bei der Informationssuche und -verbreitung zusammenwirken. Für solche Fälle muss gesichert sein, dass für jeden einzelnen ein Anreiz zur Sorgfalt gesetzt wird. Die Frage der Ausgestaltung der Haftung betreffend mehrere Verantwortliche, also Gesamtschuldnerhaftung oder Proportionalhaftung, ist Bestandteil des Systems der effizienzfördernden Anreizsetzung bei Informationsverantwortlichen und bei potenziellen Geschädigten im Kapitalmarktbereich.

I. *Anreize durch Gesamtschuldnerhaftung*

Die gesamtschuldnerische Haftung kann Anreize für sorgfältiges Verhalten setzen, da im Schadensfalle bei Insolvenz der übrigen Schädiger die Gefahr besteht, vom Kläger - unabhängig von der individuellen Verantwortung - für den gesamten zu zahlenden Schadensersatz in Anspruch genommen zu werden und bei den anderen Schädigern keinen Regress nehmen zu können[1021]. Denn sind die Mitschädiger insolvent, kann auch kein interner Ausgleichsanspruch geltend gemacht werden[1022].

1021 So häufig bei *securities class actions*, *Philips/Miller*, 51 Bus.Law. 1009, 1056 (1996).

1022 Vergleichbar § 426 Abs. 2 BGB besteht im US-amerikanischen Recht die Möglichkeit des Ausgleichs bei Inanspruchnahme durch den Kläger (*right of contribution*). Die Bundesgerichte haben ein Recht auf Ausgleich (*right of contribution*) unter gemeinschaftlichen Begehern unerlaubter Handlungen anerkannt, *Hazen*, S. 365; Globus, Inc. v. Law Research Service, Inc., 318 F.Supp. 955 (S.D.N.Y.1970); judgment affirmed 442 F.2d 1346 (2d Cir.1971). Ebenso hat sich der Grundsatz, dass ein Recht auf Ausgleich

Gleichzeitig erhöht die Gesamtschuldnerhaftung den Klageanreiz für geschädigte Anleger unangemessen, wie am Beispiel der USA ersichtlich wird. Opfer der Gesamtschuldnerregelung waren in den USA bei *class actions* bis zum Reform Act hauptsächlich Emissionshäuser und Wirtschaftsprüfungsgesellschaften, da sie aufgrund der Annahme von „tiefen Taschen" oder der Kenntnis um eine Versicherung oft zusätzlich zu den Gesellschaften zum Schadensersatz verpflichtet wurden[1023]. Die Auszahlung des Schadensersatzes an die Anleger war so gesichert. Durch die Gesamtschuldnerhaftung bestand für die Wirtschaftsprüfer und Emissionshäuser die Gefahr, bis zu hundert Prozent verantwortlich gemacht zu werden. Die drohende Inanspruchnahme für den gesamten entstandenen Schaden, setzt die Beklagten einem enormen Vergleichsdruck aus, der dazu führen kann, dass Vergleiche eingegangen werden, obwohl es sich um (teilweise) unbegründete Ansprüche handelt.

Nach deutschem Recht haftet grundsätzlich derjenige, der die Verletzungshandlung vorgenommen hat. Sollen mehrere haften, so muss im Gesetz explizit geregelt sein, dass von einer gesamtschuldnerischen Haftung auszugehen ist. Bei der Börsenprospekthaftung haften die Verantwortlichen des Prospekts und diejenigen ausdrücklich gesamtschuldnerisch, von denen der Erlass des Prospekts ausgeht[1024]. Auch nach Sec. 11(e), (f) SA haften die Schädiger explizit gesamtschuldnerisch.

II. Senkung des Klageanreizes durch Proportionalhaftung

Um den Folgen der Gesamtschuldnerhaftung entgegenzuwirken, wurde durch den Reform Act ein „fair share"-System in Form der Proportionalhaftung statt der Gesamtschuldnerhaftung eingeführt[1025], wenn auch nur für Klagen unter dem Securities Exchange Act. Damit sind zwar Rule 10b-5 und Sec. 18 SEA und damit die Haftung für die Verletzung der Ad-hoc-Publizität aus Sec. 13(a) SEA, nicht aber Sec. 11 SA von der neuen Regelung betroffen. Eine Ausnahme bildet die

besteht, bezüglich bundesrechtlichen Wertpapierfällen entwickelt, Pinter v. Dahl, 486 U.S. 622, Fn. 9 (1988). Der Supreme Court hat auch für Klagen aus Rule 10b-5 ein impliziertes *right of contribution* angenommen, siehe z.B. Musick, Peeler & Garrett, 113 S.Ct. 2085, 2091 (1993). Sec. 11(f) SA regelt ausdrücklich den Ausgleich des Inanspruchgenommenen gegenüber anderen Beklagten und gewährt ihm ein *right of contribution*: „ ... every person who becomes liable to make any payment under this section may recover contribution as in cases of contract from any person who, if sued separately, would have been liable to make the same payment, unless the person who has become liable was, and the other was not, guilty of fraudulent misrepresentation."

1023 House Conf. Rep. No. 104 - 369 (1995), 1995 U.S.C.C.A.N. 730, 736.

1024 § 44 Abs. 1 S. 1 BörsG.

Haftung von *outside directors*[1026]. Nach der Proportionalhaftung haftet jeder nach seinem Verschuldensanteil und kann nur in dieser Höhe in Anspruch genommen werden. Der Beklagte kann nur dann gesamtschuldnerisch haftbar gemacht werden, wenn sich aus der Tatsachenprüfung eindeutig ergibt, dass er die kapitalmarktrechtlichen Regelungen wissentlich verletzt hat[1027]. Diese neue Regelung dürfte zu einer Erhöhung des Sorgfaltsanreizes führen, da bei Anwendung der notwendigen Sorgfalt keine Klage droht. Für den Fall der Gesamtschuldnerhaftung hat Sec. 201 Reform Act ein explizites Ausgleichsrecht (*right of contribution*) geschaffen[1028]. Abgesehen von der Gesamtschuldnerhaftung in Sec. 21D(g)(2)(A) SEA ist der Beklagte prozentual nur in dem Maße haftbar, in dem er verantwortlich gemacht werden kann[1029]. Diese Neuerung fällt hauptsächlich bei Auftreten von Insolvenzproblemen ins Gewicht. Der durch die Gefahr der Inanspruchnahme für die volle Schadensersatzsumme entstehende "Vergleichsdruck" soll durch die Proportionalhaftung ausgeräumt werden. Nun muss jeder, der eine unrichtige oder unvollständige Aussage nur zu einem geringfügigen Teil verschuldet hat, auch nur entsprechend diesem geringfügigen Teil haften. Für diese Regelung bestehen aber wiederum einige Ausnahmen, je nachdem wie die wirtschaftlichen Verhältnisse der Kläger ausgestaltet sind. Ausnahmen zur Proportionalhaftung bestehen, wenn

(1) ein Beklagter nicht imstande ist, seinen Anteil zu begleichen,

(2) dieser uneinbringbare Anteil auch von keinem anderen Gesamtschuldner einzuholen ist, und

(3) der Kläger eine natürliche Person mit einem Nettovermögen von weniger als 200.000 $ ist, und der Ersatzanspruch zehn Prozent oder mehr seines Nettovermögens beträgt.[1030]

In den genannten Ausnahmefällen ist jeder Beklagte für den uneinbringbaren Anteil gesamtschuldnerisch haftbar. Handelt es sich nicht um einen unter (3) fallenden Kläger, so ist jede haftbare Person für den uneinbringbaren Teil proportional zu ihrem Verschuldensanteil haftbar, maximal jedoch nur bis zu fünfzig Prozent ihres gesamt zu zahlenden Schadensersatzes[1031]. Die neue

---

1025 Sec. 201 Reform Act.

1026 Sec. 11(f)(2)(A) SA.

1027 Sec. 21D(g)(2)(A) SEA: „Any covered person against whom a final judgment is entered in a private action shall be liable for damages jointly and severally only if the trier of fact specifically determines that such covered person knowingly committed a violation of the securities laws."

1028 Sec. 21D(g)(8) SEA.

1029 Sec. 21D(g)(2)(B) SEA: „ ... shall be liable solely for the portion of the judgment that corresponds to the percentage of responsibility of that covered person ..."

1030 Sec. 21D(g)(4)(A) SEA.

1031 Sec. 21D(g)(4)(A)(ii) SEA.

Bestimmung findet nur im Rahmen des Securities Exchange Act Anwendung, so dass die Börsenprospekthaftung nach Sec. 11 SA davon ausgenommen ist und weiterhin eine gesamtschuldnerische Haftung vorsieht. Im Ergebnis bedeutet dies, dass Emissionshäuser und Wirtschaftsprüfer im Falle der Insolvenz der haftenden Gesellschaft bei Ansprüchen von natürlichen Personen mit "geringfügigem" Einkommen für den uneinbringbaren Teil gesamtschuldnerisch haften, bei Ansprüchen von wohlhabenden natürlichen Personen oder institutionellen Anlegern jedoch nur eine Haftung proportional zu ihrem Verschulden stattfindet, es sei denn, es kann ihnen eine vorsätzliche Verletzung des Kapitalmarktrechts nachgewiesen werden[1032].

III. Übergang von der gesamtschuldnerischen zur teilschuldnerischen Haftung

Grundsätzlich begründet die Gesamtschuldnerhaftung eine strengere Haftung als die Proportionalhaftung, da einer von mehreren Schädigern für den gesamten Schaden in Anspruch genommen werden und unter Umständen bei den Mitschädigern wegen Insolvenzproblemen keinen Regress nehmen kann. Die Sorgfalt der potenziellen Schädiger insgesamt müsste aufgrund der einfacheren Durchsetzung eines gesamtschuldnerischen Anspruchs für die Geschädigten bei drohender Gesamtschuldnerhaftung größer als bei der Proportionalhaftung sein, da nicht jeder Anteil der einzelnen Schädiger an der Verantwortlichkeit dargelegt und bewiesen werden muss. Der Übergang von der gesamt- zur teilschuldnerischen Haftung wird die Sorgfalt der potenziellen Schädiger aber zunächst erhöhen: Aufgrund der anteiligen Haftung abhängig vom Grad des Verschuldens ist davon auszugehen, dass die Sorgfaltsausübung zunimmt, da für den einzelnen Schädiger keine Gefahr besteht, für den gesamten Schaden trotz geringer Verantwortlichkeit einstehen zu müssen, während bei der Gesamtschuldnerhaftung von vornherein kein Anreiz besteht, sich sorgfältig zu verhalten, da für jeden Mitschädiger ohnehin die Gefahr besteht, für alle insolventen Schädiger zu haften und die Schadensersatzverpflichtung übernehmen zu müssen, selbst wenn der Mitschädiger nur einen peripheren Anteil an der Verantwortung trägt[1033]. Bei der Proportionalhaftung besteht allerdings die Gefahr, dass Ansprüche nicht durchgesetzt werden können, da der jeweilige Anteil der einzelnen Schädiger an der Schadensverursachung nicht dargelegt und bewiesen werden kann. In diesem Fall besteht kein Anreiz für die potenziellen Schädiger, sich sorgfältig zu verhalten, da sie nicht mit einer Inanspruchnahme rechnen müssen. Die Proportionalhaftung ist gegenüber der Gesamtschuldnerhaftung im Ergebnis dennoch vorzugswürdig,

---

1032 Sec. 21D(g)(2)(A) SEA.

1033 *Philips/Miller*, 51 Bus.Law. 1009, 1056 (1996).

da die Gesamtschuldnerhaftung die Klageanreize unverhältnismäßig erhöht und damit zu vermeidende Transaktionskosten produziert.

§ 5: Kausalität

Das Kausalitäts-Element verhindert ausufernde Klagen[1034]. Kausalität dient der Bestimmung der Personen, die zum Ausgleich eines den Anlegern entstandenen Schadens herangezogen werden sollen. Das Erfordernis nachzuweisender Kausalität macht deutlich, dass nicht jeder Schaden auszugleichen ist, sondern nur der tatsächlich aus dem Verhalten des Schädigers resultierende Schaden. Ökonomisch betrachtet erfüllt die Kausalität den Zweck, die Verletzung fremder Rechte demjenigen zuzurechnen, der die Pflicht zur Schadensvermeidung verletzt hat[1035]. Die Ausgestaltung von Kausalität und der darauf bezogenen Beweisregeln hat unterschiedliche Auswirkungen auf das Verhalten potenzieller Schädiger. Die Strenge des Verschuldensmaßstabs kann dadurch abgeschwächt werden, dass dem Anleger der Beweis von Kausalität obliegt. In diesem Fall ist ein schwächerer Anreiz zur Schadensvermeidung gegeben, da der Nachweis von Kausalität mitunter schwierig zu erbringen sein kann. Die Verschuldenshaftung kann umgekehrt verstärkt werden, wenn Kausalität kein zu beweisendes Merkmal ist. Denn der potenzielle Schädiger wird angehalten, Verletzungshandlungen auf jeden Fall zu unterlassen, da der Geschädigte vom Nachweis des tatsächlich aus der Verletzungshandlung resultierenden Schadens befreit und somit auch der nicht auf die Verletzungshandlung rückführbare Schaden zu ersetzen ist. Der Nachweis einer Verletzungshandlung und eines Schadens ist dann für den Ersatz eines Schadens ausreichend.

Das US-amerikanische Recht unterscheidet wie das deutsche Recht innerhalb des Merkmals Kausalität *(causation)* zwischen der haftungsbegründenden Kausalität *(transaction causation)* und der haftungsausfüllenden Kausalität *(loss causation)*[1036]. Die *causation* im engeren Sinne meint nur die haftungsausfüllende Kausalität, während die *causation* im weiteren Sinne das Merkmal der *reliance* mit umfasst, das die haftungsbegründende Kausalität beinhaltet[1037]. Die Begriffe *causation* und *reliance* werden häufig synonym verwendet[1038]. Das ist schon daran

---

1034 So für das Merkmal der *reliance* zur Einschränkung von Rule 10b-5 Klagen, Wilson v. Comtec Telecommunications Corp., 648 F.2d 88, 92 (2d Cir. 1981).

1035 *Schäfer/Ott*, Ökonomische Analyse, S. 243.

1036 Siehe z.B. Wilson v. Ruffa & Hanover, P.C., 844 F.2d 81 (2d Cir. 1988); LHLC Corp. v. Cluett, Peabody & Co., 842 F.2d 928, 931 (7th Cir. 1988).

1037 *Herzog*, 63 Geo.Wash.L.Rev. 359, 361 (1995); *Bloomenthal*, S. 754.

1038 Zumindest in Rule 10b-5 Verfahren, so auch der 2d Circuit in Shapiro v. Merrill Lynch, Pierce Fenner & Smith, Inc. 495 F.2d 228, 239 (2d Cir. 1974): „... while the concepts of

zu erkennen, dass die *fraud-on-the-market-theory* die Erbringung des Nachweises der haftungsbegründenden Kausalität vom Nachweis der haftungsausfüllenden Kausalität abhängig macht[1039]. Der Reform Act hat sich nur mit der haftungsausfüllenden Kausalität und auch nur hinsichtlich Klagen befasst, die aufgrund von Vorschriften des Securities Exchange Act erhoben werden, so dass Klagen aus Sec. 18 i.V.m. 13(a) SEA und Rule 10b-5, nicht aber Klagen aus Sec. 11 SA betroffen sind[1040].

A. Börsenprospekthaftung

Bei der Börsenprospekthaftung dürfte sich für einen geschädigten Anleger der Beweis der Ursächlichkeit unrichtiger oder unvollständiger Prospektangaben sowohl für den Erwerb der betroffenen Wertpapiere als auch für einen etwaigen Schaden als schwierig herausstellen, da nicht davon ausgegangen werden kann, dass ein unkundiger Anleger den (fehlerhaften) Börsenprospekt liest und Einblick in den Preisbildungsmechanismus auf dem Kapitalmarkt hat. Würde den Anlegern der Beweis der Kausalität auferlegt werden, wäre eine Abschreckungswirkung der Börsenprospekthaftung und eine gleichzeitige Förderung richtiger und vollständiger Information wegen unwahrscheinlicher Durchsetzungsfähigkeit des Anspruches zu verneinen.

I. Deutsches Recht

Der Kläger wird seit dem dritten Finanzmarktförderungsgesetz vom Beweis der Kausalität zwischen dem fehlerhaften Prospekt und dem Erwerb des Wertpapiers befreit. Nunmehr wird die Kausalität vermutet, dass der Anleger die Wertpapiere aufgrund des Prospekts erworben hat[1041]. Eine Beweiserleichterung für die geschädigten Anleger wurde im Rahmen des dritten Finanzmarktförderungsgesetzes wegen der lediglich ansatzweisen Beseitigung der Schwächen durch die Rechtsprechung beschlossen. Die Kausalitätsvermutung wurde in Anlehnung an die Erzeugung einer Anlagestimmung geschaffen[1042]. Das bis dahin angewandte

---

reliance and causation have been used interchangeably in the context of a Rule 10b-5 claim, ..."

1039 Zur *fraud-on-the-market-theory* siehe unten ab S. 199.

1040 Daher dazu unten im Rahmen von Rule 10b-5, S. 202.

1041 § 45 Abs. 2 Nr. 1 BörsG.

1042 Begr. RegE 3. FFG, BT-Drucks. 13/8933, S. 80; BR-Drucks. 605/97, S. 80. Für die Haftung für einen falschen Unternehmensbericht und die Haftung nach dem Verkaufsprospektgesetz gilt Gesagtes entsprechend (vgl. §§ 55 BörsG, 13 VerkProspG). Hinsichtlich der

Prinzip der Anlagestimmung[1043] führte zu einer unzumutbaren, erheblichen Rechtsunsicherheit[1044]. Das Prinzip der Anlagestimmung wurde entwickelt, weil der Erwerber von Wertpapieren in der Praxis seine Informationen über das Unternehmen häufig nicht durch Lesen des Prospekts, sondern beispielsweise durch selektive Veröffentlichungen in der Fachpresse, also in mediatisierter Form erhält. Medien können eine "Anlagestimmung" erzeugen, die zugunsten des Erwerbers so wirkt, als ob der Anleger den Prospekt selbst gelesen hätte[1045]. Damit spricht der Anscheinsbeweis (*prima facie*) dafür, dass der Kläger das Wertpapier aufgrund des Prospekts erworben hat. Für das Anhalten der Anlagestimmung wurde in der Regel ein Zeitraum von sechs Monaten bis maximal ein Jahr angenommen, also bis spätestens zur Veröffentlichung eines neuen Jahresabschlusses mit den maßgeblicheren Informationen als sie der Prospekt enthält[1046]. Der Beweis des Ursachenzusammenhangs gilt für sog. typische Geschehensabläufe *prima facie* als erbracht. Danach muss ein Sachverhalt feststehen, der nach der allgemeinen Lebenserfahrung auf einen bestimmten Geschehensablauf hinweist. Falls er das dabei Übliche und Typische aufweist, ist dieser regelmäßige Verlauf im Wege des Anscheinsbeweises als bewiesen anzusehen[1047]. Unanwendbar ist der Regelablauf, wenn individuell geprägte Verhaltensweisen zu beurteilen sind, wie beispielsweise die Ursächlichkeit einer arglistigen Täuschung[1048]. Seit dem dritten Finanzmarktförderungsgesetz ist damit der Anscheinsbeweis hinsichtlich der Kausalität zwischen dem Prospekt und dem Erwerb von Wertpapieren nicht mehr notwendig. Die Kausalitätsvermutung bedeutet eine wesentliche Erleichterung für die Anleger zur Durchsetzung ihrer Ansprüche.

Der Börsenprospekthaftungsanspruch besteht nicht, wenn die Wertpapiere nicht aufgrund des Prospekts erworben wurden[1049]. Hierbei obliegt dem Beklagten

---

allgemeinen Prospekthaftung sind sich Rechtsprechung und Literatur einig, eine Beweislastumkehr in analoger Anwendung der §§ 282, 285 BGB vorzunehmen, siehe *Wittmann*, DB 1980, 1579, 1586 m.w.N. Danach obliegt dem Prospekthaftpflichtigen die Darlegungslast hinsichtlich der Frage, auf welche Weise er sich die Gewissheit über die Richtigkeit und Vollständigkeit des Prospekts verschafft hat. Darüber hinaus hat er das Nichtvorliegen der Kausalität zwischen unrichtigen Prospektangaben und Anlageentscheidung zu beweisen, *Wittmann*, DB 1980, 1579, 1586.

1043 BGH WM 1982, 862, 867 (Beton & Monierbau); OLG Frankfurt, ZIP 1996, 1037, 1038 (Bond).

1044 BR-Drucks. 605/97, S. 55 f.

1045 Vgl. *Schwark*, Börsengesetz, §§ 45, 46, Rn. 34; BGH NJW 1982, 2827, 2828, *Canaris*, Bankvertragsrecht, Rn. 2282.

1046 *Schwark*, Börsengesetz, §§ 45, 46, Rn. 35; *Assmann*, Prospekthaftung, S. 388.

1047 Palandt-*Heinrichs*, Vor. § 249, Rn. 163.

1048 *Rosenberg/Schwab/Gottwald*, Zivilprozessrecht, S. 663.

1049 § 45 Abs. 2 Nr. 1 BörsG.

die Beweislast für das Fehlen der Kausalität zwischen Veröffentlichung des Prospekts und Erwerb des Wertpapiers[1050]. Die Kausalitätsvermutung kann vom Beklagten beispielsweise durch einen dramatischen und anhaltenden Kurseinbruch, der die positive Anlagestimmung aufhebt, oder mit einem neuen, die vom Prospekt ausgehende positive Anlagestimmung überlagernden Jahresabschluss widerlegt werden[1051]. Negative Pressestimmen reichen in der Regel nicht für eine Widerlegung der Kausalitätsvermutung aus, da dem Prospekt mehr Gewicht zukommt, es sei denn, es kann festgestellt werden, dass der Kläger die betreffende Pressemitteilung gekannt und ihr mehr vertraut hat als der Prospektausgabe[1052]. Das aber dürfte schwer zu beweisen sein.

Auch für die haftungsausfüllende Kausalität besteht eine gesetzliche Vermutung, dass die fehlerhaften Prospektangaben für den Schaden des Anlegers ursächlich waren. Denn nach dem Gesetz ist eine Haftung des Emittenten ausgeschlossen, wenn der im Prospekt fehlerhaft oder unvollständig dargestellte Sachverhalt nicht zu einer Minderung des Börsenpreises des Wertpapiers beigetragen hat[1053]. Die Beweislast dafür trägt der Emittent. Dabei reicht der Beweis des Emittenten, dass gleichzeitig andere Umstände zu einer Minderung beigetragen haben, nicht aus, denn wie der Gesetzeswortlaut nahe legt, reicht es für eine Haftung aus, dass der fehlerhafte Prospektinhalt zu einer Minderung des Börsenpreises <u>beigetragen</u> hat. Die Vermutungsregelung ist effizienzfördernd, denn ohne eine solche dürfte es einem geschädigten Anleger nicht möglich sein, die Ursächlichkeit der falschen oder unvollständigen Prospektangaben für einen veränderten Börsenpreis zu beweisen, da es nicht in seiner Sphäre liegt, Faktoren, die zu einer Preisminderung führen können, ausfindig zu machen. Gleichfalls bestünde dann für den Emittenten kein Anreiz zur Vermeidung unrichtiger oder unvollständiger Prospektangaben.

II. US-Recht

Beweis von *causation* und *reliance* ist generell nicht Voraussetzung von Sec. 11(a) SA. Der Nachweis von *reliance* wird erst dann erforderlich, wenn der Erwerber die Wertpapiere mehr als zwölf Monate nach dem Inkrafttreten des Offenlegungsberichts erworben hat, und der Emittent für diese Periode eine Gewinn- und Verlustrechnung (*earning statement)* herausgegeben hat[1054]. In

1050 Begr. RegE 3. FFG, BT-Drucks. 13/8933, S. 80; BR-Drucks. 605/97, S. 80.
1051 OLG Frankfurt, WM 1996, 1216, 1219.
1052 OLG Düsseldorf, WM 1984, 586, 596.
1053 § 45 Abs. 2 Nr. 2 BörsG.
1054 *Hazen*, S. 330 f.

diesem Fall muss der Erwerber beweisen, dass er sich auf die falsche oder unvollständige Angabe im Offenlegungsbericht verlassen hat. Dies heißt aber nicht, dass der Anleger, um *reliance* zu begründen, beweisen muss, dass er den Offenlegungsbericht tatsächlich gelesen hat[1055].

Für die Darlegung der haftungsausfüllenden Kausalität ist ausschlaggebend, dass die Schädigung des Klägers sowohl direkt auf das schädigende Verhalten als auch auf die Art und Weise, wie die vom Kläger durchgeführte Transaktion stattgefunden hat, zurückzuführen ist[1056]. Sec. 11 SA sieht eine Vermutung vor, dass die falschen und irreführenden Aussagen kausal waren für den Schaden des Klägers, denn dem Beklagten obliegt der Beweis, dass der Schaden des Klägers nicht aus den falschen oder irreführenden Angaben resultiert[1057]. D.h. der Beklagte muss beweisen, dass der Schaden aufgrund von außerhalb seiner Sphäre liegenden Markteinwirkungen, wie z.B. einem allgemeinen Preissturz verursacht worden ist[1058].

III. Bewertung

Sowohl die Ausgestaltung von §§ 44, 45 BörsG als auch von Sec. 11 SA erleichtert dem Anleger die Durchsetzung seines (begründeten) Anspruches. Das deutsche Recht sieht Vermutungen für die haftungsbegründende und für die haftungsausfüllende Kausalität vor. Beide sind durch den Emittenten widerlegbar. Demgegenüber verlangt Sec. 11 SA keinen Nachweis von *reliance*, abgesehen von dem Fall, in dem der Kläger die Wertpapiere erst zwölf Monate nach dem Inkrafttreten des Offenlegungsberichts erworben hat, und der Emittent für diese Periode eine Gewinn- und Verlustrechnung herausgegeben hat. Für die haftungsausfüllende Kausalität stellt Sec. 11 SA wie im deutschen Recht eine Kausalitätsvermutung auf, die durch den Emittenten widerlegbar ist. Die durch den Emittenten widerlegbare Vermutung nimmt dem Anleger nicht jegliches Risiko ab, um es dem Emittenten aufzubürden, wie es bei Sec. 11 SA hinsichtlich der haftungsbegründenden Kausalität der Fall ist. Für den Anleger besteht bei der widerlegbaren Vermutung der Kausalität ein einer Mitverschuldensregelung vergleichbarer Anreiz, Schaden zu vermeiden, dessen Ursache in seiner Sphäre

1055 15 U.S.C.A. § 77k(a).

1056 *Hazen*, S. 818.

1057 Sec. 11(e) SA: „... if the defendant proves that any portion or all of such damages represents other than the depreciation in value of such security resulting from such part of the registration statement ... not being true or omitting to state a material fact ..., such portion of or all such damages shall not be recoverable.“

1058 *Bloomenthal*, S. 721; Akerman v. Oryx Communications, Inc., 609 F.Supp. 363 (S.D.N.Y.1984).

liegt. Gleichzeitig hat der Emittent die Möglichkeit, einer Haftung zu entgehen und den Anreiz, berichtigende Offenlegungen vorzunehmen. Die im deutschen Recht widerlegbaren Vermutungen sind für die Effizienz ideale Regelungen, da sie Anreize zur Schadensvermeidung sowohl auf der Emittentenseite als auch auf der Anlegerseite setzen.

B. Insiderhandel

Der Nachweis des Ursachenzusammenhangs zwischen der Insidertransaktion und dem Schaden des Anlegers wird Schwierigkeiten bereiten[1059]. Denn der Investor hätte den Kauf vermutlich auch ohne den Insider getätigt[1060] und auch den gleichen Kurs erzielt wie den, den er tatsächlich realisiert hat. Der Schaden des Anlegers wäre zumindest dann eingetreten, wenn der Anleger die Effektenorder über eine Bank platziert hätte und daher ein anderer Vertragspartner anstelle des Insiders getreten wäre[1061]. Das gilt aber nur für ein simples Insiderhandelsverbot. Anders ist die Ausgangssituation für den Beweis der Kausalität, wenn ein zivilrechtlicher Schadensersatzanspruch mit einer Offenlegungspflicht gekoppelt ist. Bei einer erfolgten Offenlegung hätten die Anleger bereits den neuen Kurs realisieren können[1062]. Durch die nicht erfolgte Offenlegung entsteht ihnen dann ein Schaden, weil der „wahre" Wert des Wertpapiers noch nicht im Kurs enthalten war. Die entscheidende Verletzungshandlung muss dann für die Kausalität auf den Zeitpunkt der unterlassenen Offenlegung vorverlegt werden, obwohl grundsätzlich nicht die Unterlassung der Offenlegung die Verletzungshandlung begründet, sondern erst die Insidertransaktion, wenn vorher nicht offengelegt wurde. Die Kausalität macht die unterschiedliche Ausgestaltung der Insiderverbote in den USA und in Deutschland deutlich.

I. Rule 10b-5

Rule 10b-5 verlangt nicht ausdrücklich den Beweis von *reliance.* Von der Rechtsprechung wurde *reliance* grundsätzlich als ein darzulegendes und zu beweisendes Element einer Rule 10b-5 Klage erachtet[1063].

1059 Vgl. *Assmann/Cramer*, in: Assmann/Schneider (Hrsg.), § 14, Rn. 108.

1060 Siehe *Horn*, ZHR 136 (1972), 369, 390 f.; *Holschbach*, NJW 1973, 2006, 2008; *Hasslinger*, S. 116-121; *Ulmer*, JZ 1975, 625, 628; *Pfister*, ZGR 1981, 318, 341; *Dingeldey*, S. 27 f.

1061 *Geibel*, in: Schäfer (Hrsg.), Wertpapierhandelsgesetz, § 14 WpHG, Rn. 78.

1062 *Kirchner*, in: FS Kitagawa, S. 665, 679.

1063 *Bloomenthal*, S. 754.

1. *Reliance*

Das Tatbestandsmerkmal der *reliance* erfordert den Beweis des Klägers, dass er Wertpapiere erwarb oder verkaufte, indem er auf die falsche Darstellung oder Unterlassung des Beklagten vertraut hat. Das Vorliegen von *reliance* schafft so den Ursachenzusammenhang zwischen Verletzungshandlung und dem Erwerb oder Verkauf von Wertpapieren des Klägers[1064]. Für SEC *enforcement actions* ist die Darlegung von *reliance* nicht erforderlich, in Anlegerklagen dagegen wurde *reliance* als notwendiges Element von Rule 10b-5 meistens vorausgesetzt[1065]. In Fällen falscher Darstellung ist es grundsätzlich Aufgabe des Klägers, für das Vorliegen von *reliance* Beweis zu erbringen[1066]. In Fällen von unterlassener Offenlegung von Informationen und in Fällen bei einer Kombination aus falscher Darstellung und Unterlassung von Offenlegung oder in *class actions* können für den Kläger Beweiserleichterungen bestehen. In Blackie v. Barrack[1067] entschied der Ninth Circuit, dass bei Rechtsstreitigkeiten von *class actions reliance* angenommen werden sollte, ohne dass von jedem Gruppenmitglied der Beweis von *reliance* verlangt wird, falls einmal aufgezeigt wird, dass es sich bei der fraglichen Information um eine wesentliche Information handelt, insbesondere dadurch, dass das Handeln des Beklagten Auswirkungen auf den Wert des betreffenden Wertpapiers auf dem Markt hat[1068]. Widerlegt werden kann die Vermutung entweder durch den Nachweis, dass die betreffende Handlungsweise keinerlei Auswirkungen auf den Marktpreis hatte oder durch den Beweis, dass der Käufer die Wertpapiere trotz Kenntnis um das Handeln des Beklagten erworben hätte[1069].

Problematisch ist der Beweis von *reliance* insbesondere bei unterlassenen Offenlegungen (*omissions to disclose*) hinsichtlich der Frage, wie der Kläger bei Offenlegung der angeforderten Information gehandelt hätte[1070]. Maßgeblich für Klagen, die auf Unterlassen von Publizitätspflichten basieren, ist die Entscheidung Affiliated Ute Citizens of Utah v. United States[1071]. Danach ist der Beweis von *reliance* dann entbehrlich, wenn der Kläger einmal die Wesentlichkeit *(materiality)*

1064 *Patton/Saunders*, § 2.8, S. 25.1.

1065 Vgl. Kramas v. Security Gas & Oil, Inc., 672 F.2d 766, 769, 770 (9th Cir. 1982); *Hazen*, S. 806 f.

1066 Siehe z.B. Cox v. Collins, 7 F.3d 394 (4th Cir.1993); anders liegt es wiederum bei *fraud-on-the-market*, hier wird *reliance* gerade bei *material statements* angenommen, siehe *Hazen*, S. 808, Fn. 9.

1067 Blackie v. Barrack, 524 F. 2d 891 (9th Cir. 1975).

1068 Blackie v. Barrack, 524 F.2d 891, 905 - 908 (9th Cir. 1975); so auch Shapiro v. Merrill Lynch, Pierce Fenner & Smith, Inc. 495 F.2d 228 (2d Cir. 1974).

1069 *Hoffmann*, S. 241.

1070 *Hazen*, S. 807.

1071 Affiliated Ute Citizens of Utah v. United States, 406 U. S. 128 (1972).

der unterlassenen Informationen (für die Kaufs- bzw. Verkaufsentscheidung) dargelegt hat, da die Zurückhaltung wesentlicher Information das notwendige Element von Kausalität ist[1072]. Untere Gerichte haben diese Entscheidung geschlossen so ausgelegt, dass in Fällen von Unterlassung *reliance* widerlegbar vermutet wird, sobald einmal die Wesentlichkeit der nicht offengelegten Information aufgezeigt wurde[1073]. Der Beklagte muss dann den Beweis erbringen, dass sich der Kläger nicht auf die wesentlichen Aussagen verlassen hat. Durch Affiliated Ute Citizens of Utah v. United States schufen die unteren Gerichte zwar die widerlegbare Vermutung der *reliance* bei bestimmten Unterlassungen, jedoch ohne die Pflicht des Klägers entbehrlich zu machen, darzulegen, dass er sich generell auf den Beklagten verließ,[1074].

Hinsichtlich Fällen, die sowohl eine *omission* als auch *misrepresentation* beinhalten, gibt es unterschiedliche Ansichten. Diesbezüglich wird teils angenommen, dass der Beweis von *reliance* erforderlich ist[1075], teils geht man davon aus, dass eine Vermutung für das Vorliegen von *reliance* besteht[1076].

2. *Fraud-on-the-Market-Theory*

Wichtigste Beweiserleichterung für die Darlegung und den Beweis von *reliance* sowohl bei falscher Darstellung als auch bei unterlassener Offenlegung bildet die Anwendung der *fraud-on-the-market-theory*. Insbesondere bei *class actions* ist es schwierig, nachzuweisen, dass sämtliche Mitglieder der *class* auf die unrichtigen oder nicht offengelegten Informationen vertraut haben[1077]. Der Supreme Court hat vom Nachweis von *reliance* in Fällen abgesehen, in denen *causation* (= haftungsausfüllende Kausalität) alternativ aufgezeigt werden konnte[1078]. Die durch die Entscheidung Blackie v. Barrack erfolgte Richtungsweisung erlaubt es Klägern, sich auf den Preisbildungsmechanismus auf dem Markt zu verlassen, und das Tatbestandsmerkmal *reliance* durch die Auswirkungen des Handelns des Beklagten auf den Markt, insbesondere den Marktpreis, prima facie zu beweisen[1079]. Es besteht die Vermutung, dass der Kläger indirekt im Vertrauen auf die Preisintegrität auch auf die Richtigkeit der Informationen vertraut hat[1080]. Diese

---

1072 Affiliated Ute Citizens of Utah v. United States, 406 U. S. 128, 153 f. (1972).
1073 Vgl. *Hazen*, S. 810.
1074 *Hoffmann*, S. 239.
1075 Cavalier Carpets, Inc. v. Caylor, 746 F. 2d 749, 757 (11th Cir. 1984).
1076 Sharp v. Coopers & Lybrand, 649 F. 2d 175, 188 f. (3d Cir. 1981).
1077 So auch der Supreme Court in Basic Inc. v. Levinson, 485 U.S. 224, 245 (1988).
1078 *Herzog*, 63 Geo.Wash.L.Rev. 359, 363 (1995).
1079 Blackie v. Barrack, 524 F.2d 891, 906 (9th Cir. 1975).
1080 Siehe In re Apple Computer Securities Litigation 886 F.2d 1109, 1115 (9th Cir. 1989).

für den Kläger vereinfachte Darlegungsmöglichkeit etablierte sich als *fraud-on-the-market-theory*[1081], die vom Supreme Court später anerkannt wurde[1082]. Die *fraud-on-the-market-theory* setzt das Bestehen eines effizienten Marktes voraus[1083], der alle verfügbaren Informationen in den Preis umsetzt[1084]. Da der Marktpreis von der fraglichen Information berührt ist und die Anleger darauf vertrauen, dass der Wertpapierpreis den Wert des Wertpapiers korrekt reflektiert, ist ein Käufer oder Verkäufer von Wertpapieren selbst dann geschädigt, wenn er die Transaktion nicht speziell auf Grundlage der unrichtigen Informationen vorgenommen hat[1085]. Daher anerkennen manche Gerichte diesen Beweis durch den veränderten Marktpreis auch dann, wenn der Kläger die in Frage gestellten Aussagen nie gesehen[1086] und daher nie direkt auf die falschen Aussagen vertraut hat. Die *fraud-on-the-market* Vermutung ist auch auf die unterlassene Offenlegung von Informationen anwendbar. Denn hätte der Beklagte die zurückgehaltene Information offengelegt, wäre diese in den Marktpreis umgesetzt worden und hätte nicht zu einer Irreführung des Marktes führen können[1087]. Folglich ist die *fraud-on-the-market-theory* grundsätzlich auch auf Fälle des Insiderhandels anwendbar, wenn auch nur für den Fall, dass der Insider die Insidertatsache nicht offengelegt und eine Insidertransaktion durchgeführt hat; denn andernfalls besteht eine Pflicht zur Offenlegung nicht. Bei rechtmäßigem Alternativverhalten des Insiders, also Offenlegung der Information vor der Vornahme der Transaktion, ist davon auszugehen, dass der Anleger die Information nicht wahrgenommen hätte, sie wäre aber durch die professionellen Marktteilnehmer in den Kurs umgesetzt worden, auf den der Anleger sich verlassen hätte[1088]. Die *fraud-on-the-market* Vermutung vermag dem durch Insiderhandel geschädigten Anleger über die schwierigste Beweishürde hinwegzuhelfen.

1081 *Hoffmann*, S. 242.

1082 Basic Inc. v. Levinson, 485 U.S. 224, 247 (1988), "An investor who buys or sells stock at the price set by the market does so in reliance on the integrity of that price. Because most publicly available information is reflected in market price, an investor's reliance on any public material misrepresentations, therefore, may be presumed for purposes of a Rule 10b-5 action."

1083 Siehe Hayes v. Gross, 982 F.2d 104, 106 (3d Cir.1992); Freeman v. Laventhol & Horwath, 915 F.2d 193, 197f. (6th Cir.1990).

1084 Freeman v. Laventhol & Horwath, 915 F.2d 193, 197 (6th Cir.1990).

1085 *Herzog*, 63 Geo.Wash.L.Rev. 359, 363 (1995); Freeman v. Laventhol & Horwath, 915 F.2d 193, 197 (6th Cir.1990).

1086 Control Data Corp. Securities Litigation, 933 F.2d 616, 619 (8th Cir. 1991), "... nor is there required any proof that the plaintiff was even aware that a misrepresentation was made. Causation lies in the fact that the plaintiff relied on the market price of the security as an indicator of the future value of the stock."

1087 So jedenfalls der Neunte Circuit in Heliotrope General, Inc. v. Ford Motor Co., 189 F.3d 971, 975 f. (9th Cir. 1999).

Die *fraud-on-the-market*-Vermutung wird angenommen, wenn ausreichende Darlegungen zum effizienten Markt vorgenommen wurden[1089]. Liegt die Vermutung einmal vor, muss der Beklagte beweisen, dass der Marktpreis nicht durch sein Handeln beeinflusst wurde. Zur Frage, wann von einem effizienten Markt auszugehen ist, wurde von der Rechtsprechung nie ausdrücklich Stellung genommen, aber es erfolgte eine Aufstellung verschiedener Faktoren, die, je zahlreicher sie auftreten, desto eher für ein Vorliegen eines effizienten Marktes sprechen[1090]. Die *fraud-on-the-market-theory* verhindert bei *class actions*, dass von jedem einzelnen Mitglied der *class* der Nachweis von *reliance* erbracht werden muss und macht die *class action* damit praktikabel[1091]. Die Widerlegung der *reliance*-Vermutung erfolgt durch den *truth on the market defense*, der den Beweis verlangt, dass die unrichtigen Angaben oder die unterlassene Offenlegung von Tatsachen den Marktpreis nicht berührt haben, weil die zurückgehaltenen oder falsch dargelegten Informationen auf andere Art und Weise auf den Markt gedrungen sind und somit ebenfalls im Marktpreis enthalten sind[1092]. Bis 1995 ist bezeichnenderweise keinem Beklagten die Widerlegung von *reliance* geglückt[1093].

3. *Fraud-Created-the-Market-Theory*

Nach Ansicht mancher Circuit Courts können selbst nicht entwickelte Märkte eine Basis für die *fraud-on-the-market-presumption* bilden[1094]. Dieser Gedanke etablierte sich als *fraud-created-the-market-theory*. Sie erlaubt dem Anleger, sich auf die Integrität des Marktes zu verlassen und als Folge davon ausgehen zu können, dass nicht marktfähige Wertpapiere vom Markt ferngehalten werden[1095].

1088 *Krauel*, S. 168, Fn. 823.

1089 Hayes v. Gross, 982 F.2d 104, 106 (3d Cir.1992); Levinson v. Basic Inc., 786 F.2d 741, 750 (6th Cir. 1986).

1090 Als Faktoren wurden aufgestellt: (1) a large weekly trading volume; (2) the existence of a significant number of reports by securities analysts; (3) the existence of market makers and arbitrageurs in the securities; (4) the eligibility of the company to file an S-3 registration statement; and (5) a history of immediate movement of the stock price caused by unexpected corporate events or financial releases. Siehe *Herzog*, 63 Geo.Wash.L.Rev. 359, 367, Fn. 62 (1995).

1091 *Herzog*, 63 Geo.Wash.L.Rev. 359, 367, Fn. 62 (1995).

1092 Kaplan v. Rose, 49 F.3d 1363, 1376 (9th Cir. 1994); Heliotrope General, Inc. v. Ford Motor Co., 189 F.3d 971, 975 (9th Cir. 1999); *Loss/Seligman*, Securities Regulation, S. 970; *Hazen*, S. 814.

1093 *Weiss/Beckmann*, 104 Yale L.J. 2053, 2077, Fn. 128 (1995).

1094 So zuerst der 5th Circuit in Shores v. Sklar, 647 F.2d 462 (5th Cir. May 1981) (en banc), cert. denied, 459 U.S. 1102 (1983). In diesem Sinne folgend z.B. der 11th Cir. in Ross v. Bank South, N.A., 837 F.2d 980 (11th Cir. 1988).

1095 *Herzog*, 63 Geo.Wash.L.Rev.359, 361 (1995).

Damit dürfen die Investoren sich darauf verlassen, dass auf dem Markt gehandelte Wertpapiere wenigstens einen Wert haben[1096]. Da vom Markt aber kein bestimmter Wert gewährleistet werden kann, ist die *fraud-created-the-market-theory* nur anwendbar, wenn ein Betrugsgeschäft zugrunde liegt, das von Anfang an keinerlei Wert entfaltet[1097]. Nach der *fraud-created-the-market-theory* hätten die Wertpapiere ohne ein Vorliegen des Betruges nicht auf den Markt gebracht werden können[1098]. Es wurde also erst durch das betrügerische Vorgehen ein Markt geschaffen[1099]. Bei Anwendung des *fraud-created-the-market* Konzepts reicht zur Widerlegung der *fraud-on-the-market* Vermutung die Darlegung des Nichtvorliegens eines effizienten Marktes nicht aus.

Der Supreme Court hat sich mit der Annahme der *fraud-created-the-market-theory* bisher nicht befasst. Die Anwendung der *fraud-created-the-market-theory* ist jedoch abzulehnen, da sie dem Anleger jegliche Verantwortung abnimmt und ihm das dem Risikogeschäft immanente Risiko entzieht. Darüber hinaus wird der unvorsichtige Anleger besonders geschützt und davon abgehalten, sich selbst durch Informationen gegen Betrügereien zu schützen[1100]. Mit der Förderung der Unvorsichtigkeit der Investoren geht sowohl die Gefahr einher, dass betrügerisches Verhalten zunimmt, da keine Kontrolle durch die Aufmerksamkeit der Anleger und kein Aufdecken unrichtiger Angaben erfolgt, als auch die Verringerung des Anreizes, Informationen offenzulegen, da sie ohnehin nicht gelesen werden.

4. *Reform Act*

Nach Sec. 21D(b)(4) SEA obliegt dem Kläger der Beweis der Ursächlichkeit der angeführten Handlung des Beklagten für seinen erlittenen Schaden (*loss causation*[1101]). Die Beweislast der haftungsausfüllenden Kausalität verhindert, dass der Kläger aufgrund eines allgemeinen Rückganges der Aktienpreise Schadensersatz erlangen kann, da er den Kausalzusammenhang genau darlegen muss. Damit wird auch die *fraud-on-the-market-theory* und die Möglichkeit für die Anleger, sich auf die „wahren Kurse" zu verlassen, Einschränkungen erfahren[1102]. Den Aspekt der Beweislast für die haftungsbegründende Kausalität hat der Reform Act nicht aufgenommen. Daraus wird zum Teil der Schluss gezogen, dass die

---

1096 *Loss/Seligman*, Securities Regulation, S. 971.
1097 *Loss/Seligman*, Securities Regulation, S. 972.
1098 *Herzog*, 63 Geo.Wash.L.Rev.359, 363 (1995).
1099 Vgl. *Hazen*, S. 813.
1100 *Herzog*, 63 Geo.Wash.L.Rev.359, 387 (1995).
1101 Vgl. Sec. 21D(b)(4): „ ... the plaintiff shall have the burden of proving that the act or omission of the defendant alleged to violate this title caused the loss ..."
1102 Zur *fraud-on-the-market-theory* siehe oben ab S. 199.

Notwendigkeit für den Beweis der haftungsbegründenden Kausalität gar nicht besteht[1103]. Eine solche Auslegung widerspricht jedoch dem Sinn und Zweck des Reform Act, dem Ausschluss missbrauchender *class actions*, so dass vom Gesetzgeber eine dahingehende Auslegung nicht gewollt sein kann.

II. Deutsches Recht

Für die Geltendmachung eines deliktischen Anspruches gegen Insider muss der Geschädigte nach der allgemeinen Beweislast grundsätzlich alle Anspruchsvoraussetzungen, also auch den Ursachenzusammenhang zwischen Verletzungshandlung und Schaden, darlegen und beweisen.

1. Schutzgesetzverletzung

Bei einer Schutzgesetzverletzung können Erleichterungen für den Kläger entstehen. Bei der derzeitigen Rechtslage kommt ein Anscheinsbeweis oder sogar eine Beweislastumkehr[1104] in Betracht, wenn durch das Schutzgesetz typischen Gefährdungen entgegengewirkt werden soll, und wenn der Schaden, der mit Hilfe des Schutzgesetzes verhindert werden sollte, zeitlich unmittelbar nach dem Verstoß gegen das Schutzgesetz eingetreten ist[1105]. Eine Beweislastumkehr ist dann anzunehmen, wenn Wesen und Inhalt der materiellen Schutznorm und der in ihr enthaltenen Verhaltensanweisung es gebieten, dem Schädiger aufgrund einer von ihm geschaffenen unklaren Beweislage die Aufklärung des Sachverhalts und der Risiken aufzuerlegen[1106]. Das Insiderhandelsverbot soll die Chancengleichheit auf dem Markt wahren und gerade die schlechter informierten Anleger durch einheitlichen Zugang zu Informationen schützen. Es würde diesem Zweck entgegenstehen, wenn dem Kläger die aufgrund seines Informationsmankos nicht in seiner Sphäre liegende Aufklärung des Sachverhalts und die unklare Beweislage zufielen. Problematisch ist, dass den Anlegern typischerweise kein Schaden

---

1103 *Bloomenthal*, S. 827.

1104 BGH JZ 1985, 540, 541; gegen Beweislastumkehr bei Schutzgesetzverletzungen BGH VersR 1984, 40, 41; gegen Anscheinsbeweis und für Beweislastumkehr bei der Verletzung von Schutzgesetzen *von Bar*, Verkehrspflichten, S. 291, der ohnehin davon ausgeht, dass der Übergang zur Beweislastumkehr bereits vollzogen ist, da in der Nachkriegszeit (also zumindest bis zum Zeitpunkt dieser Feststellung von *von Bar* im Jahre 1980) keinem Inanspruchgenommenen der Widerlegungsbeweis gelungen sei.

1105 BGH NJW 1994, 545, 546; BGH VersR 1984, 40, 41; Palandt-*Thomas*, § 823, Rn. 174; MüKo-*Mertens*, BGB, § 823, Abs. 190; Soergel-*Zeuner*, § 823, Rn. 329.

1106 BGH JZ 1985, 540, 541; BGH VersR 1984, 40, 41.

entsteht[1107], da den Insider keine Offenlegungspflicht trifft, und die Anleger keinen anderen Kurs bei Unterlassen den Insiderhandels hätten realisieren können. Der Insider trägt für die Bildung wahrer Preise keine Verantwortung, und der Insiderhandel steht nicht in Verbindung mit typischem Vertrauen des Anlegers in die Preisintegrität. Einen Anspruch aus § 823 Abs. 2 BGB zu begründen, dürfte daher nur in äußerst außergewöhnlichen Konstellationen gelingen.

2. *Schadensersatzanspruch de lege ferenda*

Für den Fall der Einführung eines Schadensersatzanspruches sind verfahrensrechtliche Erleichterungen für den aus Insidergeschäften geschädigten Anleger zu schaffen, da die Durchsetzbarkeit des Anspruches sonst eine unüberwindbare Hürde bildet und der Anreiz zur Unterlassung von Insiderhandel nicht gemindert wird. Es müssten Beweiserleichterungen eingeführt werden. Vorschläge zum Verzicht sowohl auf die Kausalität zwischen Insiderhandel und Transaktion als auch auf den Nachweis der Kausalität zwischen Insiderhandel und Anlegerschaden sind in der Literatur bereits vorgetragen worden[1108]. Bei der derzeitigen Rechtslage, die lediglich ein simples Insiderhandelsverbot vorsieht, das dem Anlegerschutz aus Chancengleichheitsgründen dient, aber keine Auswirkungen auf die Bildung fairer Preise auf dem Kapitalmarkt hat, ist ein Schadensersatzanspruch entbehrlich, da er ohnehin keine effizienzfördernde Wirkung entfalten könnte.

Wird tatsächlich die Einführung eines Schadensersatzanspruches erwogen, so sollte eine effizienzfördernde Regelung geschaffen werden, die das Insiderhandelsverbot mit einer Offenlegungspflicht verbindet, vergleichbar dem *disclose-or-abstain* Grundsatz[1109]. Dann kann über Kausalitätsschwierigkeiten mit einem Anscheinsbeweis oder einer Beweislastumkehr hinweggeholfen werden. Nach der allgemeinen Beweislast müsste der Anleger beweisen, dass die Unterlassung der Offenlegung ursächlich für die durchgeführte Transaktion des Anlegers war. Diese Erschwernis könnte durch ein Abstellen auf Veränderungen des Marktpreises und das Vertrauen in die Preisintegrität gemindert werden. Hierfür wäre ein Anscheinsbeweis das richtige Mittel zur Beweiserleichterung. Ein Anscheinsbeweis verlangt die Annahme eines für den Anscheinsbeweis typischen Geschehensablaufs, dem die Feststellung eines allgemeinen Erfahrungssatzes als einer aus allgemeinen Umständen gezogenen tatsächlichen Schlussfolgerung

---

1107 Vgl. *Assmann*, AG 1994, 237, 250; *ders.*, in: Assmann/Schneider (Hrsg.), § 14, Rn. 108 f.
1108 Siehe vor allem *Arbeitskreis Gesellschaftsrecht*, S. 45.
1109 Siehe oben S. 74.

zugrunde liegt, die auf den konkreten Sachverhalt angewendet werden kann[1110]. Das Schadensereignis muss nach allgemeiner Lebenserfahrung eine typische Folge des Haftungsgrundes darstellen[1111]. Nach der allgemeinen Lebenserfahrung kann davon ausgegangen werden, dass der Anleger bei Offenlegung der nicht-öffentlichen Tatsache, sofern sie negativ ist, die Transaktion nicht durchgeführt hätte[1112] und bei Unterlassen der Offenlegung einer positiven Information eine tatsächlich nicht durchgeführte Transaktion vorgenommen hätte, dass er also auf die Integrität des Wertpapierpreises auf dem Markt vertraut hat. Zusätzlich zum Anscheinsbeweis werden Darlegung und Beweis der anspruchsbegründenden Merkmale in den Fällen einfacher, in denen die BAFin bereits Recherchen angestellt und Informationen bereitgestellt hat, vergleichbar der SEC, die als Prüfungsinstitution die Voraussetzungen für private Ersatzansprüche schafft[1113]. In diesem Fall ist von einem Zusammenwirken der Privaten und des Aufsichtsamtes ein effizientes Ergebnis zu erhoffen.

III. Bewertung

Die Anwendung der *fraud-on-the-market-theory* setzt den Anreiz, Informationen offenzulegen und damit die Preisintegrität zu fördern. Sie hilft dem geschädigten Anleger über die schwierige Darlegungs- und Beweislast für die Kausalität hinweg. Die Vermutungsregel funktioniert nur bei einer bestehenden Pflicht zur Offenlegung, also bei einer Koppelung von Offenlegung und Enthaltung vom Insiderhandel. Gleichzeitig kann die Vermutung zu Klageerhebungen lediglich aufgrund von Wertverlusten der Wertpapiere führen, so dass die Kosten für die Zuführung von Information auf den Markt unverhältnismäßig ansteigen können. Darüber hinaus werden Sec. 10(b) und Rule 10b-5 über ihren Zweck hinaus ausgeweitet, da der Nachweis von *causation* und *reliance* entbehrlich gemacht wird. Angesichts der Tatsache, dass *reliance* notwendiges Instrument ist, das verhindern soll, Rule 10b-5 zu einem Versicherungssystem für Anleger[1114] umzugestalten, ist die *fraud-on-the-market-theory* bedenklich. Dem Anleger soll

---

1110 BGH VersR 1984, 40, 41.

1111 BGH VersR 1984, 40, 41.

1112 So entschied beispielsweise der 2d Circuit in Shapiro v. Merrill Lynch, Pierce, Fenner & Smith, Inc., 495 F.2d 228, 239 (2d Cir. 1974).

1113 Die BAFin kann, falls sich Anhaltspunkte für Insidergeschäfte ergeben, von Wertpapierdienstleistungsunternehmen sowie von inländischen, zum Börsenhandel zugelassenen Unternehmen Auskünfte und Unterlagen über die Geschäfte in Insiderpapieren verlangen (§ 16 Abs. 2 S. 1 WpHG). Die BAFin ist im Wachstum begriffen, durch Ausweitung der Kompetenzen ist eine Effizienzsteigerung absehbar.

1114 *Herzog*, 63 Geo.Wash.L.Rev.359, 362 (1995).

nicht jedes einer Wertpapierinvestition immanente Risiko abgenommen werden, da er aufgrund des höheren Risikos eine höhere Rendite erhält als bei weniger risikoreichen Investitionsformen. Am Beispiel der *reliance* wird deutlich, dass einerseits ein Tatbestandsmerkmal des materiellen Haftungsrechts, das den Klagemissbrauch durch Anleger verhindern soll, durch Elemente des prozessualen Haftungsrechts, wie hier die *fraud-on-the-market-theory*, seine bezweckte Wirkung verliert. Andererseits macht die Beweiserleichterung Klagen für Anleger erst möglich, da bei anonymen Geschäften der Nachweis von *reliance* nahezu unmöglich ist.

Bei der derzeitigen deutschen Rechtslage kann ein Ursachenzusammenhang zwischen Insiderhandel und Schaden des Anlegers praktisch nicht bewiesen werden, da ein Schaden typischerweise nicht entsteht. Die Wahrscheinlichkeit der Inanspruchnahme eines Insiders aus § 823 Abs. 2 BGB i.V.m. § 14 WpHG geht demzufolge gegen null. § 823 Abs. 2 BGB i.V.m. § 14 WpHG ist kein geeignetes Mittel, den Insider zu sorgfältigem Verhalten anzuhalten und Insiderhandel zu unterlassen.

C. Ad-hoc-Publizität

Für einen Anspruch wegen Ad-hoc Publizitätspflichtverletzung ist Voraussetzung, dass der Kläger beweisen kann, dass er aufgrund des fehlerhaften Publizitätsverhaltens eine auf dem „falschen“ Preis basierende Transaktion durchgeführt und dadurch einen Schaden erlitten hat, dass er den „wahren“ Kurs nicht realisieren konnte.

I. Deutsches Recht

Anders als die Vorschriften zur Börsenprospekthaftung sehen die §§ 37b, 37c WpHG keine Vermutung für die Kausalität zwischen der Ad-hoc-Mitteilung und der Durchführung der Transaktion vor. Daher liegt die Beweislast nach den allgemeinen Regeln grundsätzlich beim Anleger. Um wie bei der Börsenprospekthaftung für den Emittenten einen Anreiz zur gesetzlich vorgeschriebenen richtigen Offenlegung der Tatsachen zu setzen, müssten für den geschädigten Anleger Erleichterungen zum Beweis der Kausalität geschaffen werden, da ansonsten sein Anspruch kaum durchzusetzen sein dürfte. Auch im Rahmen der Einstufung der Ad-hoc-Publizität als Schutzgesetz ist wie beim Insiderhandel ein Anscheinsbeweis oder eine Beweislastumkehr zu erwägen.

Der BGH geht zum Teil bei der Verletzung von Berufspflichten von einer Beweislastumkehr aus[1115]. Die Berufspflichten, die zu einer Beweislastumkehr führen, liegen allerdings meist im Bereich von Behandlungsfehlern von Ärzten oder ihnen vergleichbaren Berufsgruppen[1116]. Ähnlich hat die frühere Rechtsprechung in Fällen von Informationspflichtverletzungen angenommen, dass den Pflichtverletzer die Beweislast treffe, dass der Schaden auch bei pflichtgemäßem Verhalten eingetreten wäre[1117]. Inzwischen besteht allerdings wieder eher die Tendenz zur Ablehnung der Beweislastumkehr[1118]. Auch die Verletzung der Ad-hoc-Publizitätspflicht kommt sowohl einer Berufspflichtverletzung als auch einer Informationspflichtverletzung gleich. Es darf aber nicht übersehen werden, dass in den die Beweislastumkehr annehmenden Fällen meist ein vertragliches oder vorvertragliches Verhältnis zwischen den Parteien zu Grunde lag. Das ist aber bei der Ad-hoc-Mitteilung nicht der Fall, da sie gerade auch potentielle Anleger ansprechen und zum Kauf der betreffenden Wertpapiere animieren soll.

Auch wenn eine vertragliche oder vertragsähnliche Beziehung nicht vorliegt, so ist doch von einem "typisierten Vertrauen", das dem Emittenten entgegengebracht wird, auszugehen, da dieser aufgrund seiner "Informationshoheit" die Informationsquelle für weitere Anlageentscheidungen der Investoren bildet. Der Vorschlag der Regierungskommission „Corporate Governance" beispielsweise sieht in diesem Sinne eine an der Regelung der Börsenprospekthaftung orientierte Beweislastumkehr zugunsten des geschädigten Anlegers vor, d.h. der Schädiger muss beweisen, dass der Anleger die Aktien nicht aufgrund der falschen Darstellung erworben hat[1119]. Fraglich ist, ob eine der Börsenprospekthaftung vergleichbare Beweislastumkehr entsprechend den Grundsätzen über die Erzeugung einer Anlagestimmung vorgenommen werden könnte. Nach Ansicht des OLG München in einem der Informatec-Urteile[1120] sind die Grundsätze über die Anlagestimmung nicht auf die Verletzung von Ad-hoc-Publizitätspflichten anwendbar[1121], da die Ad-hoc-Mitteilung einen einzelnen

---

1115 BGH VersR 1984, 40, 41; *von Bar*, Verkehrspflichten, S. 292. Die Berufspflichten, die zu einer Beweislastumkehr führen, liegen meist im Bereich von Behandlungsfehlern von Ärzten oder ihnen vergleichbaren Berufsgruppen, BGH VersR 1984, 40, 41.

1116 BGH VersR 1984, 40, 41.

1117 Z.B. BGHZ 61, 118, 120 – 124; BGHZ 64, 46, 51.

1118 Siehe m.w.N. *Möllers/Leisch*, WM 2001, 1648, 1660.

1119 § 79 Abs. 2 i.V.m. § 80 Nr. 1 des Vorschlages, siehe Bericht der Regierungskommission „Corporate Governance", Rn. 186, abrufbar auf der Internetseite der Bundesregierung www.bundesregierung.de und abgedruckt in BT-Drucks. 14/7515.

1120 OLG München, Urt.v. 14.05.2002, NZG 2002, 1111.

1121 OLG München, Urt.v. 14.05.2002, NZG 2002, 1111. Geprüfte Anspruchsgrundlagen waren hier allerdings § 826 BGB und die Grundsätze der c.i.c.

Aspekt zum Inhalt habe, der den Kurs beeinflussen könne, während der Unternehmensbericht zur Zulassung von Wertpapieren eine Anlagestimmung schaffe, was einen wesentlichen Unterschied von Ad-hoc-Mitteilung und Unternehmensbericht zur Folge habe, so dass sich eine analoge Anwendung der §§ 45, 46 BörsG alter und neuer Fassung verbiete. Da nicht jede Ad-hoc-Mitteilung eine Anlagestimmung schaffen könne, lehnt der Senat auch den Rechtsgedanken der §§ 45, 46 BörsG a.F. ab[1122]. Dem Senat ist zuzugeben, dass ein Prospekt umfassender ist als eine bloße, sich auf eine Tatsache beziehende Ad-hoc-Mitteilung. Hierbei ist aber unberücksichtigt, dass beim Prospekt Informationen enthalten sein können, die für die Beurteilung der Anlage unbedeutend und für die Anlageentscheidung zu vernachlässigen sind[1123], während es sich bei einem in einer Ad-hoc-Mitteilung enthaltenen Umstand nach § 15 Abs. 1 WpHG um eine den Börsenpreis erheblich beeinflussende Tatsache handeln muss. Die Ad-hoc-Veröffentlichungspflicht bezieht sich lediglich auf kursrelevante Tatsachen. Folglich ist anzunehmen, dass Ad-hoc-Mitteilungen eine Anlagestimmung erzeugen, die grundsätzlich derjenigen vergleichbar ist, die von Prospekten ausgelöst wird. Für die Erzeugung einer Anlagestimmung gleich einem Prospekt spricht darüber hinaus die Regelung des § 45 Abs. 2 Nr. 4 BörsG n.F., denn danach entfällt eine Prospekthaftung, wenn eine Berichtigung in Form der Ad-hoc-Mitteilung gem. § 15 Abs. 1 WpHG erfolgt. Damit anerkennt auch der Gesetzgeber eine anlagestimmungsverändernde Wirkung von Ad-hoc-Mitteilungen. Zu berücksichtigen ist allerdings, dass zwar die unrichtige Veröffentlichung nicht dagegen die Unterlassung einer Ad-hoc-Mitteilung eine neue Anlagestimmung hervorrufen kann. Sie kann aber eine Anlagestimmung aufrechterhalten, die durch vorhergegangene Ad-hoc-Meldungen oder einen Prospekt entstanden ist. Ein solches Aufrechterhalten ist dem Hervorrufen einer Anlagestimmung gleichzusetzen, denn ein Anleger wird davon gleichermaßen einen Kauf, Verkauf oder das Halten von Wertpapieren abhängig machen.

Problematisch könnte die Übertragung des Gedankens der Anlagestimmung auf die §§ 37b, 37c WpHG sein, da §§ 44, 45 BörsG ein Gesamtkonzept verkörpern, d.h. eine Kombination aus anlegerfreundlichen und anlegerschädlichen Tatbestandsmerkmalen, die in ihrer Gesamtheit eine ausgewogene Regelung darstellen. Angeführt sei beispielsweise die Beweislastumkehr beim Verschulden, Sechs-Monats-Frist betreffend das Erwerbsgeschäft oder die kurze Verjährung. Angesichts der Anpassung der Ausgestaltung der §§ 37b, 37c WpHG an die Vorschriften zur Börsenprospekthaftung bestehen allerdings wenig Bedenken. Ob die Einführung einer Sechs-Monats-Frist sinnvoll ist, wie sie von der

1122 OLG München, Urt.v. 14.05.2002, NZG 2002, 1111, 1112.

1123 So auch *Möllers/Leisch*, WM 2001, 1648, 1658, allerdings im Rahmen der Untersuchung des Tatbestandes des § 826 BGB.

Regierungskommission „Corporate Governance" für die Haftung für Falschinformation des Kapitalmarktes vorgeschlagen wurde[1124], ist fraglich. Danach dürfen nur die Anleger Schadensersatz geltend machen, die innerhalb von sechs Monaten nach der Mitteilung Wertpapiere erworben haben. Es ist aber zu berücksichtigen, dass eine Anlagestimmung nach der Mitteilung eines Ad-hoc-publizitätspflichtigen Umstandes länger andauern kann als bei der Herausgabe eines Prospektes, da es nicht unwahrscheinlich ist, dass mehrere Meldungen in der gleichen Angelegenheit über einen längeren Zeitraum veröffentlicht werden und die Anlagestimmung so aufrechterhalten[1125]. Sachgerecht wäre die Annahme der Anlagestimmung für sechs Monate seit Veröffentlichung der Ad-hoc-Meldung. Bei einer längeren Wirkung müsste der Anleger im Einzelfall die noch bestehende Kausalität beweisen, ohne dass er vom Schutzbereich der Vorschrift bereits ausgeschlossen ist. Um der Ausuferung von Schadensersatzansprüchen vorzubeugen, ist an den jetzigen Verjährungsregeln festzuhalten, die eine Verjährung von einem Jahr ab Kenntnis der Unterlassung oder Unrichtigkeit der Tatsache vorsehen.

II. Kursbeeinflussung durch fehlerhaftes Publizitätsverhalten

Grundsätzlich hat der Anleger zu beweisen, dass der Kurs durch die Verletzung der Ad-hoc-Publizität nicht den „wahren" Wert verkörpert und dass er dadurch einen Schaden erlitten hat. Die §§ 37b, 37c WpHG sehen keine Erleichterungen vor. Anzusetzen ist hier bei einer Kursveränderung nach Bekanntmachung der wahren Tatsache(n), von der basierend auf der Theorie informationseffizienter Kapitalmärkte auszugehen ist. Allerdings wird der Kurs durch eine Vielzahl von Faktoren beeinflusst, d.h. es können auch Informationen im Preis enthalten sein, die nicht in innerem Zusammenhang mit der Publizitätspflichtverletzung stehen. Insofern sollte in Anlehnung an die Vorschriften zur Börsenprospekthaftung, d.h. genauer § 45 Abs. 2 Nr. 2 BörsG, dem Emittenten die Beweislast dafür auferlegt werden, dass die Unterlassung bzw. Falschmeldung keine Kursveränderung hervorgerufen hat, bzw. die Kursveränderung nach Bekanntmachung auf anderen Faktoren beruht. Dies erscheint darüber hinaus deswegen sachgerecht, da die für

---

1124 Bericht der Regierungskommission „Corporate Governance", Rn. 186 f., abrufbar auf der Internetseite der Bundesregierung www.bundesregierung.de und abgedruckt in BT-Drucks. 14/7515.

1125 So waren es im Fall Informatec beispielsweise über 50 Ad-hoc-Meldungen, siehe OLG München, Urt. v. 1.10.2002, NZG 2002, 1107 und OLG München, Urt. v. 14.5.2002, NZG 2002, 1111.

eine zutreffende Berechung des Börsenpreises erforderlichen Informationen zumeist in Händen des Emittenten liegen dürften[1126].

Zumindest kommt für die Folgen der Verletzung der Ad-hoc-Publizität ein Anscheinsbeweis in Betracht, der dafür spricht, dass zwischen der Verletzungshandlung und dem Schadenseintritt ein Kausalzusammenhang besteht, wenn ein erfahrungswissenschaftlich verifizierbarer Erfahrungssatz den Schluss auf die zu beweisende Tatsache erlaubt[1127]. Nach der allgemeinen Lebenserfahrung ist die Bildung falscher, d.h. nicht die Wahrheit reflektierender, Preise eine typische Folge fehlerhaften Publizitätsverhaltens, da es sich bei Ad-hoc-publizitätspflichtigen Tatsachen um kursrelevante Tatsachen handelt und von einem semi-effizienten Markt ausgegangen wird, der nur öffentlich zugängliche Informationen in den Preis umsetzt[1128]. Die Theorie informationseffizienter Kapitalmärkte zu Grunde gelegt, ändert sich der Kurs unmittelbar nach Bekannt werden der wahren Sachlage[1129]. Auch der Gesetzgeber geht davon aus, dass der Anleger in Kenntnis der negativen Tatsache (Konstellation der §§ 37b Abs. 1 Nr. 1, 37c Abs. 1 Nr. 1 WpHG) die Wertpapiere nicht zu dem von ihm entrichteten Preis erworben hätte und somit die Wertpapiere zu teuer gekauft hat, und dass er bei Kenntnis der positiven Tatsache (Konstellation der §§ 37b Abs. 1 Nr. 2, 37c Abs. 1 Nr. 2 WpHG) die Wertpapiere nicht zu dem von ihm erzielten, sondern zu einem höheren Preis veräußert hätte und somit die Wertpapiere zu billig verkauft hat[1130]. Konkret heißt das, dass in dem Fall, in dem der Wertpapierpreis nicht dem wahren Wert entspricht, der Anleger Transaktionen durchführen (bzw. unterlassen) wird, die er bei Kenntnis des wahren Wertes unterlassen (bzw. durchgeführt) hätte. Durch die Verletzung der Ad-hoc-Publizitätspflicht ist dem Anleger daher nach allgemeiner Lebenserfahrung ein Schaden entstanden. Der Emittent müsste zur Ausräumung des Anscheins die ernsthafte Möglichkeit eines anderen Verlaufs als des typischen darlegen[1131], indem er darzulegen hätte, dass die Verletzung der Ad-hoc-Publizitätpflicht keinen „falschen" Kurs hervorgerufen hat, ein etwaiger Schaden des Anlegers also nicht auf der fehlerhaften oder unterlassenen Ad-hoc-Publizität beruhen kann. Ob der Emittent die Ad-hoc-Publizität unterlassen oder unrichtige oder unvollständige Informationen verbreitet hat, wird einheitlich

1126 *Fleischer*, BB 2002, 1869, 1873.

1127 MüKo-*Grunsky*, BGB, Vor. § 249, Rn. 137.

1128 Das Vorliegen eines semi-effizenten Marktes wird bestätigt durch die Untersuchung von *Fama*, 25 J.Fin. 383, 404-409, 415 (1970).

1129 Festgelegt wird ein Beobachtungszeitraum, dessen Ende grundsätzlich auf den dem Bekanntwerden der Tatsache folgenden Tag festgelegt wird, *Fleischer*, BB 2002, 1869, 1872 f.

1130 BegrRegE 4.FFG, BT-Drucks. 14/8017, S. 93.

1131 Vgl. *Deutsch*, in: FS Lange, S. 433, 440.

behandelt, da der Börsenkurs in beiden Fällen nicht den wahren Wert des Wertpapiers reflektiert.

III. Eyeball-Test im US-Recht

Im Rahmen von Sec. 18 SEA muss der Kläger beweisen, dass er das fragliche Dokument tatsächlich gelesen hat (*eyeball*-Test)[1132]. Demnach muss er nach dem *eyeball*-Test tatsächliche Kenntnis der bei der SEC eingereichten Unterlagen gehabt und sich auf diese[1133] oder auf eine Wiederholung der Aussage verlassen haben[1134]. Mittelbares Vertrauen (*constructive reliance*) genügt der Darlegungs- und Beweislast innerhalb von Sec. 18 SEA nicht, die Kenntnis muss sich auf das fragliche Dokument beziehen[1135]. Eine Darlegung von *reliance* auf Grundlage von *fraud-on-the-market* ist damit nicht ausreichend. Die Beweissituation erweist sich für den Kläger durch den *eyeball*-Test als schwierig. Dementsprechend wird Sec. 18 SEA als ineffizientes Instrument zur Anspruchsdurchsetzung eingestuft, und es werden kaum Klagen auf Grundlage von Sec. 18 SEA erhoben. Sec. 18 SEA kann als ineffizientes Instrument keinen Anreiz für die Haftungsverantwortlichen schaffen, Ad-hoc-publizitätspflichtige Tatsachen offenzulegen. Der *eyeball*-Test wird allerdings durch EDGAR erleichtert werden, sobald die an die SEC zu richtenden Mitteilungen im Internet für alle Anleger abrufbar sind, und die Anleger dann besser informiert sind. Neben der haftungsbegründenden Kausalität muss der Kläger die Auswirkung der Aussage auf den Preis des betroffenen Wertpapiers und den aufgrund dieses Vertrauens erlittenen Schaden darlegen und beweisen[1136].

IV. Bewertung

Für den Beweis der haftungsbegründenden Kausalität ist mangels spezialgesetzlicher Regelung auf die Konstruktion der Anlagestimmung zurückzugreifen. Von einer Ad-hoc-Mitteilung kann gleich wie von einem Prospekt eine anlagestimmungsverändernde Wirkung ausgehen, da es sich bei einer solchen Mitteilung um kursrelevante Tatsachen handeln muss, die Einfluss auf die Investitionsentscheidung eines rationalen Anlegers nehmen. Die Unterlassung einer Mitteilung über eine publizitätspflichtige Tatsache kann eine

---

1132 Jacobson v. Peat, Marwick, Mitchell & Co., 445 F.Supp. 518, 525, Fn. 14 (1977).

1133 15 U.S.C.A. § 78r, 459, 470; *Hazen*, S. 749.

1134 Vgl. *Bloomenthal*, S. 725.

1135 Jacobson v. Peat, Marwick, Mitchell & Co., 445 F.Supp. 518, 525 (1977).

1136 International Broadcasting Corp. v.Turner, 734 F. Supp. 383, 391 (D.Minn. 1990);

bestehende Anlagestimmung aufrechterhalten. Der *eyeball*-Test im US-amerikanischen Recht verkennt, dass Informationspflichten eine Anlagestimmung erzeugen können, ohne dass der Anleger die konkrete Information gelesen haben muss, und macht die Durchsetzung eines Anspruches nach Sec. 18(a) SEA äußerst unwahrscheinlich. Bezüglich der haftungsausfüllenden Kausalität ist nach der allgemeinen Lebenserfahrung zu vermuten, dass der Anleger aufgrund des fehlerhaften Publizitätsverhaltens die Wertpapiere entweder zu teuer gekauft oder zu billig verkauft hat[1137]. Zur Ausräumung dieses Anscheins müsste der Emittent darlegen, dass die Verletzung der Ad-hoc-Publizitätpflicht keinen „falschen" Börsenpreis hervorgerufen hat, ein etwaiger Schaden des Anlegers also nicht auf der fehlerhaften oder unterlassenen Ad-hoc-Publizität beruhen kann.

§ 6: Beweiserleichterung durch Aufklärung

Neben den diversen, obengenannten Vermutungsregeln können Aufklärungspflichten den Beweis der anspruchsbegründenden Tatbestandsmerkmale erleichtern. Das soll im folgenden durch die im US-amerikanischen Recht übliche *discovery* deutlich gemacht werden.

A. Discovery

Die Anforderungen an die Darlegungs- und Beweislast können insbesondere durch die *discovery* ausgehebelt werden, da sie dem Kläger Möglichkeiten zum Auffinden von Klagegründen gibt. Die *discovery* kann damit den Anreiz zur Informationsverbreitung mindern und den Klageanreiz für die Anleger erhöhen. Das *discovery*-Verfahren ist ein spezielles sich zwischen den Parteien abspielendes Beweisermittlungsverfahren, das den Prozessparteien bereits vor dem Hauptverfahren, also im vorverfahrensrechtlichen Bereich, Beweismaterial verschaffen soll[1138]. Es wird fast ausschließlich von den Anwälten gesteuert[1139]. Es ist sogar durchaus üblich, dass eine private Zeugenvernehmung durch die Anwälte und eine private Untersuchung des Falles bereits vor Klageerhebung erfolgt[1140]. Bei der Beweisermittlung gilt der Grundsatz der umfassenden Aufklärungspflichten[1141]. Das Vorverfahren (*pre-trial*) und das Hauptverfahren (*trial)* im US-

Jacobson v. Peat, Marwick, Mitchell & Co., 445 F.Supp. 518, 525 (1977).

1137 Siehe zum Schaden und zur Schadensberechnung oben ab S. 182.

1138 Vgl. *Friedenthal/Kane/Miller*, Civil Procedure, § 7.1, S. 380 f.; *Dittfurth*, S. 224.

1139 *Wagner*, Prozessverträge, S. 176.

1140 *Dittfurth*, S. 223.

1141 Vgl. *Friedenthal/Kane/Miller*, Civil Procedure, § 7.1, S. 380; § 7.2, S. 381 f.

amerikanischen Zivilprozess bilden zwei getrennte Abschnitte[1142]. Die *pre-trial discovery* folgt als nächstes Stadium des Verfahrens nach dem Abschluss der Pleadings[1143]. Die *discovery* galt vor Erlass des Reform Act als „Katalysator für das Anwachsen von materiellen Rechtsbehelfen bzw. Rechtsmitteln"[1144], da sich das *discovery*-Verfahren als besonders klägerfreundlich darstellte, bis es einige Veränderungen erfahren hat. Dem Grundsatz der *discovery* liegt der Gedanke zugrunde, die Beteiligten vor Überraschungen zu schützen und Waffengleichheit vor Gericht zu gewähren[1145]. Eine weitere Funktion der *discovery* ist die Förderung der Vergleichsbereitschaft[1146] und die Vorbereitung für eine eventuelle *cross-examination* sowie für die Beweiswiderlegung[1147]. Aufgrund der Vorklärung des Tatsachenmaterials wurden rationalere Vergleiche erwartet als auf Zufällen beruhende Kompromisse[1148]. Tatsächlich werden die meisten Vergleiche am Ende der *discovery* geschlossen[1149], wobei die Gefahr besteht, dass die beklagten Unternehmen Vergleiche zur Vermeidung von Rufschädigung und weiterer Kosten durch einen Prozess eingehen.

Nach Rule 26(a) FRCP ergeben sich fünf verschiedene Methoden der Beweisermittlung (Rules 30 bis 36 FRCP). Hierunter fallen die mündlichen Zeugen- und Gegnervernehmung durch eine Partei[1150], schriftliche Fragenkataloge[1151], die Vorlage von Urkunden und sonstigen Gegenständen ferner Ortsbesichtigung[1152], medizinische Untersuchungen[1153], sowie die Aufforderung zum Geständnis[1154]. Das wichtigste *discovery*-Instrument sind die *depositions*, fixierte und beeidete Erklärungen aufgrund der Gegner- und Zeugenvernehmung[1155]. Für die *discovery* genügt es, dass die verlangte Information geeignet erscheint, zu verwertbarem Beweismaterial zu führen[1156]. In Deutschland als unzulässiger Ausforschungsbeweis bewertet[1157], ist es ausdrücklich erlaubt,

1142 Siehe *Junker*, S. 97.
1143 Vgl. *Junker*, S. 36, 98 - 104.
1144 *Friedenthal*, 69 Cal.L.Rev. 806, 818 (1981).
1145 *Reitz*, ZZP 104 (1991), 381, 388; *Junker*, S. 82.
1146 *Lorenz*, ZZP 111 (1998), 35, 49.
1147 *Dittfurth*, S. 224.
1148 *Koch/Zekoll*, RIW 1985, 837, 840.
1149 *Reitz*, ZZP 104 (1991), 381, 384.
1150 Rules 30 und 31: *Depositions.*
1151 Rule 33: *Written Interrogatories.*
1152 Rule 34: *Production of Documents or Things or Permission to Enter Upon Land or Other Property.*
1153 Rule 35: *Physical and Oral Examination.*
1154 Rule 36: *Requests for Admission.*
1155 *Junker*, S. 149; *Schack*, S. 46.
1156 Rule 26b FRCP:„ reasonably calculated to lead to the discovery of admissible evidence".
1157 *Koch/Zekoll*, RIW 1985, 837, 839; siehe ausführlich *Bruns*, Ausforschungsbeweis.

auch prozessfremde Tatsachen auszuforschen (sog. *fishing expeditions*)[1158], um Kenntnis beispielsweise von möglichen anderen Klagegründen oder Geschäftsgeheimnissen zu erlangen[1159]. Gerade die Ausforschung von Geschäftsgeheimnissen bringt beispielsweise deutsche Unternehmen, die entweder gegen deutsche Datenschutzbestimmungen verstoßen oder in den USA wegen *contempt of court* belangt werden können, in die Bredouille[1160]. Gegen *fishing expeditions* können die Gerichte allerdings *protective orders* erlassen und die Ausforschungsanträge zurückweisen[1161].

Die Missbrauchstatbestände und teilweisen Verkomplizierungen des Verfahrens sind nicht zu übersehen[1162]. Das Ziel der *discovery,* die Wahrheitsfindung ist im Laufe der Zeit immer mehr in den Hintergrund getreten. Die *discovery* wurde vielmehr zum wirtschaftlichen Nachteil des Gegners eingesetzt, so dass sie allgemein als „nuisance value" (Belästigungswert der *discovery*) benannt wurde[1163]. Die Gegner werden zum Teil aufgrund der Ausforschung und der nach US-amerikanischem Recht nicht erfolgenden Kostenerstattung zur Annahme unangemessener Vergleichsbedingungen geradezu genötigt, da selbst finanzkräftige Unternehmen wegen möglicher Rufschädigung und Publizität diesbezüglich eine hohe Sensibilität aufweisen[1164]. Die hohen Kosten der *discovery* zwangen selbst unschuldige Unternehmen, Vergleiche einzugehen[1165]. Ist eine Stundenvergütung mit den Anwälten vereinbart, werden diese versuchen, die *discovery* möglichst zeitlich auszudehnen, um die Kosten zu erhöhen[1166]. Bei einer Erfolgsvereinbarung muss der Klägeranwalt die *discovery*-Kosten zwar selbst aufbringen, er wird aber versuchen, die *discovery* für den Gegner möglichst aufwendungsreich zu machen[1167]. Ferner können Massenverfahren zu immensen Organisationsproblemen führen, da massenweise Protokolle durchzuarbeiten sind[1168]. Das ist erstens äußerst kosten- und

---

1158 *Junker*, S. 119 f.

1159 House Conf. Rep. No. 104 - 369 (1995), 1995 U.S.C.C.A.N. 730, 736. Zu Geschäftsgeheimnissen innerhalb der *discovery* siehe *Junker*, S. 129 f.

1160 Siehe *Lorenz*, ZZP 111 (1998), 35, 50.

1161 *McDonald/Wetzler*, RIW 2000, 212, 215; *Reufels*, RIW 1999, 667, 668.

1162 Vgl. auch *Friedenthal/Kane/Miller*, Civil Procedure, § 7.18, S. 420 f.

1163 *Lorenz*, ZZP 111 (1998), 35, 50.

1164 *Friedenthal/Kane/Miller*, Civil Procedure, § 7.18, S. 420 f.; *Koch/Zekoll*, RIW 1985, 837, 840.

1165 SEC Report to the President and the Congress, http://www.sec.gov/news/studies/lreform.txt, S. 7.

1166 *Junker*, S. 91.

1167 Siehe m.w.N. *Junker*, S. 90 f.

1168 Beispielsweise mussten In re Japanese Products Antitrust Litigation, 631 F.2d 1069 (3rd Cir. 1980) eine Million Dokumente und 60.000 Seiten durchgelesen werden, weshalb ein *jury trial* abgelehnt wurde.

zeitaufwendig[1169] und verlangt zweitens des öfteren kompetente Mitarbeiter mit Sachkenntnis und Sachverständige, was insbesondere bei Mitwirken einer Jury im Verfahren Probleme aufwirft[1170]. Weiterhin wird in der Praxis von einem guten Rechtsanwalt erwartet, Zeugen und Sachverständige intensiv auf den Prozess vorzubereiten[1171]. Die Gefahr einer Beeinflussung hinsichtlich irgendwelcher Überredungen oder Manipulationen ist folglich groß[1172]. Insgesamt galt daher die US-amerikanische Praxis als äußerst wahrheitsvereitelnd, statt dem wirklichen Ziel der Wahrheitsfindung treu zu bleiben[1173].

Zur Bekämpfung der genannten Missstände hat eine Stärkung der Kompetenzen des Richters durch erste Reformen in den Jahren 1980 und 1983 stattgefunden[1174]. 1993 vollzog sich die bedeutendste, als „Wende im Zivilprozess" bezeichnete Reform[1175]. Mit ihr wurden neben der völligen Neufassung der Rule 26a FRCP prozessuale Aufklärungspflichten in Rule 26 FRCP eingeführt, die sog. „automatic disclosure". Hiernach werden den Parteien Pflichten auferlegt, die einen ungefragten Austausch von Informationen gewährleisten sollen. Es muss danach jede Partei ihrem Gegner die *discovery*-relevanten Informationen, auch die für sie ungünstigen preisgeben[1176]. Die Informationspflichten beziehen sich auf die Vorlage von für den Rechtsstreit relevanten Beweismitteln und Urkunden[1177]. Die stark auf Kooperation ausgelegte „Neuordnung" verlangt zuvor von den Parteien eine gemeinsame Besprechung des Rechtsstreits und den Entwurf eines *discovery*-Plans[1178].

B. *Aufklärungspflichten im deutschen Recht*

Im Gegensatz zum Grundsatz der *discovery* mit den umfassenden Aufklärungspflichten gilt im deutschen Recht der Grundsatz: „nemo contra se edere tenetur". In Deutschland bestehen keine allgemeinen prozessualen Aufklärungspflichten im Sinne der *discovery*[1179]. Hinsichtlich solcher Pflichten der nichtbeweispflichtigen Partei muss auf das materielle Recht zurückgegriffen

1169 *Friedenthal/Kane/Miller*, Civil Procedure, § 7.18, S. 420.
1170 *Junker*, S. 94; *Schack*, S. 62.
1171 Vgl. *Junker*, S. 95.
1172 *Reitz*, ZZP 104 (1991), 381, 384 f.
1173 *Lorenz*, ZZP 111 (1998), 35, 51.
1174 *Friedenthal/Kane/Miller*, Civil Procedure, § 7.18, S. 423; *Junker*, S. 204.
1175 *Lorenz*, ZZP 111 (1998), 35, 51.
1176 Sog. *Initial Disclosure, Schack*, S. 57.
1177 *Lorenz*, ZZP 111 (1998), 35, 52.
1178 *Schack*, S. 57.
1179 Zu Aufklärungspflichten im deutschen Zivilprozess siehe ausführlich *Stürner*,

werden. Im materiellen Recht gibt es eine Generalklausel, deren Grundlage in § 242 BGB verankert ist. Voraussetzung für eine Aufklärungspflicht ist hierbei das Vorliegen einer bestehenden Rechtsbeziehung. Das Problem bei einer lediglich materiellrechtlich verankerten Regelung ist die eingeschränkte Möglichkeit der Geltendmachung der Aufklärung. Diese ist nur durch eine Stufenklage möglich, die hohen Zeitaufwand erfordert[1180]. Die in § 282 Abs. 1 ZPO konkretisierte Prozessförderungspflicht begründet keine Aufklärungspflicht gegenüber der anderen Partei i.S.d. *discovery*. Sie verlangt lediglich, dass jede Partei in der mündlichen Verhandlung ihre Angriffs- und Verteidigungsmittel rechtzeitig vorbringt[1181]. Das Ausforschen von Tatsachen ist daher nicht möglich. Diese Unterschiede sind verständlich im Hinblick auf die Stellung der Parteien, Anwälte und des Richters im US-amerikanischen Prozess, der - im Gegensatz zu der vergleichsweise starken prozessleitenden Stellung des Richters im deutschen Zivilprozess[1182] - weniger in das von den Anwälten beherrschte Geschehen eingreift[1183].

Die Hilfen bei Beweismängeln sind im deutschen Zivilprozessrecht eher spärlich. Es besteht lediglich nach § 423 ZPO die Vorlegungspflicht des Gegners von Urkunden, auf die er im Prozess zur Beweisführung Bezug genommen hat. Ferner kann die beweispflichtige Partei einen Antrag auf Vernehmung des Gegners nach § 445 Abs. 1 ZPO stellen. Hierbei muss jedoch die Prüfung erfolgen, ob sich der Beweispflichtige erst Erkenntnisse zum substantiierten Vortrag beschaffen will. Liegt ein solcher Antrag vor, ist er als Beweisantrag unbeachtlich[1184]. Der deutsche Zivilprozess ist nicht so ausgelegt, das Informationsbedürfnis der Parteien für die Findung von Klagegründen zu befriedigen. Es ist zu untersuchen, ob eine Ausweitung der Erforschungsmöglichkeit auf deutsches Recht sinnvoll ist.

C. Übertragung Discovery-ähnlicher Pflichten auf deutsches Recht?

Die *discovery* kann für den Zivilprozess Vor- und Nachteile haben. Sie ist dienlich, wenn Beweismängel bestehen, die einer Partei die Durchsetzung ihres begründeten Anspruchs unmöglich machen. Der Ausforschungsbeweis ist in den Fällen von Bedeutung, in denen entweder die beweisbelastete Partei den behaupteten Vorgang nicht kennt und erhofft, durch die Beweisaufnahme eine Grundlage für konkrete

Aufklärungspflicht.

1180 *Lorenz*, ZZP 111 (1998), 35, 57.

1181 Zöller-*Greger*, ZPO, § 282, Rn. 1.

1182 *Jacoby*, ZZP 74 (1961), 145, 160.

1183 *Schack*, S. 60.

1184 Zöller-*Greger*, ZPO, § 445, Rn. 3a.

Behauptungen zu erlangen, oder in denen die beweisbelastete Partei den behaupteten Vorgang nicht kennt, ihn aber summarisch vorträgt und durch die Beweisaufnahme die Grundlagen zu finden hofft. Ferner ist er auch dann von Bedeutung, wenn die Partei Vermutungen hat ohne Anhaltspunkte zu haben[1185]. Gerade bezogen auf die Anonymität der Börse und die besondere Sachkenntnis und folglich Machtinnehabung der Informationsverantwortlichen ist es für den Geschädigten schwierig, Beweismaterial zu beschaffen, so dass eine Erleichterung der Beschaffung des Beweismaterials zugunsten des „normalen" Anlegers wünschenswert und effizienzversprechend wäre. Die Übertragung eines der *discovery* ähnlichen Verfahrens auf das deutsche Recht ist jedoch im Hinblick auf seine Entwicklung nicht effizienzförderlich.

I. Vergleichseingehung als Ziel von Aufklärungspflichten

Die Vergleichseingehung ist nicht per se missbräuchlich. Die gütliche Konfliktbeilegung hat in Grenzfällen den Vorteil, dass nicht nach dem Alles-oder-Nichts-Prinzip entschieden werden muss[1186], sondern dass auf die Bedürfnisse beider Parteien eingegangen werden kann. Damit ist auf beiden Seiten eine größere Zufriedenheit zu erwarten. Prozesse sind dagegen das Mittel, das zur Richtigkeit des Ergebnisses der Untersuchung der Streitigkeit führen soll, da die Beteiligten eines Prozesses nach Regeln handeln, die dazu bestimmt sind, am Ende eine gerechte Entscheidung zu erlangen[1187]. Eine gerechte Entscheidung in diesem Sinne ist durch einen Vergleich nicht gewährleistet. Der Vergleich hat für Unternehmen gegenüber einem Prozess den Vorteil, dass keine Rückstellungen für den laufenden Prozess gebildet werden müssen, was sich auf die Bilanz negativ auswirken würde[1188]. Die Außenwirkung ist für das betroffene Unternehmen mit einem Vergleich daher günstiger als mit einem Prozess.

Die Intention des Klägeranwalts zur Eingehung eines Vergleichs ist prägnantes Merkmal einer dynamischen Klageerhebung in den Vereinigten Staaten. Im Bereich von Kapitalmarktklagen ist es üblich, Rechtsstreitigkeiten in der Hoffnung anzustrengen, dass sich Anhaltspunkte für Betrug im Laufe des Verfahrens finden, oder, falls solche nicht ersichtlich sind, die Beklagten aus wirtschaftlichen Gründen zum Vergleich gezwungen werden[1189]. Der Anreiz zur

---

1185 *Peters*, S. 14 f.

1186 Siehe *Rudolph*, in: Gottwald/Hutmacher/Röhl/Strempel (Hrsg.), Prozessvergleich, S. 35, 35.

1187 *Cooper Alexander*, 43 Stan.L.Rev. 497, 498 (1991).

1188 *Egli*, S. 55.

1189 *Phillips/Miller*, 51 Bus.Law. 1009, 1012 (1996).

Eingehung eines Vergleiches trotz sichtbar unbegründeter Klage liegt in der Einsparung weiterer Verfahrenskosten[1190], in der Ersparnis von Zeitaufwand für ein weitergehendes Verfahren und in der Vermeidung der rufschädigenden Wirkung des *discovery*-Verfahrens. Denn Verfahren gegen Wirtschaftsunternehmen sind als äußerst schädigend anzusehen[1191], und zwar unabhängig davon, ob sie berechtigt oder unberechtigt sind. Darüber hinaus werden Vergleiche eingegangen aus Angst, durch ein *jury verdict* ruiniert zu werden[1192]. In dem Zeitraum von April 1988 bis September 1996 wurden 93 Prozent der 300 jährlich erhobenen *securities class actions* durch Vergleich beigelegt[1193]. Die durchschnittlichen Vergleichskosten liegen bei etwa 8,6 Millionen USD[1194]. Nicht berücksichtigt bei diesen Kosten ist die kostbare Zeit der Manager, die sie nicht zum Wohl der Gesellschaft und damit auch der Investoren aufwenden können, während sie sich mit den Klagen beschäftigen müssen[1195].

II. Einschränkung missbräuchlicher Vergleiche

Nach Rule 68 der FRCP[1196] ist es einer Partei möglich, der anderen Partei bis zu zehn Tage vor Beginn der Hauptverhandlung ein Angebot zur Eingehung eines Vergleichs zu machen (*offer of judgment*). Wird das Angebot vom Beklagten ausgeschlagen und ist das darauf folgende Urteil für den Beklagten weniger günstig als das zurückgewiesene Angebot, muss der Beklagte für die Kosten aufkommen, die nach dem Angebot entstanden sind[1197]. Die Kosten entsprechen

---

1190 Siehe *Phillips/Miller*, 51 Bus.Law. 1009, 1014 f. (1996).

1191 Vgl.: "[S]ettlement is a capitulation to the conditions of mass society and should be neither encouraged nor praised"., siehe *Fiss*, 93 Yale L.J. 1073, 1075 (1984).

1192 SEC Report to the President and the Congress, http://www.sec.gov/news/studies/-lreform.txt, S. 7.

1193 Hearings on Securities Litigation Reform Proposals before the Subcomm. on Securities of the Senate Committee on Banking, Hous., and Urban Affairs, 104 th Cong. 72 (1995). Eine Studie über 340 Vergleiche bei *fraud securities class actions* zwischen 1989 und 1992 kam zu dem Ergebnis, dass 30,5 Prozent der vergleichenden Parteien *high-technology* Unternehmen, 22,4 Prozent Finanzdienstleistungsunternehmen und 47,1 Prozent sonstige Industrieunternehmen waren, *Grundfest/Perino*, Securities Litigation Reform, S. 15.

1194 Hearings on Securities Litigation Reform Proposals before the Subcomm. on Securities of the Senate Committee on Banking, Hous., and Urban Affairs, 104 th Cong. 72 (1995).

1195 *Phillips/Miller*, 51 Bus.Law. 1009, 1014 f. (1996).

1196 Rule 68 FRCP: „At any time more than 10 days before the trial begins, a party defending against a claim may serve upon the adverse party an offer to allow judgment to be taken against the defending party for the money or property or to the effect specified in the offer, with costs then accrued."

1197 Vgl. Rule 68 S. 4 FRCP: „If the judgment finally obtained by the offeree is not more favorable than the offer, the offeree must pay the costs incurred after the making of the

damit der Differenz zwischen dem gesamten Schadensersatz durch das Urteil und der Summe der vorgeschlagenen vorgerichtlichen Einigung (pro-tanto Regel). Die pro-tanto Regel kann zu einem hohen Risiko bei Fortführung der Klage führen. Das Klagesystem ist so ausgerichtet, dass ein Vergleich für den Kläger gegenüber einem Verfahren mit anschließendem Urteil oft vorzugswürdig ist.

Um die bewusst erzwungenen Vergleiche (*coercive settlements*) einzuschränken, sieht der Reform Act zum einen die Aussetzung der *discovery* vor[1198], die den Unternehmen oftmals den Zwang auferlegt, Vergleiche einzugehen, um keine für die Öffentlichkeit nicht bestimmten Tatsachen offenbaren zu müssen, zum anderen müssen für jede vorgeschlagene oder endgültige Vergleichsvereinbarung bestimmte Angaben (Sec. 101 Reform Act[1199]) vorgelegt werden. Obligatorisch sind unter anderem Angaben über die Höhe des zu zahlenden Schadensersatzes, über Anträge hinsichtlich der Erstattung von Anwalts- oder sonstigen Kosten, die Adressen der Anwälte für eventuelle Rückfragen und die Gründe für die Eingehung des Vergleichs[1200].

1. Aussetzung der Discovery

Wie oben dargelegt, wurde die *discovery* missbraucht durch *fishing expeditions* sowie durch kosten- und zeitaufwendige Verfahren zur Erzwingung eines Vergleichs. Zur Eliminierung dieser missbräuchlichen Praktiken[1201] wurden daher durch den Reform Act zwei Vorschriften eingefügt (vgl. Sec. 27(b) SA und Sec. 21D(b)(3) SEA)[1202], die sowohl für Klagen unter dem Securities Act als auch unter dem Securities Exchange Act eine Aussetzung der *discovery* vorsehen, solange ein Antrag auf Klageabweisung (*motion to dismiss*) vom Gericht noch nicht entschieden ist. Der Reform Act kehrt damit die vorherige Praxis vieler Gerichte um. Bis dahin war es üblich, eine *discovery*-Aussetzung während der schwebenden Klageabweisungsmöglichkeit so lange abzulehnen, bis der Beklagte in der Lage war, durch Darlegung außergewöhnlicher Umstände die Forderung nach Aussetzung zu begründen. Nun besteht dagegen die Anforderung, die Aussetzung zu gewähren, bis der Kläger außergewöhnliche Umstände aufzeigen kann, die gebieten, die Aussetzung aufzuheben[1203]. Durch die Aussetzung der *discovery* ist

---

offer." Siehe auch *James/Hazard/Leubsdorf*, Civil Procedure, § 5.19, S. 282 f.

1198 Dazu unten S. 219.

1199 Sec. 27(a)(7) SA, Sec. 21D(a)(7) SEA.

1200 Sec. 27(a)(7)(A)-(F) SA, Sec. 21D(a)(7)(A)-(F) SEA.

1201 Siehe *Grundfest/Perino*, Securities Litigation Reform, S. 39; Silicon Graphics Inc. Sec. Litig., 970 F.Supp. 746, 760 (N.D.Cal. 1997).

1202 House Conf. Rep. No. 104 - 369 (1995), 1995 U.S.C.C.A.N. 730, 736.

1203 *Antonucci*, 46 Emory L.J. 1237, 1246 (1997).

eine Senkung der Transaktionskosten zu erwarten durch niedrigere *discovery*-Kosten und durch eine Verhinderung des Ausforschens von Klagegründen. Folglich müsste die Aussetzung der *discovery* eine Abnahme missbräuchlicher Klagen und damit eine Erhöhung der Effizienz durch Senkung der Kosten bewirken.

2. *Neuere Entwicklung*

Im Jahre 1996 ergingen drei Entscheidungen[1204], die sich mit dem Geltungsbereich der Aussetzung der *discovery* beschäftigten. Nach Medical Imaging Centers[1205] liegt ein ungebührlicher Nachteil (*undue prejudice*) vor, der eine Ausnahme der Aussetzung der *discovery* bewirkt, wenn die um *discovery* ersuchende Partei darlegt, dass die Aussetzung der *discovery* sie benachteiligen würde, da die beklagte Partei dadurch von einer möglichen Haftung wegen *material violations* der *securities laws* abgeschirmt würde. In Hockey v. Medhekar[1206] legte der District Court dar, dass die gesetzlich vorgeschriebene Aussetzung nicht auf zwingende *disclosure* Verpflichtungen nach *local civil court rules* und den Federal Rules of Civil Procedure Anwendung finde. Das Gericht befand die *disclosure* als von der *discovery* divergierend und schloss sie nicht in den Begriff „other proceedings" ein, bei deren Vorliegen ebenso wie bei der *discovery* eine Aussetzung erfolgen würde[1207]. Zur Begründung führte der District Court an, dass sich der Begriff „other proceeding" nur auf formelle Verfahren beziehe, wie z.B. ein öffentliches Anhörungsverfahren[1208]. Der Ninth Circuit dagegen legte als nächste Instanz dar, dass zwingende *disclosure*-Pflichten einen Fall der *discovery* im Sinne der *stay-provisions* des Reform Act bilden[1209]. Damit wies der Ninth Circuit die Vorgabe des *district court* zurück, dass es sich bei *discovery* und *disclosure* um verschieden zu behandelnde Verfahren i.S. der *stay-provision* des Reform Act handele, und stufte *disclosure* als bloßen Unterfall der *discovery* ein[1210]. Als Argument hierfür führte der Ninth Circuit an, dass die Zeit und die Kosten, die mit der *disclosure*

1204 Medical Imaging Centers of America, Inc. v. Lichtenstein, 917 F.Supp. 717 (S.D.Cal.1996); Novak v. Kasaks, 1996 U.S.Dist. LEXIS 11778, Fed.Sec.L.Rep. (CCH) para.99,307 (S.D.N.Y. 1996); Medhekar v. United States District Court, 99 F.3d 325 (9th Cir. 1996).

1205 Medical Imaging Centers of America, Inc. v. Lichtenstein, 917 F.Supp. 717 (S.D.Cal. 1996).

1206 Hockey v. Medhekar, 932 F.Supp. 249 (N.D.Cal. 1996).

1207 Hockey v. Medhekar, 932 F.Supp. 249, 251 f. (N.D.Cal. 1996); Sec. 27(b)(1) SA, Sec. 21D(b)(3)(B) SEA: „ ... all discovery and other proceedings shal be stayed during the pendency of any motion to dismiss ..."

1208 Hockey v. Medhekar, 932 F.Supp. 249, 252 f. (N.D.Cal. 1996).

1209 Medhekar v. United States District Court, 99 F.3d 325, 325 f., 328 (9th Cir. 1996).

verbunden sind, genau die Art von Belastung darstellen, die der Reform Act zu eliminieren suchte[1211]. Die Entscheidungen zeigen, dass die Rechtslage keineswegs eindeutig ist. Vielmehr ist eine Umgehung der neuen Vorschrift über die Aussetzung durch ihre Interpretation der Vorschrift durch die Gerichte zu befürchten. Damit ist die effektive Eliminierung zeit- und kostenaufwendiger Verfahren gefährdet.

Durch den Reform Act wurde das *discovery*-Verfahren beträchtlich eingeschränkt. Wie die Praxis jedoch zeigt, ist die Interpretation der Aussetzungsvorschrift durch die Gerichte keineswegs einheitlich[1212]. Es steht zu befürchten, dass die Aussetzungsvorschrift kein effektives Mittel zur Eindämmung missbräuchlicher *proceedings* ist, sondern durch andere vergleichbare Verfahren unterlaufen werden kann, so z.B. durch das *disclosure*-Verfahren, das von den Gerichten teilweise als nicht vom Begriff der *other proceedings* umfasst angesehen wurde[1213]. Wäre die *discovery* immer noch möglich, so hätten die durch den Reform Act geforderten höheren Klageanforderungen keinerlei Wirkung, vielmehr würde die *discovery* ausgenutzt werden, um die durch den Reform Act erhöhten Darlegungsanforderungen zu erfüllen. Gleichzeitig wäre eine Ausdehnung der *discovery* und damit ein Ansteigen der Verfahrenskosten zu erwarten[1214]. Eine Einschränkung der *discovery* war also Voraussetzung dafür, dass die neuen hohen Klageanforderungen ihre Wirkung entfalten und Anreize für unbegründete Klagen senken können.

3. *Prozessverzögerung*

Die Vorschriften über die Aussetzung der *discovery* vermögen neben den Bestimmungen zu den frühen Bekanntmachungen über die Klageerhebung und den *lead plaintiff* Vorschriften die Prozesse zu verzögern. Als sicher gilt bereits, dass die Verfahren bis zu ihrer Beendigung (beispielsweise durch Vergleich) länger geworden sind[1215]. Während in der pre-Reform Act Periode 57,59 Prozent der

1210 Medhekar v. United States District Court, 99 F.3d 325, 328 (9th Cir. 1996).

1211 Medhekar v. United States District Court, 99 F.3d 325, 328 (9th Cir. 1996).

1212 Siehe Medical Imaging Centers of America, Inc. v. Lichtenstein, 917 F.Supp. 717 (S.D.Cal. 1996); Novak v. Kasaks, 1996 U.S.Dist. LEXIS 11778, Fed.Sec.L.Rep. (CCH) para.99,307 (S.D.N.Y.1996); Medhekar v. United States District Court, 99 F.3d 325 (9th Cir. 1996) und dieser Entscheidung zugrundeliegend Hockey v. Medhekar, 932 F.Supp. 249 (N.D.Cal. 1996).

1213 Siehe z.B. Hockey v. Medhekar, 932 F.Supp. 249, 252f. (N.D.Cal.1996).

1214 Vgl. SEC Report to the President and the Congress, http://www.sec.gov/news/studies/lreform.txt, S. 15.

1215 *Bajaj/Mazumdar/Sarin*,

anhängigen *securities class actions* innerhalb von vier Jahren durch Vergleich beendet waren, trifft das für die post-Reform Act Periode nur auf 26,06 Prozent der Verfahren zu[1216].

4. *Klageanreize durch die Möglichkeit paralleler Klagen*

Der Anreiz, vor den Gerichten der Einzelstaaten Klage zu erheben rührt daher, dass die Regelungen der einzelstaatlichen Gesetze nicht vom Reform Act betroffen sind. Voraussetzung für die Klagerhebung vor einzelstaatlichen Gerichten ist, dass ein Anspruch aus einzelstaatlichem Recht besteht. Insiderklagen aus Section 10(b) SEA i.V.m. Rule 10b-5 können nicht parallel vor *state courts* erhoben werden, da Bundesgerichte für Klagen aus Rule 10b-5 ausschließlich zuständig sind[1217]. Allerdings können Klagen in Insiderfällen parallel vor *state courts* auf andere Anspruchsgrundlagen wie *common law fraud, breach of contract, conspiracy* oder *tortious interference with contract* gestützt werden[1218].

Umgangen werden sollen durch die Klagen vor einzelstaatlichen Gerichten insbesondere die *safe harbor*-Vorschriften[1219] und die Regelung der Aussetzung der *discovery* des Reform Act[1220]. Die in einem *state case* gewährleistete *discovery* kann in dem *federal case* genutzt werden, wo sie normalerweise angesichts der

---

securities.stanford.edu/research/studies/20001116_SSRN_Bajaj.html, S. 5, *Grundfest/Perino*, securities.stanford.edu/report/testimony/970724sen1.html. Durchschnittlich beträgt der Zeitraum zwischen Erhebung der Klage und einem Vergleich 21,7 Monate, *Grundfest/Perino*, Securities Litigation Reform, S. 31.

1216 *Bajaj/Mazumdar/Sarin*, securities.stanford.edu/research/studies/20001116_SSRN_Bajaj.html, S. 5.

1217 *Perino*, 50 Stan.L.Rev. 273, 284 (1998); Oak Tech. v. Super Ct. of Santa Clara County, No. H 016141 at 6 (Cal. Ct. App. Aug. 14 1997).

1218 Siehe Tobias Holdings, Inc. v. Bank United Corp. and Goldman Sachs Mortgage Company 2001 U.S. Dist. Lexis 11811.

1219 Erwähnenswert ist bezüglich der vom Reform Act geschaffenen *safe harbor* Vorschriften ein Vorschlag im Staate Kalifornien, die klägerfreundliche Proposition 211 (1996 Cal. Legis. Serv. Prop. 211 (West)), die vorschlägt, dass jede Gesellschaft, unabhängig vom Ort ihres Sitzes, in Kalifornen gerichtlich verfolgt werden kann, falls auch nur ein kalifornischer Investor Gesellschaftsanteile besitzt, genauer zur Proposition 211 *Levine/Pritchard*, 54 Bus.Law. 1, 6 f. (1999). Relevant ist dieser Vorschlag deshalb, weil das kalifornische Recht keinen *safe harbor* vorsieht, *Pontin*, http://www.herring.com/mag/issue48/rap.html. Wäre dieser Vorschlag tatsächlich verwirklicht, wären die Klagen vor den kalifornischen Gerichten wohl exponential vervielfacht worden. Die Legislative hat sich bereits mit der Ernsthaftigkeit der Lage befasst und daraufhin den Securities Litigation Uniform Standards Act of 1998 erlassen.

1220 *Levine/Pritchard*, 54 Bus.Law. 1, 9 - 12 (1999); SEC Report to the President and the Congress, http://www.sec.gov/news/studies/lreform.txt, S. 73; *Antonucci*, 46 Emory L.J. 1237, 1270 (1997).

Aussetzung der *discovery* ausgeschlossen wäre[1221]. Daneben findet sich eine Erklärung für das Interesse an Klageerhebungen vor einzelstaatlichen Gerichten in den längeren Verjährungsfristen der Vorschriften der Einzelstaaten, in der Haftung bereits für *negligence* in manchen Staaten und in den zum Teil wesentlich vereinfachten Anforderungen an die Darlegung anderer Tatbestandsmerkmale[1222]. Beispielsweise braucht der Kläger unter den Gesetzen von Kalifornien und Ohio *reliance* nicht zu beweisen[1223]. Ausserdem haben die meisten Staaten die Proportionalhaftung entsprechend dem eigenen Verschulden nicht übernommen, sondern sind bei der klägerfreundlichen Gesamtschuldnerhaftung geblieben[1224]. Der Wertpapierbegriff ist unter einzelstaatlichem Recht oft weiter, so dass hier Papiere erfasst werden, die unter Bundesrecht gar nicht als Wertpapier eingestuft werden. Ferner bestimmen die Rechtsordnungen einiger Staaten, dass die Anwaltskosten der obsiegenden Partei bezuschusst werden[1225]. Darüber hinaus besteht vor einzelstaatlichen Gerichten die Möglichkeit zur Gewährung von *punitive damages*, die nach dem Bundeskapitalmarktrecht ausgeschlossen sind[1226]. Die Aussicht auf *punitive damages* bietet einen großen Anreiz für Investoren, Klage unter einzelstaatlichem Recht zu erheben.

Achtzehn Prozent der in den Jahren 1996 und 1997 vor Bundesgerichten erhobenen *class action securities fraud cases* waren parallel vor Gerichten der Einzelstaaten[1227] anhängig, was vor dem Reform Act eher als Seltenheit galt[1228] und auf die Entscheidung Matsushita Electric Industrial Co. v. Epstein[1229] zurückzuführen ist. Matsushita Electric Industrial Co. v. Epstein[1230] bereitet den Boden für die Eingehung von Vergleichen durch die Erhebung paralleler Klagen vor den *state courts*. In Matsushita Electric Industrial Co. v. Epstein[1231] stellte der

1221 *Levine/Pritchard*, 54 Bus.Law. 1, 9 (1999).

1222 *Antonucci*, 46 Emory L.J. 1237, 1270, 1273 f. (1997).

1223 SEC Report to the President and the Congress, http://www.sec.gov/news/studies/lreform.txt, S. 74; *Steinberg*, 22 Sec.Reg.L.J. 53, 56-59 (1994).

1224 *Antonucci*, 46 Emory L.J. 1237, 1254 (1997).

1225 *Steinberg*, 22 Sec.Reg.L.J. 53, 56-59 (1994); vgl. auch *Antonucci*, 46 Emory L.J. 1237, 1269, 1272 (1997).

1226 Sec. 28 SEA: „[N]o person permitted to maintain a suit for damages under the provisions of this chapter shall recover ... a total amount in excess of his actual damage." Siehe dazu genauer *Antonucci*, 46 Emory L.J. 1237, 1271 f. (1997).

1227 Eine hohe Aktivität ist insbesondere vor dem California State Court zu verzeichnen, *Antonucci*, 46 Emory L.J. 1237, 1241, Fn. 24 (1997). Dort werden 27,27 Prozent aller *securities actions* erhoben, *Grundfest/Perino/Lomio/Wayne/Reynolds*, http://securities.-stanford.edu/report/nasdaq/-98q1.html, S. 1.

1228 *Levine/Pritchard*, 54 Bus.Law. 1, 10 (1999).

1229 Matsushita Elec. Indus. Co., Ltd. v. Epstein, 116 S.Ct. 873 (1996).

1230 Matsushita Elec. Indus. Co., Ltd. v. Epstein, 116 S.Ct. 873 (1996).

1231 Matsushita Elec. Indus. Co., Ltd. v. Epstein, 116 S.Ct. 873 (1996). In der Sache geht es

Supreme Court fest "that the federal courts are required to give class action settlement judgments in a state court the same preclusive effect that it would have in the state court, notwithstanding the settlement released claims under the Exchange Act over which the state court had no jurisdiction and the claims under the Exchange Act were then pending on appeal in a separate action in the federal courts". Matsushita fordert also, dass vor einem *state court* geschlossene Vergleiche ausschließende Wirkung auch gegenüber *federal courts* haben. Matsushita v. Epstein bestärkt folglich Kläger, parallele oder alleinige Klagen vor *state courts* zu führen. Wenn Kläger die Neuerungen des Reform Act mit der Aussetzung der *discovery* und der Bestimmung eines *lead plaintiff* umgehen wollen, steht ihnen der Weg über die *state courts* also offen. Weiterhin besteht durch die Anerkennung von Vergleichen vor den Bundesgerichten ein noch größerer Anreiz für die Beklagten, den Vergleich einzugehen, da damit alle potenziellen Klagen, sowohl vor Staats- als auch vor Bundesgerichten ausgeschlossen sind[1232].

Dem Ansteigen der Klagen vor Gerichten der Einzelstaaten zur Umgehung der Vorschriften des Reform Act, insbesondere der *safe-harbor*-Regelung, soll der 1998 in Kraft getretene Securities Litigation Uniform Standards Act of 1998[1233]

---

darum, dass Matsushita 1990 die MCA, Inc. erwarb, eine Gesellschaft aus Delaware. Einen Tag nach der Kundgabe, dass Matsushita und MCA eine freundliche Übernahme von MCA durch Matsushita erwogen, am 26. September 1990, wurde von den Aktionären gegen MCA und deren Direktoren eine *class action* erhoben wegen Unterlassung der Maximierung des *shareholder value.* Matsushita war nicht unter den beklagten Parteien. Die Klage wurde vor dem Delaware Chancery Court erhoben. Am 3. Dezember 1990 wurde eine weitere Klage in diesem Zusammenhang gegen Matsushita vor dem United States District Court for the Central District of California von einer weiteren Gruppe (den Eppstein - Klägern) erhoben. Grund dieser Klage war das Angebot von Matsushita an einen Großaktionär von MCA, seine Aktien von MCA gegen Vorzugsaktien einer Matsushita - Tochter zu tauschen. Grundlage dieser Klage war durch die "preferential" Transaktionen ein Verstoß gegen die von der SEC bestimmten "all-holder best-price" Rule (Rule 14d-10(a)(2) und Rule 14(d)-10(c)). Innerhalb kürzester Zeit nach der Erhebung der Klage vor dem Bundesgericht, erweiterten die Kläger der Delaware - Klage ihr Klagebegehren, indem sie (1) vorbrachten, dass eine vollständige Publizität der "Bevorzugungstransaktionen" unterlassen worden sei und (2) darlegten, dass die *directors corporate waste* begangen hätten, indem sie die Gesellschaft der Haftung für Verletzungen aus Rules 10b-13 und 14d-10 ausgesetzt hätten. Weiterhin wurde die Klage gegen Matsushita als Beklagte auf Grundlage von *conspiracy, aiding* und *abetting* erweitert. Kurz darauf einigten sich die Delaware-Parteien in einem Vergleich. Der Vergleich verpflichtete die Beklagten, eine Summe von $ 1Million zu zahlen. Er machte die Beklagten dafür von allen Ansprüchen der Anleger frei, sowohl aus *state law* als auch aus *federal law,* die aus dem Übernahmeangebot erwuchsen, einschließlich der anhängigen Klage vor dem Bundesgericht. Siehe dazu genauer *Kahan/Silberman*, 1996 S.Ct.Rev. 219.

1232 *Kahan/Silberman*, 1996 S.Ct.Rev. 219, 246.

1233 Pub.L.No., 105 - 353, 112 Stat. 3227. Zuvor wurden bereits drei Gesetzesentwürfe (House

entgegenwirken, mit dem der Ausschluss der meisten *state securities fraud class actions* beabsichtigt wird[1234]. So unterbindet der Uniform Standards Act *state anti-fraud class actions* für Wertpapiere, die von der *state registration* ausgeschlossen sind[1235]. Hierunter fallen *nationally traded securities*, also solche Wertpapiere, die an der NYSE oder AMEX für ein Listing zugelassen oder gelistet oder an der NASDAQ gelistet sind[1236]. Auf die Inhaber solcher Wertpapiere ist die Matsushita-Entscheidung daher nicht anwendbar.

III. Vergleichssituation im deutschen Recht

Obwohl der Vergleich in der deutschen Zivilprozessordnung einen hohen Stellenwert hat[1237], kommt es im Gegensatz zu den USA nicht zu spektakulären Vergleichsfällen mit hohen Vergleichssummen. Für Vergleiche auf dem Gebiet des Kapitalmarktrechts gibt es auch keine empirischen Untersuchungen hinsichtlich des Anteils geschlossener Vergleiche an abgeschlossenen Verfahren[1238]. Die in Deutschland und den USA unterschiedliche Situation hat einen simplen Grund: Den in den USA erhobenen *class actions* liegt ein höherer Streitwert zugrunde,

---

Bill 1653, House Bill 1689 und Senate Bill 1260) hinsichtlich *uniform standards* eingebracht, deren Zweck im Ausschluss von *private state securities fraud causes of action* gegen Emittenten lag, deren *securities* an den *national securities markets* gehandelt werden, *Grundfest/Perino/Lomio/Wayne/Reynolds*, http://securities.stanford.edu/report/-nasdaq/98q1.html, S. 17. Siehe dazu auch den Conference Report, abrufbar unter http://securities.stanford.-edu/research/reports/19981001slusa.html; Tobias Holdings Inc. v. Bank United Corp. and Goldman Sachs Mortgage Company, 2001 U.S. Dist. Lexis 11811.

1234 *Levine/Pritchard*, 54 Bus.Law. 1, 2 f. (1999).

1235 Siehe *Levine/Pritchard*, 54 Bus.Law. 1, 22 (1999).

1236 *Levine/Pritchard*, 54 Bus.Law. 1, 22 (1999). Sog. *nationally traded securities*. Sec. 18(b)(1) Uniform Standards Act.

1237 § 279 Abs. 1 ZPO macht das deutlich. Wie die Rolle des Richters dabei aussieht, ist allerdings umstritten, so wird einerseits davon ausgegangen, dass die Aufgabe des Richters in einer zurückhaltend informativen Vergleichshilfe besteht, *Röhl*, in: Gottwald/Hutmacher/Röhl/Strempel (Hrsg.), Prozessvergleich, S. 12, so wohl auch *Stürner*, DRiZ 1976, 202, 202 da der Zweck des Vergleichs und daher den Grund für richterliche Vergleichsbemühungen in der Selbstbestimmung der Parteien liege, andererseits sei eine aktiv schlichtende Vergleichstätigkeit wünschenswert, da Konfliktregelung im Sinne einer Befriedung ein eigenständiger Prozesszweck sei, *Wolf*, ZZP 89 (1976), 260 - 293.

1238 Die Zahl der Vergleiche im Rahmen eines erledigten Verfahrens (durch streitiges Urteil oder Vergleich) in gewöhnlichen Zivilrechtsverfahren ist relativ gering. Beispielsweise verglichen sich im Jahre 1981 vor dem OLG in der Berufungsinstanz siebzehn Prozent, *Flenz/Gottwald/Wedekind*, in: Gottwald/Hutmacher/Röhl/Strempel (Hrsg.), Prozessvergleich, S. 279, 285. Diese Zahl entspricht weitgehend der Vergleichseingehung vor den Landgerichten in erster Instanz, *Flenz/Gottwald/Wedekind*, in: Gottwald/Hutmacher/Röhl/Strempel (Hrsg.), Prozessvergleich, S. 279, 284.

während die lediglich von einzelnen Personen erhobenen Klagen in Deutschland nicht in gleicher Weise ins Gewicht fallen. Darüber hinaus werden Klagen vor deutschen Gerichten, die nicht ausreichend substantiiert werden können und nur mit der Absicht erhoben werden, einen Vergleich zu erzwingen, ohne der *(pre-trial) discovery* vergleichbare, möglicherweise zur Vergleichseingehung zwingende Aufklärungspflichten der beklagten Partei abgewiesen. Dagegen kann in den USA weniger fundiert Klage erhoben und *discovery* durchgeführt werden, die zu neuen Erkenntnissen über Klagegründe führen und/oder den Beklagten zur Eingehung eines Vergleichs zwingen kann[1239].

Da nach der deutschen Zivilprozessordnung das Gericht in jeder Lage des Verfahrens auf eine gütliche Beilegung des Streits bedacht sein soll (§ 279 I ZPO), wird der Abschluss eines Vergleichs meist vom Gericht vorgeschlagen. Eine pro-tanto Regel wie im US-amerikanischen Recht, mit der die Fortführung der Klage bei einem Vergleichsangebot der Gegenseite zu einem wirtschaftlichen Risiko wird, existiert im deutschen Recht nicht. Die Vergleichsgebühr (§ 23 BRAGO), die der Anwalt als zusätzliche vierte Gebühr erhält, ist höher als die zwei Urteilsgebühren, die durch den Vergleichsabschluss für den Kläger entfallen. Die Gebühr erhält jeder Anwalt bereits dafür, dass er an dem Vergleichsabschluss mitwirkt. Grundsätzlich ist ein Vergleichsabschluss für die Parteien hinsichtlich der Verfahrenskosten jedenfalls dann wirtschaftlich sinnvoll, wenn der Ausgang des Verfahrens unklar ist. Außerdem kann zu den Urteilskosten zusätzlich die Beweisgebühr für die Beweisaufnahme entstehen (§ 31 Abs. 1 Nr. 3 BRAGO). Der Vergleich ist demnach dann kostengünstiger als ein Verfahren mit Urteil, wenn die vermiedenen Kosten für die Beweisaufnahme höher als die Differenz zwischen Vergleichsgebühr und Urteilsgebühr sind[1240]. Dies trifft wiederum dann nicht zu, wenn ein Rechtsmittel nicht mehr sinnvoll oder nicht mehr zulässig ist, weil der Rechtsstreit bereits fortgeschritten ist. Denn in diesem Fall können die Parteien auf Entscheidungsgründe verzichten (§ 313a ZPO) und als Folge davon die Kosten einschränken, da die Urteilsgebühr reduziert wird[1241]. Für den Anwalt stellt der Vergleich eine wirtschaftlich günstige Variante dar. Er erhält eine Vergleichsgebühr und hat die Möglichkeit, den Fall mit weniger Arbeitsaufwand schneller zu beenden[1242]. Letzteres gilt auch für den Richter.

1239 Vgl. Shaw v. Digital Equipment Corp. 82 F.3d 1194, 1223 (1st Cir. 1996). Zur *discovery* oben ab S. 212.

1240 *Gottwald*, in: FS Fasching, S. 180, 190.

1241 Siehe *Gottwald*, in: FS Fasching, S. 180, 190.

1242 *Lindemann*, in: Gottwald/Hutmacher/Röhl/Strempel (Hrsg.), Prozessvergleich, S. 45, 45, der ausführt, dass der Vergleich dem Anwalt im Vergleich zur Prozessbeendigung durch Urteil gleichzeitig mehr Verantwortung und den Druck aufbürdet, einen für seinen Mandanten günstigen Vergleich abzuschließen.

D. *Ergebnis*

Die Einführung einer Aufklärungspflicht darf nicht dazu führen, prozessfremde Tatsachen und damit neue Klagegründe auszuforschen und auf diese Art und Weise eine Schädigung des beklagten Unternehmens zu erreichen. Negative Auswirkungen hat ein Ausforschungsverfahren insbesondere, wenn es wie im US-amerikanischen Zivilprozess gehandhabt wird. Die Möglichkeit zur *discovery* setzt den Anreiz zur Klageerhebung, selbst wenn (noch) kein Klagegrund besteht. Die Klage kann sich kosten- und zeitaufwendig gestalten und für die beklagte Partei zu einem rufschädigenden und kostenintensiven Alptraum entwickeln. Aus diesem Grund und aufgrund der ohnehin stärkeren Stellung des Richters im deutschen Recht ist eine Billigung des Erforschungsverfahrens nur in Verbindung mit einer Überwachung durch das Gericht sinnvoll und schadensbegrenzend. Darüber hinaus dürfte sich die Erforschung nur auf die tatsächlich für den Prozess relevanten und erforderlichen Fragen beziehen. Ein zu erwartender Nachteil ist die Prozessverzögerung. Findet jedoch eine Beschränkung auf relevante Fragen statt, so dürfte die Verzögerung des Prozesses kein schlagkräftiges Argument darstellen[1243]. Außerdem führt die *discovery* bei einer Durchführung im genannten Rahmen zu einem gerechteren Ergebnis, da anspruchsbegründende Merkmale, die in der Sphäre der beklagten Partei liegen, in Erfahrung gebracht werden können. Eine Erforschungsmöglichkeit in begrenztem Rahmen kann wesentlich zur Erhaltung des Marktgleichgewichts beitragen, aber eine richtiggehende Ausforschung wie im US-amerikanischen Recht ist nicht wünschenswert. Die rapide Zunahme von missbräuchlichen Vergleichen mit negativen wirtschaftlichen Auswirkungen ist in Deutschland nicht zu befürchten, da die Möglichkeit der Vereinbarung eines Erfolgshonorars für den Anwalt in Deutschland nicht gegeben ist. Das aber hat in den USA in Verbindung mit der Kostentragungsregel zur Ausuferung der *discovery* geführt.

Für den Bereich der Börsenprospekthaftung sind Aufklärungspflichten nicht notwendig, da hinsichtlich Verschulden und Kausalität Vermutungsregeln bestehen, die eine Aufklärungspflicht entbehrlich machen und gleichzeitig die Gefahr der Ausforschung vermeiden. Werden die für bestimmte Schutzgesetze vorgenommenen Beweiserleichterungen wie vorgeschlagen auch auf die Ad-hoc-Publizität und den Insiderhandel angewandt, sind dort ebenfalls keine Aufklärungspflichten für eine Anspruchsdurchsetzung erforderlich, da die übrigen in der Sphäre des Schädigers liegenden Informationen höchstens ihm zur Entlastung dienen, und er sie daher aus eigenem Interesse vortragen wird.

1243 *Reitz*, ZZP 104 (1991), 381, 392-395, verneint die Vereinbarkeit von richterlichem Verhör und *discovery*.

§ 7: Klagebeeinflussung durch Kostenverteilung und Anwaltsvergütung

Die Kostenverteilung und das Anwaltshonorar haben sowohl auf die Erhebung einer Klage Einfluss als auch auf die Beendigung des Rechtsstreits durch Vergleich. Abhängig von ihrer konkreten Ausgestaltung können beide prozessrechtlichen Elemente den Anreiz zur Erhebung einer Klage erhöhen oder reduzieren. Erhöhen sie den Anreiz zur Erhebung einer Klage, können sie damit einhergehend den Anreiz zur Schadensvermeidung erhöhen und eventuelle Abschreckungsdefizite des materiellen Haftungsrechts kompensieren. Gleichzeitig können die Kostenverteilung und die Art der Anwaltsvergütung die Erhebung aussichtsloser Klagen anregen, die die Eingehung von Vergleichen bezwecken.

A. Art der Anwaltsvergütung

Um das Klagerisiko des wirtschaftlich schwächeren Klägers gering zu halten, Klageerhebung auch bei unsicherem Klageausgang zu ermöglichen und damit den Anreiz zur Sorgfältigkeit beim potenziellen Schädiger zu erhöhen, ist eine Honorierung des Rechtsanwalts nur bei entsprechendem Erfolg der Klage förderlich. In Deutschland ist die Vereinbarung eines Erfolgshonorars (*contingent fee*) verboten[1244]. Die Gebühren und Auslagen des Anwalts bestimmen sich nach der Bundesgebührenordnung für Rechtsanwälte[1245]. Es ist, abgesehen von bestimmten Einzelfällen, unzulässig, geringere Gebühren als die in der Gebührenordnung geregelten zu vereinbaren[1246]. Wollen die Parteien eine andere als die nach dem Gesetz bestimmte Gebühr vereinbaren, so ist das nur möglich, wenn eine schriftliche Erklärung des Auftraggebers vorliegt und diese nicht in einer Vollmacht oder einem Vordruck, der noch andere Erklärungen umfasst, enthalten ist. Die Gerichts- und Anwaltskosten richten sich weitgehend nach streitwertabhängigen Tarifen[1247]. Eine höhere als die in der Gebührenordnung vorgesehene Vergütung ist grundsätzlich möglich, doch kann der Vorstand der Rechtsanwaltskammer eine nach den Umständen unangemessen hohe Vergütung bis zur Höhe der gesetzlich bestimmten Vergütung herabsetzen[1248]. Die potenziellen Kläger werden bei den derzeitigen Vorschriften zur Anwaltsvergütung durch die nicht unerheblichen Anwaltsgebühren bei vagem Klageerfolg

1244 § 49b II BRAO.
1245 § 1 BRAGO.
1246 § 49b Abs. 1 BRAO.
1247 Siehe *Gottwald*, in: FS Fasching, S. 180, 188.
1248 Beachte die Bundesgebührenordnung für Rechtsanwälte, insbesondere § 3 ff.

abgeschreckt, weil die eventuelle Belastung durch die zu zahlenden eigenen Anwaltskosten und zusätzlich die des gegnerischen Anwalts groß ist.

In den USA dagegen gibt es keine festen Gebührentabellen für Anwaltskosten. Die Gebühren können frei vereinbart werden[1249]. Der Supreme Court hat in einer von der Anwaltschaft geplanten Mindestgebühr für bestimmte anwaltliche Dienstleistungen ähnlich der Bundesrechtsanwaltsgebührenordnung eine rechtswidrige Preisabsprache und damit eine Verletzung des Kartellrechts gesehen[1250]. Honorarvereinbarungen werden entweder auf Stunden- oder (soweit zulässig) auf Erfolgsbasis getroffen[1251]. Das Stundenhonorar der Anwälte liegt je nach Region zwischen 150 und 700 USD[1252]. Der durchschnittliche Zeitaufwand für gewöhnliche Fälle beträgt 30,4 Stunden[1253]. Die Vereinbarung der Stundenvergütung bringt die Schwierigkeit für die Anleger und die Gerichte mit sich, die von den Anwälten geltend gemachten Gebühren zu überprüfen[1254]. Zudem birgt sie die Gefahr, dass die Anwälte den Fall, auch wenn er offensichtlich unbegründet ist, so lange wie möglich hinauszögern, um möglichst viele Stunden zu gewinnen[1255]. Folge davon sind hohe (Prozess-)Kosten und lange Prozesse, die die prozessbeteiligten Kapitalmarktteilnehmer belasten. Außerdem ist es technisch schwierig und kostenaufwendig, zur Finanzierung einer *class action* von vielen Gruppenmitgliedern jeweils kleine Beträge einzufordern[1256]. Diese Schwierigkeiten hätten eine Minderung des Anreizes zur Geltendmachung von Ansprüchen zur Folge. Die Bündelung von Klagen würde gerade bei Streuschäden erschwert werden, womit eine Anreizminderung für den Emittenten einherginge. Die Vergütung auf Stundenbasis ist der Effizienz des Kapitalmarktes damit nicht förderlich.

Vor Erlass des Reform Acts war es im Bereich des Kapitalmarktrechts üblich, das Honorar sowohl kollektiv als auch individuell geführter Klagen in Form der quota litis vom Erfolg abhängig zu vereinbaren[1257]. Für den Anwalt bestand damit die Möglichkeit, einen vorher vereinbarten Anteil an der gesamten Ersatzsumme zu erlangen. Hierbei lag ein Honorar in Höhe von dreißig Prozent der gesamten Urteilssumme durchaus im üblichen Rahmen[1258]. In spektakulären Fällen konnte es vorkommen, dass die erfolgreichen Anwälte bis zu 600 Millionen USD

1249 *Elsing/van Alstine*, S. 37.
1250 *Elsing/van Alstine*, S. 37; Goldfarb v. Virginia State Bar, 421 U.S. 773 (1975).
1251 *Schack*, S. 8.
1252 Vgl. *Schack*, S. 8.
1253 *Trubek/Sarat/Felstiner/Kritzer/Grossman*, 31 UCLA L.Rev. 72, 90 (1983).
1254 *Schäfer*, in: Basedow/Hopt/Kötz/Baetge (Hrsg.), Bündelung, S. 67, 83.
1255 Vgl. z.B. *Junker*, S. 91.
1256 *Schäfer*, in: Basedow/Hopt/Kötz/Baetge (Hrsg.), Bündelung, S. 67, 79.
1257 *Hay*, S. 96.
1258 Vgl. *Hay*, S. 96.

Erfolgshonorar erhielten[1259]. Für den Kläger zeigt sich der Vorteil der Vereinbarung eines Erfolgshonorars darin, dass er bei Abweisung der Klage keine Anwaltsgebühren erstatten muss, die Anwaltskosten nur ins Gewicht fallen, wenn die Klage erfolgreich ist, und der Kläger demzufolge ein geringes Klagerisiko hat. Das Erfolgshonorar zeichnet sich dadurch aus, dass auch ärmere Geschädigte es sich leisten können, Klage auch bei hohem Streitwert aber unsicherer Beweislage und unsicherem Klageausgang zu erheben. Dagegen wird es schwer sein, einen Anwalt für die Klageerhebung mit geringem Streitwert zu finden.

Nachteil der Vereinbarung eines Erfolgshonorars ist, wie in den USA ersichtlich, die schnelle Ausweitung von Haftungsfällen[1260]. Die hinter den Investoren stehenden Anwälte gelten als die eigentlichen Förderer der Klagen[1261]. Während die geschädigten Investoren neben den verklagten Unternehmen als die Opfer gelten, profitieren die Anwälte direkt von den *class actions*. Sie sind die eigentlichen Gewinner der *class actions*, da sie eine reichliche Entlohnung bei gleichzeitig geringstem Risiko erhalten. Insbesondere die spektakulären *class actions* konnten sich durch die Möglichkeit der Vereinbarung eines Erfolgshonorars zu billigen Übungsstunden für die Anwälte entwickeln. Dadurch sah der Kongress besonders begabte und engagierte Anwälte in der Lage, das gesamte Klagesystem auszubeuten[1262]. Der Anwalt fällt alle wichtigen Entscheidungen, und zwar die Entscheidung, ob überhaupt eine Klage erhoben wird, wieviel Zeit und Anstrengung in diese Klage gesteckt wird, welche Klagestrategie angewandt werden und schließlich ob, und unter welchen Bedingungen eventuell ein Vergleich geschlossen werden sollte. Die Diskrepanz zwischen der Macht der Anwälte und mangelhafter Information der Mitglieder der

---

1259 So im Fall Pennzoil Co. v. Texaco, Inc., 481 U.S. 1 (1987), siehe Nat. L.J. v. 11.1. 1988, S. 25.

1260 *Hirte/Otte*, VersR 1996, 274, 279.

1261 *Phillips/Miller*, 51 Bus.Law. 1009, 1025 f. (1996). Das gilt auch für Derivativklagen.. Wie bei anderen Klagen ist der Anwalt oftmals die treibende Kraft hinter den Derivativklagen, der sich bei einer vorgefundenen Unregelmäßigkeit in einer Gesellschaft einen Aktionär sucht, vgl. *Phillips/Miller*, 51 Bus.Law. 1009, 1025 f. (1996). Da der Anwalt (zumindest vordergründig) die Interessen der Gesellschaft vertritt und die Urteilssumme an die Gesellschaft geht, erhält er vom Gericht ein angemessenes Honorar aus der Urteilssumme zugesprochen, das die Gesellschaft dann zu zahlen hat, *Solomon/Schwartz/Baumann*, Corporations, S. 637; *Merkt*, S. 516-519. Anders ist dies im Fall der *pro rata recovery*, in dem der Beklagte direkt an die Aktionäre leisten muss. Bei einer *pro rata recovery* obliegt nicht der Gesellschaft die Bezahlung der Anwaltsgebühren. Vielmehr werden die Gebühren aus der Urteilssumme vor deren Verteilung an die Aktionäre beglichen, siehe Perlman v. Feldmann, 160 F.Supp. 310, 311 (D.Conn. 1958). Bei Unterliegen in der Rechtsstreitigkeit muss wie üblich bei Vereinbarung eines *contingent fee* keine Gebühr bezahlt werden.

1262 *Phillips/Miller*, 51 Bus.Law. 1009, 1013 f. (1996). Bekundungen von Anwälten wie „I have the greatest practice in the world .... I have no clients." machen den Missbrauch durch die Anwälte deutlich, *Barrett*, FORBES, October 11, 1993, 52 (zitiert William S. Lerach).

class gestattete es skrupellosen Anwälten, sich durch einen Vergleich ein herausragendes Honorar zu verschaffen, wohingegen die Mitglieder der *class* lediglich eine magere Entschädigung erhielten[1263]. Selbst wenn die Investoren in die *class actions* eingeschlossen waren, konnten sie ihre erlittenen Verluste nur teilweise durch die erreichten Vergleiche decken[1264]. Darüber hinaus entstanden den Gesellschaften und dadurch den Investoren unnötige Kosten bei Missbrauch durch professionelle Kläger und deren Anwälte[1265]. Hielten die Mitglieder der *class* noch Anteile an der beklagten Gesellschaft, so sanken diese in ihrem Wert in dem Maße wie die Gesellschaft Schaden aufgrund des Rechtsstreits erlitten hatte[1266]. Die leicht zu erhebenden Klagen fügten den Investoren im Ergebnis mehr Schaden zu, als ihnen eine Möglichkeit zur Verteidigung ihrer Rechte zu gewähren. Dem vorrangigen Ziel des Schutzes der Investoren konnte so nicht mehr Rechnung getragen werden. So erfuhren die Anleger durch die vor dem Reform Act bestehende Möglichkeit zur Vereinbarung eines erfolgsabhängigen Honorars eine doppelte Schädigung, zum einen durch die der Gesellschaft zugefügten Schäden, zum anderen durch die geringer gewordene Informationsverbreitung von Seiten der Gesellschaften. Um der durch das Erfolgshonorar oftmals zu Missbrauch führenden Situation entgegenzuwirken, haben einige Staaten die Kostenerstattung durch den unterliegenden Aktionär vorgesehen[1267].

Durch den Reform Act hat die Vereinbarungsmöglichkeit des Erfolgshonorars eine Einschränkung erfahren. Der Reform Act enthält die Bestimmung, dass das Anwaltshonorar und der Ersatz der Aufwendungen für die Beratung der Gruppe vom Gericht bestimmt werden[1268]. Hiernach darf die vom Gericht zu bestimmende, angemessene Anwaltsgebühr einen bestimmten Prozentsatz des der Gruppe zugesprochenen Schadensersatzes nicht überschreiten[1269]. Da die Anwälte als der eigentliche Verfahrensmotor[1270] der Klagen angesehen werden konnten, ist eine Einschränkung ihres Honorar äußerst sinnvoll, um missbräuchlichen oder willkürlichen Klagen entgegenzuwirken. In Sholem Goldberger v. Integrated

---

1263 Siehe *Kahan/Silberman*, 1996 S.Ct.Rev. 219, 232 m.w.N.

1264 Durch einen durchschnittlichen Vergleich als Folge einer *class action* erlangten die Investoren lediglich 14 Cents für jeden verlorenen Dollar. Dagegen erhielten die Anwälte über ein Drittel der erlangten Gesamtsumme, siehe Senator Reid (Nevada), 141 Cong. Rec. S 19084 (Dec. 21, 1995).

1265 *Avery*, 51 Bus.Law. 335, 339 (1996).

1266 *Phillips/Miller*, 51 Bus.Law. 1009, 1013 (1996).

1267 Siehe *Bühring-Uhle/Nelle*, AG 1989, 41, 47.

1268 Sec. 101 Reform Act.

1269 Sec. 27(a)(6) SA, Sec. 21D(a)(6) SEA bestimmen, dass „Total attorneys' fees and expenses awarded by the court to counsel for the plaintiff class shall not exceed a reasonable percentage of the amount of any damages and prejudgment interest actually paid to the class."

1270 *Koch*, S. 95.

Resources, Inc.[1271] beispielsweise gewährte der Third Circuit den Anwälten lediglich ein Honorar nach dem *lodestar approach,* d.h. Berechung des Honorars auf Stundenbasis, entsprechend vier Prozent des Vergleiches, obwohl als Orientierungswert grundsätzlich 25 Prozent angesehen werden, da es sich um einen „risikoarmen" Rechtsstreit handelte[1272]. Der Second Circuit dagegen tendiert zum *percentage approach*[1273], wie es der Wortlaut des Reform Act nahe legt[1274]. In re American Bank Note Holographics[1275] hielt der Second Circuit ein Honorar in Höhe von 25 Prozent der Vergleichssumme für angemessen. Welcher Methode die Gericht folgen, ist letztlich irrelevant, solange sie nicht über ein Honorar hinausgehen, das *reasonable*[1276] unter Berücksichtigung des eingegangenen finanziellen Risikos der Anwälte erscheint.

B. *Kostenverteilung*

Eine Kostenverteilungsregel ist sinnvoll, wenn sie dem Anleger die prozessuale Durchsetzung seines nach der Rechtsordnung begründeten Anspruchs ermöglicht und andererseits die gerichtliche Geltendmachung unbegründeter Ansprüche verhindert, die auf Kosten der beklagten Partei vorgetragen werden[1277]. Für den Idealfall ergibt sich auch für den potenziellen Schädiger der Anreiz, schädigendes Verhalten zu unterlassen, da der Schädiger weiß, es wird (nur dann) gegen ihn Klage erhoben, wenn nach der materiellen Rechtsordnung begründete Ansprüche vorliegen. Die Klageerhebung wird der potenzielle Schädiger zu verhindern suchen. Wird der Kläger angehalten, die Erhebung einer Klage bei unbegründeten Ansprüchen zu unterlassen, kommt es auch nicht zu der Situation, in der der potenzielle Schädiger unabhängig von der materiellen Rechtslage zur Eingehung eines Vergleiches gezwungen wird.

Aus der bemerkenswert Anzahl der praktizierenden Anwälte in den USA lässt sich eine besondere Streitlust der US-amerikanischen Gesellschaft folgern. 1991 waren es 587289[1278] Anwälte, das heißt 2324,5 auf eine Million Einwohner[1279]. In

---

1271 209 F.3d 43 (2000).

1272 Sholem Goldberger v. Integrated Resources, Inc., 209 F.3d 43, 51, 54 (2000).

1273 Siehe z.B. In re Sumitomo Copper Litigation, 74 F.Supp. 2d 393, 397 (S.D.N.Y. 1999); In re NASDAQ Market-Makers Antitrust Litig., 187 F.R.D. 465, 484 (S.D.N.Y. 1998).

1274 „Total attorney's fees ... shall not exceed a reasonable percentage ..." (Sec. 27(a)(6) SA, Sec. 21D(a)(6) SEA).

1275 127 F.Supp. 2d 418, 433 (2001).

1276 Siehe Sec. 27(a)(6) SA, Sec. 21D(a)(6) SEA: "... reasonable percentage..."

1277 Weiterer Gesichtspunkt einer sinnvollen Regelung ist die möglichst geringe Inanspruchnahme der Gerichte, *Langer*, in: Schmidtchen/Weth (Hrsg.), S. 67, 68.

1278 Statistical Abstract of the United States 1994, Nr. 327 und Nr. 2.

Deutschland dagegen waren im Jahr 1991 lediglich 59446[1280] Anwälte zugelassen, also 743,2 auf eine Million Einwohner. Die Anzahl der Zivilklagen liegt in den USA um ca. 25 Prozent höher als in Deutschland. Nach dem *Quayle*-Report wurden 1989 in den USA 18 Millionen Zivilklagen erhoben[1281]. Aus der Vielzahl der Klagen und der partizipierenden Anwälte ergeben sich enorme Kosten. Die Gerichts- und Anwaltskosten betragen nach Schätzungen 1,4 Prozent des US-Bruttosozialprodukts[1282]. Die direkten Prozesskosten der Parteien werden auf über 80 Milliarden USD pro Jahr beziffert[1283].

I. Kostenregelung in den USA

Nach der sogenannten American Rule findet eine Ausgleichung der Anwaltskosten unter den Parteien des Zivilprozesses nicht statt. Die erstattungsfähigen Kosten sind im wesentlichen auf die gerichtlichen Kosten des Rechtsstreits begrenzt. Die Gerichtskosten im US-amerikanischen System sind relativ niedrig. Grund dafür ist das Bestreben, einen erleichterten Zugang zu den Gerichten zu schaffen. Die für eine Zivilklage vor einem Bundesdistriktgericht zu entrichtenden *filing fees* betragen 120 USD[1284]. Das amerikanische Recht geht grundsätzlich nicht davon aus, dass der unterlegenen Partei eine Kostenerstattungspflicht (*cost shifting*) obliegt[1285]. Der „American Rule" liegt der Gedanke zugrunde, dass potenzielle Kläger nicht abgeschreckt werden sollen, um ihr Recht zu kämpfen. Darüber hinaus bemüht sich die Anwaltschaft um die Beibehaltung dieser Regel, um keine Einbußen am Einkommen hinnehmen zu müssen[1286]. Von der amerikanischen Kostenverteilung gibt es allerdings einige spezialgesetzliche Ausnahmen[1287]. Ungeschriebene Ausnahmen sind beispielsweise Klagen, die „in bad faith,

---

1279 Um einen Blick auf die Größe der Anwaltskanzleien in den USA zu werfen: Die größte *law firm* zählte 1994 1642 Anwälte; Baker & McKenzie rechnet für das Jahr 2000 mit 3000 Anwälten, für das Jahr 2010 mit 5000 Anwälten. Siehe *Gibbons*, AnwBl. 1990, 282, 283.

1280 Statistisches Jahrbuch für die Bundesrepublik Deutschland 1994, S. 382. Die Anzahl der Anwälte ist allerdings im Jahre 1995 auf 74291 Anwälte gestiegen.

1281 Agenda for Civil Justice Reform in America, Washington D.C. 1991, S. 1 (=*Quayle*-Report).

1282 *Schlosser*, S. 42.

1283 *Quayle*-Report, S. 1.

1284 Im Jahre 1986 ist eine Anhebung der *filing fees* von 60 USD auf 120 USD aus Finanznot erfolgt, nachdem die *filing fees* vor einer ersten Anhebung im Jahre 1978 lediglich 15 USD betragen haben. Siehe *Schack*, S. 6.

1285 *Jennings/Buxbaum*, S. 738.

1286 *Schack*, S. 10.

1287 Alyeska Pipeline Service Co. v. Wilderness Society, 421 U.S. 240, 260, Fn. 22 m.w.N.

vexatiously, wantonly, or for oppressive reasons“ erhoben werden[1288]. Die geringen Gerichtskosten und das Anwaltshonorar schaffen den Anreiz für Anleger und ihre Anwälte, bei der geringsten Unregelmäßigkeit im Geschäftsverlauf oder im Kursverlauf selbst bei unsicherem Ausgang der Streitigkeit Klage zu erheben.

Der Reform Act stellt die Vermutung auf, dass die Klägerpartei der gegnerischen Partei die Anwaltskosten zu ersetzen hat, wenn sie in missbräuchlicher Weise unvorbereitet Klage unter Verstoß gegen Rule 11(b) FRCP erhebt, um lediglich das Verfahren zu verzögern und die Durchführung der *discovery* zu erreichen[1289]. Die Vermutung kann durch den Nachweis des Klägers entkräftet werden, dass die Auferlegung des Ersatzes der Anwaltskosten eine für ihn ungerechte und nicht zu rechtfertigende Belastung wäre oder dass die Verletzung von Rule 11(b) lediglich minimal war[1290]. Rule 11 FRCP existierte als

---

1288 F.D.Rich Co., Inc. v. Industrial Lumber Co., Inc., 417 U.S. 116, 129 (1974); zur Abweichung von der American rule bei *bad faith* siehe Woods v. Barnett Bank, 765 F.2d 1004, 1010 (11th Cir. 1985). Ein Abweichen von der American rule gilt auch für die Derivativklage, die beispielsweise bei Insiderhandel im Rahmen von Sec. 16(b) SEA für den Ersatz von *short swing profits* Bedeutung erlangt. Grund für ein Abweichen ist hier die Besonderheit der Derivativklage insofern, als der Schadensersatz an die Gesellschaft gezahlt wird und für den klagende Aktionär keine dazu im Verhältnis stehende Wertsteigerung seiner Beteililigung erfolgt und er höchstens indirekte Vorteile durch die Stärkung der Gesellschaft erlangt, *Merkt*, S. 515 f. Daher wäre es nicht fair, wenn der Kläger die anfallenden Kosten, so das Anwaltshonorar, übernehmen müsste, so dass das Anwaltshonorar von der Gesellschaft zu zahlen ist. Ausnahme von der Ausnahme ist der Fall der Zahlung des Schadensersatzes direkt an die Aktionäre, indem das Anwaltshonorar vor Verteilung der Urteilssumme an die Aktionäre bezahlt wird, siehe Perlman v. Feldmann, 160 F.Supp. 310, 311 (D.Conn. 1958).

1289 Sec. 21D(c)(3) SEA, Sec. 27(c)(3) SA i.V.m. Rule 11(b) FRCP. Sec. 21D(c)(3)(A), SEA, Sec. 27(c)(3)(A) SA beinhalten die Vermutung: „... the court shall adopt a presumption that the appropriate sanction-
(i) for failure of any responsive pleading or dispositive motion to comply with any requirement of Rule 11(b) of the Federal Rules of Civil Procedure is an award to the opposing party of the reasonable attorneys' fees and other expenses incurred as a direct result of violation and
(ii) for substantial failure of any complaint to comply with any requirement of Rule 11(b) of the Federal Rules of Civil Procedure is an award to the opposing party ...“.
Rule 11(b) FRCP verpflichtet Anwälte bei Vorlage von Dokumenten an das Gericht zu folgendem Verhalten: „(1) it is not being presented for any improper purpose, such as to harass or to cause unnecessary delay or needless increase in the cost of litigation; (2) the claims, defenses and other legal contentions therein are warranted by existing law or by a nonfrivolous argument for the extension, modification or reversal of existing law or the establishment of new law; (3) the allegations and other factual contentions have evidentiary support or, if specifically so identified, are likely to have evidentiary support after a reasonable opportunity for further investigation or discovery; and (4) the denials of factual contentions are warranted on the evidence or, if specifically so identified, are reasonably based on a lack of information or belief.“

1290 Sec. 21D(c)(3) SEA, Sec. 27(c)(3) SA(B) SA: „... rebutted only ... that

Verletzung von Rule 11(b) lediglich minimal war[1290]. Rule 11 FRCP existierte als Vorschrift zur Auferlegung von Sanktionen auf Anwälte wegen schikanöser Klagebegehren schon vor Erlass des Reform Acts[1291]. Sanktionen aufgrund der Vorschrift wurden aber in der ganzen Geschichte der Wertpapierstreitigkeiten lediglich dreimal auferlegt[1292]. Daher sollte Rule 11 FRCP zur Verhinderung missbräuchlicher Klagen mit „Zähnen" versetzt werden[1293]. Die neue Vorschrift macht die Erhebung von Klagen mit unsicherem Ausgang für Anwälte unattraktiver als vor Erlass des Reform Act. Für Klagen aus Sec. 18 SEA konnte das Gericht auch schon vor Erlass des Reform Act neben den Gerichtskosten angemessene Anwaltskosten festlegen und diese in seinem Ermessen einer Partei auferlegen[1294]. Diese Bestimmung mag im Zusammenwirken mit den übrigen für Kläger ungünstigen Voraussetzungen für die Geltendmachung eines Anspruches dazu geführt haben, dass die Klageerhebung aus Sec. 18 SEA eher vermieden wurde[1295].

II. Kostenverteilung in Deutschland

In Deutschland hat die unterliegende Partei die Kosten des Rechtsstreits zu tragen[1296]. Hierunter fallen sowohl die Gerichtskosten als auch die Anwaltskosten[1297]. Ausnahmen ergeben sich lediglich aus den §§ 91a ff. ZPO[1298].

1290 Sec. 21D(c)(3) SEA, Sec. 27(c)(3) SA(B) SA: „... rebutted only ... that
(i) the award of attorneys' fees and other expenses will impose an unreasonable burden on that party or attorney ...
(ii) the violation of Rule 11(b) of the Federal Rules of Civil Procedure was de minimis."

1291 11(c) FRCP: „If, after notice and a reasonable opportunity to respond, the court determines that subdivision (b) has been violated, the court my, subject to the conditions stated below, impose an appropriate sanction upon the attorneys, law firms of parties that have violated subdivision (b) or are responsible for the violation."

1292 Hearings on Securities Litigation Reform Proposals Before the Subcommittee on Securities of the Senate Committee on Banking, Hous., and Urban Affairs, 104th Cong. 72 (1995), S. 425.

1293 *Antonucci*, 46 Emory L.J. 1237, 1249 (1997).

1294 Sec. 18(a) S. 3 SEA: „In any such suit the court may, in its discretion, require an undertaking for the payment of the costs of such suit, and assess reasonable costs, including reasonable attorneys' fees, against either party litigant."

1295 Anreizmindernd für die Klageerhebung wirkt die einfacher zu erbringende Widerlegung der Verschuldensvermutung als die *due diligence* in Sec. 11 SA, siehe oben S. 161, und bei der Kausalität der zu erbringende „*eyeball*" Test und der Beweis der Auswirkungen der unrichtigen oder unvollständigen Aussagen auf den Markt, siehe oben S. 206.

1296 § 91 Abs. 1 S. 1 ZPO.

1297 Vgl. § 91 Abs. 2 ZPO.

1298 Beispielsweise können dem Kläger die Prozesskosten auferlegt werden, wenn der Beklagte den Rechtsstreit durch sein Verhalten nicht veranlasst hat und den Anspruch sofort

Die Sorge, zu unterliegen und auf den Kosten sitzen zu bleiben, wirkt klagehemmend, so dass bei unsicherem Erfolg die Erhebung einer Klage unwahrscheinlich ist. Bei hoher Erfolgswahrscheinlichkeit wird dagegen selbst bei Streitigkeiten mit niedrigem Streitwert Klage erhoben werden. Im Ergebnis bedeutet das, dass die Klagen mit unsicherem Ausgang trotz hohen Streitwerts rar sind, dagegen aber die Klagen mit niedrigem Streitwert und hoher Erfolgsversprechung gehäuft auftreten. Diese Tendenz führt zu der Frage, ob die hohen Verwaltungskosten noch in einem vernünftigen Verhältnis zu den Klagen mit geringfügigem Streitwert stehen.

Die derzeitige Rechtslage mit ihrer Kostenverteilung hält ängstliche Anleger tendenziell davon ab, Klage zu erheben, selbst wenn ein großer Schaden entstanden ist. Diese Situation wäre im Sinne der Anleger zu überdenken. Die Grundidee eines Erfolgshonorars wäre dem Anlegerschutz dienlich und machte Gruppenklagen für den die Gruppe führenden Anwalt interessant. Doch wird in Verbindung mit der Befreiung von den Kosten der Gegenseite bei Unterliegen stets die Gefahr bestehen, dass Anwälte sich prozesswillige Kläger aussuchen und Missbrauch treiben.

§ 8: Anreize durch kollektive Geltendmachung

Die kollektive Geltendmachung von Ansprüchen senkt das Prozessrisiko und vereinfacht die Durchsetzung der Ansprüche. Damit ist eine Voraussetzung für den Anreiz gegeben, zur Vermeidung von Inanspruchnahme bei unsorgfältigem Verhalten wahrheitsgetreue und vollständige Informationen offen zu legen. Kollektive Geltendmachung verstärkt die Strenge einer Haftung der Emittenten und Insider. Denn in Fällen, in denen einzelnen Anlegern nur geringer Schaden entstanden ist und sie einzeln keine Klage erheben werden, entfällt für den Emittenten der Anreiz zur Schadensverhütung[1299]. Wird dagegen ein Prozess für alle Geschädigten einer Gruppe durch einen Anwalt geführt, wird das individuelle Klagerisiko verringert. Es besteht ein Anreiz zur Klageerhebung und damit einhergehend ein Anreiz für den Emittenten zur Schadensvermeidung. Der Klageanreiz wird in dem Maße erhöht, wie das Klagerisiko verringert wird. Gleichzeitig besteht die Gefahr, dass bei der Möglichkeit kollektiver Geltendmachung der Klageanreiz ungleich zum entstandenen Schaden erhöht wird. Die Verminderung des Klagerisikos darf nicht dazu führen, dass der Klageanreiz

---

anerkennt (§ 93 ZPO).

1299 Für geringe Schäden Einzelner im Umweltbereich *Schäfer/Ott*, Ökonomische Analyse, S. 337 f.

größer ist als der Anreiz zur korrekten und vollständigen Informationsweitergabe, da sonst die Effizienz des Kapitalmarktes gefährdet ist.

Für eine kollektive Geltendmachung von Ansprüchen sprechen aber auch folgende Überlegungen: Vergleiche mit einzelnen Geschädigten bergen den Nachteil, dass der Schädiger aufgrund nachfolgender Kläger durch Vergleiche oder gerichtliche Entscheidung der Gefahr der Insolvenz ausgesetzt ist. Zudem läuft ein erst später klagender Geschädigter Gefahr, leer auszugehen und unentschädigt zu bleiben, wenn die wirtschaftliche Leistungsfähigkeit des Schädigers bereits ausgeschöpft ist[1300]. Darüber hinaus besteht bei Erhebung zahlreicher Einzelklagen die Gefahr, dass die Gerichte trotz gleichartiger Fälle getrennt voneinander unterschiedliche Entscheidungen treffen. Schwierigkeiten bei einer Einzelklageerhebung ergeben sich für die geschädigten Anleger insbesondere bei der Darlegung des Schadens aufgrund des ohnehin schwankenden Kurses, beim Nachweis des Verschuldens und insbesondere der Kausalitätszusammenhänge. Bestehen offensichtlich Ansprüche, so ist mit zahlreichen Einzelklagen zu rechnen[1301], die äußerst zeit- und kostenaufwendig sind und Klägern, Beklagten und Richtern viel Geduld abverlangen.

Die US-amerikanischen *class actions*[1302] halten das Klagerisiko gering, da die Kosten bei Unterliegen im Rechtsstreit durch die Anzahl der Mitglieder der klagenden Gruppe geteilt werden. Damit können auch Klagen angestrengt werden, bei denen der Erfolg nicht unbedingt voraussehbar ist und bei denen ein Unterliegen nur durch die Gruppe finanziell tragbar ist. Die hinsichtlich der *class actions* beispielhafte Repräsentationsbefugnis kraft Gruppenzugehörigkeit oder wegen gleicher Rechtslage existiert im deutschen Recht nicht[1303].

Im deutschen Recht wird die Zulassung von Gruppenklagen bzw. eine sonstige Bündelung von Klagen in denjenigen Bereichen diskutiert, in denen Massenschäden gehäuft auftreten, so insbesondere bei Massenschäden im Umweltrecht, im Verbraucherschutzrecht und im Bereich des unlauteren Wettbewerbs, ferner bei Massenunfällen im Straßenverkehr, bei Unfällen mit großen Personenbeförderungsmitteln und bei Großveranstaltungen[1304]. Breite Schäden gleicher Art entstehen auch bei Transaktionen auf dem Kapitalmarkt für

---

1300 *von Bar*, Gutachten, A 80 f.

1301 Nach *o.V.*, AG 1992, R 455 lagen im Rahmen des unten geschilderten Girmes-Fall (siehe Fn. 1376) ca. 1000 Einzelklagen von Girmes-Aktionären gegen den Stimmrechtsvertreter vor.

1302 Die *class actions* sind sog. Gruppenklagen, d.h. Klagen, die von einer Interessengruppe angestrengt werden und dadurch das Klagerisiko gering halten. Siehe auch Beitrag von *Hirte*, in: FS Leser, S. 335-354.

1303 Der Gesetzgeber hat allerdings die Möglichkeit, eine Repräsentationsbefugnis anzuordnen, vgl. *Gottwald*, ZZP 91 (1978), 1, 12.

1304 Vgl. Übersicht bei *von Bar*, Gutachten, A 5-A7.

geschädigte Anleger. Die Pro-und-Kontra-Diskussion bezogen auf Gruppenklagen hat hier also durchaus ihre Berechtigung. Gibt beispielsweise ein Emittent einen fehlerhaften Prospekt oder sonstige irreführenden Informationen heraus, so sind alle die betroffen, die junge Wertpapiere gekauft haben, wie auch die, die einen Kauf erwägen, und schließlich auch die, die bereits erworbene Wertpapiere wieder verkauft haben. Daneben können breite Schäden durch eine Person entstehen, die Insiderhandel betreibt. Da bei vielen Personen gleichartige Schäden bestehen, ist es sinnvoll, an eine Gruppenklage zwecks Kosten- und Zeiteinsparung zu denken.

Während im US-amerikanischen Recht die *class action* das Instrument zur kollektiven Geltendmachung von Ansprüchen ist, werden in der deutschen Literatur bei der Entstehung von Massenschäden zur Bündelung von Interessen die Verbandsklage, die Streitgenossenschaft und die Möglichkeit von Musterprozessen diskutiert[1305]. Keine dieser Möglichkeiten vermag jedoch einen der *class action* vergleichbaren Sorgfaltsanreiz für den potenziellen Schädiger und einen vergleichbaren Klageanreiz für die geschädigten Anleger zu bewirken. Das wird im folgenden aufzuzeigen sein. Auch die Regierungskommission „Corporate Governance" diskutiert in ihrem Bericht die Notwendigkeit der kollektiven Anspruchsdurchsetzung und mögliche Alternativen, lehnt aber die Übernahme der *class action* in das deutsche Recht ab wegen der nicht in deutsche Recht übertragbaren oder nicht wünschenswerten Besonderheiten, die dem US-amerikanischen Zivilprozess innewohnen[1306]. Die Regierungskommission spricht im Ergebnis keine andere konkrete Empfehlung aus, erachtet aber die im Umwandlungsrecht angelegten Vertretungsmodelle (§§ 26, 206 UmwG, sowie §§ 305 ff. UmwG) am erörternswertesten[1307].

1305 *Hopt/Baetge*, in: Basedow/Hopt/Kötz/Baetge (Hrsg.), Bündelung, S. 11-64; *von Bar*, Gutachten, A1-A104; *Wunderlich*, DB 1993, 2269-2273. Zur Diskussion der Gruppenklage insbesondere *Koch*; *Kötz*, in: Homburger/Kötz (Hrsg.), Klagen Privater, S. 69-102; *Mertens*, ZHR 139 (1975), 438-475, *Mertens* sieht in der *class action* gegenüber der „Verbandsbürokratie" auch Vorteile, ibid., 438, 469;. *Steindorff*, ZHR 138 (1974), 504-532; *von Bar*, Gutachten, A 5-A 104.

1306 Bericht der Regierungskommission „Corporate Governance", Rn. 188 f., abrufbar auf der Internetseite der Bundesregierung www.bundesregierung.de und abgedruckt in BT-Drucks. 14/7515.

1307 Bericht der Regierungskommission „Corporate Governance", Rn. 190, abrufbar auf der Internetseite der Bundesregierung www.bundesregierung.de und abgedruckt in BT-Drucks. 14/7515.

A. Class Actions

Class actions[1308], auch *representative actions,* bieten die Möglichkeit des Zusammenschlusses von Klägern. Sie erheben gemeinsam eine Gruppenklage, bei der ein (oder auch mehrere Kläger) aus der Gruppe im Sachverhalt weitgehend übereinstimmende Ansprüche mit unmittelbarer Rechtswirkung für alle Betroffenen geltend machen kann[1309]. Die *class action* ist die Klage eines Rechtsinhabers, der eine ganze Gruppe wegen (weitgehend) identischer Sachverhalte repräsentiert[1310]. Hintergrund des Instituts der *class action* ist die möglicherweise große Zahl der Kläger. Unter Beteiligung sämtlicher Kläger würde die Klage unverhältnismäßig aufwendig oder sogar unmöglich werden, insbesondere wenn die einzelnen Kläger in nur in geringem Maße betroffen sind[1311]. Durch die Verringerung der Zahl von Klagen soll die *class action* bezogen auf den Einsatz von Zeit und finanziellen Mitteln Prozessökonomie schaffen und gleichzeitig Rechtssicherheit in Form der Sicherung der Einheitlichkeit der Rechtsprechung gewährleisten[1312]. Darüber hinaus wird die *class action* als Instrument der Rechtsdurchsetzung und Abschreckung verstanden[1313]. Die *class action* soll sogar weniger dem Schadensausgleich als vielmehr der wirkungsvollen

1308 Die *class actions* wurden zuweilen sogar als „Frankenstein monster" bezeichnet, siehe *Friedenthal/Kane/Miller*, Civil Procedure, § 16.1, S. 722. Die *class actions* sind auf die englische "bill of peace" im 17. Jahrhundert zurückzuführen. Diese "bill" war ein Verfahrenstrick, der von den Courts of Chancery angewandt wurde, um Klagen von oder gegen einen Repräsentanten der Parteien zuzulassen, wenn (1) die Anzahl der Personen zu groß war, um subjektive Klagehäufungen zu erlauben, (2) alle Mitglieder der Gruppe ein gemeinsames Interesse an der zu entscheidenden Sache hatten, und (3) absehbar war, dass die genannten Parteien die Interessen der nicht anwesenden Mitglieder angemessen vertraten, *Friedenthal/Kane/Miller*, Civil Procedure, § 16.1, S. 723. Wenn diese drei Bedingungen erfüllt waren, war das folgende Urteil bindend für alle vertretenen Mitglieder, *Cound/Friedenthal/Miller/Sexton*, Civil Procedure, S. 622. Die erste bundesrechtliche Regelung, *class actions* in einer wohldurchdachten Form zu sichern, erfolgte 1938 durch die Schaffung der Federal Rule of Civil Procedure 23, durch die *class actions* sowohl bei Klagen at *law* als auch bei Klagen in *equity* möglich wurden. *Friedenthal/Kane/Miller*, Civil Procedure, § 16.1, S. 724. Rule 23 teilte die *class actions* in drei Kategorien: "True" *class actions*, "hybrid" *class actions* und "spurious" *class actions*. Diese Strukturierung erwies sich als sehr verwirrend in der Anwendung, so dass das Advisory Committee 1966 Rule 23 komplett anders gestaltete und die Einteilung in Kategorien eliminierte, siehe *Friedenthal/Kane/Miller*, Civil Procedure, § 16.1, S. 725.

1309 *Friedenthal/Kane/Miller*, Civil Procedure, § 16.1, S. 722.

1310 *Merkt*, S. 474.

1311 *Hirte,* in: FS Leser, S. 335, 352; vgl. auch *Friedenthal/Kane/Miller*, Civil Procedure, § 16.1, S. 722.

1312 *Koch*, S. 17.

1313 *Koch*, S. 19-21.

Sanktion und damit der Prävention dienen[1314]. Hinsichtlich der Frage, ob *securities class actions* tatsächlich ein geeignetes Mittel zur Abschreckung von Verletzungshandlungen sind, besteht Unsicherheit. Nach Judge Winter ist der Abschreckungseffekt solcher Klagen eher schwach[1315]. Der Vorteil für die Anleger liegt darin, dass das Klagerisiko eines jeden einzelnen Anlegers und die damit verbundenen Kosten relativ gering sind. Außerdem gewährt die *class action* in den meisten Fällen den Vorteil, dass alle Kläger kompensiert werden, während hingegen bei Verfolgung der Ansprüche durch jeden einzelnen Kläger dem Beklagten das Geld ausgehen könnte, bevor über alle Ansprüche entschieden ist.

Die Entwicklung der Regelungen der *class actions* hatte viel mit der gleichzeitigen Entwicklung der Gesellschaft und ihrem Verständnis von der Rolle der Gerichte zu tun. In der modernen Gesellschaft stellten sich oftmals Verletzungen von ganzen Gruppen heraus, bei denen die einzelnen Geschädigten sich in einer schwierigen Situation befanden: Sie besaßen nicht das erforderliche Wissen und die Erhebung einer Klage stellte sich oftmals als unverhältnismäßig teuer heraus[1316]. Die Bündelung der Klagen der Verletzten bot für viele die einzige Möglichkeit, ihre Rechte durchzusetzen. Daher wird als historische Mission der Grundsatz „to take care of the smaller guy" hervorgehoben: Geschützt werden soll der „kleine Mann", der die Prozesskosten anders als innerhalb einer *class action* oft nicht aufbringen kann[1317]. Ein Manko der *class action* ist neben den Beschwerlichkeiten in rechtlicher und praktischer Sicht, dass die *class action* selten zu einem Sachurteil führt[1318], sondern die Streitigkeit vorher durch Vergleich beigelegt wird. Es ist möglich, dass eine Entscheidung nur bezüglich der für die Gesamtgruppe gemeinsam entscheidbaren Tat- und Rechtsfragen ergeht, so dass die einzelnen Mitglieder unter Umständen bei einem für sie günstigen Grundurteil gegen den Schädiger noch selbst vorgehen müssen[1319]. Als problematisch erweist sich bei *class actions* ferner nach Abzug des Anwaltshonorars die Verteilung der Urteils- oder Vergleichssumme in winzigen Bruchteilen auf die einzelnen Gruppenmitglieder[1320].

1314 *Koch*, S. 97.

1315 *Winter*, 42 Duke L.J. 945, 952 (1993).

1316 *Kalven/Rosenfield,* 8 U.Chi.L.Rev. 684, 686, 688 (1941). *Kalven/Rosenfield*, S. 684, zitieren ein Schreiben der SEC von 1937, in dem sie von der Notwendigkeit des Schutzes des einzelnen Wertpapierinhabers, der nicht in der Lage ist, seine eigenen Interessen zu schützen, ausgehen.

1317 Vgl. *Friedenthal/Kane/Miller*, Civil Procedure, § 16.1, S. 722.

1318 *Schack*, S. 79.

1319 *Mertens*, ZHR 139 (1975), 438, 469.

1320 In der Entscheidung Daar v. Yellow Cab Co., 67 Cal.2d 695, 433 P.2d 732 (1967) beispielsweise wurde eine besondere Methode der Schadenskompensation angewandt. Eine Taxigesellschaft, die überhöhte Fahrpreise verlangt hatte, bekam vom Gericht auferlegt, so lange niedrigere Fahrpreise zu berechnen, bis die unrechtmäßigen Gewinne abgeschöpft

Rule 23 der FRCP lässt die Erhebung der Klage als *class action* vor Bundesgerichten zu[1321]. Die *class action* muss als solche nach FRCP 23(c)(1) ausdrücklich vom Richter zugelassen werden[1322]. Voraussetzung ist, dass es sich um zahlreiche gleichgelagerte Sachverhalte oder Rechtsfragen handelt, so dass es geboten scheint, sie nicht einzeln vor Gericht zu bringen[1323]. Diesbezüglich ist eine gewisse Größe der Gruppe essentiell, weil dann eine subjektive Klagehäufung nicht mehr sinnvoll wäre. Darüber hinaus ist das gemeinsame Interesse und die faire Vertretung der Interessen aller *class*-Mitglieder Voraussetzung für die *class action*[1324]. Das im Rahmen der *class action* gesprochene Urteil entfaltet Rechtskraft für und gegen alle Gruppenmitglieder. Es besteht jedoch die Möglichkeit für die repräsentierten Mitglieder, innerhalb einer gerichtlichen Frist Ausschluss aus der Gruppe zu verlangen[1325]. Die US-amerikanische *class action* verfolgt damit einen „opt out"-Ansatz[1326].

I. Besondere Rolle des Gruppenvertreters

Für die Vertretung der Gruppe ist ein Gruppenvertreter/-repräsentant (*lead plaintiff*) zu ernennen. Der Vertreter der Gruppe muss dem Gericht darlegen, dass seine Ansprüche typisch für die der gesamten Gruppe sind[1327] und ferner, dass er in der Lage ist, die Interessen der am Verfahren Beteiligten auf angemessene Art und Weise wahrzunehmen[1328]. Die Rolle des klagenden Gruppenvertreters im Verfahren ist im wesentlichen formal angelegt und in der Sache eher unbedeutend[1329], denn der von ihm gewählte Anwalt übernimmt die tragende Rolle.

1321 Auch die meisten Staaten haben eine vergleichbare Regelung zur *class action* geschaffen. Siehe *Homburger*, 71 Colum.L.Rev. 609 (1971).

1322 Rule 23(c)(1) FRCP: „ As soon as practicable after the commencement of an action brought as a class action, the court shall determine by order whether it is to be so maintained."

1323 Rule 23(a)(1)-(2) FRCP: „One or more members of a class may sue ... if (1) the class is so numerous that joinder of all members is impracticable, (2) there are questions of law or fact common to the class, ...".

1324 *Lange/Black*, S. 32 f.

1325 *Gottwald*, ZZP 91 (1978), 1, 8.

1326 Vgl. *Cound/Friedenthal/Miller/Sexton*, Civil Procedure, S. 623. Das Advisory Comittee wertet in Rule 23(c)2 der FRCP das Schweigen der *class-members* als Zustimmung zur Prozessführung.

1327 Rule 23(a)(3) FRCP: „ the claims or defenses of the representative party are typical of the claims or defenses of the class".

1328 Rule 23 (a)(4) FRCP: „ the representative parties will fairly and adequately protect the interests of the class".

1329 *Baetge/Eichholtz*, in: Basedow/Hopt/Kötz/Baetge (Hrsg.), Bündelung, S. 287, 324.

1. Erfordernis einer Vorschrift

Vor Erlass des Reform Act war es üblich, bei einer Kursschwankung, die negative Nachrichten erwarten ließ, einen potenziellen Kläger ausfindig zu machen und als Erster Klage zu erheben, selbst wenn (noch) kein Klagegrund vorlag. Dieses sogenannte "race to the courthouse" war beliebt, weil der erste Kläger vom Gericht meistens zum Vertreter der *class* bestimmt wurde[1330]. Damit konnte dessen Rechtsvertreter dann in der Regel das Verfahren für die gesamte Gruppe führen. Den Anwälten, die nicht als Gewinner des "Rennens" hervorgingen, ging das in Aussicht stehende Anwaltshonorar verloren, so dass viel daran lag, als Erster vor Gericht zu erscheinen. Folge des „Rennens“ war, dass oftmals ohne Grund und unvorbereitet Klagen eingereicht wurden, um zum Repräsentanten bestimmt zu werden, falls sich ein solcher später ergeben sollte[1331]. Durch Klagen mit solchem Hintergrund ergab sich ein ungeheurer Verwaltungsaufwand, der hohe Kosten mit sich brachte[1332].

Um die gewerbsmäßige Erhebung von Klagen durch Einschränkung der professionellen Kapitalmarktklagen zu unterbinden[1333] und das „race to the courthouse"[1334] zu vermeiden, sieht der Reform Act sowohl für Klagen aus dem Securities Act als auch aus dem Securities Exchange Act Bestimmungen zum *lead plaintiff* einer *class* vor[1335]. Der zu bestimmende Gruppenvertreter darf kein professioneller Kläger sein, das heißt, er darf keine Prämie dafür erhalten, dass er als Vertreter waltet, und seine Entlohnung ist auf seinen pro-rata Teil der Urteils- bzw. der Vergleichssumme begrenzt[1336]. Weiterhin darf der Gruppenvertreter in höchstens fünf *class actions* während eines Zeitraumes von drei Jahren als Gruppenvertreter fungiert haben[1337]. Ferner muss er bestätigen, dass er die Wertpapiere nicht auf Geheiß seines Anwalts erworben hat, der ihn in der Klage

---

1330 Siehe SEC Report to the President and the Congress, http://www.sec.gov/news/studies/lreform.-txt, S. 8; *Phillips/Miller*, 51 Bus.Law. 1009, 1015 (1996).

1331 SEC Report to the President and the Congress, http://www.sec.gov/news/studies/-lreform.txt, S. 8.

1332 *Note*, 31 New England L.Rev. 655, 656 (1997); *Phillips/Miller*, 51 Bus.Law. 1009, 1025 (1996).

1333 Vgl. z.B. *Steinberg*, 1996 J.Bus.L. 299, 299; *Glenn/Maines*, 25 Sec.Reg.L.J. 276, 284 (1997); House Conf. Rep. No. 104 - 369 (1995), 1995 U.S.C.C.A.N. 730, 731 f.

1334 House Conf. Rep. No. 104 - 369 (1995), 1995 U.S.C.C.A.N. 730, 731 f. *Antonucci*, 46 Emory L.J. 1237, 1242 (1997).

1335 Durch Sec. 101 Reform Act wird Sec. 27 in den Securities und Sec. 21D in den Securities Exchange Act eingefügt.

1336 Sec. 27(a)(2)(A)(vi), Sec. 27(a)(4) SA, Sec. 21D(a)(2)(A)(vi), Sec. 21D(a)(4) SEA.

1337 Sec. 27(a)(3)(B)(vi) SA; Sec. 21D(a)(3)(B)(vi) SEA.

vertritt[1338]. Das Gericht bestimmt in einem speziellen Verfahren den geeignetsten Kläger (*most adequate plaintiff*), der die Mitglieder der Gruppe angemessen repräsentiert[1339]. Zuvor muss eine Anzeige in einem wirtschaftlich orientierten Druckerzeugnis mit Informationen hinsichtlich der anhängigen Rechtsstreitigkeit erfolgen[1340].

Der geeignetste Kläger soll einen Rechtsbeistand zur Vertretung der Gruppe auswählen[1341]. Die Wahl des anwaltlichen Vertreters bedarf der Genehmigung durch das Gericht[1342]. Durch das neue Verfahren zur Auswahl des Gruppenvertreters soll die Praxis vermieden werden, dass Anwälte sich einen Kläger aussuchen, um anschließend als rechtlicher Vertreter der Gruppe das Anwaltshonorar zu erhalten[1343].

2. *Missbrauch durch widerlegbare Vermutung*

Durch den Reform Act sollten institutionelle Anleger ermutigt werden, sich bei Wertpapierklagen aktiver zu beteiligen. Dazu sieht der Reform Act die widerlegbare Vermutung vor, dass diejenige Klägerpartei zum Gruppenrepräsentanten zu bestimmten ist, die das größte finanzielle Interesse in der Sache hat oder sonst die Anforderungen der Rule 23 der FRCP erfüllt[1344]. Meist wird die Partei mit dem größten finanziellen Interesse in der Sache die Aufgabe des Vertreters der Gruppe übernehmen dürfen, weil davon ausgegangen wird, dass institutionelle Anleger und Anleger mit hohen Beteiligungen die Interessen der Gruppe effektiver vertreten als kleine Anleger[1345]. Gleichzeitig sollen die institutionellen Investoren die Möglichkeit zur Kontrolle von Wertpapierklagen erhalten[1346]. Außerdem ist bei der Wahl institutioneller Anleger zum

1338 Siehe Sec. 27(a)(2)(A)(ii) SA, Sec. 21D(a)(2)(A)(ii) SEA; auch *Tschäni*, SZW/RSDA 1996, 76, 77.

1339 Sec. 27(a)(3)(B)(i) SA, Sec. 21D(a)(3)(B)(i) SEA: „ ... the court shall ... appoint as lead plaintiff the member or members of the purported plaintiff class that the court determines to be most capable of adequately representing the interests of class members in accordance with this subparagraph."

1340 Sec. 27(a)(3)(A) SA, Sec. 21D(a)(3)(A) SEA.

1341 Sec. 27(a)(3)(B)(v) SA; Sec. 21D(a)(3)(B)(v) SEA.

1342 Sec. 27(a)(3)(B)(v) SA; Sec. 21D(a)(3)(B)(v) SEA.

1343 House Conf. Rep. No. 104 - 369 (1995), 1995 U.S.C.C.A.N. 730, 734.

1344 Sec. 27(a)(3)(B)(iii)(I) SA; Sec. 21D(a)(3)(B)(iii)(I) SEA.

1345 Vgl. House Conf. Rep. No. 104 - 369 (1995), 1995 U.S.C.C.A.N. 730, 731, 733. Das Committee betont, dass „parties with significant holdings in issuers" vermehrt bei Haftungsprozessen teilnehmen sollen.

1346 *Antonucci*, 46 Emory L.J. 1237, 1243 (1997); House Conf. Rep. No. 104 - 369 (1995), 1995 U.S.C.C.A.N. 730, 731, 733 f.

Repräsentanten vorteilhaft, dass sie bei aussichtsreicher Klage aufgrund ihrer Verpflichtung gegenüber ihren eigenen Anlegern bemüht sein werden, vollen Schadensersatz zu erlangen und sich nicht auf einen Vergleich einzulassen[1347].

Die Vermutung des geeignetsten Klägers ist dann widerlegbar, wenn ein der Gruppe zugehöriges Mitglied darlegt, dass der vom Gericht bestimmte geeignetste Kläger die Interessen der Gruppe nicht angemessen schützt oder dass er sich ungewöhnlicher Verteidigungsmittel bedient, die es ihm unmöglich machen, die Gruppe angemessen zu präsentieren[1348]. Durch die Widerlegungsvorschrift ist ein neuer Missbrauch der *discovery* möglich, denn sie erlaubt einem Mitglied der Gruppe, jedenfalls bei vernünftiger Grundlage, *discovery* zur Widerlegung der Vermutung des geeignetsten Klägers durchzuführen[1349].

Eine Folge der Vermutungsregel ist, dass sich die traditionellen Anwaltskanzleien der Kläger aufgerufen fühlen, „kleinere" Kläger zusammenzubringen, die insgesamt wiederum das größte finanzielle Interesse haben. Damit ist das Ziel, institutionelle Anleger anzuziehen, weitgehend verfehlt, weil statt dessen Gruppen von individuellen Anlegern um die Stellung des Gruppenrepräsentanten kämpfen[1350]. Hinzu kommt, dass der Pflicht zur Bekanntmachung hinsichtlich der Klageerhebung in undeutlichen Anzeigen im „Investors Business Daily" nachgekommen und von Anwaltskanzleien als Mittel zur Werbung für ihre Sache benutzt wurde, um zusätzliche Kläger zu gewinnen[1351]. Auffällig ist bezüglich der Wahl des Gruppenanwalts, dass eine bereits vor Erlass des Reform Act häufig als Vertreter von *class actions* handelnde Kanzlei nach Erlass des Reform Act sogar eine „Auftrittsquote" von 46,8 Prozent hat[1352]. Noch mehr Einfluss scheint bei parallelen Klagen zu bestehen. Hier repräsentiert besagte Kanzlei 58,7 Prozent der Kläger, wobei die größte Aktivität vor den kalifornischen Gerichten besteht[1353]. Diese Dominanz erstaunt deshalb, weil der

1347 *Baetge/Wöbke*, in: Basedow/Hopt/Kötz/Baetge (Hrsg.), Bündelung, S. 363, 373.

1348 Sec. 27(a)(3)(B)(iii)(II) SA; Sec. 21D(a)(3)(B)(iii)(II) SEA: „The presumption described in subclause (I) may be rebutted only upon proof by a member of the purported plaintiff class that the presumptively most adequate plaintiff (aa) will not fairly and adequatelyn protect the interests of the class; or (bb) is subject to unique defenses that render such plaintiff incapable of adequately representing the class."

1349 Siehe SEC Report to the President and the Congress, http://www.sec.gov/news/studieslreform.-txt, S. 56. Vgl. Sec. 27(a)(3)(B)(iv) SA, Sec. 21D(a)(3)(B)(iv) SEA.

1350 *Grundfest/Perino*, Securities Litigation Reform, S. 41.

1351 Siehe *Grundfest/Perino*, Securities Litigation Reform, S. 41.

1352 Nach einer anderen Studie ergibt sich ein Erscheinen von Milberg Weiss sogar in 59 Prozent der bundesweiten *securities class actions*, siehe *Donovan*, http://ljx.com/practice/securities-/1222milberg.html; vgl. die etwas geringere Auftrittsquote bei *Grundfest/Perino*, Securities Litigation Reform, S. 25.

1353 Milberg Weiss erscheint in 70,1 Prozent der Fälle vor dem California Federal Court und in

Gruppenrepräsentant einen anwaltlichen Vertreter für die Gruppe auswählen und dieser vom Gericht bestimmt werden muss[1354]. Im Gegensatz dazu scheint die Praxis beibehalten worden zu sein, dass sich Anwälte ihre Kläger aussuchen und nicht die Kläger ihre Anwälte. Neben diesem Missbrauch ist ein weiterer Nachteil der Vorschriften zur Bestimmung des Gruppenvertreters zu beachten: die Verzögerung des Prozesses und folglich höhere Kosten[1355].

II. Missbrauchsförderung durch Class Action

Class actions können zu derartigen Missbrauchstatbeständen führen, dass der Sinn einer solchen Regelung fragwürdig wird. Dieser Missbrauch ist von der Rechtsprechung regelrecht unterstützt worden. Die Möglichkeit der *class action* zeigt aber auch, dass der zugrundeliegende Gedanke der Verfahrensvereinfachung außerordentlich sinnvoll ist: Sie erhöht den Klageanreiz der geschädigten Anleger durch Einschränkung von Kosten und (Prozess-)Risiken und macht viele Klagen aufgrund des geringeren Klagerisikos für den Einzelnen erst möglich. Sie bedurfte aber der Einschränkung, was im Reform Act erfolgt ist. Durch die Möglichkeit der *class action* bestehen wesentliche Klageerleichterungen hinsichtlich der Beweisführung. So muss beispielsweise nicht jedes einzelne Mitglied der Gruppe Beweis erbringen. Das ist insbesondere hinsichtlich des Beweises des Verschuldens des Schädigers und der Kausalität zwischen schädigender Handlung und Schaden für die Durchsetzung der Ansprüche erfolgversprechender. Das Verfahren aufgrund der Erhebung von *class actions* übt Druck auf die Unternehmen aus. Sie büßen vor allem Renommee ein, unabhängig davon, ob die Klage begründet ist oder nicht. Sie sind außerdem einer immensen wirtschaftlichen Belastung ausgesetzt. Durch den Reform Act konnte kein wesentlicher Rückgang bei der Anzahl der beklagten Emittenten festgestellt werden. Hier fand vielmehr aufgrund der großen Unterschiede bei den Anforderungen an Klagen vor den einzelstaatlichen Gerichten und vor Bundesgerichten eine Abwanderung zu den einzelstaatlichen Gerichten statt.

83,3 Prozent der vor Bundesgerichten und kalifornischen Staatsgerichten parallel laufenden Klagen. Siehe *Grundfest/Perino*, Securities Litigation Reform, S. 25.

1354 Sec. 27(a)(3)(B)(v) SA; Sec. 21D(a)(3)(B)(v) SEA.

1355 SEC Report to the President and the Congress, http://www.sec.gov/news/studies/-lreform.txt, S. 56.

B. *Verbandsklage*

Der *class action* ist im deutschen Recht die Verbandsklage, der die gewillkürte Prozessstandschaft zugrunde liegt, ähnlich. Der klagende Repräsentant einer Gruppe hat die Position eines Prozessstandschafters oder eines von der Gruppe bestimmten Prozesspflegers inne, der einen an sich einem anderen zustehenden Anspruch im eigenen Namen aufgrund rechtsgeschäftlicher Erlaubnis im Prozess verfolgt[1356].

I. *Interessengemeinschaften und -verbände*

Zur Bündelung von Interessen zwecks Klageerhebung im Kapitalmarktbereich bietet sich die Gründung von Interessenverbänden und -gemeinschaften an. Beim Verband handelt es sich um eine Organisation, die bestimmte Interessen ihrer Mitglieder geltend macht[1357]. Im Wertpapierbereich gibt es bereits einige Verbände, die sich mit den Interessen der Anleger befassen und ihnen bei der Durchsetzung gerichtlicher Ansprüche zur Seite stehen[1358]. Sind die Interessen betroffener Gruppen noch nicht verbandsmäßig organisiert, können eigene Interessengemeinschaften gegründet werden. Interessengemeinschaften entstehen durch Zusammenschluss zur Bündelung von Kenntnissen, Beweismitteln und finanziellen Möglichkeiten. Dadurch erleichtern oder ermöglichen sie oftmals erst die Sachverhaltsaufklärung. Sie dienen der vorprozessualen und gerichtlichen Durchsetzung von Ansprüchen der durch ein Massenereignis Geschädigten[1359] und bewirken eine anteilige Kostensenkung für die einzelnen Anleger. Interessengemeinschaften werden zum Teil erst für einen spezifischen Prozess gegründet, sei es in der Form der GmbH oder des eingetragenen Vereins, zum Teil bestehen sie bereits und werden zur Verfolgung gerichtlicher Zwecke tätig[1360].

1356 *Baumbach/Lauterbach/Albers/Hartmann*, ZPO, Grdz. 50, Rn. 29.

1357 *Kötz*, in: Homburger/Kötz (Hrsg.), Klagen Privater, S. 69, 78.

1358 Beispielsweise ist die 1947 gegründete Deutsche Schutzvereinigung für Wertpapierbesitz führender deutscher Verband für private Anleger, der kostenlose außergerichtliche Rechtsberatung und die Klärung grundsätzlicher Rechtsfragen per Musterprozess für ihre Mitglieder anbietet, siehe deren Internetseite http://www.212.27.152.100/index_dsw.php. Auch die Schutzgemeinschaft deutscher Kleinaktionäre befasst sich mit der Durchsetzung von Schadensersatzansprüchen von Anlegern, siehe die Internetseite der Schutzgemeinschaft http://www.sdk.org.

1359 Man denke an den Contergan-Fall, der zur Gründung eines „Bundesverbandes der Eltern körpergeschädigter Kinder e.V." im Sinne eines „Sammelbeckens für Informationen, Dokumente, Beweismittel und Geld" geführt hat, der allerdings keine zivilrechtlichen Klagen auslöste, siehe *von Bar*, Gutachten, A 85.

1360 *von Bar*, Gutachten, A 85.

Eine besondere Verbandsklage zur Geltendmachung kollektiver Anlegerschäden gibt es im geltenden Verfahrensrecht nicht. Gesetzlich geregelt ist die Verbandsklage beispielsweise im UWG. Allerdings geht die lauterkeitsrechtliche Verbandsklage nur auf Unterlassung, so dass sie nicht mit der Wirkung der *class action* vergleichbar ist[1361]. Darüber hinaus macht der Verband bei einer Klage nach § 13 UWG nach einer, wenn auch strittigen, Ansicht gar keine bei ihm gebündelten Individualinteressen geltend, wie dies bei einer *class action* der Fall ist, sondern übt eine im öffentlichen Interesse verliehene Aufgreifzuständigkeit aus[1362]. Ein Verband oder eine Interessengemeinschaft kann Anlegerschäden aber im Wege der gewillkürten Prozessstandschaft gerichtlich geltend machen[1363], wenn in Form der gewillkürten Prozessstandschaft, der Inkassozession oder der Einziehungsvollmacht eine Handlungsberechtigung von den Anlegern erteilt wurde[1364].

Die Klageerhebung eines Verbandes unmittelbar nach einem Kurseinbruch für alle möglicherweise geschädigten Anleger, wie das bei Klägern im Rahmen von *class actions* der Fall ist, ist nicht durchführbar. Der Geltendmachung von Ansprüchen durch Interessengemeinschaften stehen Organisations- und Rechtsprobleme entgegen[1365]. Denn bei einer Klageerhebung durch einen Verband muss der einzelne Anleger Mitglied dieses Verbandes sein und diesen ausdrücklich zur Prozessführung ermächtigen[1366]. Ausreichend kann die einschlägige Zustimmung zu der Ermächtigung des Verbandes durch vorbehaltlosen Beitritt der Mitglieder sein, wenn die Möglichkeit des Verbandes zur gerichtlichen Geltendmachung bestimmter Individualrechte im Satzungsstatut festgelegt ist[1367]. Ferner muss sich die Ermächtigung durch den jeweiligen Rechtsinhaber auf einen bestimmten Anspruch aus einem bestimmten Rechtsverhältnis beziehen[1368]. Das für

---

1361 Ein Prozessführungsrecht liegt vor, wenn ein Verband nach § 13 Abs. 1, 2 UWG satzungsgemäß die Förderung der geschäftlichen Interessen der Mitglieder betreibt, *Baumbach/Lauterbach/ Albers/Hartmann*, ZPO, Grdz. 50, Rn. 47.

1362 MüKo-*Lindacher*, ZPO, Vor. §50, Rn. 72; *Greiner*, Class Action, S. 126.

1363 Die gesetzliche Prozessstandschaft kommt bei einer gesetzlichen Befugnis zur Geltendmachung eines fremden Anspruchs vor, wie beispielsweise bei Erhebung einer Klage durch den Konkursverwalter nach § 127 KO i.V.m. § 771 ZPO oder die Klage eines Gesellschafters aus abgeleitetem Recht seiner Gesellschaft gegen das herrschende Unternehmen i.S.d. §§ 317, 318, 309 AktG im Bereich des Konzernrechts. Hier erhebt der Aktionär eine Klage für die Gesellschaft. Eine vom Gesetz speziell vorgesehene Prozessstandschaft zur Vertretung geschädigter Anleger existiert nicht.

1364 *Haß*, S. 97; *von Bar*, Gutachten, A 84.

1365 *Stadler*, Referat, I 37.

1366 *Ullmann*, in: FS v. Gamm, S. 315, 324.

1367 MüKo-*Lindacher*, ZPO, Vor. § 50, Rn. 57. A.A. *Ullmann*, in: FS v. Gamm, S. 315, 324 f., der die Ermächtigung im Satzungsstatut nicht für ausreichend erachtet.

1368 MüKo-*Lindacher*, ZPO, Vor. § 50, Rn. 56.

eine Verbandsklage erforderliche schutzwürdige Eigeninteresse des Verbandes ist zu bejahen, wenn und soweit die einschlägige Rechtsverfolgung zu den satzungsgemäßen Aufgaben zählt[1369].

II. Rechtsberatungsgesetz als Hindernis für Sorgfaltsanreiz

Durch die Interessengemeinschaften und -verbände wird der Anreiz für potenzielle Schädiger zur Sorgfalt erhöht, denn aufgrund der Informations- und Beweissammlung durch die Verbände als Sammelbecken für die einzelnen Anleger ist die Anspruchsdurchsetzung vereinfacht und zugleich wahrscheinlicher. Außerdem ist eine erhöhte Vergleichsbereitschaft des Beklagten zu erwarten, da dieser Hoffnung schöpft, mit dem Vergleich von einer darüber hinausgehenden Ersatzpflicht endgültig oder wenigstens zum großen Teil befreit zu werden[1370]. Obwohl die genannten Funktionen von Verbänden und Interessengemeinschaften eine Sorgfaltserhöhung für potenzielle Schädiger bewirken können, handelt es sich nicht um eine der *class action* vergleichbare Möglichkeit zur kollektiven Geltendmachung, solange von Verbänden die gerichtliche Durchsetzung von Ansprüchen für geschädigte Anleger nicht durchgeführt werden kann. Denn für potenzielle Schädiger geht von einem bloßen Sammelbecken für Informationen, das keine gerichtlichen Schritte unternehmen kann, kein vergleichbarer Anreiz zur Schadensvermeidung wie von einer drohenden *class action* aus.

Der Weg zur gerichtlichen Durchsetzung der Anlegeransprüche sowohl durch Interessenverbände als auch durch Interessengemeinschaften ist versperrt, da sie im Falle der Rechtsbesorgung bzw. Rechtsberatung den Vorschriften des Rechtsberatungsgesetzes unterliegen. Gerade für die gerichtliche Durchsetzung ist die Bündelung von Interessen aber relevant, da sie hier mit der *class action* vergleichbar wird. Engagiert sich der Verband oder die Interessengemeinschaft bei der Hilfe für potenzielle Kläger neben Informationsvermittlung, Dokumentenbereitstellung, finanzieller Unterstützung, usw.[1371] auch in der Vorformulierung von Klagen und Entwürfen von Schriftsätzen, so nimmt er bereits eine rechtsberatende Tätigkeit vor. In der Erhebung einer Klage mit den abgetretenen Ansprüchen der Anleger liegt die geschäftsmäßige Besorgung fremder Rechtsangelegenheiten, die unter das Verbot mit Erlaubnisvorbehalt nach Art. 1 § 1 RBerG fällt. Zur gerichtlichen Geltendmachung abgetretener Forderungen, sofern sie geschäftsmäßig ist, darf eine Erlaubnis nicht erteilt

---

1369 MüKo-*Lindacher*, ZPO, Vor. § 50, Rn. 60.
1370 *von Bar*, Gutachten, A 84f.
1371 Siehe *von Bar*, Gutachten, A 85.

werden[1372]. Sie kann nur in den aufgeführten Fällen des Art. 1 § 1 Abs. 1 Nr. 1-6 RBerG erfolgen, die aber bei gerichtlicher Anspruchsdurchsetzung durch Interessengemeinschaften oder -verbände nicht einschlägig sind[1373]. Geschäftsmäßig ist eine Tätigkeit, bei der der Handelnde beabsichtigt, sie in gleicher Art zu wiederholen und sie dadurch zu einem dauernden und wiederkehrenden Bestandteil seiner Beschäftigung zu machen[1374]. Gerade die kontinuierliche Beratung und Hilfe im Schadensfall bei der gerichtlichen Anspruchsdurchsetzung ist aber Ziel und Zweck von Verbänden, die eine dem Gruppenvertreter der *class action* vergleichbare Aufgabe vornehmen wollen.

Auch das Privileg von Art. 1 § 7 S. 1 RBerG kann hinsichtlich des Erlasses einer Erlaubnis nicht zum Tragen kommen[1375]. Eine Interessengemeinschaft von Aktionären stellt keine berufsständische Vereinigung i.S.d. Art. 1 § 7 S. 1 RBerG dar, wie vom OLG Düsseldorf in seinem Urteil vom 20. November 1992 entschieden wurde[1376], da bei Interessenverbänden oder -gemeinschaften betreffend Wertpapierbesitz nicht die Berufszugehörigkeit der Mitglieder die vereinigte Gruppe bestimmt, sondern ein das gemeinsame Interesse begründendes Ereignis[1377]. Eine der berufsständischen ähnliche Grundlage sollte wohl für ausreichend erachtet werden[1378]. Das OLG verneinte aber für den Verband der Wertpapierinhaber auch eine berufsständisch ähnliche Grundlage, da der Besitz von Aktien weder einen Beruf noch ein Gewerbe begründet, trotz Berücksichtigung der Tatsache, dass Kläger unter den Verbandsmitgliedern sind,

1372 BVerwG NJW 1992, 522.

1373 Die Rechtsfolge des Verstosses gegen Art. 1 § 1 RBerG ist die Nichtigkeit des Geschäftsbesorgungsvertrages zur gerichtlichen Durchsetzung der Ansprüche, die sich auf die Abtretung der Forderung erstreckt, mit deren Geltendmachung der Vertrag erfüllt werden soll, BGH NJW 1995, 516; *Haß*, S. 105.

1374 *Altenhoff/Busch/Kampmann/Chemnitz*, RBerG, Art. 1 § 1, Rn. 62.

1375 Bspw. haben die Gewerkschaften eine Befugnis zur Rechtsberatung ihrer Mitglieder ohne Erlaubnis, da ihnen das Privileg des Art. 1 § 7 RBerG zugute kommt.

1376 OLG Düsseldorf, Urt. v.20.11.1992-7 U 238/91 (n. rkr; ZIP 1993, 347, 347 f; Vorinstanz LG Düsseldorf ZIP 1991, 932 mit Anm. Schick = EWiR 1991, 849 (Lutter)). In der Sache ging es darum, dass ein als eingetragener Verein organisierter Interessenverband Schadensersatzansprüche von Kleinaktionären geltend machte mit der Begründung, der Beklagte habe den Konkurs der Girmes-AG und den entsprechenden Wertverlust zu vertreten. Die Klage wurde als unzulässig abgewiesen, da dem Kläger wegen Verstosses gegen das Rechtsberatungsgesetz aufgrund Fehlens einer behördlichen Erlaubnis zur Einziehung ihm abgetretener Forderungen keine Prozessführungsbefugnis zustand. Der die Revision durch Beschluss vom 08.11.1993 ablehnende BGH (abgedr. NJW 1995, 516) sah in der unwirksamen Abtretung allerdings nicht die Unzulässigkeit, sondern die Unbegründetheit der Klage.

1377 Dazu auch genauer *Haß*, S. 117 f.

1378 OLG Düsseldorf, Urt. v. 20.11.1992, ZIP 1993, 347, 348.

die den Erwerb und Verkauf von Aktien als ihre wesentliche Tätigkeit und Existenzgrundlage betrachten[1379].

Möglichkeiten zur Fruchtbarmachung der Bündelung von Interessen durch Verbände und Interessengemeinschaften liegen in der Ermächtigung einer Privatperson zur Geltendmachung der Anlegeransprüche oder in der Gründung einer Ad-hoc-Gesellschaft speziell zur Rechtsdurchsetzung. Beide Möglichkeiten erfüllen das Merkmal der Geschäftsmäßigeit nicht und verstoßen nicht gegen das Rechtsberatungsgesetz[1380]. Außerdem ist es zulässig, dass ein Rechtsanwalt im Rahmen eines mit dem Verband geschlossenen Vertrages den Mitgliedern des Verbandes Rechtsrat erteilt[1381]. Denn Rechtsanwälte sind nicht vom Rechtsberatungsgesetz erfasst[1382].

C. Streitgenossenschaft

Eine weitere Möglichkeit zur Bündelung von Einzelklagen ist die Streitgenossenschaft. Mehrere Personen können als Streitgenossen gemeinschaftlich klagen, wenn sie hinsichtlich des Streitgegenstandes in Rechtsgemeinschaft stehen oder aus demselben rechtlichen Grund berechtigt oder verpflichtet sind[1383], aber auch dann, wenn gleichartige und auf einem im wesentlichen gleichartigen tatsächlichen und rechtlichen Grunde beruhende Ansprüche oder Verpflichtungen den Gegenstand des Rechtsstreits bilden[1384]. Letzteres trifft beispielsweise bei unrichtigen oder unvollständigen Angaben im Börsenprospekt, bei Verletzung der Ad-hoc-Publizitätspflicht oder bei einer durchgeführten Insiderhandelstransaktion zu. Prozesseffizienter als einzelnes Vorgehen der Anleger wird die Streitgenossenschaft durch die zentrale Sammlung von anspruchsbegründenden Tatsachen oder effektiverer Sachverhaltsrecherche[1385]. Darüber hinaus gelten Angriffs- und Verteidigungsmittel einzelner Streitgenossen von potenzieller Gesamtwirkung für alle erschienenen Streitgenossen als vorgebracht[1386].

Das Prozesskostenrisiko wird für den Anleger bei der Streitgenossenschaft wegen des degressiven Verlaufs der Gebührentabellen erheblich gemindert[1387]. Die

---

1379 OLG Düsseldorf, Urt. v. 20.11.1992, ZIP 1993, 347, 348.
1380 *Wunderlich*, DB 1993, 2269, 2272.
1381 OLG Düsseldorf. AnwBl 1987, 559.
1382 Art. 1 § 3 Nr. 2 RBerG.
1383 § 59 ZPO.
1384 § 60 ZPO.
1385 *Wunderlich*, DB 1993, 2269, 2273; *Greiner*, Class Action, S. 136.
1386 *Lindacher*, JuS 1986, 379, 380.
1387 Nach § 5 ZPO setzt sich der Gesamtstreitwert aus der Addition der einzelnen Ansprüche

Vertretung der Gruppe erfolgt üblicherweise durch einen Rechtsanwalt[1388], der seine Gebühren nach dem addierten Streitwert[1389] nur einmal erhält, die nach den Gebührentabellen geringer als die hypothetischen Einzelklagen sind. Probleme können bei der Bildung der Gruppe und bei der Frage des einheitlichen Gerichtsstandes auftreten[1390]. Die möglichen Streitgenossen kennen sich im Normalfall nicht, so dass es beträchtlicher Organisation bedarf, sie ausfindig zu machen.

Die Streitgenossenschaft ist nicht mit der Möglichkeit der *class action* vergleichbar, da es der Mitwirkung jedes einzelnen Klägers an der Klage bedarf[1391]. Nicht ein Einzelner führt das Verfahren für alle übrigen Anleger, sondern jeder Streitgenosse führt seinen eigenen Prozess[1392]. Die Prozessrechtsverhältnisse können sich selbständig und vor allem unabhängig voneinander entwickeln[1393]. Es besteht nur die „äußere Verbindung mehrerer Prozesse“[1394]. Das kann vorteilhaft sein, da jeder Streitgenosse über den Gegenstand seines Verfahrens, z.B. durch Klagerücknahme oder einen Vergleich mit dem Beklagten selbst verfügen kann. Das kann aber auch von Nachteil sein, wenn eine Beweisaufnahme zur Frage der unterschiedlichen Einzelansprüche oder Einzelschäden erforderlich wird. In diesem Fall besteht die Gefahr, dass das Gericht die verbundenen Klagen trennt[1395]. Die Gerichts- und Anwaltskosten werden für den Zeitpunkt nach der Trennung nach den Einzelwerten berechnet. Die nach dem Gesamtwert bereits verdienten Gebühren bleiben unberührt, werden allerdings nach dem Verhältnis der Streitwerte der einzelnen Prozesse angerechnet[1396]. Den Anleger trifft dann wegen des degressiven Verlaufs der Gebührentabellen ein erhöhtes Prozesskostenrisiko, das gerade durch die Streitgenossenschaft vermindert werden sollte. Eine Trennungsgefahr wegen drohender Verschleppung des einheitlichen Verfahrens besteht, wenn Tatbestandsmerkmale, die in der Sphäre des Anlegers liegen, strittig sind. Das ist bei einer Mitverschuldensregelung möglich, wie sie bei der

---

der Kläger zusammen.

1388 Zöller-*Vollkommer*, ZPO, § 61, Rn. 2; *Lindacher*, JuS 1986, 379, 384; *Wunderlich*, DB 1993, 2269, 2273.

1389 § 5 ZPO.

1390 Bezüglich des Gerichtsstandes greift zum einen der allgemeine Gerichtsstand des Schuldners (§ 12 ZPO), im speziellen ist bei der Aktiengesellschaft der allgemeine Gerichtsstand nach § 17 ZPO dort, wo die Gesellschaft ihren Sitz hat. Besonderer Gerichtsstand bei unerlaubter Handlung ist nach § 32 ZPO der Ort, an dem die unerlaubte Handlung begangen ist.

1391 *Hirte*, in: FS Leser, S. 335, 336.

1392 § 61 ZPO.

1393 BSG NJW 1972, 176.

1394 MüKo-*Schilken*, ZPO, § 61, Rn. 2.

1395 Von Amts wegen nach § 145 Abs. 1 ZPO; dazu *Wunderlich*, DB 1993, 2269, 2273.

1396 MüKo-*Peters*, ZPO, § 145, Rn. 15; *Wunderlich*, DB 1993, 2269, 2273.

Börsenprospekthaftung besteht. Hier muss der Emittent für jeden Anleger ein Mitverschulden beweisen. Das kann aber auch bei der Feststellung der Höhe des enstandenen Schadens eintreten, der bei jedem Anleger individuell verschieden sein kann. Die Streitgenossenschaft ist insbesondere zweckmäßig, wenn gesetzliche Vermutungen für Tatbestandsmerkmale wie Verschulden und Kausalität bestehen oder wenn Verschulden und Kausalität offensichtlich vorliegen, da dann eine getrennte Beweisaufnahme nicht erforderlich wird. Die Beweiswürdigung über eine in allen Verfahren entscheidungserhebliche Behauptung wie Verschulden des Emittenten oder Kausalität zwischen Verletzungshandlung und Schaden der Anleger kann, wenn gleichzeitig entschieden wird, nur einheitlich ausfallen[1397].

D. Musterprozess

Der Musterprozess ist keine der Verbandsklage, der Streitgenossenschaft oder der *class action* vergleichbare Bündelung von Interessen, vermag aber gleichwohl im Fall vieler Geschädigter Erleichterungen für die Anleger und Prozesskostenersparnis mit sich bringen. Bei einem Musterprozess soll ein „Modellfall", dessen Sachverhalt (im wesentlichen) mit einer Mehrzahl von Streitfällen übereinstimmt, als prozessuales Exempel dienen[1398]. Bedeutend ist im Rahmen eines Musterprozesses die „Breitenwirkung" des durch den Prozess erlangten Ergebnisses für eine Vielzahl von Betroffenen[1399]. Allerdings lässt die bloß faktische Bindungswirkung der Musterentscheidung keine verbindlichen Schlüsse auf die Erfolgswahrscheinlichkeit der Folgeprozesse zu. Eine Vereinbarung kann weder über die Rechtskrafterstreckung auf die nachfolgenden Gerichtsverfahren noch über die Bindung des später angegangenen Gerichts an die Rechtsauffassung des entscheidenden Gerichts im Musterprozess getroffen werden[1400]. Die faktische Bindungswirkung kann also, muss aber den Schädiger nicht zu außergerichtlichen Lösungen der übrigen Fälle veranlassen. Der Musterprozess ist für die einzelnen Geschädigten nicht so vorteilhaft wie die *class action*.

1397 NJW-RR 1994, 1278 f.

1398 *Kempff*, ZZP 73 (1960), 342, 342; Zöller-*Vollkommer*, ZPO, § 325, Rn. 43b.

1399 Zöller-*Vollkommer* , ZPO, § 325, Rn. 43b.

1400 M.w.N. *Stadler*, Referat, I 38.

I. Musterprozessabrede

Zur Förderung außergerichtlicher Streitbeilegung bzw. zur Erleichterung der Sachverhaltsermittlung und der Beschaffung von Beweismitteln für den Prozess ist es sinnvoll, etwaige Musterprozessabreden bereits vor Klageerhebung zu treffen[1401]. Zur Musterprozessabrede bieten sich zwei Möglichkeiten an: erstens ein Vertrag zwischen den geschädigten Anlegern und dem Schädiger, einen Musterprozess durchzuführen und nach dessen rechtskräftiger Entscheidung Schadensersatzforderungen der übrigen Anleger ohne die weitere Anstrengung von Prozessen zu regeln, zweitens die Abrede unter den betroffenen Anlegern, zunächst einen oder wenige Musterprozesse zu führen, während die übrigen Anleger ihre Klagen bis zum Abschluss des Musterprozesses zurückhalten. Bei bereits rechtshängigen Parallelverfahren wird das Gericht bemüht sein, einen oder wenige Musterprozesse möglichst schnell zu entscheiden und die Parteien der übrigen Prozesse zum Antrag auf Ruhen des Verfahrens[1402] zu bewegen, bis eine obergerichtliche oder höchstrichterliche Entscheidung ergangen ist und daher die Chance besteht, dass sich der Rechtsstreit entweder durch gütliche Einigung durch die Parteien oder durch Anerkenntnis bzw. Klagerücknahme erledigt[1403]. Denn die faktische Präjudizwirkung der Urteile aus Musterprozessen können sich die Parteien bei einer außergerichtlichen Einigung zunutze machen[1404]. Dass der Musterfall nur tatsächliche, nicht aber rechtliche Präjudizwirkung hat, bringt allerdings mit sich, dass der Beklage in den Folgeprozessen neue oder nachgebesserte Einwendungen vorbringen kann[1405].

Die Musterprozessabrede zwischen den Anlegern und dem Beklagten ist prozesskostensparender und risikoärmer als eine Abrede nur zwischen Anlegern. Denn hier würden nur für den Musterfall Verfahrenskosten entstehen und ein Großverfahren mit einer Vielzahl von Klägern könnte vermieden werden[1406], während bei einer Vereinbarung nur zwischen den Anlegern unsicher ist, ob sich der Schädiger nach Beendigung des Musterprozesses auf eine außergerichtliche Einigung einlässt oder ob die übrigen Anleger weitere Verfahren anstrengen

1401 *von Bar*, Gutachten, A 81; *Haß*, S. 64.

1402 § 251 ZPO. Das bringt aber das Problem der Verjährung mit sich, denn obwohl das Ruhen erst durch Gerichtsbeschluss und nicht durch Vereinbarung eintritt, führt die Verfahrensruhe nach § 251 ZPO zur Beendigung der Verjährungsunterbrechung, weil sie mittelbar auf dem übereinstimmenden Antrag der Parteien oder ihrem tatsächlichen Nichtverhandeln beruht, MüKo-*Feiber*, ZPO, § 251, Rn. 19. Zur Verjährung siehe auch unten S. 255.

1403 *Stürner*, JZ 1978, 499, 500.

1404 *Haß*, S. 67.

1405 *Wunderlich*, DB 1993, 2269, 2270.

1406 *Wunderlich*, DB 1993, 2269, 2270.

müssen. Aber auch bei einer Vereinbarung zwischen den übrigen Anlegern, die nicht Partei des Musterprozesses waren, und dem Schädiger kann es wegen der Beschränkung der Rechtskraft des Modellurteils nur auf den Modellfall und keine Erstreckung auf die anderen Streitfälle vorkommen, dass bei Unwilligkeit des Schädigers zur Zahlung von Schadensersatz trotz seines Unterliegens im Musterprozess Folgeprozesse angestrengt werden müssen, die Kosten und Mühe mit sich bringen. Der Musterprozess hat bei der Abrede unter Geschädigten und Schädiger also nur dann prozesskostenmindernde Funktion, wenn die Musterprozessabrede eingehalten und Schadensersatz an die den Musterprozess abwartenden Anleger ausgezahlt wird, ohne dass sie weitere Prozesse anstrengen müssen. Das Prozesskostenrisiko entfällt dann lediglich bei absehbarem Obsiegen im Folgeprozess aufgrund der faktischen Bindungswirkung[1407] des Urteils aus dem Musterprozess. Die Musterprozessabrede entfaltet aber für den potenziellen Schädiger keine abschreckende Wirkung, da sie erst nach einem entstandenen Schadensfall vereinbart wird und eine Ersatzverpflichtung gegenüber allen geschädigten Anlegern nicht unmittelbar droht. Die Führung von Musterprozessen ist bisher nicht so weit verbreitet, dass der potenzielle Schädiger von vornherein davon ausgeht, dass ein Musterprozess mit etwaigen Folgeprozessen bei einer Informationsverletzung auf ihn zukommen wird und er zu deren Vermeidung seine Sorgfalt erhöhen muss.

In der Literatur wird zur Schaffung von Prozessökonomie und Entscheidungsharmonie auch die Einführung von Musterprozessen von Amts wegen vorgeschlagen, deren Ergebnisse auf gleichgelagerte Fälle übertragen werden[1408]. Der Gewährung rechtlichen Gehörs würde dadurch genüge getan, dass den Klägern der ausgesetzten Verfahren die Möglichkeit offen stehe, die Andersartigkeit ihres Falles in Relation zu dem Musterfall darzulegen. Als Grundlage hierfür müsste eine dem § 93a VwGO entsprechende Vorschrift eingeführt werden[1409].

1407 *Haß*, S. 66.

1408 Dazu *Stadler*, Referat, I 40 f.; *von Bar*, Gutachten, A 104.

1409 *von Bar*, A 104. § 93a Abs. 1 VwGO besagt: "Ist die Rechtmäßigkeit einer behördlichen Maßnahme Gegenstand von mehr als fünfzig Verfahren, kann das Gericht eines oder mehrere geeignete Verfahren vorab durchführen (Musterverfahren) und die übrigen Verfahren aussetzen. Die Beteiligten sind vorher zu hören. Der Beschluß ist unanfechtbar." Abs. 2: "Ist über die durchgeführten Verfahren rechtskräftig entschieden worden, kann das Gericht nach Anhörung der Beteiligten über die ausgesetzten Verfahren durch Beschluß entscheiden, ... "

II. Verjährung

Um den Musterprozess als Instrument zur Vereinfachung der Durchsetzung von Einzelansprüchen fruchtbar zu machen, müsste die Verjährungsproblematik gelöst werden, da sonst das Risiko der Verjährung für Anleger während der Aussetzung ihrer Verfahren zu groß wäre und den Schädiger dazu verleiten könnte, das Musterverfahren so lange wie möglich hinauszuzögern. Besteht für den potenziellen Schädiger die Aussicht auf Verjährung der Parallelfälle während des laufenden Musterprozesses, erhält er von vornherein keinerlei Anreiz zu sorgfältigem Verhalten. Außerdem wäre der Musterprozess für die Anleger kein Mittel zur Vereinfachung und Verbilligung ihrer Anspruchsdurchsetzung. Da die Verjährungsfristen sowohl bei der Börsenprospekthaftung als auch bei der Verletzung der Ad-hoc-Publizitätspflicht sehr kurz sind, im deutschen Recht ist die Frist auf sechs Monate ab Kenntnis verkürzt, sind die Ansprüche derjenigen Anleger gefährdet, die das Verfahren zugunsten des Musterprozesses ausgesetzt oder ihre Klagen zunächst zurückgehalten haben. In diesem kurzen Zeitraum ist es kaum möglich, eine höchstrichterliche Entscheidung zu erlangen.

In Erwägung zu ziehen ist eine vertragliche Vereinbarung zwischen den Anlegern und dem Schädiger zur Verlängerung der Verjährung. Eine solche Vereinbarung ist anders als nach alter Rechtslage[1410] gemäß § 202 BGB grundsätzlich wirksam. Unzulässig ist lediglich eine Vereinbarung, die entweder die Erleichterung der Verjährung für Haftung wegen Vorsatzes im Voraus[1411] oder die eine Verjährungsfrist von mehr als 30 Jahren vorsieht[1412]. Mit der neuen Rechtslage besteht kein Bedürfnis mehr nach anderen Konstruktionen wie beispielsweise Auslegung der Musterprozessabrede als Einrede zur Leistungsverweigerung nach § 202 Abs. 1 BGB a.F. zur Hemmung der Verjährung bis zum Abschluss des Prozesses[1413]. Erforderlich für eine solche Konstrukition war die Vereinbarung in der Musterprozessabrede, dass die übrigen Anleger während des laufenden Musterprozesses ihre Schadensersatzansprüche nicht geltend machen dürfen[1414]. Unter den pactum de non petendo fiel nach der Rechtsprechung auch eine Abrede, in der sich die Parteien verpflichteten, das Ergebnis eines Vorprozesses abzuwarten[1415].

1410 Eine solche Vereinbarung war nach § 225 Abs. 1 BGB a.F. i.V.m. § 134 BGB nichtig.

1411 § 202 Abs. 1 BGB.

1412 § 202 Abs. 2 BGB.

1413 So beispielsweise *Wunderlich*, DB 1993, 2269, 2270; *Haß*, S. 78 f.

1414 *Wunderlich*, DB 1993, 2269, 2270; *Haß*, S. 78 f. *von Bar*, Gutachten, A 82 schlägt eine Hemmung der Verjährung gem. § 202 Abs. 1 BGB durch Vereinbarung von Stundung hinsichtlich der Ansprüche vor, die nicht Gegenstand des Musterprozesses sind[1414].

1415 BGH NJW 1973, 316; BGH NJW 1986, 1338.

Für den Fall, dass sich der Schädiger nicht auf eine verjährungsverlängernde Vereinbarung einlässt, ist weiterhin eine Anordnung der Verfahrensaussetzung durch das Gericht nach § 148 ZPO zu erwägen. Denn eine Aussetzung nach § 148 ZPO beendet die nach § 204 S. 1 Nr. 1 BGB eingetretene Hemmung der Verjährung nicht[1416]. Eine solche Verfahrensaussetzung bis zur höchstrichterlichen Entscheidung würde das Verjährungsproblem aber nur in den Fällen umgehen, in denen bereits Parallelklagen rechtshängig sind, nicht aber, wenn die Anleger gerade vereinbart haben, mit der Klageerhebung bis zum Abschluss des Musterprozesses zu warten. Das LAG Düsseldorf erachtet eine Verfahrensaussetzung in Massenverfahren als zulässig[1417] und lässt für die Anwendung des § 148 ZPO ausreichen, dass „die Entscheidung des „vorgreiflichen" Verfahrens einen maßgeblichen Einfluss auf das anhängige Verfahren ausübt" und den einzelnen Verfahren ein einheitliches Rechtsverhältnis zugrunde liegt[1418]. Unter Berücksichtigung des Normzwecks - Verhinderung überflüssiger Mehrarbeit in parallel geführten Prozessen und sich widersprechender Entscheidungen[1419] - ist bei kapitalmarktrechtlichen Klagen, die einheitlich auf Verletzung desselben Prospekts, Verletzung derselben Ad-hoc-Publizitätspflicht oder Verletzung des Insiderhandelsverbots betreffend dieselben Wertpapiere beruhen, von der Möglichkeit der Aussetzung nach § 148 ZPO bei mehreren anhängigen Verfahren verletzter Anleger auszugehen.

E. Bewertung

Sowohl zur Anreizsetzung zur Schadensvermeidung als auch aus prozessökonomischen Gründen ist die kollektive Geltendmachung von Ansprüchen im Bereich des Kapitalmarktrechts wünschenswert. Eine kollektive

---

1416 M.w.N. Palandt-*Heinrichs*, § 204, Rn. 48.

1417 Beschluss des LAG Düsseldorf v. 15.11.1974 - 16 TABV 23/74, in: EzA § 148 ZPO Nr. 1. A.A. *Dütz,* BB 1978, 213, 215. Er lehnt die Aussetzung des Verfahrens in diesem Fall ab. Nach dem Wortlaut der Norm wäre eine Aussetzung nicht zulässig, denn danach muss das für die Entscheidung des Rechtsstreits entscheidende Rechtsverhältnis tatsächlich Gegenstand eines anderen Rechtsstreits sein, und nicht nur eine Vorfrage behandeln, und daher vorher entschieden werden. Zur Diskussion ausführlich *von Bar*, Gutachten, A92f. Bleibt schließlich die analoge Anwendung von § 148 ZPO, die allerdings nur in engem Umfang in Erscheinung treten darf, da grundsätzlich jede Aussetzung gesetzlicher Grundlagen wegen Eingreifens in die verfassungsmäßige Garantie des Gerichtsschutzes in angemessener Zeit bedarf. Daher ist eine analoge Anwendung um so kritischer, *Stürner*, JZ 1978, 500, 501.

1418 Beschluss des LAG Düsseldorf v. 15.11.1974 - 16 TABV 23/74, in: EzA § 148 ZPO Nr. 1, S. 3.

1419 *Thomas/Putzo*, ZPO, § 148, Rn. 2.

Geltendmachung würde einerseits die Arbeit des Gerichts erheblich vereinfachen, Kosten sparen und andererseits eine Erleichterung für die Geschädigten bedeuten, z.B. bei der Beweiserbringung durch die Beteiligung vieler Geschädigter, weil die Wahrscheinlichkeit eines umstrittenen Kausalzusammenhangs mit der Häufigkeit einer bestimmten Faktorenkonstellation zunimmt[1420]. Das wiederum ginge mit der Sorgfaltserhöhung der potenziellen Schädiger zur Schadensvermeidung einher. Darüber hinaus würde der Gefahr begegnet, dass verschiedene Entscheidungen bei vergleichbarem Sachverhalt ergehen. Dennoch reicht die Möglichkeit der Streitgenossenschaft und der Führung von Musterprozessen zur Erhöhung der Sorgfaltsanreize der Informationsverantwortlichen, wie sie von einer drohenden *class action* ausgehen, nicht aus, da keine der *class action* vergleichbare effektive Bündelung von Interessen vorgenommen werden kann. Gleichwohl können Streitgenossenschaft und Musterprozesse Anreize für die Anspruchsdurchsetzung durch Sammlung von Informationen begründen. Allein die Verbandsklage kann ähnliche Effekte wie die *class action* erzielen. Die Möglichkeit zur Erhebung einer Verbandsklage ist aber derzeit durch das Rechtsberatungsgesetz eingeschränkt.

Gegenüber der Schaffung einer der *class action* vergleichbaren Gruppenklage in Deutschland ist die Ausweitung der Verbandsklage vorzugswürdig. *Class actions* sind sowohl in den USA wie auch in den Diskussionen über eine entsprechenden Einführung in Deutschland eine äußerst umstrittene Möglichkeit zur kollektiven Geltendmachung von Anlegeransprüchen. Dies belegen u.a. abwertende Bezeichnungen der *class actions* von „Frankenstein monster" und „a form of legalized blackmail" über „(a potential) engine of destruction" zu „one of the most socially useful remedies in history" und „the only economical route to justice"[1421]. Soll die Verbandsklage nicht die gleichen Streitpunkte aufweisen wie die *class action*, darf sie nicht zur Erweiterung der Repräsentation der Interessen von Nichtmitgliedern führen[1422]. Das könnte zu einem geringeren Sorgfaltsanreiz für den potenziellen Schädiger führen als durch Erhebung einer *class action*, da sich der Schädiger nicht der gesamten geschädigten Anlegerschaft gegenübersieht.

Der Etablierung der *class action* stehen vor allem drei Einwände entgegen: der Verstoß gegen den Grundsatz des rechtlichen Gehörs gemäß Art. 103 Abs. 1 GG[1423], die Überforderung der Justiz und das anwaltliche Standesrecht[1424]. Der Grundsatz des rechtlichen Gehörs wird dann brisant, wenn ein auf eine

---

1420 *Braun*, NJW 1998, 2318, 2319.

1421 Vgl. *Koch*, m.w.N., S. 17. Eine teilweise Lösung würde eine rechtlich und klar definierte *class* mit sich bringen, *Mertens*, ZHR 139 (1975), 438, 471.

1422 Vgl. *Steindorff*, ZHR 138 (1974), 504, 516 f.

1423 So insbesondere *von Bar*, Gutachten, A 100 f. Ferner betont *von Bar* die Unvereinbarkeit der Möglichkeit der *class action* mit der Parteimaxime hinsichtlich der Entscheidung, ob eine Klage erhoben werden soll.

1424 Siehe *Koch*, S. 93-96, vgl. auch *von Bar*, Gutachten, A 100 f.

Gruppenklage ergehendes Urteil Rechtskraft erlangt und auch für diejenigen formelle und materielle Bindungswirkung entfaltet, die nicht zu der Gruppe der formell Beteiligten gehören. Dieses Problem ist allerdings nur in dem Fall einschlägig, in dem ein für die Gruppe ungünstiges Urteil ergeht; denn dann wird den „passiven" Gruppenmitgliedern, falls sie später einen neuen Prozess anstrengen wollen, der Einwand der Rechtskraft entgegengestellt[1425]. Bei der *class action* ist Ersatz für das Gebot des rechtlichen Gehörs der einzelnen Gruppenmitglieder das Gebot der fairen und angemessenen Vertretung der Gruppe[1426]. Jedem Gruppenmitglied rechtliches Gehör zu gewähren, ist nicht möglich, denn gerade bei Streuschäden, für die die *class action* von besonderer Relevanz ist, werden nicht alle Geschädigten ausfindig zu machen sein. Einer Verbandsklage steht der Grundsatz des rechtlichen Gehörs nicht entgegen. Denn anders als bei der *class action* umfasst das Verbandsklagebegehren lediglich den Schadensersatz der Verbandsmitglieder, die dem Verband die Ermächtigung zur Prozessführung eingeräumt haben. Geschädigte, die nicht Mitglied des Verbandes sind, werden von der Rechtskraft eines ergehenden Urteils nicht erfasst. Dass durch den Vergleich nur die Ansprüche gegenüber den Verbandsmitgliedern abgegolten werden, führt gleichzeitig zu einer geringeren Vergleichsbereitschaft des Schädigers, da bei Abschluss eines Vergleichs mit dem Verband für ihn weiterhin die Gefahr besteht, von den übrigen Anlegern in Anspruch genommen zu werden. Missbräuchliche Vergleichseingehung wird damit ausgeschaltet. Gleichzeitig besteht die Gefahr für die übrigen Anleger, dass der Schädiger nach einer etwaigen Vergleichseingehung mit dem Verband insolvent wird und nicht weiter in Anspruch genommen werden kann.

Teilweise wird vertreten, und dies ist Gegenstand des zweiten Arguments, das Justizsystem würde bei einer Einführung der Gruppenklage völlig überfordert und zum Zwecke der Durchsetzung gesellschaftlicher Interessen politisiert werden[1427]. Diesbezüglich ist anzumerken, dass durch die bloße Addierung von Einzelansprüchen nicht von einer Politisierung ausgegangen werden kann[1428]. Es geht vielmehr um die Durchsetzung des Ersatzes entstandener Einzelschäden, der neben dem Schadensausgleich das Vertrauen in den Kapitalmarkt erhalten und die Unternehmen zu sorgfältigem Verhalten anhalten soll. Zumindest für Klagen auf dem Gebiet des Kapitalmarktrechts kann nicht von einer Politisierung gesprochen werden, in anderen Bereichen, z.B. bei Umweltschäden mag der

1425 *Koch*, S. 93.

1426 *Hopt/Baetge*, in: Basedow/Hopt/Kötz/Baetge (Hrsg.), Bündelung, S. 11, 18.

1427 *Großfeld*, Diskussionsbeitrag, in: Homburger/Kötz (Hrsg.), Klagen Privater, S. 105, vgl. dazu *Rehbinder*, Diskussionsbeitrag, in: Homburger/Kötz (Hrsg.), Klagen Privater, S. 107; *Mertens*, ZHR 139 (1975), 438, 442.

1428 *Rehbinder*, Diskussionsbeitrag, in: Homburger/Kötz (Hrsg.), Klagen Privater, S. 106.

Politisierungsgedanke eine größere Rolle spielen. Außerdem ist die *class action* schon allein deswegen „spektakulärer", da sie sozialpolitische Zwecke verfolgt. In den USA besteht eine besondere Sensibilisierung, den „kleinen Mann" zu schützen und eine Verteilung vorzunehmen, die ihn gegenüber Unternehmen mit „tiefen Taschen" begünstigt. Der Charakter von „Spektakularität" ist bei einer Verbandsklage nicht zu erwarten.

Der dritte Einwand zielt auf das nach deutschem Recht ausgeschlossene Erfolgshonorar für Anwälte als wesentlicher Anreiz zur Erhebung einer *class action*. Das Erfolgshonorar verleiht dem Anwalt der Gruppe ein eigenes vitales Interesse, eine *class action* zu erheben, und macht ihn vielfach zum Urheber und Verfahrensmotor dieser Klagen. Folglich wird angenommen, dass ohne die Möglichkeit der Vereinbarung eines Erfolgshonorars kein Anreiz zur Erhebung einer Gruppenklage besteht. Dagegen sprechen allerdings neuere Untersuchungen in den USA[1429], denen zufolge nach Erlass des Reform Act der Anreiz, *class actions* zu führen, gleichermaßen hoch geblieben, wenn nicht sogar angestiegen ist, obgleich die Möglichkeit zur Vereinbarung eines unbegrenzten Erfolgshonorars ausdrücklich zur Vermeidung missbräuchlicher Klagen eingeschränkt wurde. Daher kann das Erfolgshonorar nicht alleiniger Anreiz für eine Klageerhebung sein. Ein vom Streitwert abhängiges, normiertes Honorar, das ein Anwalt nach deutschem Recht erhält, bietet ebenfalls einen Anreiz zur Erhebung einer Klage, da es sich bei Klagen zur Geltendmachung von Streuschäden im Kapitalmarktbereich insgesamt um hohe Streitwerte handelt. Eine größere Hürde und anreizmindernd für die Erhebung einer *class action* stellen die Prinzipien des deutschen Kostenrechts dar. Der Anreiz für die Anleger, eine *class action* zu erheben, ist auf jeden Fall größer, wenn der unterliegende Kläger von den Kosten des Anwalts der Gegenseite freigestellt wird[1430]. Das ist nach deutschem Recht nur bei Obsiegen der Fall, während bei Unterliegen sowohl die eigenen Kosten als auch diejenigen des Gegners zu tragen sind. Gegen eine Freistellung von den Kosten des Anwalts der Gegenseite bestehen Bedenken[1431]. Denn, wie auch der Reform Act gezeigt hat, führt eine solche Kostenverteilung dazu, dass selbst haltlose Klagen erhoben werden, da der Gegenpartei in keinem Fall Kosten ersetzt werden müssen.

Trotz eines Klagerhebungsanreizes bei streitwertabhängiger Vergütung ist die Einführung einer *class action* in das deutsche Recht ohne die Möglichkeit der Vereinbarung einer erfolgsabhängigen Vergütung nicht durchführbar. Eine

---

1429 Insbesondere *Grundfest/Perino/Lomio/Wayne/Reynolds*, http://securities.stanford.edu/report/-nasdaq/98q1.html; *Kelly*, http://stanford.edu/research/reports/19990801pwc103000.pdf, der allerdings für das Jahr 1999 wieder eine Reduzierung der Klagen feststellt.

1430 Siehe *Kötz*, in: Homburger/Kötz (Hrsg.), Klagen Privater; S. 88; ähnlich *Koch*, S. 95.

1431 *Kötz*, in: Homburger/Kötz (Hrsg.), Klagen Privater, S. 88.

Abrechnung nach BRAGO und die Kostentragungspflicht der unterliegenden Partei führen zu enormem Kostenaufwand und zu der technischen Schwierigkeit, jedes einzelne Gruppenmitglied zur Übernahme eines finanziellen Risikos bzw. einer Vorabzahlung zu bewegen und jeweils kleine Beträge zur Finanzierung einer Klage von sehr vielen und ausfindig zu machenden Gruppenmitgliedern einzufordern[1432]. Diese Schwierigkeit führt zur Unterlassung der Erhebung von Klagen, die mehr als ein zu vernachlässigendes Prozessrisiko enthalten.

Bei einer Verbandsklage ist die Einführung eines Erfolgshonorars dagegen nicht notwendig. Denn die Mitglieder des Verbandes sind bekannt, so dass die Finanzierung nicht von der unmöglichen Eintreibung der Geldbeträge von unbekannten Gruppenmitgliedern abhängt und darüber hinaus zunächst ein Vorschuss durch den Verband aus eigens dafür bereitgestellten Mitteln zu erwägen ist. Schließlich bleibt lediglich ein Argument der Vorzugswürdigkeit der *class action* gegenüber der Verbandsklage: Ein selbst betroffener Gruppenrepräsentant verspricht ein effizienteres Vorgehen als ein lediglich mittelbar betroffener Verband[1433], da einer Unternehmensbürokratie im Gegensatz zu einer Verbandsbürokratie größere Handlungsfähigkeit zuzusprechen ist[1434].

§ 9: Untersuchungsergebnisse und Perspektiven

Meine Untersuchung habe ich unter Zugrundelegung des gesellschaftlichen und politischen Ziels eines semi-effizienten Marktes durchgeführt. Danach ist Funktionsfähigkeit nur zu erreichen, wenn allokationsrelevante Informationen öffentlich zugänglich sind.

A. Kapitalmarktkontrolle

Zur Schaffung effizienter Kapitalmärkte muss die Offenlegung richtiger, vollständiger und allokationsrelevanter Informationen erreicht werden. Ohne rechtliche Regelungen ist die Verbreitung allokationsrelevanter Informationen nicht zu erzielen. Es besteht die Gefahr, dass Emittenten versuchen, das Unternehmen möglichst positiv darzustellen und negative Unternehmensinformationen zu unterdrücken oder zu verschleiern. Dadurch werden die Anleger einer Unsicherheit über die Qualität der Wertpapiere

1432 *Schäfer*, Anreizwirkungen, in: Basedow/Hopt/Kötz/Baetge (Hrsg.), Bündelung, S. 67, 79.
1433 *Koch*, S. 98.
1434 *Mertens*, ZHR 139 (1975), 438, 469.

ausgesetzt, die die Gefahr des Marktversagens mit sich bringt. Markteigene Mechanismen vermögen diese Gefahr nicht zu verhindern.

Nach deutschem Recht bestehen mit der Börsenprospekthaftung und der Ad-hoc-Publizität wichtige Vorschriften, die Emittenten von Wertpapieren anhalten sollen, Informationen über diese zu publizieren. Das US-amerikanische Recht sieht bei Verletzung von Börsenprospekthaftungs-, Insider- und Ad-hoc-Publizitätsvorschriften spezielle zivilrechtliche Instrumente vor. Seit dem vierten Finanzmarktförderungsgesetz steht auch im deutschen Recht nicht nur für die Börsenprospekthaftung, sondern auch für die Verletzung der Ad-hoc-Publizitätspflicht eine haftungsrechtliche Regelung zur Verfügung. Daneben begründet die Ad-hoc-Publizitätspflicht Schutzgesetzcharakter. Bei Verletzung der Insidervorschriften sind die Anleger weiterhin auf ein Vorgehen aus den deliktsrechtlichen Vorschriften zu Schutzgesetzverletzungen und auf § 826 BGB verwiesen. Darüber hinaus ist ein Vorgehen gegen die Schädiger den staatlichen Organen vorbehalten. Es muss aber zugunsten der Funktionsfähigkeit des Kapitalmarktes aufgrund der zurückhaltenden Rolle des verhaltenssteuernden Strafrechts auf diesem Gebiet ein Anreiz zur Sorgfaltsanwendung gegeben werden. Dieser kann durch eine für die Anleger attraktivere Ausgestaltung des Haftungsrechts geschaffen werden, unter der Voraussetzung, dass das Verfahrensrecht unterstützend mitwirkt.

Bei einer Insiderhandelsvorschrift ist für das deutsche Recht eine dem *disclose-or-abstain* Grundsatz ähnliche Offenlegungspflicht des Insiders wünschenswert, da nur so eine „richtige" Bewertung von Wertpapieren stattfinden, die Bildung fairer Preise erreicht und die Allokationseffizienz gefördert werden kann. Eine strafrechtliche Sanktion, die lediglich ein Verwertungsverbot vorsieht, vermag diesem, auch in der Insiderrichtlinie geforderten Ziel nicht gerecht zu werden. Eine eingeschränkte Offenlegungspflicht des Insiders lediglich gegenüber der Informationsquelle, wie es in den USA seit der O'Hagan-Entscheidung der Fall ist, ist allerdings nicht ausreichend für eine „richtige" Preisbildung.

In den USA hat das Haftungsrecht nach allgemeiner Ansicht primär Präventionsfunktion, während in Deutschland die Ausgleichsfunktion mit der Präventionsfunktion konkurriert. Im Kapitalmarktbereich sollte dem Haftungsrecht auch aus deutscher Sicht für die Erreichung von Effizienz vorrangig Präventionsfunktion zukommen. Denn der Gesetzgeber wünscht optimale Ressourcenallokation, und die ist nur durch Prävention von schädigendem Verhalten in Form der Fehlinformation des Kapitalmarktes zu erreichen. Durch einen Schadensausgleich wird die Bildung „unrichtiger" Preise nicht verhindert. Außerdem verhindert Schadenskompensation nicht, dass Transaktionen stattfinden, die nicht eine optimale Allokation von Kapital gewährleisten. Durch einen primären Schadensausgleich würden weitere Kosten entstehen für unerwünschte Nebenfolgen, wie Klageexzesse, dafür aufgewendete Zeit und weitere negative Auswirkungen durch anhängige Rechtsstreitigkeiten, die die Handlungsfähigkeit von Emittenten und Emissionshäusern hemmen.

Das Haftungsrecht kann das Verhalten der Kapitalmarktteilnehmer steuern. Da die am Kapitalmarkt Agierenden beabsichtigen, höchstmögliche Gewinne zu erzielen, werden sie ihr Verhalten gewinnmaximierend ausrichten und daher auch die Verletzung von Rechtsnormen und die wirtschaftlichen Folgen einer solchen Verletzung in ihr Kalkül einbeziehen. Damit das Haftungsrecht präventive Wirkung entfalten kann, müssen das materielle und das prozessuale Haftungsrecht zusammenwirken und bewusst so gestaltet sein, dass die Selbstinitiative geschädigter Anleger gefördert wird. Das ist eine Voraussetzung dafür, dass sich sowohl potenzielle Schädiger als auch potenzielle Geschädigte effizienzfördernd verhalten, ohne die für sie günstigen Normen zu missbrauchen. Insbesondere durch die Prüfung des Reform Act ergibt sich, dass das materielle und das prozessuale Haftungsrecht sowie weitere verfahrensrechtliche Regelungen als zwei relevante Bedingungen für eine Einheit zu sehen sind. Die Fokussierung der Vorschriften des Reform Act auf prozessrechtliche Vorschriften, von der Proportionalhaftung, den *safe-harbor*-Bestimmungen und den zusätzlichen Pflichten für Wirtschaftsprüfer abgesehen, macht deutlich, dass nicht das materielle Haftungsrecht allein, sondern seine Verbindung mit dem prozessualen Recht das Verhalten der Kapitalmarktteilnehmer beeinflusst. Zu Missbrauch des materiellen Rechts führt in den USA insbesondere die kumulative Wirkung von *discovery*, Kostenverteilung, Anwaltsvergütung und kollektiver Geltendmachung durch *class actions*. Die Ansätze zur Verbindung von materiellem und prozessualem Haftungsrecht müssen daher in Deutschland in einem anderen Maße fortentwickelt werden, als dies in den USA geschehen ist. So dürfen die den Anwälten und Richtern zugeteilten Rollen keine Veränderungen erfahren. Darüber hinaus ist eine Erweiterung der Kompetenzen der BAFin zur Schaffung der Voraussetzungen für die Durchsetzbarkeit der Ansprüche der Anleger erforderlich.

Eine Orientierung am Recht der USA und eine Annäherung der deutschen an die US-amerikanische Rechtsordnung kann angesichts des unterschiedlichen geschichtlichen und gesellschaftlichen Hintergrunds bedenklich sein. So ist das Freiheitsdenken der US-Amerikaner und infolgedessen der Schutz der Anleger tief verwurzelt, während in unseren Rechtskreisen beispielsweise der Gläubigerschutz schwerer gewichtet wird. Schon die primären Zielsetzungen des Kapitalmarktrechts unterscheiden sich: Während im deutschen Recht der Schwerpunkt der Zielsetzung des Kapitalmarktrechts auf der Funktionsfähigkeit des Kapitalmarktes liegt, spielt der Schutz des Einzelnen um seiner selbst Willen in den USA eine äußerst gewichtige Rolle. D.h. in Deutschland ist die Volkswirtschaft vorrangiges Schutzobjekt, in den Vereinigten Staaten das Individuum. Darüber hinaus wird in den USA der Kontrolle durch motivierte Individuen mehr Erfolg zugetraut als der Kontrolle durch staatliche Apparate. Gleichzeitig hat die Kontrolle durch Individuen die Wirtschaft in den USA schwer geschädigt. An dem US-amerikanischen Beispiel ist mithin erkennbar, dass ein ungeheurer und unnötiger Kostenaufwand entstehen kann, wenn das Recht nicht in der Lage ist, ein Gleichgewicht herzustellen.

In den USA wird der Klageanreiz durch die Kenntnis der Anleger vom Wohlwollen der Gerichte hinsichtlich Klagen gegen Unternehmen mit „tiefen Taschen" erhöht. Die klägerbegünstigenden Bestimmungen wurden durch den Reform Act eingeschränkt. Diese Einschränkungen werden aber zum einen von den Bundesgerichten eher zurückhaltend angewandt, zum anderen weichen die Anleger auf Klagen vor einzelstaatlichen Gerichten aus, um eine Umgehung der bundesrechtlichen Vorschriften zu erreichen. Das macht einen etwaigen Erfolg des Reform Act schwer feststellbar. Durch das Ausweichen auf Klageerhebungen vor Gerichten der Einzelstaaten brachte der Reform Act nicht die für die Wirtschaft erstrebten Erleichterungen[1435]. Beliebteste Klagegegner sind weiterhin primär High-Tech-Unternehmen, deren Preise starken Kursschwankungen unterworfen sind und die fremdes Kapital für die Forschung und Entwicklung besonders dringend brauchen. Um die Klagen vor den einzelstaatlichen Gerichten zu eliminieren, wurde schließlich der Uniform Standards Act erlassen. Es bleibt abzuwarten, inwieweit der Uniform Standards Act seine Aufgabe zur Stärkung des Reform Act erfüllen und zur Lösung der Umgehung des Reform Act durch Klagen vor Gerichten der Einzelstaaten beitragen wird.

Geht man von der Anzahl der Klagen gegen emittierende Gesellschaften und Wirtschaftsprüfungsgesellschaften in den USA aus, so kann man daraus schließen, dass entweder die Sorgfalt der den Markt informierenden Personen nicht höher ist als bei einer Haftung, wie sie im deutschen Recht vorgesehen ist. Das Recht ist also in präventiver Hinsicht ineffizient. Oder aber die Kläger lassen sich aufgrund des ihnen günstigen Verfahrensrechts nicht beirren, Klage zu erheben. Es kann aber auch die Situation vorliegen, dass sich der Anteil an betrügerischen Handlungen in Relation zu Klageerhebungen deutlich erhöht hat, die Bedingungen für die

1435 Außerdem auferlegt der Reform Act trotz der übrigen klageeinschränkenden Maßnahmen den Abschlussprüfern zusätzliche Prüfungsstandards nach Sec. 10A n.F. SEA, so dass wieder eine zusätzliche Gefahr der Inanspruchnahme besteht.

Erhebung einer Klage jedoch schlechter geworden sind, d.h. eine Anspruchsdurchsetzung schwerer ist.

B. Bewertung der Vorschriften

Die Bestimmung der Haftungsverantwortlichen ist maßgeblich für die effiziente und schnelle Umsetzung allokationsrelevanter Informationen im Wertpapierkurs. Bei der Börsenprospekthaftung ist sowohl im deutschen als auch im US-amerikanischen Recht berücksichtigt, dass Emittenten und Emissionshäuser die größte Informationsnähe aufweisen. Außerdem werden auch die Personen, die ein eigenes wirtschaftliches Interesse an der Emission haben, in die Haftung einbezogen. Andere, wie beispielsweise Abschlussprüfer, unterliegen einer Haftung gegenüber den Anlegern nur dann, wenn sie ausdrücklich die Verantwortung für den Inhalt des Prospekts übernommen haben und der Fehler im Prospekt auf sie zurückzuführen ist.

Die Unterscheidung zwischen Primär- und Sekundärinsider ist insbesondere im deutschen Recht relevant. Sekundärinsidern ist zwar Handel in Insiderpapieren untersagt, nicht aber die Weitergabe dieser Informationen, die deren Umsetzung in den Preis fördert. Relevant wird diese Einordnung insbesondere für die Tätigkeit professioneller Marktbeteiligter, vor allem für Marktanalysten. Die US-Rechtsprechung hat zur Förderung der Aktivitäten von Marktanalysten die Treuepflicht-Theorie ausgeweitet. Die Tätigkeit von Marktanalysten wurde durch die von der SEC erlassene Regulation F-D gebremst. Zur Erhaltung des Vertrauens der Anleger in die Integrität der Kapitalmärkte soll durch die Regulation die Offenlegung einzelner wesentlicher, nicht-öffentlicher Informationen an einen kleinen Personenkreis, wie Marktanalysten oder institutionelle Anleger, unterbunden werden. Diese Entwicklung entspricht dem derzeitigen Stand im deutschen Recht. Das deutsche Recht sieht die Tätigkeit von Marktanalysten nicht als explizit förderungswürdig an. Sofern die Marktanalysten die Insiderinformation bestimmungsgemäß erhalten, unterfallen sie dem Primärinsiderbegriff und unterliegen dann sowohl dem Insiderhandels- als auch dem Weitergabe- und Empfehlungsverbot. Erfolgt eine Einordnung der Marktanalysten unter den Sekundärinsiderbegriff, dürfen sie die Insiderinformation weitergeben und Transaktionen empfehlen. Marktanalysten werden in der Regel lediglich Sekundärinsider sein, da sie die Insiderinformationen im Normalfall nicht bestimmungsgemäß erhalten.

Entgegen dem Vorschlag der Regierungskommission "Corporate Governance" wurde mit den neuen Schadensersatzregelungen der §§ 37b, 37c

WpHG bei Verletzung der Ad-hoc-Publizitätspflicht keine Haftung für Organe eingeführt. Anspruchsgegner sind als Adressaten der Ad-hoc-Publizitätspflicht konsequent- anders als bei Sec. 18(a) SEA – lediglich die Emittenten. Die Organhaftung ist mit der Organisationsstruktur und dem Haftungsgefüge der Aktiengesellschaft nicht vereinbar. Die Einführung einer Organhaftung verspricht kein sorgfaltsförderndes Verhalten der Organe, die ohnehin der Innenhaftung nach § 93 Abs. 2 S. 1 AktG (bzw. § 116 i.V.m. § 93 Abs. 2 AktG) unterliegen. Dagegen könnte die Einführung einer Außenhaftung der Organe in größerem Umfang die Entwicklung der Gesellschaft wegen übervorsichtigen Verhaltens der Organe hindern.

Eine effizienzfördernde Verschuldensregelung erfordert aufgrund sphärenbedingten Informationsdefizits im Kapitalmarktbereich eine Vermutungsregel, wie sie im deutschen Recht innerhalb der Börsenprospekthaftung verankert ist. Sec. 11 SA nimmt durch die verschuldensunabhängige Haftung ohne Exkulpationsmöglichkeit dem Emittenten die Möglichkeit, sein sorgfältiges Verhalten zu beweisen. Einzige Ausnahme von der Haftung besteht für den Emittenten innerhalb der Grenzen des *safe harbor*, dessen Nichtvorliegen vom Kläger zu beweisen ist. Die *safe harbor*-Regelung erscheint effizenzfördernd: Sie fördert die Transparenz auf dem Kapitalmarkt und trägt zur Vermeidung missbräuchlicher *class actions* bei. Eine Mitverschuldensregelung, wie sie von beiden Rechtsordnungen für die Börsenprospekthaftung vorgesehen ist, ist sinnvoll, damit dem Emittenten nicht Risikoerhöhungen, die sich aus dem Verhalten der Anleger ergeben, aufgebürdet werden. Entgegen beiden Regelungen ist ein Abstellen auf ein Kennen müssen statt auf die Kenntnis der Anleger vorzugswürdig. Damit wird den Anlegern ein Anreiz zur Sorgfalt gegeben und dem Emittenten fällt nicht die fehlende Sorgfalt der Anleger zur Last. Das deutsche Recht sieht eine Vermutung sowohl für die haftungsbegründende als auch die haftungsausfüllende Kausalität bei fehlerhaftem oder unrichtigem Börsenprospekt vor. Sec. 11 SA verlangt keinen Nachweis von *reliance* und stellt für die haftungsausfüllende Kausalität gleich wie im deutschen Recht eine Vermutung auf. Eine widerlegbare Vermutung ist effizienzfördernd, da sie den Anlegern die Anspruchsdurchsetzung ermöglicht, ihnen aber nicht jegliches der Wertpapieranlage immanente Risiko abnimmt und dem Emittenten die (begründete) Möglichkeit eröffnet, einer Haftung zu entgehen.

Die *fraud-on-the-market doctrine* wie im US-amerikanischen Recht funktioniert nur bei der Abhängigkeit des Insiderhandelsverbots von einer nicht erfolgten Offenlegung. Dagegen kann das Vertrauen der Anleger auf den Preisbildungsmechanismus des Marktes bei einem bloßen Insiderhandelsverbot nicht die Ursächlichkeit von Insiderhandel für das Verhalten und den Schaden der

Anleger begründen, da ohne Pflicht zur Offenlegung der wahre Preis durch den Insider nicht unterdrückt wird. Die *fraud-on-the-market-doctrine* ist allerdings bedenklich, da sie die Kausalität als Instrument zur Verhinderung des Gebrauchs von Rule 10b-5 als Versicherungsschutz für geschädigte Anleger zur Abwendung jeglichen Risikos unbrauchbar macht. Der Beweis eines Emittenten, dass das Zurückhalten der Information den Marktpreis nicht beeinflusst und den Markt nicht irregeführt hat, dürfte kaum zu erbringen sein.

Hinsichtlich des Verschuldens und der Kausalität weisen die Strukturen der deutschen und der US-amerikanischen Vorschriften zur Ad-hoc-Publizität maßgebliche Ähnlichkeiten auf. Bei der Einführung der §§ 37b, 37c WpHG hat sich der Gesetzgeber für eine Beweislastumkehr beim Verschulden entschieden, und auch Sec. 18(a) SEA enthält die Vermutung, dass der Haftungsverantwortliche bewusst eine falsche Tatsache offengelegt hat. Sec. 18 SEA gibt dem Verletzer die Möglichkeit, sich durch den Beweis des guten Glaubens oder seiner Unkenntnis von der Unrichtigkeit der Aussage zu exkulpieren. Das dürfte einfacher als der Nachweis der gehörigen Sorgfalt in Sec. 11 SA sein. Sec. 18 SEA erschwert für die Anleger eine Anspruchsdurchsetzung dadurch, dass die Vorschrift für den Beweis der Kausalität keine Beweiserleichterungen vorsieht. Vielmehr wird ein *eyeball*-Test verlangt, der schwer nachzuweisen ist, weshalb Sec. 18 SEA als ineffizientes Instrument zu sehen ist. Auch §§ 37b, 37c WpHG sehen keine Beweiserleichterungen für den Beweis der Kausalität vor. Um für den Emittenten einen Anreiz zur ordnungsgemäßen Offenlegung zu schaffen, ist hier die Anwendung der für die Börsenprospekthaftung entwickelten Grundsätze der Anlagestimmung wünschenswert. Im Rahmen der Beweiserleichterung bei Schutzgesetzverletzungen kann ein Anscheinsbeweis aufgestellt oder sogar eine Beweislastumkehr vorgenommen werden, da typische Folge der Ad-hoc-Publizität die Bildung unrichtiger Preise ist. Der Emittent müsste zur Ausräumung des Anscheins darlegen, dass die Verletzung der Ad-hoc-Publizitätspflicht keinen „falschen" Börsenpreis hervorgerufen hat. Die Regelung des Mitverschuldens innerhalb §§ 37b, 37c WpHG orientiert sich ebenfalls an den Vorschriften der Börsenprospekthaftung. Obwohl grundsätzlich eine Mitverschuldensregelung effizienzfördernd und daher wünschenswert ist, da sie die Anleger zu sorgfältigem Verhalten anhält, nehmen die neuen Regeln der §§ 37b, 37c WpHG den Anlegern wie bei der Börsenpropekthaftung die Verantwortung für sorgfältiges Verhalten, indem sie auf die Kenntnis der nicht veröffentlichten Tatsache bzw. der Unrichtigkeit der Tatsache abstellen und damit das Kennen müssen der nicht veröffentlichten Tatsache bzw. der Unrichtigkeit der Tatsache nicht ausschlaggebend für das Vorliegen von Mitverschulden ist.

Da die Höhe des ersetzbaren Schadens sowohl Auswirkungen auf den Klageanreiz als auch auf das Sorgfaltsverhalten der potenziellen Schädiger hat und ein drohender geringer Schadensersatzanspruch potenzielle Schädiger nicht davon abhalten wird, „unrichtige" Informationen zu verbreiten, ist bei der Börsenprospekthaftung ein Wahlrecht zwischen Behalten des betroffenen Wertpapiers und Erstattung der Differenz zwischen Erwerbspreis und dem wahren Preis zum Zeitpunkt des Erwerbs sorgfaltsfördernder als die bloße Ersetzungsbefugnis, wie sie im deutschen Recht seit dem dritten Finanzmarktförderungsgesetz verankert ist. Der Ersatz des negativen Interesses liegt in der Zielsetzung des Kapitalmarktrechts zur Bildung fairer Preise und der Zweckbestimmung der Börsenprospekthaftung, die die Gewährung voller Kenntnis des Anlegers von dem der Anlage innewohnenden Risiko und die Transparenz des Kapitalmarktes ist. Folglich sollte der geschädigte Anleger die Herstellung des Zustandes beanspruchen können, der sich ergeben hätte, wenn der Prospekt zutreffende und vollständige Angaben enthalten hätte. Sec. 11(e) SA sieht den Ersatz des Vertrauensschadens vor. Hält der Anleger die betroffenen Wertpapiere, wird die Differenz zwischen dem Erwerbspreis und dem Wert zum Zeitpunkt des Rechtsstreits ausgeglichen. Für den Fall des Weiterverkaufs des Wertpapiers folgt die Schadensersatzhöhe je nach Zeitpunkt des Verkaufs entweder aus der Differenz zwischen Erwerbspreis und Verkaufspreis oder aus der Differenz zwischen Erwerbspreis und Wert zum Zeitpunkt des Rechtsstreits.

Bei einer Abhängigkeit des Insiderhandelsverbots von einer vorherigen Offenlegung vermag eine Gewinnabschöpfungsregelung positivere Effekte auf das Verhalten von Insidern zu erzielen als eine Schadensersatzregelung. Allerdings ist weder eine Gewinnabschöpfungs- noch eine Schadensersatzregelung zufriedenstellend. Durch die Regelung eines Schadensersatzes wird zwar die Prävention von Insiderhandel erreicht, nicht aber die Offenlegung von Informationen. Zur Erreichung der Offenlegung von Information ist eine Gewinnabschöpfung die bessere Regelung, da die Offenlegung nach bereits durchgeführten Transaktionen nicht in gleichem Maße wie bei einer Schadensersatzregelung gehemmt wird. Gleichzeitig senkt eine Gewinnabschöpfungsregel den Klageanreiz für ungerechtfertigte Klagen, da sie möglicherweise für die Anleger nicht lohnenswert erscheinen. Bei einem bloßen Insiderhandelsverbot ohne Offenlegungspflicht dürfte ein Schaden des betroffenen Anlegers kaum nachweisbar sein, so dass etwaige Ansprüche aus § 823 Abs. 2 BGB i.V.m. § 14 WpHG nicht durchsetzbar sind und keinen Anreiz zur Insiderhandelsvermeidung bieten können. Für einen Schadensersatzanspruch de lege ferenda für das deutsche Recht sind (widerlegbare) Vermutungsregelungen hinsichtlich Verschulden und Kausalität unerlässlich.

Bei nicht erfolgter Ad-hoc-Publizität entsteht den Anlegern durch die nicht mögliche Erzielung des „wahren" Preises ein Schaden. Der Schädiger hat - einhergehend mit dem Ziel der Schaffung „wahrer Märkte" - den wirtschaftlichen Zustand herzustellen, der bestehen würde, wenn den Anlegern die richtige und vollständige Information mitgeteilt worden wäre. Es soll daher nicht nur die Differenz zwischen Kauf- und Verkaufspreis ersetzt werden. Der Anleger soll aber auch nicht so gestellt werden, als ob der durch die unrichtige oder unterlassene Ad-hoc-Meldung geschaffene Zustand dem wahren Zustand entspräche. Der Schaden errechnet sich vielmehr aus der Differenz zwischen dem Kauf- oder Verkaufspreis des betroffenen Wertpapiers und dem Kurs, der nach der Richtigstellung der unrichtigen oder unvollständigen Mitteilung beziehungsweise der erstmaligen Veröffentlichung der Tatsache entsteht. Eine Begrenzung der Ersatzverpflichtung wie bei Sec. 18 SEA ist sinnvoll: Der Kläger erhält nicht mehr als die Differenz zwischen dem für das Wertpapier bezahlten Preis und dem mittleren Kurswert während einer neunzigtägigen Zeitspanne nach der Offenlegung der die unrichtige oder unvollständige Mitteilung richtigstellenden Mitteilung.

Ob für die Ausgestaltung der Haftung mehrerer Verantwortlicher die Gesamtschuldnerhaftung oder die Proportionalhaftung das effizientere Ergebnis zu erzielen vermag, kann nicht abschließend geklärt werden. Die Proportionalhaftung ist jedoch vorzugswürdig, da sie den Vergleichsdruck der Beklagten und Transaktionskosten vermeidet, die durch einen unverhältnismäßig hohen Klageanreiz entstehen. Bei der Proportionalhaftung ist es für die Anleger schwieriger, die Verletzungshandlung jedes potenziellen Schädigers einem bestimmten Schaden zuzuordnen und diesen darzulegen. Mit dieser Schwierigkeit wird der Klageanreiz gesenkt. Die Konsequenz ist möglicherweise eine Sorgfaltsminderung bei den potenziellen Schädigern. Bei der Gesamtschuldnerhaftung müsste die Sorgfalt der potenziellen Schädiger insgesamt größer sein, da die Inanspruchnahme durch die Anleger drohender als bei der Proportionalhaftung ist.

Die Aufklärung der gegnerischen Partei, wie sie durch die *discovery* vorgenommen wird, setzt den Anreiz zu einer Klageerhebung, selbst wenn noch keine Klagegründe ersichtlich sind. Weiterhin verursacht sie Prozessverzögerungen. Eine der *discovery* ähnliche Aufklärung ist für die Durchsetzbarkeit von Ansprüchen nur notwendig, wenn der Anleger aufgrund von Informationsdefiziten keine Möglichkeit zur Führung des Nachweises von Verschulden und Kausalität hat und keine Vermutungsregeln vorgesehen sind. Denn Vermutungsregeln helfen über sphärenbedingte Informationsdefizite hinweg und machen weitere Aufklärung entbehrlich. Gleichzeitig vermeiden Vermutungsregeln Missbräuche durch Auffinden prozessfremder Tatsachen und anderer Klagegründe. Die Widerlegbarkeit der Vermutung vermeidet die Auferlegung des Risikos auf den potenziellen Schädiger und vermag ein Risikogleichgewicht zu schaffen. Vermutungsregelungen sind gegenüber der *discovery* vorzugswürdig. Werden im Interesse einer (begründeten) Anspruchsdurchsetzung Aufklärungspflichten für das deutsche Recht erforderlich, so sind sie nur in eingeschränktem Rahmen bezogen auf für den Prozess relevante Fragen und in Verbindung mit einer Überwachung durch das Gericht sinnvoll und schadensbegrenzend.

Auch die Kostenverteilung und die Art der Anwaltsvergütung können das Verhalten der Kapitalmarktteilnehmer beeinflussen. Durch das Erfolgshonorar, das in Deutschland verboten, in den USA dagegen üblich ist, können es sich auch ärmere Geschädigte leisten, bei unsicherem Klageausgang Klage zu erheben. Gleichzeitig besteht die Schwierigkeit, Anwälte auch für niedrige Streitwerte zu finden. Das Erfolgshonorar verursacht außerdem eine schnelle Ausweitung von Haftungsfällen, da Anwälte bestrebt sein werden, eine möglichst große *class* zu vertreten. Anwälte werden dadurch zu Urhebern von Klagen, während die Mitglieder der *class* die indirekten Opfer sind. Die durch den Reform Act geschaffene Regelung, dass das Gericht eine Einschränkung des Anwaltshonorars bestimmen kann, ist daher sinnvoll. Eine Stundenvergütung birgt den Nachteil, dass Anwälte Prozesse unnötig rauszögern. Außerdem sind die von den Anwälten verlangten Gebühren schwer zu überprüfen und die Einforderung kleiner Beträge bei Streuschäden schwierig. Daher dürfte das Stundenhonorar - zumindest bei Streuschäden - eine Anreizverminderung für den Emittenten darstellen. Die in Deutschland bestehende Kostenverteilung kann für Emittenten den Anreiz zur Sorgfalt mindern, da Klagen mit hohem Streitwert aber unsicherem Ausgang rar sein werden. Die in den USA bestehende Kostenregelung, die Klageerhebungen auch bei unsicherem Ausgang für Anleger attraktiv macht, kann zu Missbräuchen führen. Auch hier werden die durch den Reform Act neu geschaffenen Sec. 21D(c)(3) SEA und Sec. 27 (c)(3) SA zu einer Eindämmung missbräuchlicher Klagen führen.

Die kollektive Geltendmachung von Ansprüchen geschädigter Anleger ist notwendiges Mittel für die Schaffung von Sorgfaltsanreizen der Haftungsverantwortlichen. Auswirkungen wie sie die *class action* mit sich bringt, sind zu vermeiden, aber durch die in den USA und in Deutschland unterschiedliche bestehende Kostenverteilung und Art der Anwaltsvergütung ohnehin nicht zu erwarten. In den USA konnten die Vorschriften des Reform Act zu der Bestimmung des Gruppenrepräsentanten keine stärkere Mitwirkung institutioneller Anleger an der Repräsentierung von Gruppen herbeiführen. Vielmehr sind die Anwälte bestrebt, zur Erreichung des größten finanziellen Interesses möglichst viele kleine Anleger zusammenzutrommeln. Die neuen Vorschriften bringen außerdem die Gefahr mit sich, dass die Prozesse sich durch eine langwierige Bestimmung von Gruppenrepräsentanten verzögern.

Für das deutsche Recht ist die Verbandsklage gegenüber Musterprozessen und der Streitgenossenschaft vorzugswürdig. Für eine Verbandsklage ist die Vereinbarung eines Erfolgshonorars aus Klageanreiz- und Praktikabilitätsgründen nicht erforderlich, und daher ist Missbrauch nicht zu befürchten. Darüber hinaus ist die Verbandsklage nicht im Hinblick auf den Grundsatz des rechtlichen Gehörs problematisch, es sei denn es wird eine Ausweitung der Repräsentation auch für Nichtmitglieder erstrebt. Sie bietet keinen Anreiz für Schädiger, Vergleiche einzugehen, da durch einen Vergleich nicht die Ansprüche aller geschädigten Anleger abgegolten werden würden. Damit ist auch kein Vergleichsmissbrauch zu erwarten. Die Streitgenossenschaft ist gegenüber der Erhebung von Einzelklagen vorteilhaft, weil das Prozesskostenrisiko wegen des degressiven Verlaufs der Gebührentabellen erheblich gemindert wird. Werden durch das Gericht verbundene Klagen wegen unterschiedlicher Beweisaufnahmen getrennt, trifft die Anleger wieder ein höheres Prozesskostenrisiko, das gerade durch die Streitgenossenschaft gemindert werden sollte. Eine Musterprozessabrede hat nur dann prozesskostenmindernde Funktion, wenn sie tatsächlich eingehalten und Schadensersatz an die den Musterprozess abwartenden Anleger gezahlt wird. Seit der Schuldrechtsreform kann die Verjährung der Ansprüche der übrigen Anleger, die den Musterprozess abwarten, durch vertragliche Vereinbarung mit dem Schädiger verlängert werden, so dass die Verjährungsproblematik bei Musterprozessen ausgeschaltet werden konnte.

C. Ausblick

Das vierte Finanzmarktförderungsgesetz könnte das Ziel der Kapitalmarkteffizienz durch mehr Transparenz, schnellere Verbreitung von Informationen und eine explizite Schadensersatzregelung bei Verletzung der Ad-hoc-Publizitätspflicht näher bringen. Abzuwarten bleibt, wie die Veröffentlichungspflicht für Unternehmensinsider nach § 15a WpHG dem Insiderhandel vorzubeugen vermag. Es ist nicht davon auszugehen, dass sie die Bildung „wahrer" Preise auf dem Kapitalmarkt fördert, da lediglich die Tatsache, dass Transaktionen durch Unternehmensinsider getätigt wurden, nicht aber die der Transaktion zugrundeliegende Information der Veröffentlichungspflicht unterliegt.

In unserer schnelllebigen Zeit bilden sich immer wieder neue Herausforderungen an das Kapitalmarktrecht. Im Brennpunkt steht die kapitalmarktrechtliche Informationsverbreitung durch das Internet[1436]. Die Platzierung von Aktienemissionen im Internet ist ein stark wachsender Markt. Unternehmen wollen dadurch den direkten Kontakt zu den Aktionären erhalten. Der Kontakt zu den Aktionären ist mitunter mit Schwierigkeiten verbunden, denn ihre regelmäßige Information ist sehr kostenintensiv. Eine Lösung wird in der elektronischen Kommunikation gesehen. Sie ist ein schnelleres Kommunikationsmittel als die traditionellen Medien und kommt aus Sicht der Aktiengesellschaften mit einer geringen Vorlaufzeit aus. Durch das neue Kommunikationskonzept werden die Privatanleger erheblich profitieren, nachdem sie seit jeher im (Informations-) Nachteil gegenüber Banken, Fonds und sonstigen Großanlegern waren[1437].

Für die Veröffentlichung entscheidungsrelevanter Informationen ist ein EDGAR vergleichbares System wünschenswert, das die schnellere Informierung breiterer Anlegerschichten erreicht und somit die Umsetzung von Informationen in den Preis beschleunigt. Denn die Schaffung einer bloßen Bereichsöffentlichkeit ist nicht ausreichend, da der Bedarf an öffentlich zugänglichen, d.h. der breiten Öffentlichkeit zugänglichen Informationen steigen wird. Durch ein Abstellen auf die Bereichsöffentlichkeit wird das Ungleichgewicht zwischen professionellen und privaten Kapitalmarktteilnehmern vergrößert. Deshalb ist zur Herstellung der Chancengleichheit die Informierung der breiten Öffentlichkeit erforderlich.

Ein vertriebsbezogener Schutz ist wünschenswert, wofür das Wertpapierhandelsgesetz und das Verkaufsprospektgesetz bereits die Voraussetzungen schaffen, so dass ähnlich wie in den USA registrierungspflichtige Gesellschaften und Gesellschaften einer bestimmten Größe von den kapitalmarktrechtlichen Vorschriften erfasst werden. Großen Gesellschaften würde dadurch kein Wettbewerbsnachteil entstehen, da sie über das finanzielle Potential für Pflichten gegenüber den Anlegern verfügen und gleichzeitig mehr Kapitalanleger durch die ausgegebenen Informationen gewinnen könnten. Dagegen muss kleinen Gesellschaften die Chance zum Aufbau des Unternehmens gegeben werden, ohne sie mit zusätzlichen Kosten zu belasten.

1436 Auch *Ebke* hat bereits auf die Fragen im Zusammenhang mit der weltweiten Verbreitung kapitalmarkterheblicher Informationen im World Wide Web-Dienst des Internets hingewiesen, siehe WPK-Mitt. Sonderheft Juni 1997, 12, 24.

1437 So der Vorstand der DBBH (Deutsche Balaton Broker-Holding AG), siehe *o.V.*, FAZ v. 29.07.1998, S. 19. Gleiches gilt nach *Levitt*, Vorsitzender der SEC, für die USA, siehe *o.V.*, FAZ v. 23.10.1999, S. 25.

Der Kapitalmarkt wird aufgrund wachsender Bedürfnisse, sei es von Seiten der Wirtschaft, sei es von privater Seite hinsichtlich Altersvorsorge, weiter an Bedeutung gewinnen. Der Gesetzgeber hat sich auf diese Bedürfnisse und weitere gesellschaftliche Entwicklungen einzustellen und muss diese berücksichtigen.

Literaturverzeichnis

Adams, Michael, Ist die Ökonomie eine imperialistische Wissenschaft?, Jura 1984, 337 - 349

Akerlof, The Market of "Lemons": Quality Uncertainty and the Market Mechanism, 84 Q.J.Econ. 488 - 500 (1970)

Altenhoff, Rudolf/Busch, Hans/Kampmann. Kurt/Chemnitz, Jürgen, Rechtsberatungsgesetz, Kommentar, 9. Aufl., Münster 1991

Antonucci, Thomas W., The Private Securities Litigation Reform Act and the States: Who Will Decide the Future of Securities Litigation, 46 Emory L.J. 1237 - 1283 (1997)

Arbeitskreis Gesellschaftsrecht, Verbot des Insiderhandelns, Heidelberg 1976

Assmann, Heinz-Dieter, Das künftige deutsche Insiderrecht, Teil I, AG 1994, 196 - 206, Teil II, AG 1994, 237 - 258

- Das neue deutsche Insiderrecht, AG 1994, 494 - 529
- Harmonisierung des Kapitalmarkt- und Börsenrechts, in: Hadding, Walther/Hopt, Klaus J./Schimansky, Herbert (Hrsg.), Deutsches und europäisches Bank- und Börsenrecht, Bankrechtstag 1993, Berlin, New York 1994
- Kapitalmarkt in Europa, Referat im Rahmen der Vortragsreihe „Das Wirtschaftsrecht der Europäischen Union", Bonn, 28. November 1994
- Prospekthaftung als Haftung für die Verletzung kapitalmarktbezogener Informationsverkehrspflichten nach deutschem und US-amerikanischem Recht, Köln, Berlin, Bonn, München 1985

Assmann, Heinz-Dieter/Buck, Petra, Europäisches Kapitalmarktrecht, EWS 1990, 110 - 123 u. 190 - 226

Assmann, Heinz-Dieter/Lenz, Jürgen/Ritz, Corinna (Hrsg.), Verkaufsprospektgesetz, Kommentar, Köln 2001

Assmann, Heinz-Dieter/Schneider, Uwe H. (Hrsg.), Wertpapierhandelsgesetz, Kommentar, 2. Aufl., Köln 1999

Assmann, Heinz-Dieter/Schütze, Rolf A. (Hrsg.), Handbuch des Kapitalanlagerechts, München, 1990

Avery, John W., Securities Litigation Reform: The Long and Winding Road to the Private Securities Litigation Reform Act of 1995, 51 Bus. Law. 335 - 378 (1996)

Baetge, Dietmar/Eichholtz, Stephanie, Die Class Action in den USA, in: Basedow, Jürgen/Hopt, Klaus J./Kötz, Hein/Baetge, Dietmar (Hrsg.), Die Bündelung gleichgerichteter Interessen im Prozess, Tübingen 1999, S. 287 - 361

Baetge, Dietmar/Wöbke, Jörn, Die Class Action im US-amerikanischen Börsenrecht, in: Basedow, Jürgen/Hopt, Klaus J./Kötz, Hein/Baetge, Dietmar (Hrsg.), Die Bündelung gleichgerichteter Interessen im Prozess, Tübingen 1999, S. 363 - 378

Bajaj, Mukesh/Mazumdar, Sumon C./Sarin, Atulya, Securities Class Action Settlements: An Empirical Analysis, http://securities.stanford.edu/research/-studies/20001116_-SSRN_Bajaj.html, v. 25.01.2002

Baker, C. Edwin, Starting Points in the Economic Analysis of Law, 8 Hofstra L.Rev., 939 - 972 (1980)

Ballwieser, Wolfgang, Anlegerschutz, in: Müssig, Karlheinz, Bank Lexikon, Handwörterbuch für das Geld-, Bank- und Börsenwesen, 10. Aufl., Wiesbaden 1988, S. 129 bis 132

von Bar, Christian, Empfehlen sich gesetzgeberische Maßnahmen zur rechtlichen Bewältigung der Haftung für Massenschäden?; Gutachten A für den 62. Deutschen Juristentag, München 1998, S. A1 bis A104

- Verkehrspflichten, Köln, Berlin, Bonn, München 1980

Barrett, William P., I Have No Clients, FORBES, October 11, 1993, 52

Baumbach, Adolf/Hopt, Klaus J., Handelsgesetzbuch mit GmbH & Co., Handelsklauseln, Bank- und Börsenrecht, Transportrecht (ohne Seerecht), Beck'sche Kurz-Kommentare, Band 9, 30. Aufl., München 2000

Baumbach, Adolf/Lauterbach, Wolfgang/Albers, Jan/Hartmann, Peter, Zivilprozess-ordnung, Kommentar, 56. Aufl., München 1998

Baums, Theodor, Anlegerschutz und Neuer Markt, ZHR 166 (2002), 375 - 382

Beck'sche Gesetzesdokumentationen, Viertes Finanzmarktförderungsgesetz, Eingeleitet und zusammengestellt von Fabian Reuschle, München 2002

Bellinger, Knut, Die kursbildenden Faktoren am deutschen Aktienmarkt, Köln 1956

Benner-Heinacher, Jella, Kollidiert die Auskunftspflicht des Vorstands mit dem Insidergesetz ?, DB 1995, 765 - 766

Bergmans, Bernhard, Inside Information and Securities Trading: A Legal and Economic Analysis of the Foundations of Liability in the USA and the European Community, Bodmin, Cornwall 1991

Blaschczok, Andreas, Kommentar zu Claus Ott/Hans-Bernd Schäfer, in: Ott, Claus/Hans-Bernd Schäfer (Hrsg.), Die Präventivwirkung zivil- und strafrechtlicher Sanktionen, Tübingen 1999, S. 156 - 168

Bloomenthal, Harold S., Securities Law Handbook, St. Paul, Minn. 2000

BMF, Mitteilung der Pressestelle, http://www.rws-verlag.de/presse/01bmf04.htm, v. 04.09.2001

Böcking, Hans-Joachim/Löckle, Jürgen, Abschlussprüfung und Beratung - eine ökonomische Analyse, WPK-Mitt. 1997, 178 - 187

Brandt Gerold, Symbiose aus De-Regulierung und Re-Regulierung der Finanzmärkte, in: Büttner, Hans/Hampe, Peter (Hrsg.), Die Globalisierung der

Finanzmärkte - Auswirkungen auf den Standort Deutschland, Mainz, München 1997, S. 161 - 170
Braun, Johann, Haftung für Massenschäden, NJW 1998, 2318-2324
Brealey, Richard A./Myers, Stewart C./Marcus, Alan J., Fundamentals of Corporate Finance, New York, St. Louis, San Francisco 1995
Brondics, Klaus/Mark, Jürgen, Die Verletzung von Informationspflichten im amtlichen Markt nach der Reform des Börsengesetzes, AG 1989, 339 - 347
Bruns, Hans-Georg, Der Gang an die New York Stock Exchange: Das Beispiel der Daimler-Benz AG, WPK-Mitt. Sonderheft Juni 1997, 31 - 36
Bühring-Uhle, Christian/Nelle, Andreas, Aktionärsklage und Konzernklage im amerikanischen Recht-ein Modell?, AG 1989, 41 - 53.
Burow, Patrick, Einführung in die ökonomische Analyse des Rechts, JuS 1993, 8 - 12

Calabresi, Guido, Some Thoughts on Risk Distribution and the Law of Torts, 70 Yale L.J. 499 - 553 (1961)
- The Costs of Accidents, New Haven, London 1970
Calliess, Christian/Ruffert, Matthias (Hrsg.), Kommentar zu EU-Vertrag und EG-Vertrag, Neuwied 1999
Canaris, Claus-Wilhelm, Bankvertragsrecht, 2. Bearb., in: Staub, Hermann (Begr.), Handelsgesetzbuch, Großkommentar, Dritter Band, Dritter Teil, 3. Aufl., Berlin, New York 1981
- Schutzgesetze - Verkehrspflichten - Schutzpflichten, in: Canaris, Claus-Wilhelm / Diederichsen, Uwe (Hrsg.), Festschrift für Karl Larenz, München 1983, S. 27 - 110
Caspari, Karl-Burkhard, Das geplante Insiderrecht in der Praxis, ZGR 1994, 530 - 546
Claussen, Carsten Peter, Bank- und Börsenrecht, Handbuch für Lehre und Praxis, München 1996
- Das neue Insiderrecht, DB 1994, 27 - 31
Coase, Ronald H., The Problem of Social Cost, 3 J.Law & Econ. 1 - 44 (1960)
Coffee, John C., Market Failure and the Economic Case for a Mandatory Disclosure System, 70 Va.L.Rev. 717 - 753 (1984)
Coing, Helmut, Haftung aus Prospektwerbung für Kapitalanlagen in der neueren Rechtsprechung des Bundesgerichtshofs, WM 1980, 206 - 212
Cooper Alexander, Janet, Do the Merits Matter? A Study of Settlements in Securities Class Actions, 43 Stan.L.Rev. 497 - 598 (1991)
Cooter, Robert/Ulen, Thomas, Law and Economics, 2nd ed., Reading, Massachusetts 1997
Cound, John J./Friedenthal, Jack H./Miller, Arthur, R./Sexton, John E., Civil Procedure, Cases and Materials, 4th ed., St. Paul, Minn. 1985

Dauses, Manfred A. (Hrsg.), Handbuch des EU-Wirtschaftsrechts, Band 1, Loseblattsammlung, München 2000

Deckert, Martina, Ökonomische Aspekte in der Rechtsanwendung, JA 1996, 712 - 717

Deckert, Martina R./von Rüden, Jens, Anlegerschutz durch Europäisches Kapitalmarktrecht, Publizität statt Verbot, EWS 1998, 46 - 54

Deutsch, Erwin, Beweis und Beweiserleichterungen des Kausalzusammenhangs im deutschen Recht, in: Medicus, Dieter/Mertens, Hans-Joachim/Nörr, Knut Wolfgang/Zöllner, Wolfgang (Hrsg.), Festschrift für Hermann Lange, Stuttgart, Berlin, Köln 1992, S. 433 - 445

Dingeldey, Thomas, Insider-Handel und Strafrecht, Köln, Berlin, Bonn, München 1983

Dittfurth, David A., The Concepts and Methods of Federal Civil Procedure, Durham, North Carolina 1999

Dörner, Heinrich, Zur Dogmatik der Schutzgesetzverletzung - BGH, NJW 1982, 1037 und NJW 1985, 134, 522 - 528

Donovan, Karen, Class Action War Heats up, http://ljx.com/practice/securities/1222-milberg.html, v. 28.10.1999

Dütz, Wilhelm, Musterprozesse bei Mitbestimmungsstreitigkeiten, BB 1978, 213 - 217

Easterbrook, Frank H./Fischel, Daniel R., Mandatory Disclosure and the Protection of Investors, 70 Va.L.Rev. 669 - 715 (1984)

Ebke, Werner F., Rechnungslegung und Abschlussprüfung im Umbruch, WPK-Mitt. Sonderheft Juni 1997, 12 - 24

- Unternehmensrecht und Binnenmarkt - E pluribus unum?, RabelsZ 62 (1998), 195-242

- Wirtschaftsprüfer und Dritthaftung, Bielefeld 1983

Ebke, Werner F./Siegel, Stanley, Comfort Letters, Börsengänge und Haftung: Überlegungen aus Sicht des deutschen und US-amerikanischen Rechts, WM Sonderbeil. Nr. 2 zu Heft 22/2001, 3 - 23

Egli, Urs, Vergleichsdruck im Zivilprozess, Berlin 1996

Eichele, Hans, Finanzanalysten und Wirtschaftsjournalisten als Primärinsider, WM 1997, 501 - 509

Eidenmüller, Horst, Effizienz als Rechtsprinzip. Möglichkeiten und Grenzen der ökonomischen Analyse des Rechts, 2. Aufl., Tübingen 1997

- Rechtsanwendung, Gesetzgebung und ökonomische Analyse, AcP 197 (1997), 80 - 135

Einsele, Dorothee, Wertpapierrecht als Schuldrecht, Tübingen 1995

Elsing, Siegfried H./van Alstine, Michael P., US-amerikanisches Handels- und Wirtschaftsrecht, 2. Aufl., Heidelberg 1999

Engel, Christoph, Zivilrecht als Fortsetzung des Wirtschaftsrechts mit anderen Mitteln, JZ 1995, 213 - 218

Esser, Karl-Peter, Die zivilrechtliche Haftung des Wirtschaftsprüfers gegenüber Dritten aus dem Bestätigungsvermerk nach dem Aktiengesetz und nach dem Entwurf eines Gesetzes über den Vertrieb von Anteilen an Vermögensanlagen, Diss. Münster 1981

Fama, Eugene F., Efficient Capital Markets: A Review of Theory and Empirical Work, 25 J.Fin. 383 - 417 (1970)

Fezer, Karl-Heinz, Aspekte einer Rechtskritik, JZ 1986, 817 - 824

- Nochmals: Kritik an der ökonomischen Analyse des Rechts, JZ 1988, 223 - 228

Fischel, Daniel R., Efficient Capital Market Theory, the Market for Corporate Control, and the Regulation of Cash Tender Offers, 57 Texas L.Rev. 1 - 46 (1978)

Fleischer, Holger, Der Inhalt des Schadensersatzanspruchs wegen unwahrer oder unterlassener unverzüglicher Ad-hoc-Mitteilungen, BB 2002, 1869 – 1876.

Flenz, Peter/Gottwald, Walther/Wedekind, Dieter, Einige Daten zur Geschäftsentwicklung und Erledigung durch Urteil und Vergleich im Zivilprozess, in: Gottwald, Walther/Hutmacher, Wolfgang/Röhl, Klaus F./Strempel, Dieter (Hrsg.), Der Prozessvergleich - Möglichkeiten, Grenzen, Forschungsperspektiven, Köln 1983, S. 279 - 287

Flersheim, Fritz, Die Bedeutung der Börse für die Emission von Wertpapieren, Mannheim, Berlin, Leipzig, 1914

Fox, Merritt B., Retaining Mandatory Securities Disclosure: Why Issuer Choice is not Investor Empowerment, 85 Va.L.Rev. 1335 - 1419 (1999)

Friedenthal, Jack H., A Divided Supreme Court Adopts Discovery Amendments to the Federal Rules of Civil Procedure, 69 Cal.L.Rev. 806 - 820 (1981)

Friedenthal, Jack H./Kane, Mary Kay/Miller, Arthur R., Civil Procedure, 1. Aufl., St. Paul, Minn. 1985

Friedman, Lawrence M., American Law, New York, London 1998

Fritsch, Michael/Wein, Thomas/Ewers, Hans-Jürgen, Marktversagen und Wirtschaftspolitik, München 1993

Frohne, Ronald, Prospektpflicht und Prospekthaftung in Deutschland, Frankreich und in den USA, München 1974

Fuchs, Andreas/Dühn, Matthias, Deliktische Schadensersatzhaftung für falsche Ad-hoc-Mitteilungen – Zugleich Besprechung des Urteils des OLG München, BKR 2002, 1096 – in diesem Heft, BKR 2002, 1063 - 1071

Geppert, Walter/Ruland, Franz, Perspektiven der sozialen Alterssicherung für das 21. Jahrhundert: Staatliche Umlagefinanzierung oder private Kapitaldeckung?, DRV 1999, 1 - 9

Gibbons, Thomas F., Anwaltschaft im Jahre 2001, AnwBl 1990, 282-285

Gilson, Ronald J./Kraakman, Reinier H., The Mechanisms of Market Efficiency, 70 Va.L.Rev. 549 - 644

Gordon, Jeffrey N./Kornhauser, Lewis A., Efficient Markets, Costly Information, and Securities Research, 60 N.Y.U.L.Rev. 761 - 849 (1985)

Gottwald, Peter, Class Actions auf Leistung von Schadensersatz nach amerikanischem Vorbild im deutschen Zivilprozess ?, ZZP (91) 1978, 1 - 38

- Die ökonomische Analyse zur Kritik und Reform des Zivilprozessrechts, in: Holzhammer, Richard/Jelinek, Wolfgang/Böhm, Peter, Festschrift für Hans W. Fasching, Wien 1988, S. 180 - 194

Graham, John W., The U.S. Securities and Exchange Commission, New York, London 1993

Greiner, Christoph, Die *Class Action* im amerikanischen Recht und deutscher *Ordre Public*, Diss. München, Frankfurt a.M., Berlin, Bern 1997

Groß, Wolfgang, Kapitalmarktrecht, Kommentar zum Börsengesetz, zur Börsenzulassungs-Verordnung, zum Verkaufsprospektgesetz und zur Verkaufsprospekt-Verordnung, München 2000

Großfeld, Bernhard, Diskussionsbeitrag, in: Homburger, Adolf / Kötz, Hein (Hrsg.), Klagen Privater im öffentlichen Interesse, Frankfurt a.M. 1975, S. 105

- Probleme der Rechtsvergleichung im Verhältnis Vereinigte Staaten von Amerika - Deutschland, RabelsZ 39 (1975), 5 - 27
- Zivilrecht als Gestaltungsaufgabe, Heidelberg, Karlsruhe 1977

Grünwald, Leonhard, Optionsmarkt und Kapitalmarkteffizienz, München 1980

Grundfest, Joseph A./Perino, Michael A., Securities Litigation Reform: The First Year's Experience, Stanford Law School, February 27, 1997

Grundfest, Joseph A./Perino, Michael A./Lomio, Paul/Wayne, Erika V./Reynolds, Rilla, Securities Class Action Litigation in Q1 1998: A Report to NASDAQ from the Stanford Law School Securities Class Action Clearinghouse, http://securities.stanford.edu/report/nasdaq/98q1.html, S. 1-22, v. 18.08.1998

Grundmann, Stefan, Europäisches Kapitalmarktrecht, ZSR 115 (1996), 103 - 149

Grundmann, Stefan/Selbherr, Benedikt, Börsenprospekthaftung in der Reform, WM 1996, 985 - 993

Grunewald, Barbara, Neue Regeln zum Insiderhandel, ZBB 1990, 128 - 133

Gruson, Michael/Wiegmann, William J., Die Ad-hoc-Publizitätspflicht nach amerikanischem Recht und die Auslegung von § 15 WpHG, AG 1995, 173 - 181

Gwyn, William B. Jr./Matton, W. Christopher, The Duty to Update the Forecasts, Predictions, and Projections of Public Companies, 24 Sec.Reg.L.J. 366 - 391 (1997)

Haller, Axel, Grundlagen der externen Rechnungslegung in den USA, 4. Aufl., Stuttgart 1994

Happ, Wilhelm, Zum Regierungsentwurf eines Wertpapierhandelsgesetzes, JZ 1994, 240 - 246

Haß, Detlef, Die Gruppenklage, München 1996

Hasslinger, Nikolaus, Zivilrechtliche Ansprüche gegen Insider: Eine Untersuchung zum schadensrechtlichen und bereicherungsrechtlichen Aspekt des Insider-Problems, Diss. Regensburg 1978

Hauschka, Christoph E./Harm, Christian, Argumente zur Reformbedürftigkeit des deutschen Insiderrechts, BB 1988, 1189 - 1196

Hay, Peter, Einführung in das amerikanische Recht, 4. Aufl., Darmstadt 1995

- US-amerikanisches Recht, München 2000

Hazen, Thomas Lee, The Law of Securities Regulation, 3rd ed., St. Paul, Minn. 1996

- Treatise on The Law of Securities Regulation, 4th ed., Volume 1, St. Paul, Minn. 2002

Heldmann, Philipp, Insidermissbrauch und Rechtsgüterschutz, SJZ 1992, 305 - 315

Henckel, Wolfram, Prozessrecht und materielles Recht, Göttingen 1970

Henn, Harry G./Alexander, John R., Laws of Corporations, St. Paul, Minn. 1983

Herzog, Julie A., Fraud Created the Market: An Unwise and Unwarranted Extension of Section 10(b) and Rule 10b-5, 63 Geo.Wash.L.Rev. 359 - 403 (1995)

Hirte, Heribert, Sammelklagen - Fluch oder Segen? - Ein Blick in die amerikanische Diskussion, in: Werner, Olaf/Häberle, Peter/Kitagawa, Zentaro/Saenger, Ingo (Hrsg.), Brücken für die Rechtsvergleichung - Festschrift für Hans G. Leser, Tübingen 1998, S. 335 - 354

Hirte, Heribert/Otte, Karsten, Die Rechtsentwicklung im Haftungsrecht in den Vereinigten Staaten von Amerika im Jahre 1994, VersR 1996, 274 - 287

Hoffmann, Jeffry, Introduction to Securities Laws, Corporate Law and Practice Course Handbook Series 1988

Holschbach, Ulrich, Haftungsprobleme im Bereich der Insider-Wertpapiergeschäfte, NJW 1973, 2006 - 2009

Hoppmann, Carsten, Europäische Börsenaufsicht, EWS 1999, 204 - 212

Hopt, Klaus J., Das Dritte Finanzmarktförderungsgesetz - Börsen- und kapitalmarktrechtliche Überlegungen, in: Basedow, Jürgen/Hopt, Klaus J./Kötz, Hein (Hrsg.), Festschrift für Ulrich Drobnig, Tübingen 1998, S. 526 - 548

- Die Verantwortlichkeit der Banken bei Emissionen, München 1991
- Europäisches und deutsches Insiderrecht, ZGR 1991, 17 - 73
- Grundsatz- und Praxisprobleme nach dem Wertpapierhandelsgesetz - insbesondere Insidergeschäfte und Ad-hoc-Publizität-, ZHR 159 (1995), 135 - 163

Hopt, Klaus J./Baetge, Dietmar, Rechtsvergleichung und Reform des deutschen Rechts - Verbandsklage und Gruppenklage -, in: Basedow, Jürgen/Hopt, Klaus J./Kötz, Hein/Baetge, Dietmar (Hrsg.), Die Bündelung gleichgerichteter Interessen im Prozess, Tübingen 1999, S. 11 - 64

Hopt, Klaus J./Baum, Harald, Börsenrechtsreform in Deutschland, in: Hopt, Klaus J./Rudolph, Bernd/Baum, Harald (Hrsg.), Börsenreform, Stuttgart 1997, S. 287 - 467

Hopt, Klaus J./Will, Michael R., Europäisches Insiderrecht, Stuttgart 1973

Horn, Ernst-Jürgen, Neuere Entwicklungen auf dem deutschen Kapitalmarkt; Institutionen, Marktstrukturen und Marktergebnisse, in: Siebert, Horst (Hrsg.), Kieler Studien, Tübingen 1994

Horn, Norbert, Die Haftung des Vorstands der AG nach § 93 AktG und die Pflichten des Aufsichtsrats, ZIP 1997, 1129 - 1139

Wertpapiergeschäfte von Innenseitern als Regelungsproblem, ZHR 136 (1972), 369 396

Immenga, Frank A., Das neue Insiderrecht im Wertpapierhandelsgesetz, ZBB 1995, 197 - 206

Jacoby, Sidney B., Das Erforschungsverfahren im Amerikanischen Zivilprozess, Vorschläge für eine Reform der ZPO, ZZP 74 (1961), 145 - 165

James, Fleming Jr./Hazard, Geoffrey, C. Jr./Leubsdorf, John, Civil Procedure, 4. Aufl., Boston, Toronto, London 1992

Jauernig, Othmar, Materielles Recht und Prozessrecht, JuS 1971, 329 - 334

Jennings, Richard W./Buxbaum Richard M., Corporations, Cases and Materials, 5. Aufl., St. Paul, Minn. 1979

Junker, Abbo, Discovery im deutsch-amerikanischen Rechtsverkehr, Heidelberg 1987

Kahan, Marcel/Silberman, Linda, Matsushita and beyond: The Role of State Courts in Class Actions involving exclusive Federal Claims, 1996 S.Ct.Rev. 219 - 283

Kaiser, Andreas, Die Harmonisierung des europäischen Kapitalmarktrechts und das Recht des Wertpapierhandels in Italien und Deutschland, Internet-Dokumenteserver der Universitätsbibliothek Konstanz 1996

- Die Sanktionierung von Insiderverstößen und das Problem der Kursmanipulation, WM 1997, 1557 - 1600

Keeton, W. Page/Dobbs, Dan B./Keeton, Robert E./Owen, David G., The Law of Torts, begr. v. William L. Prosser, 5. Aufl., St.Paul, Minn. 1984

Kelly, Harvey, Price Waterhouse Coopers 1999 Securities Litigation Study, http://stanford.edu/research/reports/19990801pwc103000.pdf v. 28.06.2001

Kempff, Ludwig, Zur Problematik des Musterprozesses, ZZP 73 (1960), 342 - 386

Kilian, Wolfgang, Europäisches Wirtschaftsrecht, München 1996

Kirchgässner, Gebhard, Führt der homo oeconomicus in die Irre?, JZ 1991, 104 - 111

Kirchner, Christian, Komplementierung zivilrechtlicher und ordnungswidrigkeitenrechtlicher durch strafrechtliche Sanktionen, in: Ott, Claus/Schäfer,

Hans-Bernd (Hrsg.), Die Präventivwirkung zivil- und strafrechtlicher Sanktionen, Tübingen 1999, S. 108 - 125
- The Difficult Reception of Law and Economics in Germany, 11 Int'l. Rev.L. & Econ. 277 - 292 (1991)
- Zur zentralen Rolle der zivilrechtlichen Sanktionen im Recht des Insiderhandels, in: Leser, Hans G. (Hrsg.), Festschrift für Zentaro Kitagawa, Berlin 1992, S. 665 - 682

Kitch, Edmund W., Chicago School of Law and Economics, in: Palgrave Dictionary, Band 1, London 1998, S. 227 - 233

von Klitzing, Joachim, Die Ad-hoc-Publizität, Diss. Halle-Wittenberg, Köln Berlin Bonn München 1999

Koch, Harald, Kollektiver Rechtsschutz im Zivilprozess, Frankfurt a.M. 1976

Koch, Harald/Zekoll, Joachim, Mammutverfahren im amerikanischen und deutschen Zivilprozess, RIW 1985, 837 - 842

Kommission der Europäischen Gemeinschaften, Vollendung des Binnenmarktes: Weißbuch der Kommission an den Europäischen Rat, Luxemburg 1985

Köndgen, Johannes, Haftpflichtfunktion und Immaterialschaden am Beispiel von Schmerzensgeld bei Gefährdungshaftung, Berlin 1976
- Zur Theorie der Prospekthaftung, Teil I, AG 1983, 85 - 99, Teil II, AG 1983, 120 - 132

Kötz, Hein, Deliktsrecht, 7. Aufl., Neuwied 1996
- Die ökonomische Analyse des Rechts, ZVersWiss 1993, 57 - 70
- Klagen Privater im öffentlichen Interesse, in: Homburger, Adolf/Kötz, Hein (Hrsg.), Klagen Privater im öffentlichen Interesse, Frankfurt a.M. 1975, S. 69 - 102
- Ziele des Haftungsrechts, in: Baur, Jürgen F./Hopt, Klaus J./Mailänder, K. Peter (Hrsg.), Festschrift für Ernst Steindorff, Berlin, New York, 1990, S. 643 - 666

Kötz, Hein/Schäfer, Hans-Bernd, Schadensverhütung durch ökonomische Anreize, AcP 189 (1989), 501 - 525

Kort, Michael, Neuere Entwicklungen im Recht der Börsenprospekthaftung (§§ 45 ff. BörsG) und der Unternehmensberichtshaftung (§ 77 BörsG), AG 1999, 9 - 21

Krauel, Wolfgang, Insiderhandel, Diss. Hamburg, Baden-Baden 2000

Kübler, Friedrich, Aktie, Unternehmensfinanzierung und Kapitalmarkt, Köln 1989
- Aktienrechtsreform und Unternehmensverfassung, AG 1994, 141 - 148
- Effizienz als Rechtsprinzip, in: Baur, Jürgen F./Hopt, Klaus J./Mailänder, K. Peter (Hrsg.), Festschrift für Ernst Steindorff, Berlin, New York 1990, S. 687 - 704
- Gesellschaftsrecht, 5. Aufl., Heidelberg 1998
- Gesellschaftsrecht versus Kapitalmarktrecht - zwei Ansätze?, SZW 1995, 223 - 227

- Rechtsbildung durch Gesetzgebungswettbewerb? Überlegungen zur Angleichung und Entwicklung des Gesellschaftsrechts in der Europäischen Gemeinschaft, KritV 1994, 79 - 89
- Transparenz am Kapitalmarkt, AG 1977, 85 - 92

Kümpel, Siegfried, Bank- und Kapitalmarktrecht, 2. Aufl., Köln 2000
- Börsenrechtliche Fragen bei Schaffung des geregelten Marktes, in: Hofmann, Paul/Meyer-Cording, Ulrich/Wiedemann, Herbert (Hrsg.), Festschrift für Klemens Pleyer, Köln, Berlin, Bonn, München 1986, S. 59 - 76
- Kapitalmarktrecht - Eine Einführung -, Berlin 1995
- Wertpapierhandelsgesetz - Eine systematische Darstellung, Band 32, Berlin 1996

Kümpel, Siegfried/Ott, Claus (Hrsg.), Kapitalmarktrecht, Ergänzbares Rechtshandbuch für die Praxis, in zwei Bänden, Loseblattsammlung, Berlin, Stand 1/98

Lange, Barbara, Neue Entwicklungen im US-amerikanischen Insiderrecht - Supreme Court bestätigt misappropriation theory -, WM 1998, 525 - 535

Lange, Dieter G./Black, Stephen F., Der Zivilprozess in den Vereinigten Staaten. Ein praktischer Leitfaden für deutsche Unternehmen, Heidelberg 1987

Langer, Heiko, Die Übernahme der Verfahrensgebühren im US-amerikanischen und europäischen Recht, in: Schmidtchen, Dieter/Weth, Stephan (Hrsg.), Der Effizienz auf der Spur, Baden-Baden 1999, S. 67 - 81

Langevoort, Donald C., Investment Analysts and the Law of Insider Trading, 76 Va.L.Rev. 1023 – 1054 (1990)

Larenz, Karl, Lehrbuch des Schuldrechts, 1. Band, Allgemeiner Teil, 14. Aufl., München 1987

Lehmann, Michael, Die zivilrechtliche Haftung der Banken für informative Angaben im deutschen und europäischen Recht, WM 1985, 181 - 187

Leipziger Kommentar, Strafgesetzbuch, Hrsg.: Hans-Heinrich Jescheck/Wolfgang Ruß/Günter Wilms, Band 1, §§ 1 - 31, 10. Aufl., Berlin, New York 1985

Lerach, William S., The Private Securities Litigation Reform Act of 1995 - 30 Months later. Prepared for the PLI Advanced Securities Workshop San Diego, California, August 10-11, 1998

Levine, David M./Pritchard, Adam C., The Securities Litigation Uniform Standards Act of 1998: The Sun Sets on California's Blue Sky Laws, 54 Bus.Law. 1 - 54 (1999)

Liggio, Carl D., Information in Global Financial Markets: Maybe We Do Need Liability, WPK-Mitt. Sonderheft Juni 1997, 139 - 144

Lindacher, Walter F., Die Streitgenossenschaft, JuS 1986, 379 - 384

Lindemann, Curt, Gibt es ein eigenes Wirtschaftsstrafrecht?, Jena, 1932

Lindemann, Klaus, Der Prozessvergleich aus anwaltlicher Sicht, in: Gottwald, Walther/Hutmacher, Wolfgang/Röhl, Klaus F./Strempel, Dieter (Hrsg.), Der

Prozessvergleich - Möglichkeiten, Grenzen, Forschungsperspektiven, Köln 1983, S. 45 - 47

Lion, Joachim, Marktrationalität und Markteffizienz. Untersuchungen zum deutschen Aktienoptionsmarkt unter Berücksichtigung der Standardisierung vom 01.04.1983, Frankfurt a.M. 1989

Lorenz, Stephan, Die Neuregelung der pre-trial-Discovery im US-amerikanischen Zivilprozessrecht - Inspiration für den deutschen Zivilprozess?, ZZP 111 (1998), 35 - 65

Loss, Louis, Fundamentals of Securities Litigation, Boston, Toronto, 1983

Lüderssen, Klaus, Ökonomische Analyse des Strafrechts und Alternativen zum Strafrecht, in: Ott, Claus/Schäfer, Hans-Bernd (Hrsg.), Die Präventivwirkung zivil- und strafrechtlicher Sanktionen, Tübingen 1999, S. 25 - 41

Marburger, Peter, Grundsatzfragen des Haftungsrechts unter dem Einfluss der gesetzlichen Regelungen zur Produzenten- und zur Umwelthaftung, AcP 192 (1992), 1 - 34

Marsh, Terry A./Herton, Robert C., Dividend Variability and Variance Bounds Tests for the Rationality of Stock Market Prices, 76 Am.Econ.Rev. 483 - 498 (1986)

McDonald, Kevin M./Wetzler, Christoph, F., Discover the Opportunities - US Discovery im Prozess, RIW 2000, 212 - 216

Meffert, Heribert/Steffenhagen, Hartwig/Freter, Hermann, Konsumentenverhalten, Wiesbaden 1979

Mennicke, Petra R., Sanktionen gegen Insiderhandel, Diss. Göttingen, Berlin 1996

Merkt, Hanno, US-amerikanisches Gesellschaftsrecht, Heidelberg 1991

Mertens, Hans-Joachim, Der Begriff des Vermögensschadens im Bürgerlichen Recht, Stuttgart, Berlin, Köln, Mainz 1967

- Insiderproblem und Rechtspolitik, ZHR 138 (1974), 269 - 277.
- Kollektivrechtlicher Schadensersatz als Mittel des Verbraucherschutzes, ZHR 139 (1975), 438 - 475

Möllers, Thomas M.J., Anlegerschutz durch Aktien- und Kapitalmarktrecht - Harmonisierungsmöglichkeiten nach geltendem und künftigem Recht, ZGR 1997, 334 - 367

Möllers, Thomas M.J./Leisch, Franz Clemens, Haftung von Vorständen gegenüber Anlegern wegen fehlerhafter Ad-hoc-Meldungen nach § 826 BGB, WM 2001, 1648 - 1662.

Münchener Kommentar zum BGB, Hrsg.: Rebmann, Kurt/Säcker, Franz Jürgen, Band 2, Schuldrecht, Allgemeiner Teil, §§ 241 - 432, 3. Aufl., München 1994; Band 5, Schuldrecht, Besonderer Teil III, §§ 705 - 853, 3. Aufl., München 1997

Münchener Kommentar zum HGB, Hrsg.: Schmidt, Karsten, Band 4, Drittes Buch, Handelsbücher, §§ 238 - 342a HGB, München 2001

Münchener Kommentar zur ZPO, mit Gerichtsverfassungsgesetz und Nebengesetzen, Hrsg.: Lüke, Gerhard/Wax, Peter, Band 1, §§ 1 - 354, 2. Aufl., München 1992

Note, The Private Securities Litigation Reform Act of 1995: Protecting Corporations from Investors, Protecting Investors from Corporations, and Promoting Market Efficiency, 31 New England L.Rev. 655 - 704 (1997)

Nußbaum, Arthur, Kommentar zum Börsengesetz für das Deutsche Reich, München 1910

Occhipinti, John A., Section 18 of the Securities Exchange Act of 1934: Putting the Bite Back into the Toothless Tiger, 47 Fordham L.Rev. 115 - 131 (1978)

Ott, Claus/Schäfer, Hans - Bernd, Die Anreiz- und Abschreckungsfunktion im Zivilrecht, in: Ott, Claus/Schäfer, Hans-Bernd (Hrsg.), Die Präventivwirkung zivil- und strafrechtlicher Sanktionen, Tübingen 1999, S. 131 - 155

- Die ökonomische Analyse des Rechts - Irrweg oder Chance wissenschaftlicher Rechtserkenntnis?, JZ 1988, 213 - 223
- Ökonomische Auswirkungen der EG - Insider - Regulierung in Deutschland, ZBB 1991, 226 - 241

O.V., Amerikas Börsenaufsicht kritisiert Unternehmen, FAZ v. 23.10.1999, S. 25

- Aufsichtsamt prüft auch Zeichnungsangebote über das Internet, FAZ v. 1.8.1998, S. 20
- BAWe gibt Hinweise zu Ad-hoc-Mitteilungen, http://www.bawe.de/pm00_03.htm, v. 09.11.2000
- Bei der Fusion Daimler Chrysler leisten die Anwälte Schwerarbeit, Servicebereitschaft und Verhandlungskompetenz ausschlaggebend / Schwierige Fragen aus dem deutschen Recht, FAZ v. 5.6.1998, S. 29
- Die Allianz mit London könnte ein Geniestreich werden, FAZ v. 9.7.1998, Nr. 156, S. 15
- Die ethische Dimension der Globalisierung, Debis Inside Special, Oktober 1999, 4
- Die Unternehmen geben mehr Ad-hoc-Mitteilungen heraus, FAZ v. 5.8.1998, S. 25
- Girmes-Verfahren: SdK unterliegt Hoffmann, AG 1992, R 455
- Important Information About EDGAR, http://www.sec.gov/edaux/wedgar.-htm, v. 16.02.2001
- Internet soll Emissionsgeschäft weitere Impulse bringen, FAZ v. 29.07.1998, S. 19
- Nur mehr Wettbewerbsfähigkeit schafft im Osten Beschäftigung, FAZ v. 8.6.1998, S. 19
- Safe Harbor Law Boosts Corporate Disclosure, http://www-gsb.securities.stan-ford.edu/research/reports/1998/kasznik_nelson.html, v. 01.02.01

- Stanford Securities Class Action Clearinghouse, http://securities.stanford.edu/-dsindex.html, v. 01.02.01
- 200 Geschäftsberichte auf dem Prüfstand, Capital 10/96, 52 - 56

Palandt, Kommentar zum BGB, 62. Aufl., München, 2003
Patton, Thomas Earl/Saunders, Terry Rose, Securities Fraud: Litigation under Rule 10b-5; Issue 8, December 1997
Pellens, Bernhard/Fülbier, Uwe, Publizitätspflichten nach dem Wertpapierhandelsgesetz, DB 1994, 1381 - 1388
Peltzer, Martin, Größere Haftung und mehr Transparenz, FAZ v. 29.09.2001, S. 23
Perino, Michael A., Legislative Foreward: Fraud and Federalism, 50 Stan.L.Rev. 273 - 338 (1998)
Peters, Egbert, Ausforschungsbeweis im Zivilprozess, Köln 1966
Pfister, Bernhard, Stand der Insiderdiskussion, ZGR 1981, 318 - 347
Phillips, Richard M./Miller, Gilbert C., The Private Securities Litigation Reform Act of 1995: Rebalancing Litigation Risks and Rewards for Class Action Plaintiffs, Defendants and Lawyers, 51 Bus.Law. 1009 - 1069 (1996)
Pigou, A. C., The Economics of Welfare, 3rd ed., London 1928
Pontin, Jason, Why We Need Uniform National Standards for Securities Regulation, http://www.herring.com/mag/issue48/rap.html, v. 19.06.1998
Posner, Richard A., Economic Analysis of Law, 4th ed., Boston Toronto London 1992
- Recht und Ökonomie: Eine Einführung, in: Ökonomische Analyse des Rechts von Assmann, Heinz-Dieter/Kirchner, Christian/Schanze, Erich, Ökonomische Analyse des Rechts, Tübingen 1978, S. 93 - 112
Prion, Willi, Die Preisbildung an der Wertpapierbörse insbesondere auf dem Industrieaktienmarkt der Berliner Börse, Leipzig 1910

Quadt, Edgar, Kunst als Institution, Lohmar, Köln 1997

Ratner, David L./Hazen, Thomas Lee, Securities Regulation, Cases and Materials, 4th ed., St. Paul, Minn. 1991
Rehbinder, E., Diskussionsbeitrag in: Homburger, Adolf/Kötz, Hein (Hrsg.), Klagen Privater im öffentlichen Interesse, Frankfurt a.M. 1975, S. 107
Reimann, Mathias, Einführung in das US-amerikanische Privatrecht, unter Mitarb. v. Ackmann, Hans-Peter, München 1997
Reitz, John C., Grundlegende Unterschiede zwischen dem deutschen und dem US-amerikanischen Zivilprozessrecht: Vorzüge, die sich ausschließen?, ZZP 104 (1991), 381 - 396
Reufels, Martin J., Pre-trial Discovery - Maßnahmen in Deutschland: Neuauflage des deutsch-amerikanischen Justizkonflikts?, RIW 1999, 667 - 674
Reuter, Hermann, Aktienmarkt und Aktieninformationsmarkt, Diss. Hamburg, Göttingen 1980

Richey, Tom/Meadows, Dave, The 11th Circuit Clarifies the Standard for Pleading Scienter in Securities Fraud Cases, http:/www.pgfm.com/publications/-pleading-scienter.html, v. 19.10.1999
Richey, Thomas S./Bielema, John R., The Eleventh Circuit Strongly Enforces the Safe Harbor Provisions of the Private Securities Litigation Reform Act, http://www.pgfm.com/publications/reformact.html, v. 19.10.1999
Röhl, Klaus F., Der gerichtliche Vergleich - Strukturierung des Themenbereichs, in: Gottwald, Walther/Hutmacher, Wolfgang/Röhl, Klaus F./Strempel, Dieter (Hrsg.), Der Prozessvergleich - Möglichkeiten, Grenzen, Forschungsperspektiven, Köln 1983, S. 11 - 34
Rössner, Michael-Christian/Bolkart, Johannes, Schadensersatz bei Verstoß gegen Ad-hoc-Publizitätspflichten nach dem 4. Finanzmarktförderungsgesetz, ZIP 2002, 1471 - 1477.
Romano, Roberta, Empowering Investors: A Market Approach to Securities Regulation, 107 Yale L.J. 2359 - 2429 (1998)
Rosenberg, Leo/Schwab, Karl-Heinz/Gottwald, Peter, Zivilprozessrecht, 15. Aufl., München 1993
Rudolph, Kurt, Der Vergleich im Zivilprozess aus der Sicht des Richters, in: Gottwald, Walther/Hutmacher, Wolfgang/Röhl, Klaus F./Strempel, Dieter (Hrsg.), Der Prozessvergleich - Möglichkeiten, Grenzen, Forschungsperspektiven, Köln 1983, S. 35 - 38

Sanders, Ruth Armfield/Das, Shaswat K., An Outline of the SEC's EDGAR Rules as Applied to Filings Processed by the Divisions of Corporate Finance and Investment Management, http://www.sec.gov/edaux/news/edreg2kb.htm, v. 15.02.2001.
Schack, Haimo, Einführung in das US-amerikanische Zivilprozessrecht, 2. Aufl., München, 1995
Schäfer, Frank A. (Hrsg.), Wertpapierhandelsgesetz, Börsengesetz mit BörsZulVO, Verkaufsprospektgesetz mit VerkProspV, 1. Aufl., Stuttgart, Berlin, Köln 1999
Schäfer, Hans-Bernd, Anreizwirkungen bei der Class Action und der Verbandsklage, in: Basedow, Jürgen/Hopt, Klaus J./Kötz, Hein/Baetge, Dietmar (Hrsg.), Die Bündelung gleichgerichteter Interessen im Prozess, Tübingen 1999, S. 67 - 100
Schäfer, Hans-Bernd/Ott, Claus, Lehrbuch der ökonomischen Analyse des Zivilrechts, Berlin, Heidelberg, New York u.a. 2000
Schilling, Herbert, Probleme und Entwicklung des deutschen Haftpflichtgeschäftes, VW 1994, 1470 - 1475
Schirmer, Helmut, Wirtschaftliche und finanzielle Folgen der Haftungssysteme und der gerichtlichen Entscheidungen, ZVersWiss 1996, 1 - 39
Schlittgen, Volker, Die Ad-hoc-Publizität nach § 15 WpHG, Diss. Heidelberg 2000
Schlosser, Peter, Der Justizkonflikt zwischen den USA und Europa, Berlin 1985

Schmidt, Reinhard H., Rechnungslegung als Informationsproduktion auf nahezu effizienten Kapitalmärkten, ZfbF 1982, 728 - 748
- Betriebswirtschaftslehre und Rechtspolitik, AG 1996, 250 - 260

Schneider, Dieter, Wider Insiderhandelsverbot und die Informationseffizienz des Kapitalmarkts, DB 1993, 1429 - 1435

Schneider, Egon, Beweis und Beweiswürdigung, 4. Auflage, München 1987

Schönenberger, Andreas, Ökonomische Analyse der Notwendigkeit und Effizienz des börsengesetzlichen Haftungsregimes, Baden-Baden 2000

Schubert, Vera, Asymmetrische Information und Finanzierungsstruktur, Diss. Berlin 1999

Schwark, Eberhard, Börsengesetz, Kommentar zum Börsengesetz und zu den börsenrechtlichen Nebenbestimmungen, 1. Aufl., München 1976
- Börsengesetz, Kommentar zum Börsengesetz und zu den börsenrechtlichen Nebenbestimmungen, 2. Aufl., München 1994
- Zur Haftung der Emissionsbank bei Aktienemissionen - börsen-, bilanz- und gesellschaftsrechtliche Aspekte, ZGR 1983, 162 - 188

Schwering, Walter, System der Beweislast im englisch-amerikanischen Zivilprozess, Diss. Karlsruhe 1969

SEC, SEC Report to the President and the Congress on the First Year of Practice under the Private Securities Litigation Reform Act of 1995, http://www.sec.gov/news/-studies/lreform.txt, v. 19.10.1999
- Written Statement Concerning Regulation Fair Disclosure, wysiwyg://7/http:-//www.sec.gov/news/testimony/051701wssec.htm v. 17.05.2001

Seligman, Joel, The Merits Do Matter, 108 Harv.L.Rev. 438-457 (1995)

Shiller, Robert J., Market Volatility, 3rd ed., Mass. 1991

Siebold, Hanns Christoph, Das neue Insiderrecht: von der freiwilligen Selbstkontrolle zum internationalen Standard, Berlin 1994

Sittmann, Jörg W., Die Prospekthaftung nach dem Dritten Finanzmarktförderungsgesetz, NZG 1998, 490 - 496

Skousen, K. Fred, An Introduction to the SEC, Cincinnati, Ohio 1976

Soergel, Kommentar zum BGB, Hrsg.: Siebert, W./Baur, Jürgen F., Band 5/2, Schuldrecht IV/2, Stuttgart, Berlin, Köln 1999

Solomon, Lewis D./Schwartz, Donald E./Bauman, Jeffrey D., Corporations, Law and Policy, Materials and Problems, 2nd ed., St. Paul, Minn. 1988

Stadler, Astrid, Referat für den 62. Deutschen Juristentag, München 1998, S. I 35 - I 63

Stammler, Rudolf, Recht und Wirtschaft, Leipzig 1896

Steinberg, Marc I., Emerging Capital Markets: Proposals and Recommendations for Implementation, 30 Int'l Law. 715 - 738 (1996)
- Securities Regulation: Liabilities and Remedies, New York, NY, 1997
- State Securities Laws: A Panacea for Investors ?, 22 Sec.Reg.L.J. 53 - 61 (1994)

- The United States Enacts the Private Securities Litigation Reform Act of 1995, 1996 J.Bus.L. 299 - 310
- Understanding Securities Law, 2nd. ed., New York, NY 1996

Steindorff, Ernst, Gesetzgeberische Möglichkeiten zu verbesserter Durchsetzung des Gesetzes gegen Wettbewerbsbeschränkungen, ZHR 138 (1974), 504 - 532
- Politik des Gesetzes als Auslegungsmaßstab im Wirtschaftsrecht, in: Paulus, Gotthard/Diederichsen, Uwe/Canaris, Claus-Wilhelm (Hrsg.), Festschrift für Karl Larenz zum 70. Geburtstag, München 1973, S. 217-244

Stiglitz, Joseph E., Volkswirtschaftslehre, 2. Aufl., München, Wien 1999

Stout, Lynn A., The Unimportance of Being Efficient: An Economic Analysis of Stock Market Pricing and Securities Regulation, 87 Mich.L.Rev. 613 - 709 (1988)

Stürner, Rolf, Anmerkung zu: BGH, Urteil v. 11.6.1990 - ZR 159/89 - OLG Hamburg, ZZP 104 (1991), 208 - 217
- Die Aufklärungspflicht der Parteien des Zivilprozesses, Tübingen 1976
- Grundfragen richterlicher Streitschlichtung, DRiZ 1976, 202 - 205
- Rechtsprobleme der verbandsmäßig organisierten Massenklage, JZ 1978, 499 - 507

Taupitz, Jochen, Ökonomische Analyse und Haftungsrecht - Eine Zwischenbilanz, AcP 196 (1996), 114 - 167

Thomas, Heinz/Putzo, Hans, Zivilprozessordnung mit Gerichtsverfassungsgesetz, den Einführungsgesetzen und europarechtlichen Vorschriften, 23. Aufl., München 2001

Treumann, Walter/Peltzer, Martin/Kuehn, Angelika, US-amerikanisches Wirtschafts-recht; US Business Law, 2. Aufl., Köln 1990

Trölitzsch, Thomas, Bericht über die Diskussion, ZGR 1994, 545 - 550

Trubek, David M./Sarat, Austin/Felstiner, William L.F./Kritzer, Herbert M./Grossman, Joel B., The Costs of Ordinary Litigation, 31 UCLA L.Rev. 72 - 127 (1983)

Tschäni, Rudolf, Private Securities Litigation Reform Act von 1995, SZW / RSDA 1996, 76 - 77

Ullmann, Eike, Zur Bedeutung der gewillkürten Prozessstandschaft im Warenzeichen- und im Wettbewerbsrecht, in; Erdmann, Willi/Mees, Hans-Kurt/Piper, Henning/Teplitzky, Otto (Hrsg.), Festschrift für Otto-Friedrich Freiherr von Gamm, Köln, Bonn, Berlin, München 1991, S. 315 - 325

Ulmer, Peter, Rechtspolitische Probleme des Insiderhandels, JZ 1975, 625 - 628

Vanyo, Bruce G./Labaton, Mark, The Heightened Pleading Standard of the Private Securities Litigation Reform Act of 1995 after *Silicon Graphics, Press,*

Advanta and Comshare, in: 31st Annual Institute on Securities Regulation, Vol. 2, New York 1999, S. 825 - 874
Volk, Klaus, Strafrecht gegen Insider? ZHR 142 (1978), 1 - 18

Wagner, Gerhard, Prozessverträge, Tübingen 1998
Walz, Rainer W., Privatautonomie oder rechtliche Intervention bei der Ausstattung und Änderung von Gesellschafterrechten?, in: Schäfer, Hans-Bernd/Ott, Claus, Ökonomische Analyse des Unternehmensrechts, Heidelberg 1993, S. 50 - 75
Werner, Stefan, Die ökonomische Analyse des Rechts im Strafrecht: Eine modernistische Variante generalpräventiver Tendenzen?, KritV 1992, 433 - 451
Weyers, Hans-Leo, Unfallschäden, Frankfurt a.M. 1971
von Weizsäcker, Carl Christian, Inwieweit ist es notwendig, Kapitalmärkte zu regulieren?, in: Schneider, Dieter (Hrsg.), Kapitalmarkt und Finanzierung, Berlin 1987, S. 71 - 83
Wiedemann, Herbert, Gesellschaftsrecht, Band I, Grundlagen, München 1980
Wilhelm, Christiane, Die Registrierungs- und Publizitätspflichten bei der Emission und dem Handel von Wertpapieren auf dem US-amerikanischen Kapitalmarkt, WPg 1998, 364 - 375
Will, Michael/Cloidt, Julia, Das Recht der Vereinigten Staaten von Amerika, in: David, René/Grasmann, Günther (Hrsg.), Einführung in die großen Rechtssysteme der Gegenwart, 2. Aufl., München 1988, S. 501-542
Williamson, Oliver E., Die ökonomischen Institutionen des Kapitalismus, Tübingen 1990
Windscheid, Bernhard, Lehrbuch des Pandektenrechts, 9. Aufl. bearb. v. Theodor Kipp, Frankfurt a.M. 1906
Winter, Ralph K., Paying Lawyers, Empowering Prosecutors, and Protecting Managers: Raising the Cost of Capital in Amerika, 42 Duke L.J. 945 - 978 (1993)
Wittmann, Arno, Zivilrechtliche Prospekthaftung beim Vertrieb von steuergünstigen Kapitalanlagen, DB 1980, 1579 - 158
Wolf, Manfred, Normative Aspekte richterlicher Streitschlichtung, ZZP 1976, 260 - 293
Wunderlich, Wolfgang, Zivilprozessuale Möglichkeiten für ein gemeinschaftliches Vor-
gehen geschädigter Kapitalanleger, DB 1993, 2269 - 2273
Wyatt Edward, Share of Wealth in Stock Holdings hits 50-Year high, in New York Times, Wednesday, February 11, 1998, A1, D 4

Zöller, Richard (Begr.), Zivilprozessordnung mit Gerichtsverfassungsgesetz und den Einführungsgesetzen, mit Internationalem Zivilprozessrecht, Kostenanmerkungen, 22. Aufl., Köln 2001

Heinrich H. Förster

Die Prospekthaftung der organisierten und grauen Kapitalmärkte

Frankfurt/M., Berlin, Bern, Bruxelles, New York, Oxford, Wien, 2002.
XXIII, 257 S., 8 Tab.
Europäische Hochschulschriften: Reihe 2, Rechtswissenschaft. Bd. 3503
ISBN 3-631-39849-2 · br. € 45.50*

Vor dem Hintergrund der Entwicklungen an den Kapitalmärkten wird die Prospekthaftung nach rechtlichen und wirtschaftlichen Aspekten unter Berücksichtigung der Konsequenzen für den Finanzplatz Deutschland analysiert. Dabei wird einerseits die bürgerlichrechtliche Prospekthaftung dargestellt, andererseits werden alle spezialgesetzlichen Ausprägungen der Prospekthaftung erörtert. Darüber hinaus wird analysiert, welche Auswirkungen die börsengesetzliche Prospekthaftung auf die Rechtsprechung zur bürgerlichrechtlichen Prospekthaftung zeigen könnte. In diese Überlegungen werden die neuen Verjährungsregeln nach der Schuldrechtsreform einbezogen. Die durch das Vierte Finanzmarktförderungsgesetz erfolgten Gesetzesänderungen sind, soweit sie die Prospekthaftung betreffen, bereits berücksichtigt.

Aus dem Inhalt: Bürgerlichrechtliche Prospekthaftung · Börsengesetzliche Prospekthaftung · Prospekthaftung für den Unternehmensbericht · Verkaufsprospektgesetzliche Haftung · Investmentrechtliche Prospekthaftung